ALTDEUTSCHE TEXTBIBLIOTHEK

Begründet von **Hermann Paul** †
Fortgeführt von Georg Baesecke †
Herausgegeben von Hugo Kuhn
Nr. 55

I0585180

Die Lieder
Oswalds von Wolkenstein

Unter Mitwirkung von

Walter Weiß und Notburga Wolf

herausgegeben

von

Karl Kurt Klein

Musikanhang von Walter Salmen

MAX NIEMEYER VERLAG / TÜBINGEN 1962

INHALTSÜBERSICHT

Vorwort

Im Jahre 1803 zieht JOSEF FREIHERR VON HORMAYR das Werk des tirolischen Dichters, Musikers, Sängers und Komponisten Oswald von Wolkenstein († 1445) nach langer Vergessenheit wieder ans Licht.

Sein Anruf zündet bei BEDA WEBER (1798–1858). Um die Mitte des vorigen Jahrhunderts gibt Weber den Dichter neu heraus (1847). In einem glänzend geschriebenen Buch über 'Oswald von Wolkenstein und Friedrich mit der leeren Tasche' (1850) bringt er den lange Vergessenen neu zur Geltung. Webers treibendes Ethos hat mehrere Quellen: Tirolische Heimatliebe, literarischen Ehrgeiz, publizistisches Können und die ahnungsvolle Erkenntnis der Genialität Oswalds. Da ihm in der damaligen 'öffentlichen Bibliothek' (jetzt Universitätsbibliothek) Innsbrucks zuerst die Hs. c in die Hände fiel, richtete er seine Ausgabe nach dieser jüngsten, zugleich unzulänglichsten der drei Oswaldischen Sammelhandschriften ein. Als er von der Wiener Handschrift Kenntnis erhielt (jetzt A) – MICHAEL DENIS hatte in seinem Verzeichnis der Hss. der Wiener Hofbibliothek schon 1997 darauf aufmerksam gemacht –, begnügte er sich, eine seitengetreue Abschrift herstellen zu lassen und sie gelegentlich vergleichend heranzuziehen. Verdienstvoll war sein Bemühen, in Anmerkungen einen ersten Kommentar, den Versuch einer grammatischen Deutung und ein 'Wortbuch zur Erklärung der Gedichte Oswalds' zu geben. Sein großangelegter Interpretationsversuch in dem Buch über Oswald und Friedrich (IV. von Tirol) beeinflussen die Forschung bis heute. „Der gute Glaube und die poetisch-romantische Auffassung, mit welcher er alle Nachrichten über Oswald aufgelesen hat, das Streben, aus dem Dichter einen großen Politiker und tragischen Helden zu machen, haben ihm

vieles in anderem Licht [als dem urkundlichen] erscheinen lassen.
Geschichtsfälschung darf man ihm nicht vorwerfen" schreibt J.
Schatz. Die Weber unterlaufenen Irrtümer sind von der Forschung
trotz jahrzehntelangem Bemühen bis heute nicht alle beseitigt.

Fünfzig Jahre später, um 1900, tat JOSEF SCHATZ den näch-
sten Schritt. Im Zusammenwirken mit dem Musikhistoriker
OSWALD KOLLER versuchte er, den 'echten' Oswald als Dichter
u. Musiker zur Geltung zu bringen u. Webers phantasievolle Deu-
tungen zu berichtigen. Als Kind des 19. Jahrhunderts und Erbe
der stemmatologischen Editionstechnik der Lachmann-Epigonen
nahm Schatz zur Grundlage seiner Ausgabe die Handschrift *A*.
An deren Herstellung haben viele Schreiber und unterschiedliche
Schreibgewohnheiten mitgewirkt. Durch ihre Gleichrichtung
und Normalisierung war der Anschluß an Oswalds südbairische
Mundart, das eigenste Forschungsgebiet von Schatz, am ehesten
zu erzielen. Der Verständlichkeit des Dichters ist das zweifellos
zugute gekommen. Erschwert hat Schatz diese durch den Ver-
such einer halb sach-, halb zeitgebundenen Ordnung der Lieder.
Er hielt sie für richtiger als die vom Dichter selbst gewünschte,
obwohl LUDWIG UHLAND schon ganze hundert Jahre früher er-
kannt hatte, daß für Ausgaben mittelalterlicher gesungener
Lyrik „nicht die Zusammenstellung nach der Zeitfolge, welche
bei einem großen Teil derselben ohnehin nicht bestimmbar ist,
oder nach der Verwandtschaft der Gegenstände [so der Versuch
BEDA WEBERS], sondern vielmehr die Anordnung nach den Tönen
die schicklichste" sei. Zu gegenteiligen Äußerungen der Kritik
erklärte SCHATZ mit der Starrheit eines echten Positivisten, daß
er seine chronologische Ordnung auch dann nicht ändern würde,
wenn sich dabei 'nachweisbar Unrichtiges' herausgestellt hätte.
Sein großes Verdienst ist neben dem Bekanntmachen des Dich-
ters die weitere Erleichterung seiner Lesbarkeit. Im Anzeiger für
deutsches Altertum hatte EDWARD SCHRÖDER in der Bespre-
chung von Schatzens Wiener Akademieschrift zu 'Sprache und
Wortschatz der Gedichte Oswalds von Wolkenstein' (1930) die
Wortfülle Oswalds 'wahrhaft beklemmend' und Schatz – mit

Recht – dort einen sicheren Führer genannt, wo Oswald aus der Mundart schöpfe. Aber selbst der beste Kenner des tirolischen Idioms werde angesichts der Eigenmächtigkeit der Wortschöpfungen dieses Künstlers, der einer der schwierigsten Dichter des deutschen Mittelalters sei und es (mit Frauenlob) bleiben werde, trotz dem Glossar von Schatz nicht mit allen Schwierigkeiten fertig werden. Diese Unentbehrlichkeit des Oswaldwörterbuchs von Schatz und seiner Spracherläuterungen ist die Ursache, warum in unserer Ausgabe neben der Eigenzählung der Verse auch die durchlaufenden Zählungen von Schatz und seine strophischen Gestaltungen übernommen worden sind. Ohne ihre Hilfe sind die Schreibungen und Worträtsel Oswalds oft nicht zu entschlüsseln.

Nach wiederum rund fünfzig Jahren tritt diese neue Ausgabe ans Licht. Sie folgt der Hs. *B*, die Oswald als 'Ausgabe letzter Hand' besonders sorgfältig betreut hat. Über die Grundsätze der Textgestaltung und -einrichtung wird unten Rechenschaft gegeben. Sie ist konservativ, gibt aber, den Richtlinien der 'Deutschen Texte des Mittelalters' sinngemäß angepaßt, nicht etwa einen diplomatischen Abdruck. Von vielen Seiten geäußerten, an sich berechtigten Wünschen – so erhob HERBERT LÖWENSTEIN schon 1932 die Forderung, Wort und Ton besser aufeinander abzustimmen, als es SCHATZ und KOLLER 1902 gelungen war – konnte nur in engen Grenzen stattgegeben werden. Ihre Erfüllung bleibt einer für später geplanten neuen Großausgabe vorbehalten. Unser Musikanhang will nicht mehr sein als eine kleine Probe der musikalischen Kunst und Kompositionsweise Oswalds. Die Textausgabe bescheidet sich, ein den Willen des Dichters achtendes, dabei für wissenschaftliche Untersuchungen und praktische Übungen gleicherweise brauchbares Werkzeug darzubieten, das die notwendigsten Handreichungen geben und dabei die Größe des echten Künstlers erkennen lassen will.

Der Nachlaß Oswalds liegt nun in allen drei Haupthandschriften – *A*, *B* und *c* – veröffentlicht vor. Der Weg für eine tiefere Kenntnis des Dichters, Sängers u. Musikers aus der stürmisch bewegten Zeit zwischen Mittelalter und Neuzeit ist frei.

Einleitung

DIE ÜBERLIEFERUNG

SIGLEN UND ABKÜRZUNGEN

Aus der Lebenszeit des tirolischen Ritters Oswald von Wolkenstein († 1445) ist das dichterische und musikalische Vermächtnis des Künstlers in zwei Handschriften überliefert, einer Ausgabe erster (*A*) und einer Ausgabe letzter Hand (*B*).

Wir übernehmen – in Abweichung von Beda Weber – mit einer kleinen Änderung die von Josef Schatz gebrauchten Siglen:

A = Wiener Pergamenths. Bei Weber W.

B = Innsbrucker Pergamenths. Bei Weber X.

c = Innsbrucker Papierhs. Bei Schatz C, bei Weber I.

In unseren Stellenangaben neben den Liedüberschriften bedeutet

BW = Beda Webers Ausgabe vom Jahr 1847

Sch = Die Gedichte Oswalds von Wolkenstein, hrsg. von Josef Schatz, 2. Ausgabe (1904)

Als *Großausgabe* wird die von Josef Schatz und Oswald Koller in den 'Denkmälern der Tonkunst in Österreich' gemeinsam unternommene Ausgabe bezeichnet, die jetzt durch den Grazer Neudruck von 1959 wiederum zugänglich ist; *Schatz*[2] (in den Liedüberschriften *Sch*) meint die Textausgabe vom Jahr 1904.

Beide Pergamenthandschriften, mit reichen, meist in Blau und Rot ausgeführte Initialen geschmückt, sind auf Anregung des Dichters unter seinen Augen entstanden, von ihm betreut, durchgesehen, ergänzt und zum Teil eigenhändig verbessert worden. Beide enthalten zu den Liedtexten den Notensatz, und zwar in der in Deutschland damals neu aufkommenden französisch-burgundischen und italienischen Notationsweise, die zu den Tonschritten der alten Neumenschrift auch Länge und Kürze der Noten deutlich machte, so daß heute authentische Rhythmisierungen gewagt werden können (vgl. unten S. 327). In beiden Handschriften finden sich künstlerisch wertvolle Bildnisse Oswalds –, die ersten lebensechten Bildnisse eines deutschen Dichters überhaupt. (Eine lebensechte Darstellung Oswalds gibt außerdem der heute neben dem Brixener Dom eingemauerte Denkstein vom Jahr 1408.)

Zu den zwei Haupthandschriften kommt, bald nach dem Tod des Dichters aus *B* geflossen, aber durch selbständige Zusätze erweitert, die bescheidenere Papierhandschrift *c* hinzu. Sie bleibt an Kostbarkeit und Wert hinter *A* und *B* zurück und bringt weder Noten noch Bilder, erfreut sich in letzter Zeit aber wiederum steigender Beachtung.

Alle anderen Abschriften und Drucke enthalten nur vereinzeltes, sporadisch erhaltenes Liedgut. Es sind in den meisten Fällen nur zufällige Ergänzungen der großen Sammelhandschriften.

Wir verzeichnen demnach

A Pergamenthandschrift der Österreichischen Nationalbibliothek in Wien. 61 bleistiftgezählte Blätter; zwischen fol. 59 und 60 war schon bei der ersten Erwähnung ein Blatt herausgeschnitten. Roter Pergamentband 27 × 37 cm. Blatt 38ʳ enthält das Verzeichnis der Lieder vom Jahr 1425. Auf der Innenseite des Vorderdeckels das wenig gut erhaltene Vollbild Oswalds, der mit gespreizten Beinen zwischen den Wappen von Wolkenstein und von Vilanders steht (Konrad von Vilanders nahm um 1370 den Geschlechtsnamen 'von Wolchenstain' nach der heute in Ruinen liegenden Burg im Grödner Tal an. „Erst dessen Sohn Friedrich, der Vater unseres Oswald, hielt am Geschlechtsnamen Wolken-

stein fest, wenngleich er noch mit dem Wappen der Vilanders
siegelte"[1]. Die gleichen Wappen zeigt Oswalds Denkstein vom
Jahre 1408, heute an der östlichen Stirnwand des alten Fried-
hofes neben dem Brixener Dom). Die Bildfigur, unverkennbar
den einäugigen Oswald im Schmuck des Greifenordens (Hals-
kette) und in modischem Prunkgewand mit Pelzbarett und
Agraffe darstellend, hält ein Notenblatt in der erhobenen Rech-
ten, auf dem Reste des Liedes Ain anefangk an götlich [forcht]
(Lied Nr. 1) schwach lesbar sind. Über dem Bild ist der Name
des Dichters 'Oſwald Wolknſteiner' so gut wie unlesbar. Die
Handschrift ist nicht in einem Zug entstanden. Mehrere Schrei-
ber mit wechselnden Schriftzügen, Orthographien und Sprach-
formen waren an ihr beteiligt. In den Grundzügen war sie 1425
abgeschlossen. Sie wurde dann bis 1427 fortgesetzt und empfing
Nachträge bis 1436. Die letzten Eintragungen stammen von ei-
nem durch Schatz als *h* bezeichneten Schreiber, der später die
ganze Handschrift *B* schrieb. *A* bringt im ganzen 108 Lieder.
Zur Notation vgl. oben S. IX und S. 327f. Die Hs. stammt aus
einem der durch Joseph II. Ende des 18. Jahrhunderts aufgeho-
benen tirolischen Klöster. Aus welchem ist nicht festzustellen.
1834/35 stellte der Wiener Antiquar Franz Goldhann für Beda
Weber eine seitengetreue Abschrift her (jetzt im Museum Ferdi-
nandeum in Innsbruck). Näheres Schatz, Großausgabe S. 1ff.,
Schatz[2] S. 21–33, Rud. Wustmann, AfdA 1904, Bd. 29, 227–233

B und AfdA 1908, Bd. 31, 129ff.

Pergamenthandschrift in der Innsbrucker Universitätsbiblio-
thek. 48 Blätter, 49×34 cm, vom Schreiber *h* einheitlich und
schön geschrieben. Die Lieder sind in einem Verzeichnis der
Liederfolge auf dem zweiten Vorsetzblatt mit den Anfangsworten
bezeichnet; daneben steht die Blattzahl. Alles deutet auf Sorg-
falt und Genauigkeit, mit der die Ausgabe auf Grund der regel-
loseren Sammlung von *A* hergestellt wurde. Die Ordnung er-

---

[1] ARTHUR GRAF VON WOLKENSTEIN-RODENEGG, *Oswald von Wol-
kenstein* (= Schlern-Schriften 17). Innsbruck 1930, S. 1.

folgte nach 'Tönen', Strophengefüge und Liedweise wurden zu-
sammengebracht. Acht Lieder der Handschrift *A* fehlen (wohl
nicht versehentlich), 18 in *A* nicht verzeichnete Lieder sind in *B*
neu. Sorgfalt und Pracht der Ausstattung (Initialen, Noten) be-
weisen die Teilnahme Oswalds am Entstehen der Handschrift,
ebenso Besserungen und Rasuren, die nur vom Verfasser selbst
vorgenommen oder angeordnet werden konnten. Der Hand-
schrift vorangestellt ist ein prachtvolles Brustbild des Dichters,
wiederum in Prunkgewand und Ordensschmuck. Über die Zeit
der Entstehung gibt die Überschrift über dem Inhaltsverzeich-
nis Auskunft: In nomine domini. In der Jarczal Taufent vier-
hundert vnd darnach In dem zway vnd dreiſſigoſten iare an dem
nachſten Samſtag nach Sant Auguſtius tag ist difs/büch geticht
vnd volbracht worden durch mich Oſwalten von wolkenſtein/
Ritter des allerdurchleuchtigoſten Römiſchen künigs ſigmüd
etc. Rat iar 18. Die letzte Datierung der in *B* aufgezeichneten
Lieder gehört hinter das Jahr 1438. Die Handschrift wurde
von den Wolkensteinern im 19. Jahrhundert dem Kaiser Franz
Josef geschenkt und gelangte von dort in den Besitz der Inns-
brucker Universitätsbibliothek. S. Schatz, Großausgabe 6-9,
Schatz² 33ff., Herbert Löwenstein, Wort u. Ton bei O. v. W.
c (1932), passim, u. Werner Marold AfdA 1933, Bd. 2, 44–52.
Papierhandschrift des Museum Ferdinandeum in Innsbruck,
115 Blätter, 21,5 × 15 cm. Text ohne Noten, um 1450 im wesent-
lichen aus *B* abgeschrieben. Die Orthographie des Schreibers
weicht von der Vorlage ab, ein „allerdings nicht verläßliches Bild
von ihr gibt die Ausgabe der Gedichte Oswalds von Beda Weber"
(Schatz). Großausgabe 9f., Schatz² 43f., Rud. Wustmann AfdA
1908, Bd. 31, 129ff.

Neben diesen aus Familienbesitz stammenden Sammelhand-
schriften, die im ganzen 126 sicher echte Oswaldlieder enthalten
(122 Kompositionen, darunter 40 mehrstimmige), sind verein-
zelt überkommen, durch Überschriften oder auf andere Weise
Oswald zugewiesen, eine Anzahl in ihrer Echtheit oft anzuzwei-
felnde Lieder. „Was sich in anderen Hss. oder in Drucken von

Oswalds Gedichten findet, geht auf frühere Aufzeichnungen zurück, die vor die erste Sammelhs. vom Jahre 1425 fallen",
schreibt Schatz 47[1]. Es sind dies mit seinen Siglen:

D Londoner Handschrift des 15. Jhdts im Britischen Museum,
Signatur ADD. Ms. 24 946. Enthält auf fol. 85f. das Lied 'Mich
fragt ain riter' (Nr. 112). Gemeinsamkeiten von *c* und *D* gegen *B*
weisen auf eine gemeinsame Vorlage hin, deren handschriftliches
Original nach Schatz vor der Einschreibung in *B* vorhanden war.
Schatz, Großausgabe S. 10, Schatz[2] S. 45f.

E Lieder Nr. 20, 43, 88, 91 im Liederbuch der Clara Hätzlerin. Beschreibung Schatz[2] S. 47f. Varianten nach Carl Haltaus (Hrsg.):
Liederbuch der Clara Hätzlerin. Quedlinburg-Leipzig 1840, Nr.
1, 20, 79, 84, 105.

F Neidhart-Fuchs-Druck des 15. Jhdts, Lieder Nr. 21, 76. Schatz[2]
S. 48.

G Cgm 379, Lieder Nr. 84, 85. Schatz[2] S. 48.

G[1] G[1] Fichards Liederhandschrift, Lied Nr. 84 Schatz[2] S. 48. Varianten nach: Frankfurtisches Archiv für ältere deutsche Litteratur und Geschichte. Hrsg. von J. C. von Fichard, genannt
Baur von Eyseneck. 3. T., Frankfurt/Main 1815, S. 258ff.

H Cgm 3897, Lied Nr. 67. Schatz[2] S. 49.

I Lochamer Liederbuch, Lied Nr. 101. Schatz[2] S. 49. Varianten
nach: Das Lochheimer Liederbuch nebst der Ars Organisandi
von Conrad Paumann. Krit. bearb. von Friedrich Wilhelm Arnold. In: Jahrbücher für Musikalische Wissenschaft, hrsg. von
Friedrich Chrysander, 1862, Bd. 2, S. 94.

K Freiberger Hs. Einzelne Verse des Liedes 91. Schatz[2] S. 49.
Varianten nach: Anzeiger für Kunde der deutschen Vorzeit, N.F.
Organ des Germ. Museums. 1881, Bd. 48, Sp. 80.

L Cgm 715. Einzelne Verse des Liedes 70. Schatz[2] S. 49. Varianten
nach: F. Arnold Mayer und Heinrich Rietsch: Die Mondsee-
Wiener Liederhandschrift und der Mönch von Salzburg. Berlin
1896, S. 515.

---

[1] Ausgenommen Lied Nr. 112, Hs. *D*.

(M) Musikaufzeichnungen zu Kontrafakturen Oswalds. Lieder Nr. 50, 52, 72. M 222 C 22 der Straßburger Bibliothek, 1870 ver·brannt. Hrsg. von Charles van den Boren, Brüssel 1929.

(N) Rostocker Liederbuch 1478. Lied Nr. 101.

Varianten nach: Das Rostocker Liederbuch. Hrsg. von Friedrich Ranke und Josef Müller-Blattau (= Schriften der Königsberger Gelehrten Gesellschaft, Geisteswissenschaftliche Kl., 4. Jg., Heft 5). Halle 1927, S. 239f.

Von *E, F, G, G*[1]*, J* und *(N)* wurden nur Wortvarianten verzeichnet.

Weitere Lieder,

die unter dem Namen des Wolkensteiners überliefert sind:

Cgm 379, 118ᵛ–119ᵛ	'Mein trawt gesell vnd liebster hört' (Lied Nr. 127)
Cgm 379, 119ᵛ–120ʳ	'Sÿ hat mein hertz getroffen' (Lied Nr. 128)
Cgm 715, 79ʳ– 81ᵛ	'Aller werlde gelegen hat' (Lied Nr. 129)
Cgm 715, 150ᵛ–153ʳ	'Von Got so wart gesannt' (Lied Nr. 130)
Cgm 4871, 135	'Der Techst ubr' das geleÿemors Wolkenſtain' (Lied Nr. 131)
GNM, Wolkenstein-archiv	'Medlin zartt ſtein' (Lied Nr. 132)

Alle Texte wurden, wo nichts anderes angegeben ist, an den Originalen oder an Photokopien nachgeprüft.

TEXTEINRICHTUNG

Unsere Ausgabe folgt der Anordnung der Handschrift *B*, ist
aber in der Gestaltung der Strophengefüge und des Schriftbildes
der Lieder der Druckgestaltung von Schatz verpflichtet (s. Vor-
wort S. IX). Bewußt konservativ, versucht sie, durch Anfüh-
rung der Lesarten von *A* und *c* ein Bild der Entwicklung und
planenden Absichten des Dichters und ihrer Wandlungen zu ge-
ben. Das Ziel, Originale durch kritisch-wissenschaftliche Arbei-
ten zu ersetzen, ist in Reinheit bekanntlich nie zu erreichen. Das
gelingt um so weniger, je stärker Schreibungen und Textgestal-
tungen an vorgegebene Notenbilder gebunden sind, sei es, daß
diese – wie in den Oswald-Hss. – von dem Rubrikator zunächst
nur ausgespart und nachträglich hinzugesetzt wurden oder daß
die Schreibung von Text und Weise Hand in Hand ging. Das
gleiche gilt von den Initialen, deren ornamentale Ausgestaltung
wechselt, und von dem formatbedingten Zwang der Platzaus-
nützung. Die sorgfältige Planung hat diese für den Schreiber der
Handschrift *B* allerdings zu keiner ernsten Sorge werden lassen.
Da die Ausgabe auch im äußeren Erscheinungsbild an die Hand-
schrift anzuschließen versucht, wurden u.a. die häufigen Hin-
weise auf Melodien und die musikalische Gestaltung des Vortrags,
z.B. secunda pars, fuga, repeticio, tenor, discantus usw., nicht
in den Apparat verbannt oder, wie bei Schatz, gesammelt an
einer Stelle untergebracht, sondern an jenen Stellen belassen,
die der Dichter ihnen zuwies oder zuweisen ließ. Art und Farbe
der Initialen wurde angegeben und durch das Druckbild auch
ihre Größe angedeutet: Gerader Druck bedeutet Blau, Schräg-
druck Rot. Wo beide Farben verwendet wurden oder die Initialen
schwarz sind, wurde ein entsprechender Vermerk gemacht. Im
Schriftbild wurden Vereinfachungen auf ein Mindestmaß, d.h.
auf reine Schreibvarianten beschränkt. Da der Schreiber der
Handschrift sorgfältig und sauber arbeitete, konnten auch die
Bearbeiter einheitlich verfahren, und zwar nach folgenden
Grundsätzen:

I. Die Texte.

1. Konsonantismus. Häufungen von Konsonanten wurden vereinfacht (z. B. *pff* = *pf*). Da *s* und ſ in der Handschrift regelmäßig wechseln, sind sie beibehalten; die stark schwankende Doppelschreibung ist dagegen vereinfacht: im Inlaut erscheint stets ſſ, im Auslaut ſs.

2. Vokalismus. *ew* und *ōw*[1] erscheinen einheitlich als *eu*, *aw* (in *fraw*), und *ow*[2] als *au*. Die zwischen *ain* und *ein* schwankende Schreibung des unbestimmten Artikels bzw. Zahlwortes ist nach *ain* hin ausgeglichen. Die *i*- und *u*-Schreibung ist auf den heutigen Stand gebracht: *i*, *u* wird für den Vokal, *j*, *v* für den Konsonanten verwendet[3]. Beibehalten, d. h. nicht als nur graphische Varianten aufgefaßt, sind die Schreibungen *ü* für mhd. *ü*, *iu*, *üe*, *uo* (letzteres von Schatz nach der Mundart hin als *ue* normalisiert) und *ō* als Entsprechung von mhd. *ō*, *œ* und zum Teil *o*. Die vom Schreiber gemeinten Lautwerte müssen also von Fall zu Fall erschlossen werden.

3. Die Zeichensetzung ist der gegenwärtigen angeglichen.

4. Großschreibung. Eigennamen und Initialen sind großgeschrieben.

Von den Liedern außerhalb der Hss. *B* und *A*, Nr. 127–132, werden diplomatische Abdrucke vorgelegt.

Was das rhythmische Gefüge der Strophen anlangt, so kann es erst voll sichtbar gemacht werden, sobald in der geplanten neuen Großausgabe alle Melodien vorliegen und zum Textvergleich herangezogen werden können. Die dabei auftauchenden Schwierigkeiten sind auf S. 327f. angedeutet. Zudem mußten wir, um die Benutzung der Schatzischen Glossare und Sacherklärungen nicht zu erschweren oder gar unmöglich zu machen

---

[1] Kommt nur in *fröwen* und *fröwlin* vor.

[2] In den seltenen Fällen, wo *-ow-* für *-ō-* steht (z. B. *trowt* ʼdrohtʽ, *frow* froh), ist es beibehalten.

[3] In der Handschrift wechseln *i*, *j* und *y; v* (für *u*, *ü*, *v* im Anlaut) und *u* (für *u*, *ü*, *v* im Inlaut).

(vgl. oben S. X), den von ihm getroffenen Entscheidungen und Verszählungen auch dort folgen, wo wir aus eigenem Ermessen anders vorgegangen wären.

II. Der Lesartenapparat

Da nur drei Handschriften vorliegen, die in die Lebenszeit Oswalds fallen und unter seinen Augen oder doch mindestens in seiner nächsten Nähe entstanden sind, wurden bei *A* und *c* alle Schreibvarianten berücksichtigt, die lautlichen Wert haben[1]. Von den Überlieferungen außerhalb der drei Handschriften wurden dagegen nur Wort- und Sinnabweichungen angeführt. Im Gegensatz zum Text wurden Abkürzungen im Apparat nicht aufgelöst.

Folgende Abweichungen wurden im Apparat nicht berücksichtigt:

1. Konsonantismus. Wechsel von *f* und *v*; *c-* vor Konsonant anstelle von *k-*; *-z* in Pronomina (z. B. *daz*) anstelle von *-s*; Doppelkonsonanten nach Diphthongen; Schwankungen in der Doppel-*ſſ*-Schreibung (z. B. *zz*); Konsonantenhäufungen.

2. Vokalismus. Wechsel in der *i*-Schreibung (*i, j, y*); Wechsel in der *u*-Schreibung (*u, v, w*); Wechsel zwischen *ew, äw, öw, eu* und zwischen *ou, ow, au*; Wechsel zwischen *e* und *ē*; Wechsel von *i* und *ie* in *die* und *sie*; Wechsel zwischen *ein* und *ain*.

Um den Apparat zu entlasten, wurden einige Schreibungen, die sich in einer der beiden Handschriften, *A* oder *c*, häufen, im Apparat nicht berücksichtigt: in *A*: *frawe* statt *fraue*; *-t* in *seit*, *-p* in *weip*. – In *c*: der häufige *w/b*-Wechsel; *nür* statt *neur*, *nü* statt *nu*; *-s* statt *ſs* am Wortende; *-nn* in Endungen (z. B. *bringenn*); *nymant* statt *niemant*; *nit* statt *nicht*; *manger* statt *mancher*; *euch* statt *eu*; *warumb* statt *worumb*; *darumb* statt *dorumb*.

---

[1] Dasselbe gilt auch für Lied Nr. 112 (*D*), das zur Hs. *B* ebenso steht wie die Hs. *c*. Vgl. weiter oben S. XIV bzw. Sch² S. 45 f.

ZUM LEBENSBILD OSWALDS

SCHRIFTTUM

Ein Bild von Oswalds Leben und Kunst, wie die neuere For-
schung es zu zeichnen versucht, kann hier in Kürze nicht gege-
ben werden. Die pseudoromantischen Verbalhornungen Beda
Webers, gegen die sich bereits frühere Forscher mit Nachdruck
zur Wehr setzten, wirken trotzdem noch so stark nach, daß ein
neues Oswaldbild erarbeitet werden muß. Die reichen Urkunden-
bestände zum Leben Oswalds sind erst zu einem Teil ausgewer-
tet. Die Kenntnis des Musikers und Komponisten steht noch in
den Anfängen. Die eigenartige Zwischenstellung das Dichters in
einer der geistig bewegtesten Umbruchzeiten zwischen Mittel-
alter und Neuzeit bringt es mit sich, daß auch das dichterische
Werk trotz der Teilnahme, die ihm von Berufenen und Unberu-
fenen seit Jahrzehnten entgegengebracht wurde, erst zum Teil
erschlossen ist. Zu den letzteren sind die vielen Veröffentlichun-
gen des 'illustrierenden Schrifttums' zu rechnen, – schöngeistige
und essayistische Versuche des 19. und 20. Jahrhunderts, die sich
des dankbaren Stoffes gierig bemächtigt und das Oswaldbild
Webers ausgeschlachtet und weithin popularisiert haben. In
einem Referat auf dem 2. Internationalen Germanistenkongreß
in Kopenhagen (August 1960), dessen Wortlaut im 'Wirkenden
Wort' erscheint, habe ich auf diese Mißstände hinzuweisen und
neue Forschungsergebnisse und -aufgaben abzustecken ver-
sucht. Die beste Zusammenfassung nach dem gegenwärtigen
Stand der Forschung gibt FRIEDRICH NEUMANN im Nachtrags-
band (V 1955, 814–830) des Verfasserlexikons des deutschen
Mittelalters (mit Auswahlbibliographie). Für den biographischen
und bibliographischen Teil ist heranzuziehen ARTHUR GRAF VON
WOLKENSTEIN-RODENEGG, *Oswald von Wolkenstein* (= Schlern-
Schriften 17), Innsbruck 1930, für die musikalischen Bezüge
HERBERT LÖWENSTEIN, *Wort und Ton bei Oswald von Wolken-
stein* (= Königsberger Deutsche Forschungen 11), Königsberg

1932, und WALTER SALMEN, *Werdegang und Lebensfülle des Oswald von Wolkenstein* in der Amsterdamer Zeitschrift 'Mvsica Disciplina' 1953, Bd. 7, 147–173; an neueren Veröffentlichungen KARL KURT KLEIN, *Der 'Minnesänger' Oswald von Wolkenstein in der Politik seiner Zeit* im 'Jahrbuch des Südtiroler Kulturinstitutes 1961' (Die Brennerstraße. Deutscher Schicksalsweg von Innsbruck nach Bozen), Bozen 1961, 215–243, und NORBERT MAYR, *Die Reiselieder und Reisen Oswalds von Wolkenstein* (= Schlern-Schriften 215), Innsbruck 1961 (mit gutem Schriftennachweis).

Die bis 1935 erschöpfende Oswaldbibliographie gibt GUSTAV EHRISMANN, *Gesch. d. dt. Lit. bis zum Ausgang des Mittelalters* (2. Teil, Schlußband), München 1935. Ihre Fortführung ist für die neue Großausgabe in Aussicht genommen.

a) Wissenschaftliche Gesamtausgaben

Oswald von Wolkenstein: Die Gedichte. Mit Einleitung, Wörterbuch und Varianten. Hrsg. von BEDA WEBER. Innsbruck 1847 [Hs. *c*].

Oswald von Wolkenstein. Geistliche und weltliche Lieder, ein- und mehrstimmig. Bearbeitet: der Text von JOSEF SCHATZ, die Musik von OSWALD KOLLER (= Publikationen der Gesellschaft zur Herausgabe der Denkmäler der Tonkunst in Österreich, Jahrg. IX/1, Bd. 18). Wien 1902. - Neudruck: Akademische Druck- und Verlagsgesellschaft, Graz 1959 [Hs. *A*].

Die Gedichte Oswalds von Wolkenstein. Hrsg. von J.(OSEF) SCHATZ. Zweite verbesserte Ausgabe. Göttingen 1904 [Hs. *A*].

b) Auswahlausgaben und Übersetzungen

JOHANNES SCHROTT: *Gedichte Oswald's von Wolkenstein, des letzten Minnesängers.* In den Versmaßen des Originals übersetzt, ausgewählt, mit Einleitung und Anmerkungen versehen. Stuttgart 1886.

L.[UDWIG] PASSARGE: *Dichtungen von Oswald von Wolkenstein*

(1367–1445). Übersetzt, eingeleitet und erklärt (= Reclams Universal-Bibliothek 2839, 2840). Leipzig o.J. [1891].

WIELAND SCHMIED: *Oswald von Wolkenstein, der mit dem einen Auge*. [Gedichte] übertragen, ausgewählt und eingeleitet (= Das Österreichische Wort «Stiasny-Bücherei» Bd. 70). Graz und Wien 1960.

c) *Vertonungen*

Oswald von Wolkenstein. Elf Lieder. Langspielplatte 33 (13042 HP) der Archiv-Produktion des Musikalischen Studios der Deutschen Grammophongesellschaft. Bearbeitet von HEINRICH HUSMANN (= III. Forschungsbereich, Frührenaissance. Serie B: Von Oswald von Wolkenstein zum Lochheimer Liederbuch). o.O., o.J. [Hamburg 1956].

Freie Bearbeitungen von Liedern Oswalds (durch JOSEF PÖLL, BERNHARD PAUMGARTNER, ARTHUR KANETSCHEIDER, WILHELM FISCHER u.a.) finden sich in zahlreichen modernen Chorsatz-Veröffentlichungen sowie handschriftlich in den Archiven vieler Sängervereinigungen. Eine vollständige Bibliographie wird die neue Großausgabe enthalten.

Die Texte der Handschrift B

1. Ain anefangk　*B 1ʳ (A1ʳᵛ, c 1ʳ-2ᵛ*
= BW 108, Sch 84)

I A in anefangk
an göttlich forcht die leng und kranker gwiſſen,
und der von ſünden ſwanger iſt,
das ſich all maiſter fliſſen,
5　an got, allain, mit hohem liſt,　　　　　　　　5
noch möchten ſi das end nicht machen güt.
Des bin ich kranck
an meiner ſel, zwar ich verklag mein ſterben
und bitt dich, junckfrau, Sant Kathrein,
10　tü mir genad erwerben　　　　　　　　10
dort zu Marie kindelein,
das es mich haben well in ſeiner hüt.
Ich danckh dem herren lobeſan,
das er mich alſo grüſſt,
15　mit der ich mich verſündet han,　　　　　　　　15
das mich die ſelber büſſt.
bei dem ain jeder ſol verſten,
das lieb an laid die leng nicht mag ergen.

II *A*in frauen pild,
mit der ich han mein zeit ſo lang vertriben,　　　　20
wol dreuzen jar und dennocht mer
in treuen ſtet beliben

---

1. Ain *A*. anefang *A*. **2.** gotlich *A*, götlich *c*. krancker *Ac*. **3.** ſunden *A*.
4. dar [?] *A*. **5.** hohen *A*. **6.** mochtñ *A*. gut *Ac*. **7.** pin *c*. krank *A*.
9. pit *c*. Jungfraw *A*. ſand *A (c)*. katrein *c*. **10.** tu *c*. **11.** ze *A*. kinde-
lin *A*. **12.** hûtt *A*, huet *c*. **13.** dank *A*, danck *c*. lobeſam *A*. **14.** grûſt
A, grueſſt *c*. **15.** der] dem *A*. v'ſundet *A (c)*. **16.** die ſelber] das
ſelbe *A*. pûſt *A*, püeſſt *c*. **17.** bei dem] da bey *A*. **18.** zergen *A*.
[*ſeitl. davon ohne Noten:* in gotlicher zucht. *A*]
20. main *A*. lang *A*. **21.** drewzehñ *A*, drewͤzeben *c*. dennoch *A*, dann. *c*.
22. trewr ſtat *A*.

5   zu willen nach irs herzen ger,
      das mir auf erd kain menfch nie liebers ward.
      Perg, holz, gevild   25
      in manchem land, des ich vil hab erritten,
      und ich der güten nie vergafs,
10   mein leib hat vil erlitten
      nach ir mit feinklichem hafs;
      ir rotter mund hett mir das herz verfchart.   30
      Durch fi fo han ich vil betracht
      vil lieber hendlin los,
15   in freuden fi mir manig nacht
      verlech ir ermlin blos.
      mit trauren ich das überwind,   35
      feid mir die bain und arm beflagen find.

  III   Von liebe zwar
      hab wir uns offt dick laides nicht erlaffen,
      und ward die lieb nie recht entrant,
      feid das ich lig unmaffen   40
5   gevangen fer in irem band;
      nu ftet mein leben krenklich auf der wag.
      Mit haut und här,
      fo hat mich got fwërlich durch fi gevellet
      von meiner groffen fünden fchein,   45
10   des pin ich überfnellet.
      fi geit mir büfs und fenlich pein,
      das ich mein not nicht halb betichten mag.
      Vor ir lig ich gebunden vaft

---

24. kain m. auf erd *A*.   **26.** manchn *A*. han *A*. erritñ *A (c)*.   **27.** gutñ *A*, guetñ *c*.   **28.** hât *A*. erlitñ *A*.   **29.** faniklichñ *A*, feniklichem *c*.   **30.** roter *Ac*. mût *A*. hâtt *A*, het *c*.   **32.** las *A*.   **35.** trawrn *Ac*. vberwint *A*, überbindt *c*.   **36.** pain *A*.   **38.** dik offt *A*. **39.** wart *A*. liebe *A*.   **41.** pand *Ac*.   **42.** nû *A (c)*. kranklich *A*, krencklich *c*.   **43.** haût *A*. har *c*.   **44.** fwarlich *A*.   **45.** funden *A*.   **46.** bin *A*. vberfn. *A*.   **47.** gibt *c*. puefs *c*. fendlich *c*.   **48.** halbs *A*.   **49.** gepunden *Ac*.

     mit eifen und mit fail,   50
15   durch manchen groffen überlaft
     emphrembt fi mir die gail.
     o herr, du kanft wol richten fain,
     die zeit ift hie, das du mich büffeft rain.

  IV *K*ain weifer man   55
     mag fprechen icht, er fei dann unvernünftig,
     das er den weg icht wandern well,
     der im fol werden künftig,
5   wann die zeit bringt glück und ungevell,
     und bfchaffen ding für war ward nie gewant.   60
     Des fünders pan,
     die ift fo aubenteurlichen verrichtet
     mit mangen hübfchen, klügen latz;
10   kain maifter das voltichtet,
     wann got, der jedem fein gefatz   65
     wäglichen mifft mit feiner heilgen hand.
     Er eifert man und freuelein,
     auch alle creatur,
15   er wil der liebft gehalden fein
     in feiner höchften kur.   70
     wer das verfaumpt, des fünd gereifft,
     er hengt im nach, bis in ain latz ergreifft.

  V   Lieb ift ain wort

---

51. durch] Mit *A*. vberl. *A*.   **52.** fy mir enpbrymbt *A*, empfrömbt *c*.
54. büffeft] befferft *A*, püeffeft *c*.
56. icht] nicht *c*. vnu'nüftig *A*, vnu'nüfftig *c*.   **57.** nicht *c*.   **58.** kunf-
tig *A*.   **59.** pringt *c*.   **60.** pfchaffñ *A* (*c*). fur war *A*. nie bard *c*. ge-
wand *A*.   **62.** abenteurlich *A*, abenteürlichen *c*.   **63.** manchñ hub-
fchen klugn *A*. mangem *c*. klugen *c*.   **66.** Wegl. *A*. mift *A*. hailign *A*,
heyligen *c*, hant *A*, –dt *c*.   **67.** eyfrt *A*.   **69.** gehalden] gehabñ *A*,
gehalten *c*.   **70.** hochftn kûr *A*.   **71.** uerfaumbt *c*. fund *A*. gereyft *A*.
72. henngt *c*. in]jm *A*. begreifft *A*.

ob allem ſchatz, wer lieb nutzlich volbringet,
lieb uberwintet alle ſach,   75
lieb got den herren twinget,

5   das er dem ſünder ungemach
verwennt und geit im aller freuden troſt.
Lieb, ſüſſer hort,
wie haſtu mich unlieplichen geploſſet,   80
das ich mit lieb dem nie vergalt,

10   der ſeinen tod volendet   *1ᵛ*
durch mich und mangen ſünder kalt;
des wart ich hie in groſſen ſorgen roſt.
Hett ich mein lieb mit halbem füg   85
got nutzlich nach verzert,

15   die ich der frauen zärtlichen trüg,
die mir iſt alſo hert,
ſo für ich wol an alle ſünd.
o wertlich lieb, wie ſwër ſind deine pünt.   90

   VI *E*rſt reut mich ſer,
das ich den hab ſo frävelich erzürnet,
der mir ſo lang gebitten hat,
und ich mich nie enthürnet

5   von meiner groſſen miſſetat;   95
des wurden mir fünf eiſni lätz berait.
Nach ſeiner ger
ſo viel ich in die zwen mit baiden füſſen,

----

74. allen *A.* nůczleich *A*, nützlich *c*. v'pringet *A*. **77.** ſund' *A (c)*.
78. v'went *A*, gantz wendt *c*. **79.** ſůſſer *A*, ſueſſer *c*. **80.** haſt du *c*.
vnlieblichñ *A*. geplendet *A*. **83.** manchñ ſunder *A*. **84.** groſſer
A. **85.** het *A*, Hiet *c*. halbñ *A*. fug *A*, fueg *c*. **86.** nůczleich *A*,
nützlich *c*. **87.** zertlichen *c*. trug *A*. **88.** fur *A*. ſund *A*, ſündt *c*.
90. weltlich *A*, werltlich *c*. liebe *A*. ſwêr *A*, ſwär *c*. pŭnde *A*, pündt *c*.
   92. den frauenlichñ han erczurnet *A*. freuelich *c*. **93.** gepittñ *A*,
gebiten *c*. **94.** enthünet *c*. **96.** funf *A*. eyſeneÿ *A*, eÿſñ *c*. **98.** fuſſñ
A, fueſſen *c*.

in ainen mit dem tengken arm,
10   mein daumen müfften büffen,   100
ain ftahel ring den hals erwarb;
der wurden fünf, als ichs vor hab gefait.
Alfo hiels mich mein frau zu fleifs
mit manchem herten druck,
15   ach hufch, der kalten ermlin weifs,   105
unlieplich was ir fmuck.
was ich ir klagt meins herzen laid,
ir parmung was mit klainem troft berait.

VII Mein herz das fwindt
in meinem leib und bricht von groffen forgen,   110
wenn ich bedenck den bittern tod,
den dag, die nacht, den morgen.
5   ach we der engeftlichen not,
und waifs nicht, wo mein arme fel hin fert.
O Maria kind!   115
fo fte mir Wolkenfteiner bei in nöten,
da mit ich var in deiner huld;
10   hilf allen, die mich tötten,
das fi gebüffen hie ir fchuld,
die fi an mir begangen haben hert.   120
Ich nim es auf mein fterben fwër,
fo fwer ichs doch genüg,
15   das ich der frauen nie gevër
von ganzem herzen trüg.

---

99. tynken *A*.   **100.** taumē *A*, dawmen *c*. muftñ buffñ *A*, müefften pueffen *c*.   **101.** ftahl *c*.   **102.** funf *A*. ich *Ac*. han *A*.   **103.** mein frau] die gût *A*.   **104.** māchñ *A*. truk *A*.   **105.** ermlein *A*. vnlieblich *A*. fmûk *A*.   **107.** klag *A*.   **108.** barmüg *A*. was] ift *A*.
109. fwint *A*.   **110.** pricht *Ac*.   **111.** Wañ *A (c)*. bedenk *A*. pittern *c*.   **112.** tag *Ac*.   **113.** wee *Ac*. angeftlichñ nod *A*. engftl. *c*.   **114.** nit *A*.   **116.** ftee *Ac*. wolkenftain' *Ac*. pey *c*.   **118.** tôten *A*.   **119.** gebuffñ *A*, gebüeffen *c*.   **121.** fwër *A*.   **122.** ich *A*. genüeg *c*.   **123.** gefêr *A*, gevär *c*.   **124.** ganczñ *A*. trug *A*, trueg *c*.

ſchaid ich alſo von diſer werlt,   125
ſo bitt ich got, das ſi mein nicht engelt.

2. Wach, menſchlich tier   *B 1ᵛ (A 1ᵛ 2ʳ, c 2ᵛ–3ᵛ*
                                  = BW 109, Sch 85)

I   **W**₊ach, menſchlich tier!
          brauch dein vernunft, ir frauen und ouch manne!
     wie biſtu gar erphlumſen ſo
     in deiner ſünden wanne,
5   das du nicht fürchſt des herren dro,   5
     der dir dein leib und ſel verlihen hat.
     Louff, ſüch in ſchier,
     es vinſtert pald, die weil dus macht geſehen,
     und ſol dich jemand machen los,
10   das müſs durch in geſchehen.   10
     er brach die hell, die nie gefros,
     zwar ſein gewalt all müglich ſach durch gat.
     Die ſunn, der man, der ſterne kranz,
     den plümlin auf der haid,
15   den geit er farb und liechten glanz.   15
     bei mancher ögelwaid
     ſicht man ſein wunder michel ſwĕr,
     wer nicht geloubn wolt, das got nicht wĕr.

II   *Wer* habt den himel

---

*) rot-blau
125. diſer welt *A*.   **126.** pitt *A*. entgelt *c*.
A: Finis et illa tria ſequĕcia cantāt' ſcdm̄ melodiam iſtam
1. menſlich tyr *A*.   **2.** prauch *Ac*. v'nufft *c*.   **3.** biſt du *A*, piſt
du *c*. erplunſen *c*.   **4.** ſundñ *A (c)*.   **5.** furchſt *A*.   **6.** dein] den *A*.
v'liehñ hatt *A*.   **7.** ſuch *A*, ſuech *c*. ſchyr *A (c)*.   **8.** du magſt *Ac*.
9. ymāt *Ac*.   **11.** prach *A*.   **14.** plumblin *A*, dein blüemlein *c*.   **15.**
gibt *c*.   **16.** pey *c*. eüglbaid *c*, angelwaid *A*.   **17.** ſiecht *A*. michl *c*.
18. gelaubñ *Ac*.
19. himl *c*.

und die erd, das waſſer, groſſe ſtaine?   20
was pringt den toner, ſne und wind?
das firmament allaine
5   möcht uns beteuten gottes kind,
der ſeiner mütter vatter iſt und man.
In tieffer timel   25
ſo freit er fiſch, da mit ſi nicht ertrinken,
er habt die vogel in der höh,
10   das ſi nicht abher ſincken,
er zieret perg und tal, die löch
mit manchem klaid, das niemd erdenken kan.   30
Wer nert das würmlin in der erd,
das räblin junck und marb,
15   wenn vatter und mütter von im kert
und fleucht ſein weiſſe farb?
das tüt gots herſchafft groſs und lanck,   35
ſein macht gewan nie end noch anefangk.

III   Der aller frucht,
menſch, tier und vich ain underſchaid kan geben,
das ains dem andern nicht geleicht,
der gnad mir an dem leben   40
5   und weiſs die fraun gütlicher beicht,
in der gebot man mir zerbricht die ſchin.
An weiplich zucht
kompt ſi mir ſelden immer auſs den oren,

---

20. ſteine *A*.   21. prinkt *A*. tonr *c*. ſnee *c*. wintt *A*, windt *c*.   23. Macht
A, mocht *c*. bedeütten *c*. gotes *A*.   24. mut' *A*, muet' *c*. vat' *Ac*.
25. tewffer *A*. tyml *c*.   26. ertrinckñ *c*.   27. vögl *c*.   28. ſinkhen *A*.
29. ziret *A*. loh *c*.   30. manchñ *A*. nyemt *A*, nyembt *c*. erdencken *c*.
31. wormlin *A*.   32. rëblin *A*, rüeblein *c*. jung *Ac*. marg g *über* b *A*.
33. wañ *c*. vat' *A* (*c*). mut' *A*, muet' *c*. im]in *c*.   35. herſchafft *c*.
lang *A*.   36. anefang *A*.
38. tir *A*. viech *A*. unterſchaid *c*.   40. lehn *A*.   41. weis *c*. beicht *A*,
peicht *c*.   42. gepot *A*.   44. küpt *A*, kumbt *c*. ſeltñ *A*. orn *A*.

wie ſi die barſchafft von mir drung;   45
10   ſi tüt mich vil betoren,
       und das ſi als ain zeiſel ſung;
       zwar meinen ſchatz, den hat ſi pald dahin.
       Was ich ſi man der lieben mēr,
       die ſi ainſt an mich lait,   50
15   und das ſi mir ain eiſen ſwēr,
       von meinen füſſen tēt,
       und lieſs die andern dannocht ſtan.
       da mit traib ich ſi ferr von mir hindan.

IV *D*abei ſo merkh,   55
       weltliche lieb, wie pald ſi hat verpranget!
       wēr ich ainſt hundert meil geweſen,
       ir leib hett mich erlanget,
5   da mit ich wēr durch ſi geneſen;
       nu tüt ſi mir den gröſſten ungemach.   60
       Der baine ſterck
       ſpannt ſi mir herter in wann ainem pferde,
       das ich darauf nicht mag geſtän
10   mit groblichem gevērde.
       ſo ward ich ir gevangen man;   65
       mein wolgetrauen ir kirchvart überſach.
       Mein daumen, arm, darzu den hals
       hat ſi mir ingeſmitt.
15   O frau, wie bitter iſt dein ſals!
       ſi ſwecht mir mein gelid,   70

---

45. parſchafft *c*. dvûng *A (*d *rot über* t*)*. **46.** tut *Ac*. **47.** zeÿſl *c*. ſûng
A. **48.** ſchafftz *A*. bald *A*. **50.** latt *A*. **52.** fuſſñ *A*, fueſſen *c*. têt *A*.
53. lies *A*. dennoch *A*.
55. Da pey *c*. merck *c*. **56.** worltliche *c*. liebe *A*. **57.** wēr ich ainſt]
vnd wer ich *A*. **58.** leib] lieb *A*. hiet *c*. **59.** ſi] ſey *A*. **60.** tut *c*.
groſtñ *A*. **61.** peine *A*, paine *c*. ſterk *A*. **62.** ſpant *A*. in] ein *c*. ainen
A. pherde *A*. **63.** geſtan *Ac*. **64.** kloglichm *A*, gröblichem *c*. gevärde
c. **65.** wart *A*. **66.** wolgetrawn *A*. vberſach *A (c)*. **67.** dawmen *c*.
68. het *c*. jnn geſmyt *A*, ein geſmitt *c*. **69.** pitter *c*. **70.** gelit *A*.

erſt han ich funden, was ich ſücht;
nu walt ſein got, der mir den rock gedücht.

3. Wenn ich betracht　　　*B 2ʳ (A 2ʳ, c 3ᵛ 4ʳ*
　　　　　　　　　　　　　　　= BW 110, Sch 88)

I　　Wenn ich betracht,
　　　ſtrĕfflich bedenck den tag durch ſcharpfs gemüte,
　　der creaturen underſchaid,
　　ir übel und ir güte,
5　　ſo vind ich ains in ſolchem klaid,　　　　　　　5
　　des übel, güt niemt verbeſſren, böſren mag.
　　Ich hab gedächt
　　der ſlangen houbt, da von Johannes ſchribet,
　　wie in der werlt kain böſer frucht
10　ſich auf der erden ſcheibet:　　　　　　　　10
　　vil ſchnöder iſt unweiplich zucht,
　　von ainer ſchönen, böſen frauen plag.
　　Man zemet liephart, löwen wild,
　　den püffel, das er zeucht;
15　der ainem weib die haut abfildt,　　　　　　15
　　und ſi die tugent fleucht,
　　noch künd man ſi nicht machen zam,
　　ir üble gifft iſt aller werlde gram.

II　*W*irt ſi geert,

---

71. hab *c.* ſucht *A.* ſuecht *c.*　**72.** Nû *A.* rok *A.* geducht *A,* ye tuecht *c.*
A: Finis

1. Wann *c.*　**2.** ſtrĕfflich *A.* bedenk *A.* ſcharphs *A,* ſcharffs *c.* gemute *A,*
gemüete *c.*　**3.** vnterſch. *Ac.*　**4.** vbel *A,* übl *c (auch 6).* guete *c.*　**5.**
ſolichem *A.*　**6.** guet *c.* nymt *A,* nyembt *c.* v'beſſern *A,* v'peſſ. *c.*
boſern *A.*　**7.** han *A.* gedacht *Ac.*　**8.** ſchreibet *Ac.*　**9.** wie] das *A.*
welt *A.* poſer *A,* pöſer *c.*　**11.** ſnoder *A,* pöſer *c.*　**12.** boſen ſchonen *A,*
pöſen *c.*　**13.** leopart *c.* leuĕ *A,* lewĕn *c.*　**15.** ainen *A.* hawt *c.* abfilt *c.*
16. ſey *A.*　**17.** kunt *A.* ſey *A.*　**18.** vble *A.* gift *Ac.* welde *A.*

ſo kan ſi niemt mit hoffart überwüten,   20
iſt ſi verſmächt, ſo tobt ir müt
geleich des meres flüten,
5   armt ſi an wirden oder an güt,
ſo iſt ſi doch der boſſhait allzeit reich.
Ain weib entert   25
das paradis, des Adam ward geſchendet;
Matuſalem, der ſtarck Samſon
10   geſwechet und geplendet
von weiben; David, Salomon
durch frauen ſind betrogen frävelich.   30
Ariſtotiles, ain maiſter groſs,
ain weib in überſchrait,
15   zwar ſeiner kunſt er nicht genoſs,
hoflichen ſi in rait,
küng Alexander, mächtig, hön,   35
von frauen viel, und Abſolon, der ſchön.

III   Ain ſchön, bös weib
iſt ain gezierter ſtrick, ain ſpies des herzen,
ain falſcher freund der ougen want,
ain luſt truglicher ſmerzen;   40
5   des ward Helias ferr verſant,
und Joſeph in den kärker tieff verſmitt.
Ain heilger leib,
hieſs ſant Johanns baptiſta, ward enthoubet

---

20. nymt A, nyemät c. hofhart A, hochfart c. vberw. A, vberwüetten
c. 21. v’ſmeht A. 22. gleich Ac. fluten A, flüeten c. 23. oder] ad’ A.
gut Ac. 24. poſhait c. 26. des paradeys A. des] das A. 27. Mantu-
ſalem A. ſampſon A, Sambſon c. 29. Salamon A. 30. betragñ A.
frauelich A, fräueleich c. 31. Ariſtoles A. 32. vberſchr. A. 34.
höfl. c. 35. kunig A, künig c. Allexand’ A (c). machtig A. 36. vil A.
   37. boſſ A, pös c. 38. geczirter ſtrik A. ſpy[e]ß A. 39. freunt c. wont c.
40. truglichñ der ſm. A, trüglicher ſm. c. 41. wart A. ver A. v’ſandt
c. 42. kerch’ Ac. v’ſmit Ac. 43. heilig’ A. 44. hies c. ſand A (c).
wart A.

durch weibes räch, da vor uns Criſt   45
10   behüt. ouch ward betoubet,
gevangen durch ains weibes liſt
der von Wolkenſtein, des hanck er manchen tritt.
Dorumb ſo rat ich jung und alt,
fliecht böſer weibe glanz!   50
15   bedenckt inwendig ir geſtalt,
vergifftig iſt ir ſwanz,
und dient den frummen freulin rain!
der lob ich breis über all karfunkelſtain!

4. Hör, kriſtenhait   B 2ʳ (A 2ʳ, c 4ᵛ5ʳ
                                  = BW 111, Sch 89)

I   Hör, kriſtenhait!
      ich rat dir das mit brüderlichen treuen:
      du hab got lieb für alle ding,
      es wirt dich nicht gerawuen,
5   und wiltu, das dir wolgeling,   5
      dein willen ker von irdiſchem geluſt!
      Wer liebe trait
      ze got, von dem ſi kompt, daran ſi hafftet,
      ſo wirt der wille pald geſchickt,
10   das er tëglichen trachtet,   10
      wie er die liebe darzu fickt,
      das ſi nicht werd geferret gotes pruſt.

---

45. rach A (c). dauon A. kriſt Ac.   **46.** behut A, behuet c. wart A.
48. Der wolkenſtain A, der von wolkenſt. c. hank A. trit c.   **49.** rath A.
50. boſer A, pöſer c.   **51.** bedenk A.   **52.** vergiftig A.   **53.** den gutñ
frawen A, freẅlein c.   **54.** preys A. über] fur A. karfunckiſtain c.
A: Finis illius
2. bruderlichñ A, brüederlichen c.   **3.** für] vor A.   **4.** gerewen A (c).
5. wildu c.   **6.** irdiſchen A.   **8.** zu c. kumpt A, kumbt c.   **9.** bald A.
10. taglichñ A.

Des fchönen glanz, der füffen zeit
und untraw difer werlt,

15   lug, hoffart, fpot, hafs, zoren, neid,   15
götliche liebe nicht melt;
kain fchatz, freud gegenwirtiklich
begert fi nicht wann gots von himelreich.

II   Unfauber fcham
der werlt, da von ift götlich minn gefcheiden,   20
kain fchidung zwifchen ir und got
befchicht nicht von in baiden;

5   hoffart, unkeufch, der geitig fpot,
darüber ift fi ganz erhaben hoch.
Mit widerzäm   25
wil fi nicht fehen, hören, greiffen, fmecken;
kain wolluft, der ir flaifchlich ift,

10   den kan fi lieplich decken.
den leib, die werlt, des teufels lift
wirft fi ze rugk allzeiten groblich roch.   30
Si twinget barmung, michel grofs,
herabher aus dem tron,

15   ir handwerck ward nie werch genos,
güt ift ir taglon.
wo fich entzundt der minne zach,   35
gaiftlich, da fchmilzet laid und ungemach.

---

13. fchonē *A.* fueffen *c.*   14. untreẅ *c.* diefer *A.* welt *A (auch 20, 29).*
15. hofhart *A,* hochfart *c (auch 23).* zorn *Ac.*   16. gotliche *A.* libe *A,*
lieb *c.*   17. gegenbürtigkl. *c.*   18. himelrich *c.*
20. gotl. mȳne *A.* gefchaidñ *A (c).*   21. und *fehlt in A.*   22. gefchicht
A. paiden *c.*   24. dar vber *A.*   25. wyd'zam *A (c).*   26. horñ *A,* hörn
fehen *c.*   27. fleifchl. *c.*   28. lieblich *A (auch 38).*   29. lift] luft *c.*
30. ruk *A.* groblichñ *A,* gröblich *c.*   31. parmung michl *c.*   33. hand-
werk *A,* -werch *c.* wart *A.*   34. gut *Ac.*   35. wo] fo *c.* enczunt *A,*
enzündt *c.*   36. fmylczet *A (c).*

III *W*er gaiſtlich prunſt
　　mit arbait lieplich in ſein herz well ſtoſſen,
　　der wach, ſo er dick gern ſlieff,
　　bett barhoubt, vaſten, poſſen   40
　5　ſein herz, bedenck gots leiden tieff
　　auf baren knien, ouch halt darinn ain maſs.
　　Fleiſch, weines tunſt
　　teglichen meid, mäſſlichen nim die ſpeiſe,
　　das er den hunger zimlich büſs.   45
　10　ſo mag die lieb ir weiſe
　　gaiſtlich in im gewürcken ſüſs,
　　ſein ougen perg, das antlitz blaichen laſs.
　　Den leib mit armüt, froſt und hitz
　　bett närlich auf das ſtro.   50
　15　wie leiden kompt von gottes witz,
　　gedultig ſei des fro,
　　wann leiden ſwennt der ſünden gall;
　　des lig ich Wolkenſteiner inn der fall.

5. Ich ſich und hör　　　*B 2ᵛ (A 12ᵛ, c 5ʳᵛ*
　　　　　　　　　　　　　= BW 112, Sch 93)

I　ᒪch ſich und hör,
　　das mancher klagt verderben ſeines gütes,
　　ſo klag ich neur die jungen tag,
　　verderben freies mütes;

---

37. prûnſt *A*.　**38.** wel *A*.　**40.** pet *A*, pett *c*. porhaubt *c*.　**42.** parn knyn *A*. dar jnne *A*.　**43.** flayſch *A*.　**44.** tagleichñ *A*. maſſlichñ [?]*A*, mäſlichen *c*. ſpeyße *A*.　**45.** pûſſ *A*, püeſs *c*.　**47.** gewurkñ *A*. ſüeſs *c*.　**48.** antlütz *c*. plaichen *c*. las *A*.　**49.** armut *A*, armuet *c*.　**50.** pett *A (c)*. nerl. *A*.　**51.** kumpt *A*, kumbt *c*. gotes *A*.　**52.** gedulclich *A*.　**53.** ſwent *A*. ſundñ *A*.　**54.** wolkenſtainer *A (c)*. in *Ac*.
A: Finis tocius
Hye iſt eyn end der vier lieder jr yedleichs Singt ſich beſunder jnn dem annefang der erſten weiſſe
1. ſyech *A*.　**2.** gutes *Ac*.　**3.** nûr *A*.　**4.** muttes *A*.

5 wes ich vor zeiten darinn pflag,   5
   und klain emphand, do mich die erden trüg.
   Mit kranker ſtör
   houbt, rugk und bain, hend, füſs das alder meldet;
   was ich verfrävelt hab an not,
10 her leib, den mütwill geldet   10
   mit blaicher farb und ougen rot,
   gerumpfen, graw: eur ſprüng ſind worden klüg.
   Mir ſwert herz, müt, zung und die tritt,
   gebogen iſt mein gangk,
15 das zittren ſwecht mir all gelid,   15
   owe iſt mein geſangk.
   daſſelb quientier ich tag und nacht,
   mein tenor iſt mit rümpfen wolbedacht.

 II *A*in krauſs, weiſs har
   von löcken dick hett ainſt mein houbt bedecket, 20
   daſſelb plaſniert ſich ſwarz und graw,
   von ſchilden kal durch ſchöcket;
5 mein rotter mund wil werden plaw,
   darumb was ich der lieben widerzäm.
   Plöd, ungevar   25
   ſind mir die zend, und ſlawnt mir nicht ze keuen,
   und het ich aller werlde güt,
10 ich künd ir nicht verneuen,

---

5. wes] des *A.* zeittñ *A.* phlag *A.* **6.** epfannt *A*, enphand *c.* erde
Ac. trug *A.* **7.** krancker *Ac.* ruck *A.* pain *Ac.* füeſs *c.* alter *c.*
9. verfrauelt *A.* **10.** herr *c.* muetwill *c.* **11.** plaicher *A (c).* **12.** ge-
rumphen *A.* gra *A*, grab *c.* ſind] ſein *A.* clug *A*, klueg *c.* **13.** ſwart
A, ſwirt *c.* mut *A.* trit *Ac.* **14.** gepogen *Ac.* ganck *A.* **15.** zittern
A. ſwechet *A.* alle glid *c.* **16.** awe *A*, o wee *c.* **17.** quintir *A*, quin-
tier *c.* **18.** rimphen *A.*
19. kraws *A.* **20.** locken *A.* hawbt *A.* bedeckt *A.* **21.** plaſnirt *A*,
plaſsnirt *c.* gra *A*, grab *c.* **22.** ſchecket *A.* **23.** roter *c.* pla *A*, plab *c.*
24. widerzam *A (c).* **25.** Plod *A.* **26.** ſlaunt *c.* nit *A.* zu *c.* **27.** welde
A. gut *Ac.* **28.** kundt *A.* nicht] myt *A.*

noch kouffen ainen freien müt;
es widerfür mir dann in ſlaffes träm.   30
Mein ringen, ſpringen, louffen ſnell
hat ainen widerſturz,
15 für ſingen hüſt ich durch die kel,
der autem iſt mir kurz;
und gieng mir not der külen erd,   35
ſeid ich bin worden ſwach und ſchier unwerd.

III Ach, jüngelingk,
bei dem nim war, tröſt dich nit deiner ſchöne!
gered noch ſterck halt dich embor
mit gaiſtlichem gedöne.   40
5 wer du jetzund biſt, der was ich vor;
kompſt du zu mir, dein güt tat reut dich nicht.
Für alle dingk
ſolt ich jetz leben got zu wolgevallen,
mit vaſten, betten, kirchengän,   45
10 auf knien venien vallen.
ſo mag ich kainem bei beſtän,
ſeid mir der leib von alder iſt einwicht.
Für ainen ſiech ich allzeit vier
und hör durch groben ſtain,   50
15 die kindlin ſpotten mein nu ſchier,

---

29. chauffen *A.* mut *A.* **30.** wid'fur *A.* jnn wannes trawm *A.*
31. ringen vnd das lawffen *A.* **33.** mit huſten ſing ich *A,* fur ſ.
hueſt ich *c.* **34.** attem *A,* atm̅ *c.* **35.** ging *c.* chülen *A,* küelen *c.*
36. pin *Ac.* ſchir *Ac.* vnwert *A.*
37. jungeling *A,* Jüngeling *c.* **38.** nym war pey dem *A.* pey *c.* troſt *A.*
nit *A.* ſchone *A.* **39.** grrëd *c.* ſterchk *A.* hëlt *c.* enpar *A.* **40.** gaiſt-
leichem *A.* gedone *A.* **41.** wer] der *c.* yczund *A,* yetz *c.* piſt *Ac.*
42. kumſt *A,* kumbſt *c.* guttät *A,* guttat *c.* **43.** dingk *A,* ding *c.*
44. yczt *A.* **45.** peten *Ac.* chirchgan *A,* kirchengan *c.* **46.** knÿe *c.*
47. chainem *A.* geſtan *A,* weſtan *c.* **48.** enwicht *A,* enbicht *c.* **49.**
Fur *A.* ſich *c.* ich *fehlt in A.* alczeit *A.* **51.** kinder *A,* kindlein *c.*
ſchir *Ac.*

darzü die freulin rain:
mit anewitz ich das verfchuld.
junck man und weib, verfaumt nicht gottes huld!

6. Ich fpür ain tier   *B 2ᵛ (A 37ᵛ, c 6ʳᵛ*
                                = BW 113, Sch 92)

I   *I*ch fpür ain tier
       mit füffen brait, gar fcharpf find im die horen;
       das wil mich tretten in die erd
       und ftöfflichen durch boren.
5   den flund fo hat es gen mir kert,   5
       als ob ich im für hunger fei befchert.
       Und nahet fchier
       dem herzen mein in befündlichem getöte;
       dem tier ich nicht geweichen mag.
10   owe der groffen nöte,   10
       feid all mein jar zu ainem tag
       gefchübert fein, die ich ie hab verzert.
       Ich bin erfordert an den tanz,
       do mir geweifet würt
15   all meiner fünd ain groffer kranz,   15
       der rechnung mir gebürt.
       doch wil es got, der ainig man,
       fo wirt mir pald ain ftrich da durch getan.

---

52. darczu *A (c)*. frawlein *A*. **54.** Nu füg uns got das end mit feiner
huld / Amen *A, c = B*. jung *c*. v'faumbt *c*.
A: Nota das lied fingt fich jnn der weiff der erftn' vier lieder am ane-
fang
2. fueffen *c*. **3.** trëten *c*. **4.** ftöffleichen *A*, ftöfflichen *c*. durchporñ *c*.
5. de *c*. **7.** nachet *A*, nähet *c*. fchir *A*. **8.** hercze *A*. pefündlichem *A*.
9. gewichen *A*. **10.** o wee *c*. **12.** gefchẅbret *c*. fein] find *A*. ie] hie *A*.
13. pin *Ac*. **14.** würd *A*, wirt *c*. **16.** der] die *A*.

II Erſt deucht mich wol,
    ſolt ich neur leben aines jares lenge   20
    vernünftiklich in diſer welt,
    ſo wolt ich manchen enge
5 mein ſchuld mit klainem widergelt,
    der ich laider groſs von ſtund bezalen müſs.
    Darumb iſt vol   25
    das herzen mein von engeſtlichen ſorgen,
    und iſt der tod die minſt gezalt.
10 o ſel, wo biſtu morgen?
    wer iſt dein tröſtlich ufenthalt,
    wenn du verraiten ſolt mit haiſſer buſs?   30
    O kinder, freund, geſellen rain,
    wo iſt eur hilf und rat?
15 ir nempt das güt, lat mich allain
    hin varen in das bad,
    da alle münz hat klainen werd,   35
    neur güte werck, ob ich der hett gemert.

III *A*llmächtikait
    an anefangk noch end, bis mein gelaite
    durch all dein barmung göttlich groſs,
    das mich nicht überraite   40
5 der lucifer und ſein genos,
    da mit ich werd enzuckt der helle flauch.
    Maria, maid,

---

19. dücht *A*. 21. vernüftiklich *A*, v'nüfftigklich *c*. werlt *c*. 22. machen *A*. 24. der] die *A*. gros *A*. 26. ht'ze *c*. engſtleichen *A*. 28. piſt du *c*. 29. tröſtleich *A*. aufenth. *c*. 30. wañ *c*. v'raitten *c*. puz *A*, pueſs *c*. 31. kind frew[n]d geſelle mein *A*, freünt *c*. 32. wa *A*. ewer *A*. 33. nembt *c*. gut *Ac*. lat] laſt *c*. 34. pad *c*. 36. nur *c*. gute *Ac*. werk *A*. hiet *c*.
37. Almacht. *A*, Allmächtigkait *c*. 38. anefanch *A*, anefang *c*. pis *A*. gelaide *A*. 39. parmmung *A*, parmung *c*. gotleich *A*, götlich *c*. gros *A*. 40. nit *A*. uberr. *A*. 41. luciper *c*. 42. enczucht *A*. ſchlauch *A*.

    erman dein liebes kind des groſſen leiden!

    ſeit er all criſtan hat erloſt,   45

10   ſo well mich ouch nicht meiden,

    und durch ſein marter werd getroſt,

    wenn mir die ſel fleuſſt von des leibes drouch.

    O welt, nu gib mir deinen lon,

    trag hin, vergiſs mein bald!   50

15   hett ich dem herren für dich ſchon

    gedient in wildem wald,

    ſo für ich wol die rechten far:

    got, ſchepfer, leucht mir Wolkenſteiner klar!

7. Loblicher got   B 3ʳ (A 41ᵛ 42ʳ, c 6ᵛ = BW 114, Sch 108)

I   **L**oblicher got,

      gewaltiklicher küng der himel tröne!

    ich man dich alles, das ich kan,

    vernim mein kranks gedöne,

5   dein willen laſs an mir ergan,   5

    alſo das ich nicht flieſs dein ewigs reich.

    Nach deim gebot

    gedultiklich ich leiden wil zu eren

---

44. chind *A.* **45.** ſeyd *c.* criſten *c.* erlöſt *A.* **46.** wel *A.* nit *A.* **47.** getröſt *c.* **48.** dröch *A.* **49.** werlt *c.* nun *A.* **50.** pald *Ac.* **51.** hiet *c.* fur *A.* **52.** jnn *A.* **53.** wol] bas *A.* **54.** ſchöppffer *A (c).* wolkenſtainer *Ac.* Amen *A.*

A: Finis iſtius

Nota das lied ſingt ſich jn dem erſten anefang jn der ſelben melody daz da an vachet ein anefang an gotleich forcht

7. *[Anm.: V. 19–54 fehlt in c]*

A: Nota das lied lobleicher got etc. ſinget ſich jnn der weyſe Ain anefangk Req'ir in p'nᵒ.

1. Lobleicher *A,* Löblich' *c.* **2.** gewaltikleicher *A,* gewaltigklich' *c.* künig *c.* hÿml trone *c.* **3.** das] des *A.* **4.** krancks *Ac.* **7.** gepot *A.* **8.** gedultikleich *A,* gedultigklich *c.*

der bitter marter, fo du laid,
10 gedultiklichen geren,   10
umb unfer freud und fälikait,
die weilent was verloren ewikleich.
Ich bin umbfangen mit der wat,
darinn ich büffen fol,
15 herr, das gefchicht nach deinem rat,   15
zwar das vernim ich wol:
des feift gelobt durchleuchtig klar,
nach deim begeren bin ich willig zwar.

II *T*raut, fēlig weib,
keufchliche maid, frau, mütter gottes kinde,   20
der uns durch dich all hat erlofft
von hellifchem gefinde,
5 den nim zu hilf und gib mir troft,
da mit ich nicht verzag in meiner not.
O fwacher leib,   25
fündiger balg, der wirt hat dich emphangen;
ich fürcht, er well bezalet fein,
10 was du ie haft begangen
mit deiner groffen fünden fchein.
er fordert dich, gib mir das bettenbrot.   30
O herz, haftu ie füfs erkant,
da nim das fawer für;
15 biftus zu freuden ie gewant,
da wider trawren fpür;
alfo flach ains gein andern ab: 35
wirdiger got, wie köftlich find dein gab!

9. pitter *A*, pittern *c*.   10. gedultikleichen *A*, gedultigklichñ *c*.
11. fäligkait *c*.   12. verlorn *c*. ewigkl. *c*.   13. pin *Ac*.   14. püffen
A, püeffen *c*.   18. pegeren *A*, wegern *c*. pin *Ac*.
A neben dem Ende der 1. Str.: Ve nobis
19. Trawt fälig *A*.   20. mait *A*. müter *A*.   21. erloft *A*.   23. ze *A*.
25. leip *A*.   26. palg *A*. enph. *A*.   28. pegangen *A*.   30. fodert *A*.
pettenbrot *A*.   33. piftu zü *A*.   34. trawrn *A*.   36. köftleich *A*.

III   Der ſorgen raiff
    hat meinen leib zeſamen veſt gebunden,
    von ſorgen groſs mein herz geſwillt,
    forcht, ſorg, die hab ich funden;   40
5   durch ſorg mein houbt genzlich erſchillt,
    grauſſliche ſorg mir dick den ſlauf erwert.
    Mit umbeſwaiff
    vier mauern dick mein trauren hand verſloſſen;
    O lange nacht, ellender tag,   45
10   eur zeit iſt gar verdroſſen!
    vil mancher ſchrick kompt mir zu klag,
    dem laider hilf von mir wirt klain beſchert.
    Gen diſer werlt hab ich die angſt
    verſchuldet ſicher klain,   50
15   neur umb den got, der mich vor langſt
    beſchüff von Wolkenſtein;
    der ſei mein troſt und aufenthalt:
    O Fellenberg, wie iſt dein freud ſo kalt!

Nota diſe vorgeſchriben ſyben lieder ſingent ſich jn der erſten
weyſe des anefangs der da ſich mit worten alſo anhebet Ain
anefangk an göttlich forcht etc.

8. Du armer menſch   *B 3ʳᵛ (A 2ᵛ 3ʳ, c 8ʳᵛ*
                                    = BW 115, Sch 94)

I   **D***u armer menſch, las dich dein ſünd hie reuen ſer!
      o hailger gaiſt, gib uns deins heiligen vatters ler,
    das ich bedenck ain klain die macht und wirdig er

---

*) rot-blau

38. leip *A.* vaſt gepunden *A.*   **39.** gros *A.* geſwilt *A.*   **41.** haupt *A.*
erſchilt *A.*   **42.** grawſleiche *A.* ſlaf *A.*   **44.** mauer *A.* trawren *A.*
49. welt *A.*   **52.** beſchüf *A.* wolckenſtain *A.*
8. *[Anm.: V. 1-24 fehlt in c]*
1. ſund *A.* rawen *A.*   **2.** hailiger *A.* uns deins] mir dez *A.* hail. vaters *A.*
3. bedenk *A.* wirdich *A.*

in meim geſangk von got, dem nicht geleichet.
5   Neun kör der engel, die loben got an underlaſt,   5
in lobt die ſunn, der man und aller ſterne glaſt,
in lobt der himel, der alles weſen umbetaſt,
und was dorinn regniert, ſein namen reichet.
Perg und ouch tal, des voglin ſchal, der viſch im wag,
10   all würm und tier, geloubet mir, was ich eu ſag,   10
laub, gras, gevild, das waſſer wild, die nacht, der tag
erkennt und lobt got, dem der teufel weichet.

II   Seid wir nu hören aus aller maiſter kunſt behend,   *3ᵛ*
das jetz geſchefft in ſeinem weſen got erkent,
des hat ſich mancher herter ſtain enzwai entrennt,   15
do er emphand ſeins ſchepfers not und ſterben.
5   Vil frucht auf erd, und die doch unenpfintlich iſt,
noch ert ſi got durch hübſch geplüt und kennet Criſt,
ain jetzs gewächs nach ſeiner zeit, als im die friſt
iſt auf geſatzt von got, ſein frucht zu erwerben.   20
Das alle kunſt mit reichem gunſt ain menſch beſäſs,
10   der minſten blum, und wēr ſein rüm noch ainſt ſo räſs,
möcht er nicht ganz nach iren glanz natürlich häſs
poſnieren ſchon, ſolt er des leibs verderben.

III *N*u alle creatur, die got beſchaffen hat,   25
ſi ſind in waſſer, in wind oder auf der erden phat,
ie danckper iſt dem herren in der majeſtat

---

4. geſank *A.*   **5.** got] in *A.*   **6.** ſtern *A.*   **7.** beſen *A.* vmmetaſt *A.*
8. dar jnne *A.* regnirt *A.*   **9.** dal *A.* vogeleyn *A.*   **10.** wurm *A.* ge-
lawbet *A.* euch *A.*
13. nû *A.* horen *A.* meiſt' *A.* behendt *A.*   **15.** het *A.* manig' *A.* ent-
rent *A.*   **16.** enphant *A.* ſchöff's *A.*   **17.** vnentphintl. *A.*   **18.** hubſch
geplud *A.* kriſt *A.*   **19.** yecz *A.* gewachs *A.*   **22.** plûm *A.* wēr *A.*
rum *A.*   **23.** mocht *A.* nach irem] mit iren *A.* naturl. *A.*   **24.** poſ-
nyren *A.* ſcholt *A.* leibs] liebs *A.* vorderben *A.*
25. creatûr *A.* hat] hot *A.*   **26.** jnn wint *A*, waſſer wind *c.* pfat *A.*
27. dangper *A.*

neur umb die gnad, das er ſi hat formieret.

5   Ach tummer menſch, wie iſt dein herz dann gar ſo wild,
   ſeid du wol waiſſt, das dich got nach im hat gebildt   30
   und dir verlihen hat ſein groſſe gnad ſo milt,
   gar manigvaltiklichen unzelieret.
   Er hat dir geben leib und leben, ſel, vernunft;
10 dir dient die erd, feur, waſſer, wirdiklicher luft,
   all tier wild, zam, der früchte tam aus tieffer grufft   35
   iſt dir als underteniklich gezieret.

IV Der wolken krafft, das firmament mit klarem ſchein
   und all die freud, als ſi zu himel mag geſein,
   menſch, die genad von got volgt all dem dinſte dein,
   dannocht well wir in denklich nicht erkennen.   40
5   Mit ſeinem leib hat er uns aus der hell erloſt,
   des ſich der lucifer daſelben übel troſt.
   noch wirt ſein heiliger nam mit ſweren dick beroſſt
   von manchem man, der ich eu vil wolt nennen.
   Ach, Adams kind, wie iſt ſo plind dein ſwacher müt,   45
10 das du nicht kenſt und übernenſt dein herren güt,
   der dich mag nemen, geben haiſſer helle glüt,
   und alle freud mag er dir pald entrennen.

V   *O* heilger Criſt, ſeit das dein macht iſt ungezalt,

---

28. ſey *A.* hot *A.* formiret *A*, gformiret *c.*   **29.** thumm' *A.* dan *A.*   **30.** ſeyt *c.* gepild *Ac.*   **31.** vorlihñ *A.* mildt *c.*   **32.** manigſeltigklichñ *c.* vnczeliret *A*, vngezëlet *c.*   **33.** hat] hot *A.* vernüfft *c.*   **34.** dint *A.* wirdigkl. *c.* lufft *A.*   **35.** tyr *A.* fruchte dam *A.* gruft *A.*   **36.** vnt'de-nickleich *A*, vnterteniklich *c.* gecziret *A.*
37. klaren *A.*   **38.** framd *A.* ze *A.* himl *c.*   **39.** gnad *Ac.* dinſt *A.*
40. dennoch *A.* danckl. *A*, denckl. *c.*   **41.** hot *A.* erlöſt *c.*   **42.** des] daz *A.* luciper *c.* do ſelbn *A.* vbel *A*, Vbl *c.* tröſt *c.*   **43.** hailig' *A (auch 49).* ſwuren *A.* beroſt *A*, weröſt *c.*   **44.** manichen *A.* euch *A.*
45. kint *A.* wy *A.* plindt *A.* müet *c.*   **46.** kennſt *c.* vber- *A*, vblnennſt *c.* gut *A*, guet *c.*   **47.** glut *A*, gluet *c.*   **48.** frawd *A.* bald *A.* entrynen *A.*
   49. kriſt *c.*

ſo wundert mich ob allem wunder manigvalt,   50
das wir nicht fürchten ſer dein zorniklich geſtalt
und groſſe plag, die du uns macht beweiſen.

5   Des freut ſich manger gaiſt, der dort verſtoſſen ward,
von höch der himel hrab zu tal umb ſein hochfart,
die uns vorlaiten tëglich in den ſünden gart,   55
von irem rat waiſs ich nicht lobs zu breiſen.
Weib und ouch man, ir ſchauet an eur miſſetat,

10 ſnell büſſt eur ſünd und nicht enzünt euch von dem rat
der böſe wicht! mänlichen vicht! got frü und ſpat,
den nim zu hilf für ſtahel und für iſen!   60

9. O welt, o welt   *B 3ᵛ 4ʳ (A 3ʳᵛ, c 8ᵛ–9ᵛ*
= BW 116, Sch 95)

I   O welt, o welt, ain freud der kranken mauer,
wie ſwër du biſt! dein lon, der wirt mir ſauer,
ſeid du uff mich gevallen haſt
und druckſt mich auf die erden.

5   Weltliche freud, ain tüch von bitterm ende,   5
wer dich recht kant, der koufft dich nicht behende,
wil er icht weſen fremder gaſt
gen manger frauen werden.
Was hilft mich, das ich manig nacht

10 in groſſen freuden han gewacht   10

---

50. wundr *A*.   **51.** forchten *A*. zornleich *A*.   **52.** magſt *c*. geweyſen *A*.
53. frewet *A*. manicher *A*. wart *A*.   **54.** hoch *A*. hẏml *c*. herab *A*. hof-
hart *A*.   **55.** v'laitten *c*. tagleich *c*. den] der *c*. ſunden *c*.   **56.** jrm *A*.
preyſen *A*.   **57.** ſchawet *A*. awer *A*.   **58.** bueſt *A*, püeſt *c*. ewer *A*.
ſund *A*, ſündt *c*. enczunt *A*.   **59.** poſen *A*, pöſe *c*. mañlichn *A*. fru
A.   **60.** fur *(2 mal) A*. eyſen *Ac*.
1. werlt *(2 mal) c*. frawd *A*. kranken] kalten *c*.   **2.** piſt *Ac*. ſawer *A*.
3. ſeid du] ſey du *A*. auff *Ac*. holt *A*.   **4.** druchſt *A*.   **5.** Werltliche *c*.
tuch *Ac*. bitt'n *A*, bittrem *c*.   **7.** frömd' *c*.   **8.** manig' *A*.

in dreuzehenthalben jaren!
nu müſ₃ ich wachen, ſeufzen, zittren ellentlich.
all heilgen güt, die engel in dem himelrich　　　　　　*4ʳ*
man ich, das ſi mir helfen vaſt
15　mein laid zu güt erarnen.　　　　　　　　　　　　　15

II　*W*as hilft mich nu mein raiſen fremder lande
in manig küngkrich, das mir iſt bekande,
was hilft mein tichten und geſangk
von manger küngin ſchöne?
5　Was hilft mich manig klüghait fremder ſinne,　　　20
ſeid ich bin worden gar zu ainem kinde,
und mir entweckt mang ſwĕr gedanck
vil zäherlicher döne?
Was hilft mich ſilber oder gold,
10　ſeid ich mir ſelber ſelden hold　　　　　　　　　25
mag werden wol von herzen?
das mich der werlde ſchein ſo gar betrogen hat!
ach ſtarcker got, in kraft der heilgen trinitat
kom mir mit deiner hilfe fang
15　in ſeniklichem ſchmerzen!　　　　　　　　　　　30

III　Ain jeder menſch, der laſ ſich nicht belangen
nach freuden groſs, da mit er werd umbfangen.
für war, ich mag ſein bürge weſen,
das end wirt im gar bitter.

---

11. dreicz. *A*, dreüzenth. *c*.　　**12.** mûz *A*. ſawfczen *A*. czite'n elend-
leich *A*.　　**13.** hailigñ *A*, heyligen *c*. gut *c*. engl *c*. hymelreich *A*,
himlr. *c*.　　**15.** gut *Ac*. erraren *A*.
16. frömder *c (auch 20)*.　　**17.** kunigreich *A*, künigreich *c*.　　**18.** main
A. geſank *A*, geſanck *c*.　　**19.** manig' *A*. kunigin *A*, künigin *c*. ſchone
A.　　**20.** klugh. *Ac*.　　**21.** pin *c*.　　**22.** manig *A*. gedäkh *A*.　　**23.** zĕher-
leich' *A*.　　**24.** golt *Ac*.　　**25.** holt *A*.　　**26.** woll *A*.　　**28.** krafft *A*. haili-
gen *A*, heyligen *c*.　　**29.** kim *A*, kom̄ *c*.　　**30.** ſenlichen *A*. ſmerczñ *A (c)*.
31. ider *A*. laz *A*.　　**32.** frawdñ *A*. do mit *A*.　　**33.** fur *A*. burge *A*.
34. pitt' *A*.

5   Hatt ainer güt, zwar des bedarf er hüten,   35
ie gröffer er, ie merer toben und wüten;
der Neithart liefs aim nicht ain fefen,
köm neur ain ungewitter.
Ich fprich es wol auf meinen aid,
10   ie gröffer lieb, ie merer laid   40
kompt von den fchönen frauen.
feid lieb und laid mit freuden, trauren ift gemengt,
und zeit und weil ain fenlich fchaiden da verhengt,
wie mag das end frölich genefen?
15   das möcht ain jeder fchauen.   45

IV   *I*ft ainer junck, fchon, mütig, hoher gaile,
der ander ftarck, gerad an alle maile,
der dritte weifs, er wirt ain kind,
kompt er zu verren tagen.
5   Manig zier und luft wolt ich noch vil erdencken,   50
das fich der menfch erfreut, noch müfs erkrenken,
wenn er der langen jar emphindt,
erft tüt es fich gefagen.
Seid uns in difer kranken zeit
10   all werltlich freud neur pringet laid   55
und füfs ain fauer ende,
und aller luft auf erd die leng verdrieffen pringt,
fo wundert mich, worumb der menfch nach freuden ringt.

---

35. hat *Ac.* gut *Ac.* hutñ *A*, hüetten *c*. **36.** groffer *Ac.* merar *A*. wüeten *c*. **37.** lyes *A*. aim] ain *A*. kom *c*. vngewiter *A*. **39.** mainen *A*. **40.** groffer *c*. **41.** kumpt *A*, kumbt *c*. fchonen *Ac*. **42.** lieb] leib *A*. trawren *A*. gemenkt *A*. **43.** ain] an *A*. verhenk *A*. **44.** froleich *A*. **45.** mocht *A*. fchawen *A*.
46. jung *c*. muetig *c*. **47.** ande'n *A*. ftarck *A*. **48.** weif *A*. kint *A*. **49.** kumpt *A*, kumbt *c*. verñ *A*. **50.** zir *A*. erdenkñ *A*. **51.** erfrewd *A*. muz *A*. er krencken *c*. **52.** wen *A*, wañ *c*. lengñ *A*. enphint *A*. **53.** tut *Ac*. **54.** krancken *Ac*. **55.** weltlich *A*. frawd *A*. leit *c*. **56.** fuefs *A*, füefs *c*. fawer *A*. **57.** vordriffen *A*.

offt, weiſer man, wie wirſtu plind
15 in aller kunſt behende!   60

V   Ach lieber freund, wĕrlich ich wolt uns raten,
    möcht wir aus diſen ſwachen liſten waten,
    der wir natürlich hie begern,
    und bĕten got, den reichen,
5   Das er uns wolt vergeben unſer ſünde   65
    und unſer herz in ſeiner lieb erzünde;
    So möcht wir wol mit güten eren
    aim jeden fürſten gleichen.
    Nu unſer leib ergenklich iſt,
10 und haben weder zeit noch friſt,   70
    das wir uns müſſen ſchaiden
    von allen luſten, freuden, güt und eren gros,
    und uns nicht volgt, wann unſre güte werck gar blos:
    O hailger gaiſt, welſt uns verkeren
15 und alle ſund erlaiden!   75

10. Wenn ich mein krank vernunft *B 4ʳᵛ (A 5ʳᵛ, c 10ʳᵛ*
                                       = BW 117, Sch 97)

I   Wenn ich mein krank vernunft nĕrlichen ſunder
        und vaſt bedenck der tummen welde wunder,
    der ich ain tail ervaren han,
    geſehen und gehöret,
5   So wundert mich vor allem nicht ſo ſere,   5

---

59. wy *A.* wirſt du *c.* plint *A*, plindt *c.*
61. frewnt *A (c).* rathñ *A.* **62.** mocht *A.* dyſem *A.* luſten *A*, lüſten *c.*
63. naturl. *A.* wegern *A.* **64.** päten *c.* **65.** vorgebñ *A.* ſunde *A.*
66. enzünde *A.* **67.** mocht *A.* guten *A*, gueten *c.* **68.** ydem *A.* für-
ſten] kunigk *A.* **69.** zergencklich *c.* **71.** müeſſen *c.* **72.** lüſten *c.*
frawdñ *A.* gut *Ac.* **73.** volget *A.* vnße *am Zeilenende A.* gute *Ac.*
werkh *A.* plôß *A.* **74.** hailig' *A*, heilg' *c.* **75.** ſunde *A*, ſünd *c.*
1. Wañ *A.* kranck *Ac.* v'nufft *c.* naˑlichñ *A.* **2.** tumē *A.* werlde *c.*

das ich mein zeit neur lenck nach güt und ere
und dabei nie kain rü gewan;
der ſinn bin ich bedoret.
  Ich wais wol, das noch kompt die ſtund,
10 und het ich aller werlde grund,   10
dorumb geb ich ſei geren,
das ich nach gottes willen leben ſolt ain jar,
der ich vil manches laider uppiklichen zwar
in ſünden nie wolt widerſtän;
15 ſo müſs ich ſein emberen.   15

  II Ich hör, das man vil manchen weiſen nennet,
das er der werlde curs ain klain erkennet
und darauf legt tēgleichen fleis,
  wie er des werd geheuer.
5 So maint er dann, derſelbig hübſch geſelle,   20
das im nicht ſchad noch ſchell kain ungevelle,
er müg verkeren ſwarz in weis,
  das wer aim eſel teuer.
  Er kan ſich ſtellen marterlich
10 und maint, das im niemand geleich.   25
ſolt er es halt verkouffen,
er geb es umb ain ſchilling ſicher näher nicht,
er zeucht ſein wän zu torhait, als Petrarcha ſpricht.
  in aller werlt der toren breis
15 kan niemt mit zal erlouffen.   30

6. nûr *A.* gut *Ac.*   **7.** rue *Ac.*   **8.** wedöret *c.*   **9.** kumpt *A*, kumbt *c.*
10. hiet *Ac.* welde *A.* grunt *A*, grundt *c.*   **11.** dar vmb *A (c).* ſy *Ac.*
12. gotes *A.*   **13.** maniches *A.* laider *fehlt in c.* vppickl. *A*, v̈ppikl. *c.*
14. ſundñ *A.* widerſtan *Ac.*   **15.** mûs *A (c).* enprñ *A*, emperen *c.*
16. manichñ *A.*   **18.** degleichen *A*, teglichen *c.*   **19.** werde *A.* gehewr
A.   **20.** maint] wånt *A.* hubſcz *A.*   **21.** ſchel *A.*   **22.** mug *A.*   **23.** tewr
A.   **24.** märt'leich *A*, märterlich *c.*   **25.** nymant *Ac.* gleich *A.*   **26.**
hald *A.*   **27.** er] es *c.* gêbez *A.* naher *A.*   **28.** es *c.* wan *Ac.* ze dorheit
A. petracha *A.*   **29.** der do t. *A.* preys *A.*   **30.** nymant *A*, nyembt *c.*
v'lauffñ *A.*

III Man liſt und ſagt uns vil von alden jaren,
  was wunderzaichen darinn ſind erfaren,
  ſeid das die werlt beſchaffen iſt
  von got, dem aller höchſten.

5 Man vindt ouch noch derſelben wunder gleichen,   35
  die got verhengt den armen und den reichen,
  babſt, fürſten, herren, den ir liſt
  vor unval nit mag tröſten.
  Wer hochber klimbt an widerhab,
10 wer mag des icht, vellt er herab,   40
  lieſs ſich in der mitt benügen,
  alſo das er ſein zeit von got nicht feieren las.
  was hilft ain man, der vil bedenckt neur auſs der maſs? 4ᵛ
  wil es von got nicht haben friſt,
15 wie mag es ſich dann fügen?   45

IV *I*n hoffnung, ſmerz, in forchten und in freuden
  vertreib wir zeit, da von mag ich nicht geuden,
  ſeid das all ſach zu diſer werlt
  kain weſen ſtët befleuſſet,
5 Und ſich das güt zu argem bald verwandelt,   50
  und arg zu gütem ſelden widerhandelt,
  ie doch das ſich mit bitterm gelt
  das end ſtrenklich befleuſſet.
  Hie iſt geweſen, hie iſt nicht;
10 falſch, untreu, böſe zuverſicht   55

---

32. ſindt *A*. **33.** weld *A*. **34.** aller hoſtñ *A*. **37.** Pâbſt *A*, pabſt *c*.
furſten *A*. herrn *A*. **38.** vor] von *A*. mag] mocht *A*. troſtñ *A*. **39.**
hochp' *A*, höher *c*. klimbt] ſteigt *c*. **40.** icht] nit *c*. velt *A*. **41.** lies *A*.
wenüegñ *c*. **42.** vieren *A*, feyren *c*. laſs *c*. **43.** aim *A*. aus *A*. **44.** got
A. **45.** fugen *A*, füegen *c*.
46. In vorchtñ, ſmetz [!], in hoffnüg... *c*. **47.** do vô *A*. **48.** welt *A*.
49. ſtât *A (c)*. befûlſet *A*. **50.** gut *Ac (auch 65)*. argen *A*. pald *A*.
51. gutñ *A*, gutem *c*. **52.** pitt' *A*, bittrem *c*. **53.** ſtrengl. *A*, ſtrengkl.
c. befleuſſ' *A*, weſleuſſet *c*. **55.** boſe *A*, pöſe *c*.

wir gen ainander tragen,
kind, vatter, mütter, ſweſter, brüder, all geleich,
möcht wir mit liegen, triegen in das himelreich,
ſo wĕr es uns ain eben veld:
15   den jamer wil ich klagen.   60

V   Sich mancher ſent nach groſſer kurzeweile,
im wĕr ze tün, fund ers in kouffes eile;
her wider umb all ſeinen ſchatz,
5   den ſolt er darumb geben.
Die werlt tracht, wie ſi güt und er reiſſe,   65
und geit dorumb köſtlichen hort mit fleiſſe,
das ſi ir zeit an widerſatz
verzert mit ſwachem leben.
Gedenk ain menſch mit aigenſchafft,
10   geburd und end, was ſnöder krafft   70
wir haben und gewinnen,
wenn wir dort ligen, zannen als die affen tier,
küng, kaiſer, herzog, grafen, all geleichen mir.
hat jemant güts dann fürgehatzt,
15   an zwifel wir das vinden.   75

VI *I*ch main, das weder in waſſer oder auf lande
nicht leb kain wilder tier, der es erkande,
wann neur ain tĕglich grober menſch,

56. einandern *A*, genenander *c.*   **57.** vat' *A (c).* mut' *Ac.* brud'
ſweſter *A*, ſweſter brued' *c.* alle gleich *A.*   **58.** Mocht *A.* ligñ trigñ
A. himlreich *c.*   **59.** ëbm velt *c.*
61. manich' *A*, mang' *c.* kurtzweile *c.*   **62.** zu *A.* tun *A*, thun *c.* fůnd
A (c).   **63.** herwidrumb *c.* allñ *A.*   **65.** werlde *c.* ere *A.* ereyße *A*, er-
reiſſe *c.*   **66.** gibt *c.* dar vmb *A.* koſtl. *Ac.*   **68.** ſwachñ *A.*   **69.** Ge-
denck *Ac.*   **70.** ende *A.* ſnoder *A.*   **72.** wen *c.* tyr *A.*   **73.** kunig *A*,
kung *c.* chayſer *A.* groſen *A.*   **74.** hatt *A.* ymäts *A*, ymant *c.* guts *Ac.*
furgeh. *A (c).*   **75.** zweifel *A*, zbeiſl *c.*
76. auff waſſer noch auff lande *c.*   **77.** lebe *A.* tyr *A (auch 84).* erkante
A.   **78.** degleich *A.*

dem als ſein tün gevallet.

5   Ain vich begert nicht mer, wann es verbrauchet,   80
nach ſeiner art natürlichen verſlauchet.
ſo tü wir gleich der wetter gens,
die tëglich waſſer ſnallet.
Kain tier bitt ſeins geleichen tod,
10 ains hilft dem andern in der not;   85
e das ain grober tralle
lit elend, armüt, als vil mancher weiſer tüt,
er lies e all ſein freund hie ſterben umb das güt,
ob im da von wurd ſein gedens,
15 da mit er lebt in ſchalle.   90

VII Freund, wiltu weiſſhait, tugent an dich breiſen,
das la dich elend, armüt underweiſen.
dein wilde mag wol werden zam,
biſtus von gütem ſtamme.
5   Diemütikait und erenſt ſelden meide,   95
las hoffart, bis gedultig, leb an neide,
ſo werden all dein veinde lam
dort in der helle flamme.
Frid trag in deines herzen grund,
10 das du von rach icht werſt enzunt,   100
wenig red, ain nutzes ſweigen.
los, frag, wes du von güten ſachen verre gaſt,
trau nicht der werlt, ir wandel, tün iſt neur ain plaſt.

---

79. alles *A.* tun *c.* **80.** wann] dañ *A.* **81.** naturleichñ v'ſchlauchet *A.*
82. tu *A.* **83.** tegleich *A.* **84.** pitt *A.* dott *A.* **86.** ee *c.* trolle *c.* **87.**
elent *A*, ellendt *c.* armut *Ac.* manich' *A.* waiſer *A.* tut *A.* **88.** lieſs *c.*
ee *Ac.* alle *A.* freünt *c.* gut *Ac.* **89.** do von *A.* **90.** do mit *A.*
91. Frewnt *A (c).* wildu *c.* waiſh. *A.* preyſen *Ac.* **92.** das] des *c.*
laz *A.* elendt *A*, ellend *c.* v̈nt'weyſen *c.* **94.** piſt du *A.* guten *A*,
guetem *c.* ſtame *c.* **95.** demutik. *A*, Diemüetik. *c.* ernſt *Ac.* **96.** laſs *c.*
hochfart *c.* geduldig *A.* **99.** grundt *Ac.* **100.** daz du icht von rach…
A. icht] nit *c.* **101.** nützes *c.* **102.** gutñ *Ac.* ir'e *A (c).* **103.** Traw *A.*
wandlñ *A*, wandl *c.*

hoffnung zu got dich nicht enſcham,
15   ſo mag dir freude naigen.   105

Nota diſs obgeſchriben lied Wenn ich mein krank vernunft
ſinget ſich in der weiſe O welt o welt etc.

11. O ſnöde werlt   *B 4ᵛ 5ʳ (A 3ᵛ–4ᵛ, c 11ᵛ–13ʳ = BW 118, Sch 96)*

I   O ſnöde werlt,
     wie lang ich leib und güt in dir vorſliſſe,
     ſo vind ich dich neur itel ſwach
     mit wort, werk und gepërde;
5   der untreu biſtu alſo vol,   5
     das ich das ort noch end begreiffen kan.
     Falſch böſen gelt
     fürſtu luglich, truglichen gar zu ſliſſe.
     mit mü und arbait, ungemach
10   und groblichem gevërde,   10
     ſo ringſtu nach der helle hal.
     das klagt, ir tummen frauen und ouch man.
     Tëglichen ſtick wir tag und nacht
     nach güt und werltlich er,
15   wirt unſer will dar inn volbracht,   15
     ſo hab wir doch nicht mer,   5ʳ
     neur klaine ſpeis und ſwachs gewand,
     und was wir güts bi dem han fürgeſant.

_____

1. Snode *A*. welt *A*.   **2.** wy *A*. gut *Ac (auch 14, 18-8, 79)*. vor ſleiſſe
A, w'ſliſſe *c*.   **3.** eitel *A*, eytl *c*.   **4.** werckh *A*, werck *c*.   **5.** piſtu *A*,
biſt du *c*.   **7.** boſen *A*, poſen *c*.   **8.** fureſtu *A*. lugleich *A*, lüglich *c*.
trüglichen *c*. fleiſſe *Ac*.   **9.** müe *c*.   **10.** gröbleichn̄ *A*, gröblichem *c*.
11. ringſt du *c*. hol *Ac*.   **12.** tumen *A*.   **13.** Tägleichen *A*.   **14.** noch *A*.
weltleich *A*, wertlich' *c*.   **15.** wil *A*. volpr. *A*.   **17.** ſwach *A*. gewant
A (w < b), gewandt *c*.   **18.** bi dem] da bey *A*, pey dem *c*. haben *c*.
fur geſant *A*, fürgeſandt *c*.

II Vil mancher spricht,
        in rechter treu sol ich in allzeit vinden   20
        mit leib und güt zu meim gebot
        vest ewiklichen stête.
   5   köm ich mit armüt in sein haus,
        er wolt, ich wêr ain fuxs in ainem hag.
        Klain zuversicht   25
        wir haben söllen zu des Adams kindern,
        neur dienen aim, der haisset got;
  10   die werlt fürt ungeräte.
        darab so nim dir ainen graus
        und hoff zu dem, der dir gehelfen mag.   30
        Ach, mir erbarmt manger güter man
        und ich mir selber ouch,
  15   der da nit recht bedenken kan,
        wie gar es ist ain rouch
        der werlde dienst mit grosser not.   35
        was ist der lon, wenn man spricht, er ist tod?

III Kain ermer vich
         under allen tieren kund ich nie ervaren,
         neur aines haisst ain hofeman,
         der geit sich gar für aigen   40
   5   dem herren sein umb klainen sold.
         des têt ain esel nicht, und wer er frei.
         Reit, slach und stich,

---

19. manicher *A*. **21.** gut *A*, g. *fehlt in c*. gepott *A*, gepot *c*. **22.** ewigk-
lichen *c*. state *A*, stâte *c*. **23.** kâm *A*, kom *c*. armut *c*. **24.** fuchs *Ac*.
26. sulln *A*, süllen *c*. kindñ *A*. **27.** ain *A*. **28.** welt *A*. furt *A*. **29.** dar
ab *A*. **30.** gehalffen *A*. **31.** erparmt *c*. manig' *A*. guter *A*, gueter *c*.
33. nicht *A*. bedenckê *A (c)*. **35.** welde *A*. dinst *Ac*. nôt *A*. **36.** wañ
A. tot *A*.
38. vnter *A*. tyren *A*. kond *A*. **39.** haisset *A*. hofman *A*. **40.** fur
A (auch 51, 53). **41.** solt *A*. **42.** das] des *Ac*. det *A*, tât *c*. **43.** slag *A*.

zuck, raub und brenn, den menſchen tü nicht ſparen,
nim roſs und wagen, henn und han,   45
10 gen niemant tü dich naigen;
gedenk, dein herr der werd dir hold,
wenn er von dir ſicht ſölche ſtampanei.
Du ſte vor im, tritt hinden nach
und kapf den langen tag,   50
15 iſt er ain fürſt, für in ſo gach,
das er dich ſehen mag:
ſprech er zu dir ain freuntlich wort,
das nemſt du für des himel fürſten hort.

IV Ir vogelein   55
und andre tier, baide wilde und die zamen,
ir traget rechte liebe gar;
geleich kieſt ſein geleichen,
5 gemahel ſein gemähelein,
in nöten ſi bei ainander bleiben ſtän.   60
Die freunde mein,
ſolt ich vor in erkrumben und erlamen,
e das mir ainer gäb ſein nar
10 und ſolt mich do mit reichen
zu meim geſunt an mailes pein,   65
ich müſſt vor im ee als der ſne zergän.
Des menſchen lieb wer gar enwicht,
die ains dem andern tüt,
15 hett wir der gab nit zuverſicht

---

44. zuk rawb *A.* preñ *A (c).* thu *A (auch 46).* **45.** hañ *A.* **46.** nymät
A. neygen *A.* **47.** gedenck *c.* holt *A.* **48.** Wañ *Ac.* ſiecht *A.* ſolche *A,*
ſölhe *c.* ſtampeney *A.* **49.** ſtee *c.* trit *c.* **50.** kapfh *A.* dag *A.* **51.** furſt
A. **53.** ſpräch *c.* freindl *A.* nemûſt [?] *A,* nembſt *c.* furſten *A.*
56. andere tyr *A.* payde *A.* **58.** gleich kiſt ſein gleichñ *A.* **59.** ge-
maheln *A,* gemahl *c.* gemehelein *A,* gemächelein *c.* **60.** notñ *A(c).*
beinand' *c.* ſtan *Ac.* **62.** erbrinnẽ *A,* verkrumben *c.* **63.** ee *c.* geb *A.*
65. meinẽ geſund *A.* **66.** muſt *A,* müſt *c.* ſnee *c.* zengan *A,* ergan *c.*
67. einwicht *A.* **68.** anderm̃ *A.* dut *A,* tut *c.* **69.** het *c.*

und hoffnung umb das güt.   70
mein aigen kind gewun vordrieſs,
wellt es die leng von mir nicht ſeinen genieſs.

V   Und ſolt ich mir
    erwünſchen gar nach meines herzen freude
    ain leben ſelber, wie ich wolt,   75
    mit hilf aller maiſter ſinne,
5 ſo künd ichs doch bedenken nicht,
    oder ich müſſt die leng vordrieſſen darinn han.
    Was hilft mein gier
    zu groſſem güt und nach der eren geude?   80
    was hilft mich ſilber oder gold?
10 was hilft der frauen minne,
    ſeid wertlich freud pald iſt enwicht,
    und wais gar wol, das ich ſchier müſs darvon?
    Turnier und ſtich, louff, tanz und ſpring   85
    auf ainem weiten platz,
15 mach kurzweil vil, treib hoflich ding,
    verdrä dich als ain katz,
    und wenn der ſchimpf all da ergat,
    gee wider dar, ſo vindſt ain öde ſtat.   90

VI   Ach freunt, geſell,
    du zweifel nicht, was ich dir hie wil ſagen,
    dien got von ganzem herzen dein,
    laſs dir die werlt nicht ſmecken,

---

70. gut *Ac.* **71.** kint *A.* gebonn *A,* gebuñ *c.* v'dries *c.* **72.** welt *A*
(c). nit *A.* ſeine *A,* ſein *c.*
73. ſcholt *A.* **74.** erwunſchñ *A.* fraude *A.* **77.** kund *A.* wedencken *c.*
müſt *A (c).* vordriſſñ *A,* v'drieſſen *c.* dor yñ *A,* darjn *c.* **79.** gir *A.*
groſſen *A.* **81.** ad' *A.* golt *Ac.* **83.** weltlich *A,* werltlich *c.* entwicht
Ac. **84.** ſchir *Ac.* mûz *A,* mues *c.* **86.** ainē *c.* waittñ *A.* **87.** hofleich
A. **89.** wañ *c.* ſchimph *A.* **90.** ge *A.*
92. zweifl *c.* **93.** ganczen *A.* **94.** laz *A.* welt *A.* ſmekē *A.*

5   aus irem luſt mach dir ain ſpot,   95
     ſo haſtu freude hie und dort genüg.
     Kain ungevell
     las dich bekümern, das dich mach verzagen,
     kain trübſail las dir pringen pein.
10   ob leiden dich wil wecken,   100
     das iſt ain ſunder gnad von got,
     dieſelbig gnad zuckt dir der helle lüg.
     Wer ſich den zoren binden lat,
     der gleicht ſich ainem vich,
15   und dem got hie verlihen hat   105
     fünf ſinn vernünftiklich;
     das iſt die höchſte wirdikait,
     wer weiſlich vicht in widerwertikait.

VII Mich wundert ſer,
     das wir auf diſer werlt ſo vil entpauen,   110
     und ſehen wol, wie es ergät.
     wo ſind mein freund, geſellen?
5   wo ſein mein eldern, vodern hin?
     wo ſein wir all neur uber hundert jar?
     Mich wundert mer,   115
     das ich mich nie kund mäſſen meiner frauen,
     die mich ſo lang betrogen hat
10   mit groſſem ungevellen.
     mich hat geplennt mein tummer ſin

---

95. ſpott *A*. **96.** haſt du *A*. frawde *A*. genug *A*. **98.** laz *A*. bekurm̄
A, bekum̄ern *c*. **99.** trupſal *A*, trüebſal *c*. la *A*, laſs *c*. **100.** ob] ab
A. **102.** dye ſelbe *A*. genad *A*. zukt *A*. den helle lug *A*. **103.** ſiech
A. zorn *A*. pinden *Ac*. latt *A*. **104.** geleicht *A*. aine *c*. **106.** funff *A*.
vernůffticklich *A*, vernünfftigklich *c*. **107.** hochſte *A*. wirdigk. *c*. **108.**
wideuertik. *A*, widerwertigk. *c*.
110. welt *A*. viel *A*. entpawn̄ *A*. **111.** woll *A*. wy *A*. ergat *Ac*. **112.**
frewnt *A (c)*. **113.** ſein] ſint *A*, ſind *c*. main *A*. eltern *c*. vodern] wor-
den *A*, vordern *c*. **114.** ſey *c*. **116.** maſſn̄ *A (c)*. meiner] ainer *A*.
118. groſſn̄ *c*. **119.** hot *A*. geplent *c*. tum' *A*. ſin *c*.

und nie bekant, das ſi mir was gevar.　　　　　　120
　　Wir pauen hoch auf ainen tant
　　an heuſern, veſten, zier,
15　　und tät doch gar ain ſlechte wand,
　　die lenger werdt dann wir.
　　volg, brüder, ſweſter, arm und reich,　　　　125
　　pau dort ain ſloſs, das dich werdt ewikleich.

12. In Frankereich　　*B 5 ʳᵛ (A 7ʳᵛ, c 13ᵛ–14ᵛ*
　　　　　　　　　　　　　= BW 95, Sch 65)

I　　In Frankereich,
　　Iſpanien, Arrigun, Caſtilie, Engelant,
　　Tennmark, Sweden, Behem, Ungern dort,
　　in Püllen und Afferen,　　　　　　　　　　*5 ᵛ*
5　　in Cippern und Cecilie,　　　　　　　　　　5
　　in Portugal, Granaten, Soldans kron,
　　Die ſechzehen künigreich
　　hab ich umbfaren und verſücht, bis das ich vand
　　mit treuen neur ain ſtäten hort;
10　　der wil mich treu geweren,　　　　　　　　10
　　umb meinen dienſt an zweifels we,
　　mag ich ir neur zu willen leben ſchon.
　　Doch hab ich troſt, ob ich ir huld
　　verlur oder iren ſun,
15　　das ſis nit räch nach meiner ſchuld,　　　　15
　　als ander frauen tün,

---

120. nit *A.*　121. pawen *A.*　122. zir *A.*　123. dät *A*, tet *c.* wandt
c.　124. werd *c.*　125. brud' *Ac.*　126. Paw *A.* ſchloſſ *A*, gſlos *c.* wert
A, werd *c.* ewiclich *A*, ebigklich *c.*　Amen *A.*
1. frankr. *A*, franckr. *c.*　2. Arrigun *oder* Aragun [?] *A.* engelandt *c.*
3. Tennmarch *c.* Pehem *A*, Beheim *c.*　4. pullñ *A.*　6. portigal *A.*
soldons *c.* kran *A.*　7. kûngr. *A*, kunigr. *c.*　8. vmbfarn *c.* vorſucht *A*,
u'ſuecht *c.* fant *A.*　9. ſtatñ *A*, ſteten *c.*　11. dinſt *Ac.* zweifels *A.*
wee *c.*　14. vorlûr *A*, verlür *c.* ſûn *A*, ſuen *c.*　15. nicht *A.* rech *A.*
16. tuen *c.*

und fei dorinn genёdig mir,
bis das ich widerzäm ir freundfchaft fchier.

II *K*ain fchöner weib
    nie menfch gefach mit ougen zwar, und wer fi kent,   20
    der müfs mir des verfchulde jehen,
    an ir ift nicht verhönet.
5   ir amplick prehent als die funn,
    liecht öglin klar und ainen roten mund.
    Wie möcht mein leib   25
    nu traurig fein, wenn ich gedenck von wort zu end,
    das ich die rain fol anefehen
10 vor mir köftlich gekrönet.
    ir zarter leib geit freud und wunn,
    und wёr ich fiech, fi macht mich fchier gefund.   30
    Zwar ich gewunn fein kain verdriefs,
    möcht ich irs aberkofen,
15 das fi mich in iern garten liefs,
    do fi fwanzt durch die rofen,
    und wurd mir do ain krenzlin grün   35
    von irem gunft, fo wёr ich freuden kün.

III Vier künigin,
     verkrönt, von den mir eren vil befchehen ift,
     der ich für war nie wirdig ward,

---

17. dar jnn *Ac.*   **18.** wider czam *A*, bid`zam *c.* frewntfchafft *A (c).*
fchir *A.*
19. fchoner *A.*   **20.** fi] fey *A.*   **21.** mûz *A*, müeft *c.* verfchulde] vor
fchuldñ *A*, von fchuld *c.*   **22.** v'honet *A.*   **23.** anplick *A*, antlütz *c.*
fûn *A.*   **24.** licht *A.* augelein *A*, eüglin *c.* müt *A.*   **25.** mocht *A.* leip
A.   **26.** art *A*, ort *c.* endt *c.*   **27.** an fehen *c.*   **28.** mir] mein *A.* koft-
leich *A*, -lich *c.* gekronet *A.*   **29.** wunn] wund *A.*   **30.** fchir *Ac.* ge-
funt *A (c).*   **31.** gewvn *A.* kein v'driß *A.*   **32.** mocht *Ac.*   **33.** irё
A (c). lies *A.*   **35.** bürd *c.* krenczelein *A.* grüen *c.*   **36.** iren *A.* küen *c.*
37. kunigin *A.*   **38.** w'kront *A.* ern *A.* gefchen *A.*   **39.** der] dez *A.*
fur *A (auch 44).*

und manche fürſtin ſchöne,   40
5   die mich zu ſchallen mit ir bat,
wenn ich mein danck volbracht auf ainem knie, –
Als ichs beſinn,
ſo iſt mein frau hoch für ſi alle mit klügem liſt,
geworcht nach adeleicher art,   45
10 das menſch nie ſüſſer döne
auf kainer zung vernomen hat,
wen ſi ir ſtimm ie freuntlich hören lie.
Si dempft die ganzen muſica
mit groſſer reſonanz,   50
15 die recht menſur appoſita,
all noten hol und ganz
lat ſi erzittren durch ir kel,
das es erklingt in meines herzen ſel.

IV *U*nd wër Paris,   55
Venedigk, Bruck, Thomaſch und die Trippel in
mit berlin, gold als überſtreut,   [Barbarei
und Jenau vol karfunkel,
5   und Perſolon mit diamant,
und Mumpoliers vol aller maiſter kunſt,   60
Dennoch wër ſis,
die diſen ſchatz ſwër überwäg mit eren frei,
die mich zu mancher ſtund erfreut;
10 wo ich in trauren tunckel

---

40. maniche *A*. furſtin ſchone *A*.   41. pat *c*.   42. wañ *Ac*. ainem]
meinē *A*.   43. beſin *A*.   44. main *A*. all *A*. clugñ *A*, kluegem *c*.   45.
adelich' *Ac*.   46. ſuſſ' *A*, ſueſſer *c*. dene *A*.   47. zung] czucht *A*.   48.
wañ *c*. ſtym *A*. horē *A (c)*.   49. dempt *A*, tempfft *c*.   50. gros' *A*.
52. holl *A*.   54. errklingt *A*.
56. venedich *A*, venedig *c*. purck *A*, pruck *c*. tomaſchk *c*.   57. perlein
golt *Ac*. vber *A*.   58. Jenaw *A*. karfunckel *A*, Carfunkl *c*.   60. mond-
poliers *A*, munipolirs *c*.   62. ſchätz *c*. Swär *A (c)*.   63. manich' *A*.
erfrewet *A*.   64. trawrn *A*. dunckl *A*, tunckl *c*.

durch tauſent maſchen bin verwant,   65
ſo loſſt ſi mich aus mangem tieffen runſt.
An tadel, rain, diemütiklich,
mit aller tugenthait,
15 in allem wandel züchtiklich,
ſo herſcht die ſchöne maid.   70
umb trauren gēb ich nicht ain ſtro,
wil ſi mir wol, ſo fürcht ich niemands dro.

V   Ach frauen ſchar,
es wēr wol zeit, ain urlob ſolt ich von eu han.
eur leib betreugt mich alſo ſer,   75
mein troſt iſt euch unmēre;
5   mein dienſt, der loufft neur hinden nach,
ſeit mir die weiſs durch braunen bart aufdringt.
Ich hoff, die klar,
die zart, die rain, die minikliche wolgetan   80
wil an mir halten weiplich er,
10 ob ich ſi nicht beſwäre,
und wennt mir lieplich ungemach;
dieſelbig lieb mich allzeit billeich zwingt.
Ir kaiſer, künig, herzog, freien,   85
dinſtman, wer ſei ſein,
15 darüber wil ich geuden, greien
mit der frauen mein,
und die ir treu nicht an mir bricht,

---

65. tawſent *A.* pin *c.* v'bant *c.*   **66.** loſt *Ac.* manigē *A.*   **67.** dadel *A*, tadl *c.* demutikl. *A*, diemüetigkl. *c.*   **69.** jm *A.* wanndl *A*, wandl *c.* zuchticl. *A*, züchtigkl. *c.*   **70.** ſchone meit *A.*   **72.** forcht *A.* nymancz tro *A.*
74. vrlaub *A.* euch *A.*   **75.** ewer lieb *A.*   **76.** vnmäre *c.*   **77.** dinſt *Ac.* leufft *A.* nu *A.*   **78.** ſeint *A*, ſeyd *c.* praunē *A.* part *Ac.*   **79.** hoffe *A.*   **80.** die rain *fehlt in A.* mñckliche wol geſtalt *A*, mynigklich vnd wolgetan *c.*   **81.** well *c.*   **82.** ab *A.* beſwēre *A.*   **83.** went *A*, wendt *c.* lipl. *A.*   **84.** pillich *Ac.*   **85.** kunig *A.* herczogñ graffñ freyen *A.*   **86.** ſei] ſy *Ac.*   **87.** dar vb' *A.*   **89.** an mir nit *c.*

ob ich ir dien mit williklicher phlicht.   90

Nota diſs vorgeſchriben lied In Frankereich ſinget ſich inn
der melodey O ſnöde werlt etc.

13. Wer iſt, die da durchleuchtet *B 5ᵛ 6ʳ (A 4ᵛ 5ʳ,*

c 14ᵛ 15r = BW 96,

I   W̶er iſt, die da durchleuchtet *Sch 50)*
     für aller ſunnen glanz
    Und keüklichen durchfeuchtet
    uns den verdorten kranz?
5   Wer iſt, die vor dem raien fürt den tanz   5
    Und dem vil zarten maien pringt ſeinen phlanz?
    Ain edle junckfrau klar,
    die zwar, fürwar, ain ſun gebar,
    der keuſchlich ain ir vatter was,
10 mäglichen rain ſi des genas,   10
    ſelb dreien freien unitas,
    da von wir ſein getröſſt, erlöſſt   *6 ʳ*
    von ſcharpfer helle gier.

II   Wer kan die magt volzieren
    nach adeleicher art?   15
    auf erd kain lieber dieren
    zwar nie geboren wart.
5   Ei du traut, minnikliche, keuſche creatur!
    dein klarheit glenzet an geteuſche uber alle figur,

90. willickl. *A*, willigkl. *c*. pflicht *c*.
2. fur *A (auch 8).* **3.** kûckleichē *A*, keücklichen *c*. **5.** vôr an *A*, vor-
an *c*. furt *A*. **6.** pflantz *c*. **7.** edele *A*. **8.** gepar *Ac*. **9.** keuſlich *A*.
vat' *Ac*. **10.** mag leichñ *A*, mägtlichñ *c*. des] das *A*. **12.** getroſt *A*.
erloſt *Ac*. **13.** ſcherpher *A*. gir *A*.
14. volczirñ *A*. **15.** adelicher *Ac*. **16.** liber *A*. dirñ *A*, diern *c*. **17.**
geporen *A (c)*. **18.** miñikleich *A*, mȳkliche *c*. creatûr *A*. **19.** klar-
hait *Ac*. gläntzet *c*.

    recht als der liecht rubein   20
    an pein pringt fchein, durchfichtig vein,
    fein undertan in goldes runft,
10   der eren van mit vollum gunft.
    trivallen, fchallen funder plunft,
    fo wil ich von der zarten warten   25
    gnaden fchier.

  III *W*er ift die ros an doren,
    do von man lift und fagt,
    und die den groffen zoren,
    all über rugke tragt?   30
5   wenn fi uns an dem jungften tage machet los
    aus manigvaltiklicher klage, michel grofs,
    wem denn der fchoffen fail
    an mail mit hail fchon wirt zu tail,
    ain drum, der hat dich, frau, erkant;   35
10   der helle phat wirt im entrant.
    ei klare, ware, fchildes rant,
    erbrich des tiefels fper, fein ger
    verfetz im, junckfrau zier! – Amen.

14. Gefegnet fei die frucht   *B 6ʳ (A 5ᵛ 6ʳ, c 15ʳ*
Benedicite   *= BW 97, Sch 51)*

Gefegnet fei die frucht,
tranck, effen, wein und brot

---

20. licht *A.* **23.** ern *c.* van] von *A.* vollē *A,* vollem *c.* **25.** fo] fol
A. **26.** fchir *A.*
27. dorn *A.* **28.** dauon *c.* **30.** vb' *A.* rucke *A.* **31.** loff *A.* **32.** ma-
nigualtil. *A,* manigfaltigkl. *c.* michl *c.* gros *A.* **33.** fchawffen *A.*
34. ze *c.* **36.** phatt *A,* pfad *c.* **38.** erprich *A.* teüfels *c.* **39.** zir *A.*
Amen *fehlt in A.*
Benedicte *A,* Das Benedicite *c.*
1. Gefegent *A.* **2.** trank *A.* prot *c.*

```
          von got, dem mäglich zucht
          gepar, für war,
 5        felbdritt ain durch uns laid den tod;                 5
          Der immer lebt an end,
          ie was an anefangk,
          fein leiplich fpeis uns hie fend
          fchier, wenn wir
10        in difem leben werden krank.                          10
          des hilf, frau kron!
          kyrieleifon,
          Vatter, heiliger gaift,
          mit deinem fun
15        uns gnad vollaift,                                    15
          und nicht den feinden gunn,
          das fi uns verlaiten in we.
          Amen, benedicite!
```

15. Wolauff, als das zu himel fei   *B 6ʳᵛ (A 6ʳ, c 15ᵛ*
Gracias   *= BW 98, Sch 52)*

```
 I    Wolauff, als das zu himel fei,
           die minnikleichen wonen bei
      dem Alpha et O, der eren krei,
      und helft uns fagen in den dankh
 5    mit füffem, englifchem gefangk,                           5
      umb zimlich effen und getranck,
```

3. den *Ac.* magl. *A*, mägtl. *c*.   4. fur war *A*.   7. anefang *A*.   8. lieb-
lich fpeys hye *A*.   9. vns fchir *A*. wañ *c*.   10. kranck *c*.   12. kyrie-
eleyfon *c*.   13. Vater *A (c)*. hail. *A*.   14. fûn *A*.   15. genad *A*.   16.
nit *A*. veinten *c*. gun *A*, güñ *c*.   17. vorlaittñ *c*.
Das Gracias *c*.
1. alls *c*. hyml *c*.   2. mÿniclichñ *A (c)*. wonent *A*. pey *c*.   4. hilfft *A*.
Im *A*. danck *c*.   5. fußem *A*, fueffem *c*. englifchen *A*. gefanck *c*.
6. getrank *A*.

da mit er speisst die blödikait
an menschlichem gesind. Amen.

II Des seistu, frau, an argen hatz
    gelobt mit deinem höchsten schatz,   10
    der in dir würckt ain freien platz;
    vor dem ich sünder mich beklag,
5 das ich in ellendlicher wag
    vil han verzert unnützer tag
    in diser snöden zeit so brait,   15
    die mir verlech dein kind.

III S*o ist es laider vil ze spät.   *6ᵛ*
    ich rüff in engestlicher wat:
    hilf, mait, mit ganzer trinitat,
    und las uns nicht der helle vas!   20
5 so bistus, frau, der ich genas;
    des sing wir deo gratias.
    mit frid, reu, herr, alle selen beklaid,
    wo sich der glouben erfindt. Amen.

16. Ich spür ain lufft   *B 6ᵛ (A 6ᵛ 7ʳ,c 15ᵛ–16ᵛ*
                                      = *BW 27, Sch 7)*

I »Ich spür ain lufft aus külem tufft,
    das mich wol dunckt in meiner vernunft
    wie er genennet, kennet sei nordoste.

---

*) schwarz-rot

7. blodikait *A*, blödigkait *c*. 8. menslichñ *A*.
9. seyst du *c*. 10. hochstñ *A*. 11. wurckt *A*. 12. sunder *A*. 13. elendl.
A, ellentlich' *c*. 14. han *zweimal A*. 15. diser *A*. snoden *A*.
17. zu *c*. spat *Ac*. 18. ruff *A*, rueff *c*. angestl. *A*. 19. magt *Ac*. gannt-
zer *c*. 20. lass *c*. 21. pistus *A*. 23. rͦ *A*. 24. wa *A*. erfint *A*, -d *c*.
1. luft *Ac*. kulen *A*, küelem *c*. tuft *c*. 2. woll *A*. dunkt *A*. v'nuft *c*.

Ich, wachter, fag, mich prüfft, der tag
5   uns künftig fein aus vinfterm hag;   5
ich fich, vergich die morgenrot her gloften.
Die voglin klingen überal,
galander, lerchen, zeifel, drofchel, nachtigal,
auf perg, in tal hat fich ir gefangk erfchellet.
10   Leit iemant hie in güter acht,   10
der fich in freuden hat geniet die langen nacht,
derfelb betracht, das er fich mer gefellet.«
Die junckfrau hett verflaffen,
der knab wacht lützel bas,
15   fi rüfften baide waffen   15
all über des tages hafs.
das freulin fchalt in fere:
»her tag, ir künnt nicht ere
bewaren inn der mafs.«

II   Ain fchlicklin weis fi bot im fleifs   20
dem knaben hin mit hendlin gleifs:
»fte auff und louff, erkies den grawen morgen.«
Ain venfter brett er fuder tett,
5   der knab hin zu dem freulin rett:
»ach got, an fpot, er kompt da her mit forgen.   25
Er dringet durch das firmament,
der lucifer hat den fchein von im gefendt,
die nacht volendt all gen des tages greifen.«
10   Er kufft fi an den roten mund:

---

4. prüft *A*, prueft *c.* **5.** kunftig *A.* fein] fey *A.* vinftrem *c.* **6.** morgen-
röt *c.* **7.** voglein *c.* vberall *A*, vbral *c.* **8.** zeÿfl *c.* drochfel *A*, drofchl
c. **9.** gefang *A*, gefanck *c.* **10.** hy *A.* gut' *A*, guet' *c.* **13.** Jungfraw
A. het *c.* v'fchlaffñ *A.* **14.** lutzel *A*, lützl *c.* **15.** rieffen *A*, rüefften *c.*
wofen *A.* **16.** vber *A.* **17.** freülein *c.* **18.** her' *c.* kunt *A*, künt *c.*
19. moff *A.* **20.** fchuklin *A.* pot *c.* im] mit *A.* **22.** ftee *c.* grabñ *A (c).*
23. finfter bret *A*, venfterpret *c.* det *A*, tet *c.* **24.** rëdt *c.* **25.** kumpt
A, kumbt *c.* **28.** vollend *A.* gen] von *A.* **29.** kuft *A*, küfft *c.* müt *A.*

»ach herzen lieb, nu iſt ſein nicht ain halbe ſtund,   30
das wir verwunt uns taten zeſamen breiſen.«
      Si wurden ſeufften und klagen,
      mit befloſſen mündlein vein,
      das ſi nu wolt verjagen
      des liechten tages ſchein.   35
15   ſi ſprach: »mein traut geſelle,
      es gee recht, wie es welle,
      du biſt gewaltig mein.«

III   *D*er wachter rürt, ain ſtimm er fürt,
jal durch ain horn, das man in hort,   40
er kunnt ain gaſt mit gelaſt von oriente.
Das freulin tacht in lieber acht:
5   »ach ſunne, was hat dich fürher bracht?
ich wolt an ſolt, du werſt zu occidente.
Ich traut deins ſcheines wol emberen,   45
mir wër vil lieb, der uns kündet den aubent ſtern,
den ſëh ich gern; möcht mir der wunſch geräten!«
10   Gar laut ſo lacht der knabe vein:
»mein höchſter hort, ſo mag es laider nicht geſein,
in ſenden pein ſo müſs ich von dir watten.   50
      Mein freudenmacherinne,
      meins herzen zucker nar,
15   du haſt mir herz und ſinne
      benomen ſunder gar.«
      ſi fiengen ſich zeſamen   55
      mit armen blanck umbvangen.

---

30. hercn *A*. nú *A*. **31.** verbünt *c*. tâtñ *A*, teten *c*. preyſen *c*. **32.** wür-
den *c*. ſawfftñ *A*, ſeüffzen *c*. **33.** gefloſſñ *A*. müdlein *A*. **37.** ge *A*.
39. rurt *oder* rutt [?] *A*. ſtyme *A*. furt *A*. **40.** Jall *A*. man in] manē *A*.
41. kunt *A*, künt *c*. **42.** dacht *c*. **43.** furher *A*. pracht *c*. **44.** ſold *A*.
wereſt *A*. **45.** ſcheins *A*. woll *A*. enperñ *A*, emperñ *c*. **46.** kundet *A*.
abent *Ac*. **47.** ſach *A*, ſäch *c*. mocht *A*. bünſch *c*. geratñ *A (c)*.
48. knab *A*. **49.** hoſter *A*. leid' *A*. **50.** waten *Ac*. **51.** frewdmache-
riñe *A*. **54.** gar] war *A*. **55.** zu ſamen *c*. **56.** plank *A*. vmfangñ *A*.

»mein lieb, dahin ich far.«

17. Var, heng und laſs   *B 7ͬ (A 7ᵛ 8ͬ,c 16ᵛ–17ᵛ*   *= BW 28, Sch 17)*

I   »Var, heng und laſs, halt in der maſs,
      bis das du vindſt die rechten ſträſs,
     und kanſtu das, ſo bis dus, morner, weiſe.
     Sag mir, wo hin ſtat dir dein ſin?
5   ob ich dir raten kund darinn,   5
     ſpar mich nicht drinn, oder du wirſt greiſe.«
     Der knab, der ſprach: »in diſer vart
     mag du mir wol erſchieſſen, herzen freulin zart;
     gar unverſpart iſt dir meins herzen trachten.
10   In Suria ſtet mein gedanck,   10
     zu fronem grab nach deinem rat gar ſunder wangk,
     nach deinem dankh ſo wil ich teglich achten.«
        Si fiengen ſich mit luſte
        ze hauff mit ermlin vol,
15   ir ains das ander kuſſte,   15
        das geviel in baiden wol.
        ſi ſprach: »var hin mit ſitten,
        hüt dich vor kalamiten,
        ſeid ich dir raten ſol.

II   Die brüff ze hant, ker in levant,   20
     und nim ze hilf an allen tant
     den wint ponant mitten in den poppen.
     Des ſegels laſt zeuch an dem maſt

---

1. laz *A.*   **2.** ſtras *A,* ſtraſs *c.*   **3.** bis du *A,* biſtus *c.*   **4.** ſtet *c.*   **5.** rä-
ten [?] *B.* darjn *c.*   **8.** magſtu *c.* woll *A.*   **9.** meines *A.*   **10.** gedank *A.*
11. ratt *A.* wanck *c.*   **12.** danck *c.* tegleich *A.*   **14.** ermlein *A.*   **15.**
kuſte *Ac.*   **16.** paidñ *A.*   **17.** ſiten *A.*   **18.** hutt *A.*   **19.** ſend *A.* ſoll *A.*
   20. bruf *A,* prueff *c.*   **21.** zuhilff *c.* tannt *A.*   **22.** in dem *c.*   **23.** ſegls *c.*

5   hoch auf dem giphel, vach den gaſt,
      timun halt vaſt und la das ſchiff nicht noppen.   25
      Maiſtro provenz hilft dir vordan
      mit gunſt des klügen elemente trumetan,
      grego, der man, vor dem ſo müſtu orzen.
10   Challa, potzu, karga behend,
      mit der menſur und nach des kimpas firmament,   30
      den magnet lent, levant la dich nicht forzen.
          Waſſa alabanda ſpringen
          teuff in die ſutten hinab,
15   forton la dich nicht dringen,
          du var ee in die hab.   35
          mag dir die porten werden,
          ſo hütt dich vor der erden,
          du wirf der ancker ab.

III Zu manger zeit kompt dir mit neid
      ſcherock mit groſſem widerſtreit,   40
      mit dem ſo leid ſer ſchrotten in dem wagen.
      Derſelbig wurm pringt geren ſturm,
5   vach ain quart mit des zirkels furm,
      ob du wirſt durm, ſo tü doch nicht verzagen.
      Challa fella eiola groſſo pald,   45
      plaſübla rüg die marner, mit dem ſtrang nicht halt,
      kompt mit gewalt der oſſt in tüt vertreiben.
10   Derſelb mag dir zeſtatten kumen
      mit halber macht, als ich es vormals hab vernumen,

---

24. dem] den *A.* gipffl *c.* **25.** timem [?] *A.* ſchif *A.* **26.** pronĕcz *A.*
hilf *A.* von dañ *c.* **27.** clugñ *A*, kluegen *c.* elamēte *A.* **28.** mañ *A.*
muſtu *A.* **29.** Chacza *A.* **30.** compaſs *c.* **31.** mägnet *A.* **32.** ſprimgñ
A. Waßa *A.* **33.** ſuten *A.* **35.** du] da *A.* e *A.* **37.** hutt *A*, hüett *c.*
38. angk' *A.*
39. manig' *A.* kumpt *A*, kumbt *c (auch 47, 53).* neyt *A.* **40.** ſcherok
A. **41.** ſchrotñ *A.* **43.** zicles *c.* **44.** thue *A.* **45.** Chala *A.* **46.** plaſ-
ſûbla *A.* rüeg *c.* **47.** vortr. *A.* **48.** zu ſtatñ *Ac.* koṁ *c.* **49.** alz *A.*
vormalz *A.* v'nûmē *A*, vernoṁ *c.*

iſſo zu frummen tü im chaiola reiden.   50
      Die ſteur richt im klüge
      engegen mit dem ſin,
15   kompt dann gorwin mit füge,
      der jagt dich bald dahin
      den weg gen oriente.   55
      got dich herwider ſende,
      du traut geſelle mein!«

18. Es fügt ſich   B 7ʳ–8ʳ (A 9ʳ–10ʳ, c 17ᵛ–18ᵛ
= BW 1, Sch 64)

I   **E**s fügt ſich, do ich was von zehen jaren alt,
     ich wolt beſehen, wie die werlt wer geſtalt.
    mit ellend, armüt mangen winkel, haiſs und kalt,   7ᵛ
    hab ich gebawt bei criſten, Kriechen, haiden.
5   Drei pfenning in dem peutel und ain ſtücklin brot,   5
    das was von haim mein zerung, do ich loff in not.
    von fremden freunden ſo hab ich manchen tropfen rot
    gelaſſen ſeider, das ich wand verſchaiden.
    Ich loff ze füſs mit ſwerer büſs, bis das mir ſtarb
10 mein vatter zwar, wol vierzen jar, nie roſs erwarb,   10
    wann aines roupt, ſtal ich halbs zu mal mit valber varb
    und des geleich ſchied ich da von mit laide.
    Zwar renner, koch ſo was ich doch und marſtaller,

---

50. frumē *A*. tue *A*.   **51.** cluge *A*, kluege *c*.   **53.** dan *c*. gorwiñ *A*. fuge
A, fuege *c*.   **54.** jagkt *A*. pald *Ac*.   **55.** gien *A*.   **56.** ſentde *A*.   **57.**
myn *A*.
1. fugt *A*, fuegt *c*.   **2.** welt *A*.   **3.** elend *A*. armut *Ac*. manigñ *A*.
winckl *c*.   **4.** gepauet *A*, gepaut *c*. pey *A*. krichñ *A*.   **5.** phenig *A*.
pew̃tl *c*. ſtûklein *A*, ſtüklin *c*. prot *Ac*.   **6.** da *A*. lof *A*, lieff *c*.   **7.**
frömden *c*. manigē *A*. tropphñ *A*, trophen *c*. rott *A*.   **8.** ſyder *A*.
want *A*, -dt *c*.   **9.** lieff *c*. fueſſ *A (c)*. buſs *A*, pueſs *c*.   **10.** vat' *Ac*.
woll *A*, vol *c*. virczñ *A*.   **11.** rawpt *A*.   **12.** gleich *A*. ſchid *A*. laidñ *A*.
13. marſteller [?] *A*, marſtaler *c*.

auch an dem rüder zoch ich zu mir, das was ſwĕr,
15   in Kandia und anderſwo, ouch widerhar,   15
vil manchen kittel was mein beſtes klaide.

II   Gen Preuſſen, Littwan, Tartarei, Turkei uber mer,
gen Frankreich, Lampart, Iſpanien mit zwaien kunges her
traib mich die minn auf meines aigen geldes wer;
Rup., Sigmund, baid mit des adlers ſtreiffen.   20
5 franzoiſch, möriſch, katloniſch und kaſtilian,   [roman,
teutſch, latein, windiſch, lampertiſch, reuſchiſch und
die zehen ſprach hab ich gebraucht, wenn mir zerran;
auch kund ich fidlen, trummen, paugken, pfeiffen.
Ich hab umbfarn inſel und arm, manig land,   25
10 auff ſcheffen gros, der ich genos von ſturmes band,
des hoch und nider meres gelider vaſt berant;
die ſwarzen ſee lert mich ain vas begreiffen,
Do mir zerbrach mit ungemach mein wargatein.
ain koufman was ich, doch genas ich und kom hin,   30
15 ich und ain Reuſs; in dem geſtreuſs houbgüt, gewin,
das ſücht den grund und ſwam ich zu dem reiffen.

III   *A*in künigin von Aragon was ſchon und zart,
da für ich kniet zu willen, raicht ich ir den bart,
mit hendlein weiſs bant ſi darein ain ringlin zart   35
lieplich und ſprach: »non maiplus dis ligaides.«

---

14. rud' *A*, rueder *c*. ſwar *A*.   15. wider hår *A*.   16. manichen*A*. kitel
A, kytl *c*. beſte *A*, pĕltes *c*.
17. lictwan *A*. tartarij *A*. türckey *c*. üb' *c*.   18. lampart *A*. fräck-
reich *Ac*. yſpaniaz *A*. kuniges *A*, künges *c*.   19. gelds *A*.   20. rue-
precht *c*. paid *A*.   21. moriſch *A*. kacloniſch *A*.   22. lamptiſch *A*,
lampartiſch *c*.   23. gepraucht *Ac*. wañ *Ac*. zeran *Ac*.   24. kond *A*.
paukĕ pheyffñ *A*.   25. vmbfarñ *A*. Inſl *c*. arñ *A*.   26. der] des *c*. bant
A.   28. vas *fehlt in c*.   29. zerprach *A*. wargatin *A*.   30. kam *A*.
31. jnn *A*. greſtews *A*. hawbt gut *A (c)*.   32. ſucht *Ac*. grunt *A*.
33. kunigin *A*. Arragum *A*, Arragon *c*.   34. fur *A (auch 61)*. part *Ac*.
35. pantt *A*. dar jn *A*.   36. libl. *A*.

5   Von iren handen ward ich in die oren mein
    geftochen durch mit ainem meffin nädelein,
    nach ir gewonheit flofs fi mir zwen ring dorein,
    die trüg ich lang, und nennt man fi raicades.   40
    Ich fücht ze ftund künig Sigmund, wo ich in vand, [kant,
10 den mund er fpreutzt und macht ain kreutz, do er mich
    der rüfft mir fchier: »du zaigeft mir hie difen tant,«
    freuntlich mich fragt: »tün dir die ring nicht laides?«
    Weib und ouch man mich fchauten an mit lachen fo; 45
    neun perfonier kuniklicher zier, die waren da
15 ze Pärpian, ir babft von Lun, genant Petro,
    der Römifch künig, der zehent und die von Praides.

IV Mein tummes leben wolt ich verkeren, das ift war,
    und ward ain halber beghart wol zwai ganze jar;   50
    mit andacht was der anfangk ficherlichen zwar,
    hett mir die minn das ende nicht erftöret.
5   Die weil ich rait und füchet ritterliche fpil
    und dient zu willen ainer frauen, des ich hil,
    die wolt mein nie genaden ainer nuffen vil,   55
    bis das ain kutten meinen leib bedoret.
    Vil manig ding mir do gar ring zu handen ging,   *8ʳ*
10 do mich die kappen mit dem lappen umbefing.
    zwar vor und feit mir nie kain meit fo wol verhing,
    die mein wort freuntlich gen ir gehöret.   60

---

38. meffen *A.* nadlin *A*, nedelein *c.*   **39.** gewonet *A*, -hait *c.* darein *c.*
40. trug *Ac.* nent *Ac.*   **41.** fucht *Ac.* zu *Ac.* ftünd *c.* kunig *A.* wa *A.*
in *fehlt in A.* vandt *A.*   **42.** münt *A*, münd *c.* fpreufß *A.*   **43.** rufft *A*,
rüeft *c.* fchir *Ac.* difem *A.* dant *A.*   **44.** tuendt *A.*   **45.** fchauthñ *A*,
fchauten mich *c.*   **46.** neun] mein *c.* pfonir *A.* kunigkl. *A*, kungl. *c.*
zir *A.*   **47.** parpian *Ac.* pabft *c.*   **48.** Romifch *A.* kunig *Ac.*
49. tumes *A.* u'kern *c.*   **50.** wart *A.* beckhart *A.* woll *A.* gancz
A.   **51.** anfang *A*, anefang *c.*   **52.** het *c.* end *A.* erftoret *c.*   **53.** fucht *A*,
fuechet *c.*   **54.** dinet *A.*   **55.** gnadñ *A.* nuffen [?] *A (c).*   **56.** mein *A.*
bedôret *A*, pedöret *c.*   **57.** da *c.*   **58.** da *c.* dem] der *c.*   **59.** mait *A*,
maid *c.*   **60.** meine *A.* gehorct *A.*

Mit kurzer fchnür, die andacht für zum gibel aus,
do ich die kutt von mir do fchutt in nebel raufs,
15 feid hat mein leib mit leid vortreib vil mangen ftraufs
gelitten, und ift halb mein freud erfröret.

V *E*s wër zu lang, folt ich erzellen all mein not,   65
ja zwinget mich erft ain aufferweltes mündli rot,
da von mein herz ift wunt bis in den bittern tod;
vor ir mein leib hat mangen fwaifs berunnen.
5 Dick rot und blaich hat fich verkert mein angeficht,
wann ich der zarten dieren hab gewunne phlicht,   70
vor zittern, feufzen hab ich offt emphunden nicht
des leibes mein, als ob ich wër verbrunnen.
Mit groffem fchrick fo bin ich dick zwaihundert meil
10 von ir geröfft und nie getröfft zu kainer weil;
kelt, regen, fnee tet nie fo we mit froftes eil,   75
ich brunne, wenn mich hitzt die liebe funne.
Won ich ir bei, so ift unfrei mein mitt und mafs.
von ainer frauen fo müfs ich pawen ellend ftrafs
15 in wilden rat, bis das genadt lat iren hafs,
und hulf mir die, mein trauren käm zu wunne.   80

VI Vierhundert weib und mer an aller manne zal,

---

61. fnür *Ac*. andach *A*. zům gibl *c*. auff *A*. **62.** do ich] da ich *A*. do
fchutt] da fchütt *c*. nebl *c*. **63.** hot *A*. laid *c*. uertraib *c*. vil mangen]
mit mangem *c*. manigñ *A*. **64.** geliten vnd ift mein freud halb er-
ftöret *c*.
65. erczelen *A (c)*. al *A*. **66.** mũdlein *A*, mündlein *c*. rott *A*. **67.**
pittern *c*. tot *A*. **68.** manigñ *A*. perũnē *A*, w–*c*. **69.** rott *A*. plaich
Ac. hott *A*. **70.** dr'n *A*, diern *c*. gewunnen] genumen *A*, genomen *c*.
pflicht *c*. **71.** zittren *c*. oft *c*. enphundñ *A*, empf. *c*. **72.** v'prũnnē *A*.
73. pin *c*. **74.** geröft *A*. getroft *A*, getröft *c*. **75.** fne *A*. tett *A*. wee *c*.
76. prũne *A*. wañ *c (auch 89)*. der liebñ funne *A*, die lieb funne *c*.
77. pev *Ac*. **78.** ainer] main' *A*. elende *A*. **79.** bildem *c*. ratt *A*.
gnad *A*, genad *c*. has *A*. **80.** hülff mir die mein / tr. .... *c*.
81. Virh. *A*.

vand ich ze Nio, die wonten in der infell fmal;
kain fchöner pild befach nie menfch in ainem fal,
noch mocht ir kaine difem weib geharmen.

5   Von der ich trag auff mein rugk ain fwëre hurd,   85
ach got, wefft fi doch halbe meines laides burd,
mir wër vil defter ringer offt, wie we mir wurd,
und het geding, wie es ir müfft erbarmen.
Wenn ich in ellend dick mein hend offt winden müfs,
10   mit groffem leiden tün ich meiden iren grüfs,   90
fpat und ouch frü mit kainer rü fo flaff ich füfs,
das klag ich iren zarten weiffen armen.
Ir knaben, maid, bedenckt das laid, die minne phlegen,
wie wol mir wart, do mir die zart bot iren fegen.
15   zwar auff mein er, wefft ich nicht mer ir wider gegen,   95
des müfft mein oug in zähern dick erbarmen.

VII   *I*ch han gelebt wol vierzig jar leicht minner zwai
mit toben, wüten, tichten, fingen mangerlai;
es wër wol zeit, das ich meins aigen kindes gefchrai
elichen hort in ainer wiegen gellen.   100
5   So kan ich der vergeffen nimmer ewiklich,
die mir hat geben mut uff difem ertereich;
in aller werlt kund ich nicht finden iren gleich,
auch fürcht ich fer elicher weibe bellen.
In urtail, rat vil weifer hat gefchätzet mich,   105

---

82. zu *c.* nyeo *A.* Infl *c.* **83.** fchoner *A.* befag *A.* **85.** meinem *A,*
meim *c.* ruck *A.* fwer *A.* **86.** welt Sy halb doch *A.* **87.** wee *c.* **88.**
hiet *A.* müft *A (c).* erparmen *c.* **89.** elend *A.* oft bindñ *c.* muez *A.*
90. groffen *A.* tun *Ac.* irn *Ac.* gruß *A.* **91.** fru *A.* kain ru *A.* fuefs *c.*
93. bedenkt *Ac.* pflegñ *c.* **94.** wy *A.* ward *Ac.* da *c.* pot *Ac.* **95.**
welt *Ac.* **96.** müß *A.* zachñ *A.*
97. uierzigk *c.* mynd' *c.* **98.** wutñ *A,* büettñ *c.* dichtñ *A.* figen *A.*
mänikherlay *A.* **99.** meines *A.* gefchrei *A.* **100.** hört *c.* wigen *A.*
101. ymm' ewigkl. *c.* **102.** hot *A.* müt *c.* auff *A (c).* erdreich *A,*
ertrich *c.* **103.** all der weld *A.* kunt *A.* geleich *c.* **104.** furcht *A.*
pellenn *c.* **105.** ratt *A.* hatt *A.* gefchaczet *A,* gefchetzet *c.*

10   dem ich gevallen han mit fchallen liederlich.
      ich, Wolkenftein, leb ficher klain vernünftiklich,
      das ich der werlt alfo lang beginn zu hellen.
      Und wol bekenn, ich wais nicht, wenn ich fterben fol,
      das mir nicht fcheiner volgt wann meiner berche zol.   110
15   het ich dann got zu feim gebott gedienet wol,
      fo forcht ich klain dort haiffer flamme wellen.

19. Es ift ain altgefprochner rat   *B 8ʳ–9ʳ (A 10ʳ–11ʳ,*
                                              c 19v–22v
                                              = BW 6, Sch 63)

I   Es ift ain altgefprochner rat
      mer wann vor hundert jaren,
      und wer nie laid verfüchet hat,
      wie mag er freud ervaren;
5   auch ift mir ie gewefen wol,   5
      das hab ich fchon bezalt für vol
      in Katlon und Ifpanien,
      do man gern ift keftanien.

II   Und was mein bart von freulin rain
      zu Coftenz hat erlitten,   10
      und meiner tafchen der figelftain
      ward maifterlich gefchnitten
5   es ift ain ungeleicher fin,
      ie zwen an ain ziehent in hin;

---

107. wolkenftain *Ac.* leb] lib *A.* v'nüftigleich *A,* v'nüftigklich *c.*   **108.**
welt *A.* begin *A.*   **110.** wan *A.* werche *c.* **111.** hat *A.* dan *A.* gepot *A,*
gebot *c.* gedinet *A,* gedient *c.*   **112.** vörcht *c.* flammē *A.*
1. gefprochñ *A.*   **2.** dañ *c.*   **3.** v'fuchet *A,* v'fuechet *c.*   **6.** fur *A.*
7. in Ifpaniā *A.*   **8.** ifft gern *c.* keftanian *A,* kaftanien *c.*
9. part *c.* frewlein *A.*   **10.** Conftentz *c.* hot *A.* erliten *c.*   **11.** figlftain *c.*
12. wart *A.* maift'leich *A.* gefnytñ *A (c).*   **13.** vngleich' finn *A.*
14. Jo *A.* zben *c.* ziethñ *A.* in *fehlt in c.*

weder es mir erging zu Arragon   15
und in der ftat, haifft Pärpian.

III   Der ainen vogel vahen müfs,
           das er im nicht emphliege,
           der tü im richten, locken füfs,
           domit er in betriege.   20
     5   in netzn, lätzen auff dem kloben   8ᵛ
           vil edler vogel wirt betrogen,
           den folche lift umbgeben,
           dovon er fleufft fein leben.

IV   Pfeiffen, trummen, faitenfpil,   25
           die moren fumpern flügen,
           dortzu ain volgk, gerichtet vil,
           die türn und veften trügen,
     5   mit engeln, wolgezieret fchon;
           die fungen, klungen mangen don,   30
           ir ieflicher befunder,
           mit fremder ftimme wunder.

V   Engegen rait, loff arm und reich,
           vor ftaub fo ward ich haifer.
           emphangen ward do wirdikleich   35
           Sigmund, künftiger kaifer,
     5   gen Parpian all in die ftat;

------

15. wyd' *A*. aragun *A*. alfo ging es mir zu arragon *c*.   **16.** parpian *Ac*.
   17. vogl *c*.   **18.** emphlige *A*, entfliege *c*.   **19.** thuet *A*. fufl *A*, fües *c*.
20. damit *c*. bet'ge *A*.   **21.** neczē *A (c)*. laczñ *A*. klogñ *A*.   **22.** vogl *c*.
23. foliche *A*, fölich *c*.   **24.** dauon *c*.
26. flugñ *A*, fluegen *c*.   **27.** dorczu *A*, darzu *c*. folgh *A*, volk *c*.   **28.**
turñ *A*. trugñ *A*, truegñ *c*.   **29.** gecziret *A*.   **30.** manighñ *A*.   **31.**
iflich' *A*, yetzl. *c*.   **32.** fremdē *A*, frömder *c*. wundrñ *A*.
33. Engegent *A*, Entgegen *c*. lieff *c*.   **35.** enphangñ *A*, empf. *c*. wart
A. da *c*. wirdickleich *A*, wirdigklich *c*.   **36.** kumftig' *A*. chaifer *A*.

do wart gehaiffet im ain bad,
hett man die leck auff goffen,
es hett uns alle verdroffen.   40

VI Von küngen, künigin junck und alt
ward er gegrüfft mit kuffen,
doch nach den jungen, fach ich halt,
tet er fich nimmer wü(n)fchen.
5   wer zwaiung an den frauen gelaint,   45
wir hetten uns leicht ee veraint
wann mit dem Peter Schreufel
und feinem knecht, dem teufel.

VII Zwar lenger fchwanz kund ich nie fchauen
an leonen noch an phawben,   50
wann in demfelben land die frauen
hinden an den röcken haben;
5   ring in den oren, nagelrot,
e das ir aine ain hendlin bot,
fi torft aim e gebietten   55
ain fmutz mit füffem nieten.

VIII *K*ünig Sigmund teglich zumal
fich arbait achzehn wochen
mit bäbften, bifchoff, cardinal;

---

38. ward *c.* gehaißt *A*, gehaitzet *c.* bat *A*, pad *c.*   **39.** het *Ac.* leckh *A*.
40. vns hiet fein all v. *c.*
41. kugen *A*, kunigñ *c.* kunigin *Ac.* jung *c.*   **42.** gegruft *A*, gegrüeft *c.*
chufen *A*, küffen *c.*   **43.** fach] fag *A*.   **44.** nimmer] nit vaft *c.* wifchñ
A (c), (n) *radiert, jedoch nicht vollständig B.*   **45.** wår *A*.   **46.** hattñ
A, hetñ *c.* leich *A.* ee] E *A*.   **47.** fchreüfl *c.*   **48.** den *A.* tewfl *c.*
49. Swancz *A*, fwäntz *c.* kond *A*, künd *c.*   **50.** leben *c.* noch] vnd *c.*
phabñ *A (c).*   **51.** wan *A.* in dem *2 mal A.*   **52.** d'roken *A.*   **53.** nagl
rot *c.*   **54.** ee *c.* hendlen *A.* pott *A*, pot *c.*   **55.** dorft *A.* ee *c.* gepittñ *A*,
gepieten *c.*   **56.** fueffem *A*, -n *c.*
57. Konig *A.*   **58.** achzehen *c.*   **59.** Babftñ *A*, päbften *c.* pifchoff *c.*

     und wĕrn ſi erſtochen,   60
5   der ſeinen falſch darinn erzaigt
     und zu der ſciſma was genaigt,
     ich wolt ſi all verklagen,
     mit pfeiffen auf ainem wagen.

IX   Manig hämiſch liſt ſo ward volbracht   65
     von in mit naigen, bucken,
     des hab ich offt ain lange nacht
     ain mattras müſſen drucken;
5   auff ſeinem har het ich kain rü;
     es was von ainer alten kü,   70
     die was geheiſſen mumme,
     das ſagt mir verdt ain ſtumme.

X   Und der von Ötting leutet mir
     gen tag auff meinem kophe,
     recht als ain rab aim toten ſtier   75
     tüt bickn zu dem ſchopfe.
5   des hab ich im vil manchen ſtraich
     mit ainem ſchüch, was nicht gar waich,
     nach ſeiner haut geſmiſſen,
     das man im ſach die riſſen.   80

XI   Herzog von Prig was nicht ain tor,
     der lag gefach in ſorgen.
     ich ſtünd offt hinden auff e vor
     und zaigt im güten morgen;

---

60. wắrn *A*. **61.** erzait *A*. **62.** ciſma *c*. **64.** pheiffen *A*.
65. hamiſch *A*. volpracht *A*. **66.** pukñ *A*, pucken *c*. **67.** nacht *fehlt*
in c. **68.** matras *A*. muſſñ *A*, müeſſen *c*. druchē *A*. hat *A*. rûe *A*.
70. chue *A*, küe *c*. **71.** gehaiſſen *c*. **72.** vert *Ac*.
73. ottĭg *A*, Öting *c*. **74.** kopffe *c*. **75.** rapp *c*. aim] ain *c*. dŏten *A*.
ſtir *c*. **76.** duet *A*, tut *c*. pickñ *A (c)*. ſchophe *A*. **77.** des] dem *c*.
manichē *A*. **78.** meinē *c*. ſchuch *Ac*. weicht *A*. **79.** hắut *A*, heut *c.*
81. dor *A*. **83.** ſtund *A*. ee *c*. **84.** gutñ *A*, gueten *c*.

5   des ward mir offt ain herter fchüch   85
geworfen zu mit wildem flüch,
das ich müfft von im fliehen,
die deck herüber ziehen.

XII   Zwar dife mer, die weren lanck,
hett ich fi recht befunnen,   90
der Pawmgarter her Fritzen fchanckt
ains morgens weihenbrunnen
5   aus ainem kubel ungefmack;
fein wang, die joppen und leilach
merket er im von gelwen ftreimen,   95
das folt her Fritz reimen.

XIII   Wenn ich der groffen gloggen klangk
hort nach der zal erklingen,
ain kurzeweil ward mir ze lank
und luft mich klain zu fingen.   100
5   ich docht, du faiges glöggelin,
und wër ich auff dem Wolkenftein
mit herren und gefellen,
zwar ich forcht klain dein fchellen.

XIV   Derfelben fturmglogken fchal   105
jaucht mich mit irem fumpern,
das ich ain ftiegen viel zu tal

---

85. wart *A*. fchuch *Ac*. **86.** gewurffñ *A*. wilden *A*, willdem *c*. fluch
A, flüech *c*. **87.** müft *A (c)*. flihen *A*. **88.** dack *A*. h'vber *A*. zihñ *A*.
89. wern *c*. langk *Ac*. **90.** hiet *c*. befünnë *A*. **91.** fchank *c*. **92.** prüne
A, prünen *c*. **93.** ainen *A*. kübl *c*. vngefmag *A*, -ch *c*. **94.** leichlach
A. **95.** mërckt *c*. von] mit *c*. gelbñ *A (c)*. **96.** das] dez *A*. fritze *c*.
   97. Wañ *c*. glokñ *A*, glogken *c (auch 139)*. klang *A*. **99.** kurczweil *A*,
-b- *(c)*. wart *A*. zu *c*. lang *A*, langk *c*. **101.** dacht *c*. glokelein *A*,
glögkelein *c*. **102.** wolkenftain *A*. **104.** vörcht *c*.
105. glokñ *A*. klang *durchgestrichen*, fchall *A*. **106.** iagt *c*. irñ *A*.
107. ftigñ *A*. fil *A*.

in feuberlichem pumpern.

5 do vand ich meinen herren ftän
in feinem harnafch als ain man,   110
umbegürt mit ainem fwert;
fich hüb ain wilds gevērt.

XV Mein guter ftrich, der reut mich nicht,
von guldin was fein name,
feid das die kriftenhait verricht   115
5 ift worden zu Narbane.
herzog von Prig, bifchoff von Rig,
grofs graf, künig Sigmunds fig,
was euch empholhen eben,
der lon wirt euch gegeben.   120

XVI Und allen den, die harnafch, ros
zu letze dort haben geläffen,
ouch ob ir kainer durch ain mofs
müfft watten in der fträffen,
5 die haben all genad davon,   125
ob fi mit andacht geren gän,
von meinen örfen allen
fo bracht ich ouch drithalben.

XVII Zwar Peterlin, du böfe katz,
ain kind mit falfcher lawne,   130
dir hat gevält der alte glatz;

---

108. fewb'lichñ *A.* pumprn *A.*   **109.** ftan *Ac.*   **110.** ain andñ man *c.*
111. vmbegurt *A,* vmbgürt *c.*   **112.** hub *Ac.* geferte *A.*
113. rewet *A.*   **114.** guldein *A,* golde *c.*   **118.** graff *Ac.* kunig Sigif-
müds *A,* Sigmunds *c.*   **119.** enphollñ *A,* weuolhen *c.*
121. roff *A.*   **123.** moz *A.*   **124.** müft *A,* mueft *c.* watñ *A.* ftraffñ
A (c).   **125.** do von *A.*   **126.** gan *Ac.*   **127.** orfchñ *A,* roffen *c.*   **128.**
dritthalbñ *A.*
129. peterlein *c.* pofe *A,* pöfe *c.* chacz *A.*   **130.** kint *A.*   **132.** hört *c.*

ich hort zu **Affiane**
5   ain brief von künigen, herren, lant,
die vor an dich geloubent hand,
die pfeiffent dir mit grillen   135
zu tanz auff ainer tillen.

XVIII Des trat wir die proceffion
ze hauffe mit gedrange,
mit pfeiffen, trummen, gloggen don
und löblichem gefange.   140
5   des nachtes ward der tanz berait,
fecht, do ward Petro glatz verklait
von ma[n]cher fchönen dieren
mit fpringen und hofieren.

XIX Zwar alle ding verkert fich knawfs;   145
der ftrich leit mir im finne,
ain ander füret zwen hinaus,
fo liefs ich ainen dinnen,
5   der gieng zu rund umb meinen leib.
vil mancher nimpt ain edel weib,   150
er deucht fich wol geheuer,
wurd im fo vil haimfteuer.

XX   Noch ift es als ain klainer tadel,
feid mir die fchöne Margarith

---

133. von] vnd *A.* kunigñ *A (c).* land *c.*   **134.** gelaubet *c.* hant *A.*
135. pheiffen *A (auch 139).*
139. trûmmē *A.*   **140.** lobleichē *A.*   **141.** wart *A.*   **142.** wort *A.* peters
c. weklait *c.*   **143.** manich' *A.* fchonē *A(c).* dirē *A,* diern *c.*   **144.**
hoffirñ *A,* hofiern *c.*
145. v'kernt *c.*   **146.** im] in dem *A.*   **147.** ain and'] ye ain' *c.* furt *A,*
furet *c.* heraus *c.*   **148.** dynne *c.*   **149.** ging *Ac.* ze *c.*   **150.** manich' *A.*
nymbt *c.* edl *c.*   **151.** fich] fy *A.* wol] gar *c.* geheur *Ac.*   **152.** haim-
fteur *A (c).*
153. alles *A,* alls *c.* dadel *A,* tadl *c.*   **154.** feyt *c.* fchone *A.*

     ſtach durch die oren mit der nadel   155
     nach ires landes ſitte.
5   dieſelbe edle künigin,
     zwen guldin ring ſloſs ſi mir drin
     und ain in bart verhangen,
     alſo hieſs ſi mich prangen.   160

XXI   Ain edler nam ward mir geleſen,
     wiſſkunte von Türkei;
     vil manger wont, ich ſei geweſen
     ain haidinſcher frei.
5   möriſch gewant, von golde rot,   165
     kunig Sigmund mirs köſtlich bot,
     dorinnen kund ich wol ſwanzen
     und haidniſch ſingen, tanzen.

XXII Zu Paris manig tauſent menſch
     in heuſern, gaſſen, wegen,   170
     kind, weib und man, ain dick gedenns,
     ſtünd wol zwo ganz lege.   *9ʳ*
5   die taten alle ſchauen an
     künig Sigmund, römiſchen man,
     und hieſs mich ain lappen   175
     in meiner narren kappen.

XXIII Die nacio von aller ſchüle

---

155. nadl *c*. **156.** ſitt *c*. **157.** dieſelbig *c*. edele *A*, edl *c*. kunigin *A*.
158. ſchlos *A*. dar in *A*. **159.** part *A*. **160.** hies *A*.
162. wiſküte *A*. durkey *A*, türchey *c*. **163.** manich' *A*. want *A*,
wänt *c*. **164.** haideniſch' *c*. **165.** moriſch *A*. **166.** küng *c*. mir *A*.
koſtl. *Ac*. pot *A*, erbot *c*. **167.** dar innē *A*, darjnn *c*. kond *A*. **168.**
haideniſch *c*.
169. parÿß *A*. **171.** kint man vnd weyp *A*. dicke *A*, dicks *c*. gedenſ
A. **172.** ſtund *A*. czwe *A*. **173.** datē *A*, tëten *c*. all *A*. **174.** konig *A*,
kunig *c*. romiſchn *A*, Romiſchen *c*. **175.** hieſſn *c*.
177. ſchule *A*, -ue- *c* *(auch 181)*.

mit iren guldin bengel
erten in auf feinem ftüle,
noch höher dann ain engel;　　　　　　　　180
5　und jede fchule befunderlich,
die lobt in ficher maifterlich
in ainem groffen fal,
ftudenten, maifter ane zal.

XXIV Auf baiden knien fo lernt ich gän　　　185
in meinen alten tagen,
zu fuffen torft ich nicht geftän,
wolt ich ir nahen pagen:
5　ich mein frau Elft von Frankereich,
ain künigin gar wirdiklich,　　　　　　190
die mir den bart von handen
verkrönt mit aim diamanden.

XXV In groffen waffern michel vifch
facht man mit garnen ftrecken,
des ward mir geldes auf ain tifch　　　195
wol fünfthalb groffer fecke.
5　künig Sigmund follet mir
den ftrich mit manchem plancken zier,
was ich an als verzagen
felb dritt neur mocht ertragen.　　　　　200

---

178. gulden *c.* pengel *A.*　**179.** im *A.* Stule *A,* ftuele *c.*　**180.** hoher
A. engl *c.*　**181.** yde *A.*　**184.** ftudenten] da ftuenden *c.* an *A.*
185. beydñ *A.* lernt fo ich *A.* gan *Ac.*　**186.** dagñ *A.*　**187.** fueffen *c.*
dorft *A.* geftan *A,* beft. *c.*　**188.** nahend *c.*　**189.** els *c.* franckreich *A,*
francker. *c.*　**190.** kunigin *A.* wirdicklaich *A,* birdigklich *c.*　**191.**
part *c.*　**192.** vorkronet *A.* ain *A.* dyamandum *A.*
193. michl *c.*　**194.** faght *A,* vächt *c.* garen *c.*　**195.** ainē *A.*　**196.**
funfthalb *A (c).* fegh *A.*　**197.** kunig *A.* füllet *c.*　**198.** manigñ *A.*
plancken] grofchen *c.*　**200.** falb *A.* drit *c.* getragñ *c.*

XXVI Crafft not mich dar vermüt,
     von dannen müfft ich reitten.
     künig Sigmund, das edel blüt,
     fchüff pald, ich folt nicht beitten.
5   von Paris bot er mir die hand   205
     und figelt uber in Engelant,
     die künige ze verainen,
     anzu ich das maine.

XXVII *U*ber all die Franzos breis ich ain
     getreuen, permafoia,   210
     des frümkait dunckt mich ficher rain,
     der edel von Sophoia.
5   das wort er von des kaifers hand
     ain herzog wirdiklich genant,
     do manicher an den ruggen   215
     viel mit des ftüles bruggen.

XXVIII Wie vil ich hör, fing und fag,
     den louff der werlde ftreime,
     fo ift recht an dem jungften tag
     ain watfack als ain rieme,   220
5   ain glogghaus gilt ain effich krüg;
     dient wir der fel nach irem füg,
     das fi wër unbetwungen,
     fo hett ich wolgefungen.

---

201. Ehafft *A.* nott *c.* v'muet *A.*   **202.** mueft *A,* muft *c.*   **203.** kunig *Ac.* edl *c.* plutt *A,* blut *c.*   **204.** fchuff *A,* fchueff *c.* bald *A.* fchold *A.* peittñ *A,* peiten *c.*   **205.** pott *A.* hant *A,* handt *c.*   **206.** üb' *c.*   **207.** kunige *A,* kunge *c.* vorainē *A.*   **208.** anczü *A.* meine *A.*
209. alle *A.* franczes *A.* preiff *A.*   **210.** getrawñ *A.* permafoyä *c.* **211.** frumk. *A.* duncket *A.*   **212.** derr *A.* edl *c.* faphoia *A,* Sophia *c.* **213.** hant *A.*   **214.** wirdicklichñ *A,* wirdigklich *c.*   **215.** da *c.* rukñ *A,* rugken *c.*   **216.** vil *A.* ftules *A,* ftueles *c.* pruckñ *A,* brugken *c.*
217. ich fich hör *A.* hor *c.*   **218.** ftryeme *A.*   **220.** watfackh *A.* alz *A.* rim *A.*   **221.** glokhaus *A,* glogkh. *c.* effik krug *A,* effigkrüg *c.*   **222.** fug *A.*   **223.** vmwetwugñ *A.*   **224.** het *Ac.*

20. Es feufft dort her von orient *B 9ʳᵛ (A 11ʳᵛ,*
c 23ʳ-24ʳ, E
= BW 29, Sch 6)

I   Es feufft dort her von orient
      der wind, levant ift er genent;
      durch India er wol erkennt,
      in Suria ift er behend,
5   zu Kriechen er nit widerwent,   5
      durch Barbaria das gelent,
      Granaten hat er bald errent,
      Portugal, Ifpanie erbrent.
      uberall die werlt von ort zu end
10   regniert der edel element;   10
      der tag in hat zu bott gefennt.
      der nach im durch das firmament
      fchon dringt zu widerftreit ponent.
      des freut fich dort in occident
15   das norbögnifche gefchlëchte.   15
      Den fturm erhort ain freulin zart,
      do es mit armes banden hart
      mit liebem luft verfloffen ward.
      fi fprach: »ich hör die widerpart,
20   der tag die nacht mit fchein bekart,   20
      wach auf, mein hort! fich hat gefchart
      der fterne glaft von himels gart,
      wachter, ich fpür ain valfche wart,
      dein leib pringt mich in jamers art.

---

2. wint *A*, bindt *c*. genant *A*.   **3.** er] gar *E*. erkant *A*, erkent *c*.   **5.**
chrichñ *A*, krichñ *c*.   **7.** kranaten *A*. pald *c*.   **8.** portigal *A*. erbrennt
A, entprennt *E*.   **9.** überall *c*. die] dis *E*. welt *A*. endt *c*.   **10.** regnît *A*,
regiert *c*. edl *c*.   **11.** hatt jn *E*. pot *A*, potñ *E*. gefent *A*, gefendt *c*.
15. norbognifch *A*, norbonifche *c*, Norbanifch *E*. geflacht *A*, geflächte
c.   **16.** freulein *c*.   **17.** da *A*, das *E*. pantñ *A*, panden *c*.   **18.** mit] in *E*.
liebñ *A*. wart *A*.   **19.** hor *A*.   **22.** des fternes gl. *E*.   **23.** fpur *A*. ain]
dein *E*.   **24.** du pringeft mich *E*.

25   ach wicht! wer hat dich das gelart,   25
          das du mich pringſt in ſendes mart,
          davon mein herz in laid erſtart,
          es müſſt mich reuen hie und dart,
          ob im miſſling mit hinevart;
30   das pringt dein ſnödes geträchte«.   30
                    Zwar ſi began in drucken,   Repeticio
                    zucken aus dem ſlaff,
                    freuntlich an ſich ſmucken,
5   rucken ane ſtraff,
                    das er began zu krachen,   *9ᵛ* 35
                    wachen, ſunder ſwachen
                    machen lieplich zaff.

II   *Der* knab erſchrack aus lawres wän.
          »ſag, lieb, wie ſol ich das verſtän,
          das mich dein zärtlich vmbefan   40
          in grimmer rache hie began
5   erſchreken ſer mit widerzam?
          hab ich dir miſſevallen tan?«
          »Ach nain, du auſſerwelter man,
          mich reut dein ſorgklich von mir gän,   45
          des bin ich mütes worden an.

---

28. müſt *A (c)*.   29. miſſlung *c*. hynnefart *A*.   30. deins *c*. ſnodes
geträchte *A*. *Schluß der Strophe in E (ab Z. 25, zwei Zeilen fehlen):*
das müſt mich rewen hie vnd dört / ob mir miszlung min hine fart /
du haſt dich vil ze lang geſpart / das macht dein ſchnöds geträchte.
In c am Rand neben 31: Repetitio *(In A als XX eigens gezählt).*
31. trukñ *A*.   32. zukñ *A*. ſlaf *A*.   33. ſmukñ *A*.   34. rukñ *A*. ſtraf *A*.
35. ze *A (auch 48, 54).*   37. liebleich *A (auch 109).* lieplich äuglein
zart *E*.
38. erſchrak *A*. wañ *A*, wan *c*, won *E*.   39. verſtan *A (c).*   40. zartl.
A, zertl. *c*.   41. ſo grymmeclich *E*. begañ *A*.   42. erſchreckñ *c*.   43.
dich *A*. miſu. *A*, miſſv. *c*.   44. auſterwelt' *A*.   45. ſorgleich *A*. gan *Ac.*
46. pin *c (auch 75).* muetes *c*.

10   hör zu den voglein wunnesan!
       den tag zu melden si nicht län,
       ain jedes vicht sein sundern jän
       mit heller stimm auff pomes pan.   50
       mein herz, das müs dem wesen gran,
15   der uns hat übersflichen.«
       »Zwar, liebste frau, deins herzen qual
       mich freuden ant zu manchem mal.
       wie wol dein er mit lieber zal   55
       mich hat erfreut an argen val,
20   so ist so vil der mercker schal,
       die uns verdencken uberal
       mit snödem ticht in schanden tal,
       das ich wolt sein ain animal,   60
       jo wesen gleich der nachtigal,
25   da mit deins zarten leibes sal
       an schuld nicht flur der eren gral.
       doch hoff ich, das kain böser gal
       sich an dir freu in neides pal.   65
       O wachter, dein versswigen hal
30   mit treuen hat gewichen.«
                  Das zünglin gan si im spitzen,   Repeticio
                  smitzen in den mund;
                  plind lieb, die hat nicht witzen.   70
                  hitzen trähers kund

---

47. hor *A*. vogeln *E*. -sam *A*.   **48.** lan *Ac*.   **49.** ain] ye *A*. sunderñ *A*.
gan *A*, jän *c*.   **50.** heller] susser *A* (*E*). styme *A*. pames *A*, paumes *c*.
51. des *A*. gram *A*.   **52.** vbersfl. *A* (*c*).   **53.** Zwar] Zart *E*.   **55.** ere *A*.
56. gefr. *A*. mich fräen tût *E*.   **57.** mercker] klaffer *A*. schall *A*.
58. verdencken] verdönen *E*. überal *c*.   **59.** snodem *Ac*.   **60.** ych wolt
ee sein *c*. anemal *A*, ainig mal *E*.   **61.** ya *c*, in *E*.   **63.** an schuld *fehlt
in E*. flür *A*.   **64.** boser *A*.   **65.** sich frä an dir *E*. frewd *A*.   **66.** dein]
den *A*.
68. zunglin *A*. gañ *A*. im *fehlt in E*.   **69.** im schmitzen *E*. mûnt *A*.
70. plint *A*, plinde *c*.   **71.** trähern *A*, tzäher *aus* trähers *c*. hitzig zäher
si begund *E*.

5   ſi aus den öglin gieſſen,
           nieſſen än verdrieſſen,
           flieſſen ſchon verwunt.

III   »*A*ch ſchaiden, ich bin worden dein«,   75
           ſo redt das zarte freuelein.
           »groſs freud an mir iſt worden klein,
           ſeid ich dich, uſſerweltes ain,
5   hie meiden müſs von tages ſchein.
           O trumetan, wie haſtu mein   80
           vergeſſen hie in ſolcher pein,
           das du haſt lan gewaltig ſein
           den ſüd und oſft ſpatzieren hrein.
10   ponent, dein ſterklich widergrein
           verdrungen hat der dies rein.   85
           auch lucifer, der klarhait vein,
           dein greiſen du laſft uberfrein;
           des müſs ich ellends magatein
15   auſs lieben ſloſſen ſtrecken.«
           »**Frau**, nicht betrüb dein öglin klar!   90
           mich hat dein mündlin wolgevar
           erzunt mit rechter liebe gar,
           das mir kain not nicht ſchaden tar.
20   umb trauren gäb ich nicht ain har.

---

72. ſi *fehlt in E.* augelin *A,* euglin *c (auch 90).*   73. an *Ac.*   74. ſchlieſ-
ſen *E.* v'wund *A.*
76. rett *A.* zart frewlein *A.*   77. iſt an mir *A.* klain *Ac.*   78. ſeind *A.*
auſterweltes *A,* auſſerbeltes *c.*   79. muſs *A.*   80. trumitan *A.* haſt dw
A. wie haſtu mein] mir pringet pein *E.*   81. *fehlt in E.* ſolh' *c.*   82. *fehlt*
in E.   83. den] dein *E.* ſud *Ac.* ſpaczirñ *A,* ſpazieren *c.* herein *Ac,*
hain *E.*   84. ſterklich] ſchrekl. *A,* ſchrickl. *c,* ſtarcker *E.*   85. hat er
dis vain *E.* rain *c.*   86. ach Lucifer gar clär vnd rein *E.*   87. dein] den
A E. greyffñ *A.* laſt *Ac.*   88. müſs] bin *E.* elends magathein *A.*   89.
liebe *A.* vſz lieben ſchloſz entſtricket *E.*   90. nicht] mich *E.* betrub
A. eugelein *A.*   91. müdlein *A,* mündlein *c.*   92. erzünt *c,* entzündt *E.*
mit] in *E.* gar] zwar *A.*

mein herz, fich an deins leibes nar,   95
die mich ie weilft von tadels par.
dein er behüt fant Balthazar,
die von mir ungefwachet zwar
25   hie worden ift an zweifel gar,
das zeug ich mit der engelfchar.   100
fleufs auff dein weiffe ermlin mar!
zu bleiben lenger ich nicht tar.«
»gefell, dein widerkunft nicht fpar,
30   fant Peter müfs dich decken.«

    Die maid liefs in mit finnen   Repeticio 105
    rinnen in den grans,
    durch weiffe zendlin zinne
    der minne fant Johans.
5   zwai lieplich umbevahen
    nahen da befchahen   110
    zu gahen mit geranns.

21. Ir alten weib   *B 9ᵛ 10ʳ (A 12ʳᵛ, c 24ʳ-25ᵛ, F = BW 30, Sch 36)*

I   Ir alten weib, nu freut eu mit den jungen!
   was uns der kalte winter hat betwungen,
   das wil der meie, mit gefchraie, dungen

---

95. mein hertz fucht an dir liebes nar *E.*   **96.** tadls *c.* du weifzft
mich von des t. p. *E.*   **97.** ere *A.* behut *A,* behuett *c.* fand *Ac (auch
104, 108).* Baltafar *A,* W· *c.*   **98.** vngefbëchet gar *c.*   **99.** zweifel *A,*
zfeifel *c.* gar] zbar *c.* beliben ift on alle fär *E.*   **100.** englfchar *c,* hi-
mel fchar *E.*   **101.** fleuffe *A.* die mich zu dir an dein gewar *E.*   **102.**
beleiben *A.* lang' *A.* mitt fräden wider fchicke *E.* V. *103–111 feh-
len in E.*   **103.** Gefelle *A.*   **104.** müefs *c.*   **105.** mait *A,* magt *c.*   **106.**
rinē *A.*   **107.** zendly *A,* zendlein *c.*   **108.** Johannes *A,* Johanns *c.*
109. vmbfahen *A.*   **110.** nachen *A.*
1. ewch *A (auch 13).*   **2.** uns] euch *F.* kalde *Ac.*   **3.** maye *c.* dungen]
taugen *F.*

mit ſüſſer krafft, den würzlin geben ſafft.

5 Des kalden ſnees mag er nit lenger tauren;   5
was ſich verſmogen hat in krumbes lauren,
das wil er wecken, recken ſchir aus trauren,
laub, plümlin, plüd, gras, würmli, tierli müd.
Ir voglin, ſmierbt eur rauhe kel,
10 trett auff höher, ſinget hel!   10
ir wilden tier, verneut eur fel,
hart welgt euch in den plümlin gel!
ir freulin, gailt eu ſunder quel!
gepawer, reut ain ander mel,
15 das du den herbſt wilt bachen.   15
Perg, au und tal, forſcht, das gevild   10ʳ
ſich ſchon erzaigt aus grundes mild;
All creatur, zam und wild,
nach junger frucht ſenlichen quillt,
20 jetz ſeim geleichen nach gepildt;   20
mein örſch ſchreit gen des maien ſchilt,
des tüt der eſel lachen.
Raien, ſpringen,
louffen, ringen,
25 geigen, ſingen,   25
lat her bringen,

---

4. ſußer *A*, ſueſſer *c*. kraft *c*. ſaft *c*. gebenn den wurczen den iren
ſaft *F*. 5. ſnehes *A*, winters *F*. nicht *A*. wôl wir nymer laurenn
F. 6. v'ſmagn̄ *A*. krum̄es *A*, krūpes *c*. in kumers mürē *F*. 7. er]
der may *F*. wider r.w. gar aus tr. *F*. 8. plumblein *A*, plůmen *F*.
plud *A*. wurcz gras vnd kraut *F*. wurmlin *A*, bürmlin *c*. dirlein *A*,
tierlin *c*. 9. da mit ir fogel *F*. voglein *A*. ſmyrt *A*, ſmirbt *c*. kel] kle
F. 10. vnd tret *A*. Fliegt auff vnd ſinget *F*. hoher *A*. 11. tyr *A*. fell *A*.
12. Welget umbe in... *F*. plumblin *A*, blüemlin *c*. 13. freulein *c*,
frôlich *F*. ſünd' *c*. quell *A*. 14. gebawr *A*, pauer *c*. rudt *A*. berait
euch zvainander mel *F*. 15. pachen *c*. den Winter eüch zehochen *F*.
16. vnd auch tal forſt *A*, auch tale dz gefild *F*. 17. grundes] gramdes
A. milt *c*. 18. alle catůr vnd auch wild *A*. 19. frucht] art *F*. quelt *A*,
quilt *F*. 20. gepild *A*, gepilt *c*. 21. orſch *A*, ros *c*. friſch frô ich mich
des mayē ſchilt *F*. 22. tut *c*. eſl *c*. 23. la reitē *F*. 24. *fehlt in F*.

klumpern, klingen,
mündli zwingen,
frölich dringen
30 gen den freulin zart.   30
An verlangen
well wir brangen,
in den langen
mit verhangen
35 laub die wangen   35
mit ermlin umbfangen,
zünglin zangen,
des freut ſich mein bart.

II   Wie wol der gauch von hals nit ſchon quientieret,
und der franzoiſch hoflich diſcantieret   40
gug gugk, lieb ruck, der hal mir bas ſonieret
und freut mich vil für Jöſtlins ſaitenſpil.
5   Hetz jagen, baiſſen, bierſen, ſchieſſen tauben,
vor grünem wald nach pfifferlingen klauben
mit ainer mait, beklait von ainer ſtauden,   45

---

27. trumfieren kl. *F.* **28.** mundlin *A*, mündlin *c*. mit armē dringē *F*.
29. frolich *Ac.* ich han gedingē *F.* **30.** gē ainē weibli zart *F.* **32.** wel *A.*
prangū *A (c).* **34.** *fehlt in F; B* 35 = *F* 34. **35.** vmbefangen *F.* **36.**
ermlein *Ac.* kuß an wangen *F.* **37.** zunglin *A.* Ich han belangen *F.*
38. part *c.* zù ir alle fart *F.*
Nach 38 Strophe in F, fehlt in B:
Mein feines fråwlin mein maiſen krelin mein fincklin plelin mein nacht-
tigålli zuck das ſchnelin kům ins ſtellin ich ſchleich dirs pellin vnder
dein gewand / Mein liebes endlin ich pin deſ mendlin kis mir die zend-
lin / Greyff vnders gwendlin zeüch das penndlin nyms ins henndlin
traib ain ſchenlin das fröt vns baide ſant.
39. ſchon] wol *F.* quintyret *A (c).* **40.** franczoß gar hofflich *F.* hof-
leich *A*, höflich *c.* diſcantiret *Ac.* **41.** guk guk *A.* ruk *A.* hall *A.*
ſonyret *A (c).* gug gak reib ruk vnd wē die zart ſoniert *F.* **42.** und]
dz *F.* für] vor *A.* Joſtleins *A*, alles *F.* **43.** b… *wegen eines Flecks un-*
leserlich A, paiſſen *c.* birſſn *A*, pierſen *c.* ſchißen dauben *A.* **44.** gru-
nem *A*, jenem *F.* phifferl. *A.* **45.** maid *c.* weklaid *c.* in ainer ſchauben *F.*

den luft ich breis für alle hofeweis.
Mai, dein gezellt gevellt mir wol,
10   wo man gréflin baden fol;
ain jegklich wild befücht fein hol,
da es die jungen birgt vor dol.   50
trinck, tranck Katalon, Spaniol,
daffelb gefanck und paga den zol
15   der trofchel nicht geleichet.
In demfelben land fo nam ich war,
und fecht ir mir icht grawe har,   55
die trüg ich von den freulin zwar,
die weiffen bainlin wolgevar
20   verdackt mit roten hofen gar
und ire liechte öglin klar
mit fwarzer farb beftreichet.   60
Der mich aine,
die ich maine,
25   freut allaine,
leib, gebaine,
wer nicht faine,   65
mein trauren klaine.

---

46. fur *A.* hoffeweys *A.*   **47.** geczelt *A (c).* gefëlt *c.*   **48.** wo] wañ *A.*
grefñ *A*, gräflin *c*, in greßlin *F.* wadñ *A*, paden *c.*   **49.** yegleich *A*,
yeglich *c.* wilt *A.* befucht *Ac.*   **50.** da] das *A*, do *c.* die] fein *AF.*
junnge *F.* pirgt *c.* verdol *F.*   **51.** drïk drank *A, fehlt in F.* gatalon
fpaneol *A*, in katoloni Yfpaniol *F.*   **52.** daffelb] dz ir *F.* gefang *A*,
gefangk *c.* pog *A*, päga *c.*   **53.** drofchlein *A*, drofchl *c.*   **54.** In demfel-
ben] All in dem *A.* fo] da *F.*   **55.** icht] nit *F.* grabe *Ac.*   **56.** trag *AF*,
trug *c.* von] vor *A.* freulein *c.* võ meinem weiblin *F.*   **57.** ir weife *F.*
bainlein *A*, painlin *c*, painlach *F.*   **58.** verdeck *A*, vmb legtt *F.* rotter
A.   **59.** ir *A.* liechtñ *A.* euglin *A (c).* augenn waren clar *F.*   **60.** Die
man fich umb fy ftreichet *F.*   **61.** eyne *A.*   **62.** meine *A.*
Für B 62–76 in F: frey allainne lieb hennd peine ftatt ir fchryne /
Die zart die rain macht trawren klain ir gwäd vnd vndertúch gar fein
gepunden mit fchnierē vnde gar verfchwundē wz all mein wundē
Da ich het funden liebes kinde zú Pareiß gunde ich frimen ir zwē fchúch.
64. gepaine *c.*   **65.** nit *A.*

ach, die raine,
30 mitt fis hofen tüch.
Mit den gebunden
fnüren unden,   70
gar verfwunden
wër mein wunden
35 und hett funden
all mein kunden;
in Paris, Lunden   75
frümt ich ir zwen fchüch.

III Gar waidenlich tritt fi den firlifanzen,
ir hohe fprüng unweiplich find zu tanzen,
ouch hat fi phlicht, des angeficht zu verglanzen,
diefelbig mait, die ring in oren trait.   80
5 Mein langer bart, der hat mir dick verfchroten
vil manchen fchmutz von zarten mündlin roten,
die fchöne wenglin für die hendlin botten,
wenn fi die leut empfiengen mit gedreut.

---

68. myed fie newr hofñ duch *A*. hofentuch *c*. **69.** gepundñ *c*. **70.**
fnuren *A*. **73.** hât *A*, het *c*. **75.** Paris] pytz *A*. **76.** fremt *A*, frümbt
c. fchwch *A (c)*.
Nach 76 Strophe in F, fehlt in B: mein trautes ketterlin mef Morgëfter-
lin ich pin dein nerlin nû las mein ferlin in dein perlin / ain gwirlin
gwerlin ain newes merlin wirft du inenn zwar / mein zartes gredlin
mein fchönes medlin mach mir ain fredlin kum in das ftedelin ich
fchluiff dir ins fchedli Darnach ins pedli gang pach vns fledlin Ich zall
dir es alles gar.
77. waidenleich *A*, waidelich *c*. dritt *A*, trat *F*. **78.** hohen *A*, höhe *c*,
lugge *F*. fprüge *A*. vnweibleich *A*. unweiplich find] ftand felber lei-
chen *F*. dâczñ *A*. **79.** pflicht *c*. das *c*, ir *F*. ve'gglanczñ *A*, pflanczenn
F. **80.** dye felbige *A*, Die feinne *F*. maid *A*. d. ring] d. ringñ *A*, ain
ring *F*. drat *A*, fy trâit *F*. **81.** langer] grawer *F*. part *Ac*. der *fehlt in*
F. dik *A*, oft *c*, vil dick *F*. **82.** fmucz *A (c)*. zarten] mangem *F*.
mundl. *A*. **83.** fchone *A*. für die] vor den *A*. hendlin *A*. botñ *A*, poten
c. So ander mendlin ir die hendel poten *F*. **84.** wañ *c*, vnd *F*. emp-
fahñ *A*, enpfiengen *c*.

Ir neglin rot mich machen krank,   85
10   die fein gewunden krump zu lanck,
     nider auff die erden ift ir fwanck,
     fitzen pfligt fi funder wanck;
     ouch lob ich den umbehanck
     bei den betten vor den klanck   90
15   zu ainlitz von der gloggen.
     Ifpania, Preuffen, Soldans lant,
     Tenmark, Reuffen, Eifen ftrant,
     Afferen, Frankreich, Engelant,
     Flandern, Bickardi, Prabant,   95
20   Cippern, Nappel, Romani, Dufcant,
     Reinftram, wer dich hat erkant,
     biftus der freude tocken.
     Da ziffli müffli,
     füffli fiffli,   100

---

85. Neglein *A.* neglin rot] lieplich pert *F.* kranck *c.* **86.** Die fein ir
ain michel tail ze lank *A.* zu] vnd *c.*
Für B 86–91 in F: fy ift nit groß kurcz klain noch langk ficzen pfligt
fy funderr wanck Gar feiberlichen ift ir nack zú dem bette vmb dē
banck / fy pirgt fich hin dern vmb hangk / Ich lob den iren vmbe
fchwanck / zefpeyre für die glogken. **87.** fwankh *A.* **88.** phlegñ *A.*
pankh *A.* **89.** denn *c.* vmbhankh *A.* **90.** pëtten *c.* dem *A.* klankh *A.*
91. von] vor *c.* glokhen *A,* glogken *c.* **92.** prúffñ *A.* landt *c.* Soldan
gnant *F.* **93.** denmarkh *A,* teñmarch *c.* **94.** Afern *A,* Flandern *F.*
fräckreich *c.* **95.** bicardi *c.* Flandern Bick.] Portigal Pricani *F.*
prafant *A.* **96.** Cypern *A.* napel *Ac.* Romani] Ram *F. Zwischen 96
u. 97 in F:* vnger Beham ofterlant. **97.** Reynftraum *A.* hot *A.*
98. biftu *A.* frewdñ *A.* dockñ *A,* tokñ *c.* du pift der frödenn tale *F.*
Nach 98 Strophe in F, fehlt in B:
mein liebes frenczlin mein fchönes glenczlí gug in das fchenczlí mein
da finft ain krenczlin prings zú dein renczlin mein alle fenczlin greiff
an mein fchwenczlí vnd mach vns freden reich / Mein liebes friczlin /
mein klúges fchüczli / triff mir das kiczlin / Dein zinglin fpiczlin gib
ain fchmiczlin in mein riczlin Ich fchliuff dir ins fchliczlin wa find man
vnfergleich.
99. zeyßly *A,* zyffi *c.* mußly *A,* müffy *c.*   **100.** fyßly *A,* füffy *c.*
fußly *A,* fyffy *c.*

25　　henne klüſſli,
　　　kompt ins hüſſli,
　　　werfen ain tüſſli,
　　　ſuſſa ſüſſli,
　　　niena grüſſli　　　　　　　　　　　　　　105
30　　wel wir ſicher han.
　　　Clērli, Metzli,
　　　Elli, Ketzli,
　　　tünt ain ſetzli,
　　　richt eur lētzli,　　　　　　　　　　　　110
35　　vach das rētzli!
　　　tula hētzli,
　　　trutza trätzli,
　　　der uns freud vergan.

　　　　　22. Des groſſen herren wunder　*B 10ʳᵛ (A 29ʳᵛ,*
　　　　　　　　　　　　　　　　　　　　　　　c 25ᵛ–26ᵛ
　　　　　　　　　　　　　　　　　　　　　　　= BW 17, Sch 79)

I　　**D**＊es groſſen herren wunder
　　　　niemand volſingen mag;
　　　doch wil ich ains beſunder
　　　vaſt legen an den tag.
5　　wie ſich der menſch formieret　　　　　　　5

＊) rot-blau

101. klußly *A*, klüſly *c*.　**102.** kumpt *A*, kumbt *c*. hußly *A*, heuſly *c*.
103. tußly *A*, tüfly *c*.　**104.** ſuſa *Ac*. ſußly *A*, ſüſly *c*.　**105.** greußly
A, grüſly *c*.　**106.** well *c*.　**108.** Elli] endly *A*. beczly *A*.　**109.** dont *A*.
111. tula hetzly *c*.　**112.** dula *A*. trutza tretzly *c*.　**113.** dreczly *A*.
vacht das retzly *c*.
Für B 99–114 in F: Da zeißlin meißly hendli kleiſly kum in des heüſ-
lin / Wirff ainn teyſly ſußa ſeyßly fluſa fleyſly / Ich kwy dir das
ſpeilin in denn mude dein O klerlin elly keczlin mach ain ſeczlin richt
dein leczlin fach mein reczlin trucza treczlin tullin heczlin ſprach mein
gſchweezlin ſolt ich laſſen ſein.
2. nymant *A*.　**3.** weſunder *A*.　**5.** formiret *Ac*.

in der planeten purt,
von dem er wirt gezieret,
geſwechet und naturt.
Zwelf zaichen, klar durch jetten,
10　die folgen auch darzü　　　　　　　　　　　10
mit ſiben der planeten,
teglichen ſpat und frü
ſich maiſterlichen ſencken
tieff in des menſchen prüt,
15　darnach es ſich müſs lencken　　　　　　　15
mit leib, ſinn und gemüt.
Ain planet ich eu melde:　　　　　　　　　*10ᵛ*
von erſt der Sunne fluſs,
darnach des Mannes zelde,
20　Mars und Mercurius,　　　　　　　　　　20
Jovis, Venus, zwen klüge,
zu recht niemand verdringt,
mit ſeuberlichem füge
Saturnus zu im ſpringt.
25　Der Leo in ſeinem zaichen　　　　　　　　25
ain zwelfer iſt genant,
ain Krebs mit ſeinem ſlaichen
geleichet dem Tarant,
Stier, Wider, die Junckfraue,
30　das Zwiling, Viſch, ain Schütz　　　　　　30
leg auf die Wag und ſchaue,
Waſſermann, den Stainbock ſprütz.

---

8. gnaturt *c*.　**9.** jetten] gettẽ *A*.　**10.** darczw *A (c)*.　**12.** tägleichñ *A*.
fru *A*.　**13.** maiſterleich’ *A*.　**14.** prutt *A*.　**15.** muzz *A*. lenken *A*.
16. ſin *A*.　**17.** In *A*.　**18.** ſünen *A*. flüſſ *A*.　**19.** mannen *A*.　**20.** Marcurius *A*.　**21.** cluge *A (c)*.　**22.** mit] zu *c*. nymant *A (c)*.　**23.** ſaw̃berleichen *A*. fuge *A*, fuege *c*.　**24.** in *A*.　**28.** tarantt *A*, torant *c (auch 67)*.　**30.** ain] vnd *c*.　**32.** ſtainpokk *A*, Stainpock *c*.

II   Und welcher von der Sunne
        orient geboren iſt,
        dem geit der Leo die wunne,   35
        ſtarck, ring zu aller friſt,
5   klüg, fündig, haiſs und fraidig,
        erſam, ouch dick geſund,
        ſläffrig und ſelten laidig,
        unbleiblich zu aller ſtund.   40
        Smal füſs und mitten klaine,
10   brait antlitz, brüſte groſs,
        klain houbt, klar öglin raine,
        ſchon nas, nimt ir genoſs.
        dick forſchen nach dem ſchaden,   45
        vil mĕr, der ſind ſi fro,
15   undienſtlich, hubſch geladen,
        und achtent klain der dro.
        Der Mon iſt kalt und feuchte,
        der Krebs alſo geſtalt,   50
        ir menſchen faiſter euchte,
20   der ſlaff tüt in gewalt.
        groſs houbt und klaine ougen,
        ſibel der naſen ſpitz,
        von lugern groſs an lougen,   55
        ſawmig, launiger witz,
25   Cheuſch in der minne wunder,
        vil freud iſt in ain gaſt,
        und allzeit gern beſunder,

---

33. welher *A*.   **35.** gibt *c*.   **36.** ſtarckh *A*.   **37.** clug *A (c)*. fundig *A*.
fradig *A*.   **38.** dikk *A (auch 45,63,94,108,121,125,139)*. geſuntt *A*,
geſunt *c*.   **39.** ſlaffrig *A*, ſleffrig *c*. ſeldñ *c*.   **40.** vnpleibleich *A*. ſtünd *c*.
41. Small *A*. fuezz *A (c)*.   **42.** prait *A*. grozze *A*. antluczt *A*, antlütz
c. pruſte *A*.   **43.** eugellein *A*, euglin *c*.   **44.** ſchön *c*. naſſ *A*. nyempt *A*,
nymbt *c*.   **46.** mär *Ac*.   **47.** vndienſtleich *A*. hübſch *Ac*.   **49.** cald *A*.
50. chrebſſ *A*. geſtaldt *A*.   **52.** tut *Ac*.   **53.** clain *A*.   **54.** ſinbel *c*.
55. lugĕren *A*, lugen *c*.   **56.** Saummig *A*, ſeumig *c*. laṽnniger *A*.
58. im *A*.   **59.** alczeit *A (c)*. ſunder *A*.

        von herter heut getaſt;   60
        dünn lebſon, klaine zende,
30   der amplick lang gezafft,
        ſmal ſchulter, dicke hende,
        bewart gar tugenthafft.

III   *A*in herr der böſen glider,   65
        Mars, dürr und grimmlich haiſs;
        der Tarant und ain Wider
        ſten in dem ſelben krais.
5   ir lob ich nicht vaſt treute
        in menſchlicher natur;   70
        ſi früchtent vaſt ſwach ir leute
        mit leib, ſinn und figur.
        Ir volgk iſt gar verlogen,
10   krieg ſtelen, rouben tüt,
        unendlich gar betrogen,   75
        ſchendt fraun und prieſter güt.
        dünn wang, gerümpfen rümer,
        teuff ougen inn der praw,
15   brait ſchulter, weit mülig lümer,
        falſch zung, bös hie und da.   80
        Ain adelar ich finde
        an dem Mercurio
        darnach ain hübſch geſinde,
20   Junckfrau, das Zwiling ſo,
        die würcken göttlich criſtan,   85

---

61. Dunn *A*. lebſen *A (c)*. clain *A*.   62. amplichk *A*. langk *c*.   64.
pewärt *A*, pebart *c*.
65. poſſen gelider *A*.   66. durr *Ac*. grimleich *A*.   68. Stan *A*, ſtend *c*.
70. mēſchleich' *A*.   71. fruchtent *Ac*.   73. volk *c*.   74. ſtellen *A*. tut
Ac.   75. vnendleich *A*. wetrogen *A (c)*.   76. Schent *A*, ſchennt *c*.
frawen *A*. priſter *A*, brieſt' *c*. gut *Ac*.   77. Dun *A*. gerumphen *A (c)*.
78. pra *Ac*.   79. prayt *A*. maulig *A*, meul. *c*.   80. pozz *A*.   81. adelär
c.   84. Junchkfraw *A*.   85. wurken *A*, bürkñ *c*. gotleich *A*, götlich *c*.
chriſten *A*.

reich, mild, warhafft, getreu,
ſcharf tichter, klug juriſten,
ſtainmetzer, goldſmid neu.
25 Die red mit red verkeren,   90
hübſch prawn, ain mitre leng,
forchtig, und hören geren
fremd ſach, ir antlitz eng,
lang nas, ain hohe ſtieren,
30 ſchon augen, dick das har,
verſwigen, weis ir hieren,   95
rain, ſauber über jar.

IV Jovis, der tugent krone,
uber alle tugent friſch,
der Schütz hilft im des ſchone,
darzü der edel Viſch.   100
5 feucht, haiſs, zu fride ſchieſſen,
ſich ſchamen böſer weiſs,
hofflich, an als verdrieſſen,
zu waidenhait den breis.
Clain houbt, ſchon har, murr naſen,   105
10 groſs bruſt, ain runt perſon,
eng braw, dünn lebs, an faſen,
lang zend, dick waden gedon,
miſſtrawig, wanckler ſinne,
zu reuten gier von ſtat,   110
15 genaiget zu der minne,

---

86. warhaft *c.* **87.** dichter *A.* **88.** goltſmid *Ac.* **89.** mit redt *A.* **90.**
hubſch *A.* mittre *A.* **91.** horen *A.* gern *A.* **92.** frend *A,* frömd *c.* ant-
lucz *A,* antlütz *c.* **93.** naſſ *A.* hoche *A.* ſtiren *A.* **94.** ſchön *c.* **95.**
hiren *A.* **96.** vber *A.*
98. all *A.* **100.** darczw *A (c).* edl *Ac.* **101.** ſchiffen *A.* **102.** pozzer *A,*
pöſer *c.* **103.** hoffleich *A,* höflich *c.* allez *A.* v'driſſen *A.* **104.** preyſſ *A.*
105. Chlain *A.* ſchön *c.* mur *A.* **106.** pruſt *c.* ründ *c.* **107.** pra *A,*
bra *c.* dun *A.* faſſen *A.* **109.** miſtrawig *A,* miſtraurig *c.* wankler *A.*
110. ze *c.* reiten *A (c).* gir *A.* **112.** hûgleich *A,* heuglich *c.* tatt *A.*

      hüglich zu aller tat.
      Venus, der wune haile,
      ſein menſchen waidenlich;
      die Wag, des Stieres gaile   115
20   ſi machet gogelreich.
      mit ſaittenſpil und ſingen,
      was die natur erfreut,
      zu bülen, tanzen, ſpringen
      ſi niemand ubergeut.   120
25   Dick hals, klain houbt, vil löcke,
      ſwarz ougen, ſtieren brait,
      lanck, krumb der naſen ſchöcke,
      groſs zend, ſchön hend gemait,
      kurz arm, klain, dicke füſſe,   125
30   nach der perſon wol lanck,
      die unkeuſch iſt in ſüſſe,
      das nachſt ir liebſter gedanck.

V   *S*aturen, kalt, dürr geboren,
      ſein kinder bös gelart,   130
      der Stainbock mit den horen
      ſtat in derſelben art
5   ze morden, ſtelen, rouben,
      frauen ſchenter ſind bekant,
      ze ſpil, ſwĕrn, trinken, glouben   135
      untreulich ſind gewandt.

---

113. Enus *A*. wüne *A*, buñe *c*. 114. waidenleich *A*, baidelich *c*. 115.
Stiers *A*. 116. ſey *A*. goglreich *c*. 119. pullen *A*, puelñ *c*. 120. ſey *A*.
nymant *A (c)*. 121. halz *A*. Dick haubt klain hals *c*. lokk *A*. 122.
ſtiren praytt *A*. 123. lankk *A*, lang *c*. chrump *A*, krüp *c*. ſchökke *A*.
124. ſchon *Ac*. hende *A*. 125. fuzze *A*, füeſſe *c*. 126. woll *A*. lank *A*.
127. vnchewſch *A*. ſuzze *A*, ſüeſſe *c*. 128. gedank *A*, -ckh *c*.
129. kald durr geborn *A*. 130. chinder *A*. bözz *A*. 131. Stainpokk
A (c). 132. ſtet *c*. 133. zu *c*. mördñ *c*. 134. wekant *A*. 135. zu *c*.
ſweren *A*. 136. vntrewleich *A*. gewantt *A*, gewant *c*.

Von aiſſen, engring, täſig,
10   trüb augen, ſwarz, nas flach,
dick har, brait herz, gar heſſig,
dick lebs, torocht ir ſach,   140
gäch durch des zornes flamme
zu wankelhait gepluuſt,
15   uſſrichtig von dem ſtamme
des Waſſermannes flunſt.
Doch wirt ir fluſs gemenget   145
vom zaichen Waſſerman,
ain tail da von geſprenget,
20   als ich eu ſagen kan,
ſich ſchamen diſer dinge,
blaich, weiſs ir angeſicht,   150
ir zukunft mit gelinge
natürlich niemt verricht.
25   Doch hat der menſch ain adel
von got, natürlich brait,
ob in ain böſer tadel   155
berürt, als ich vor ſait,
das er im mag entrinnen
30   durch tugenthaffte ſpreutz,
und fleiſs ſich rainer ſinne
mit hilf des heilgen creutz.   160

---

137. engrin *A*. taſig *A*, teſig *c*.   **138.** trub *A*. naſſ *A*.   **139.** prait *Ac*. haſſig *A*.   **140.** dik *A*. torot *c*.   *Versfolge in A: B 141-144 = A 149-152, B 145-152 = A 141-148.*
141. zorns *A*.   **142.** bancklhait *c*.   **143.** auzrichtig *A*, auſrichtig *c*.   **147.** dovon *A*.   **149.** diſſer *A*.   **150.** plaich *A*.   **152.** Natürleich *A*. nymmt *A*, nyembt *c*. v'nicht *Ac*.   **153.** adl *c*.   **154.** naturlich *A*. prayt *A (c)*.   **155.** pozz' *A*, pöſ' *c*. tadl *c*.   **156.** berurt *A*.   **159.** ſynnen *A*.   **160.** heiligen *A*. chrewtz *A*.

23. Wie vil ich fing und tichte   *B 10ᵛ 11ᵛ (A 28ᵛ, c 27ʳᵛ = BW 2, Sch 111)*

I

Wie vil ich fing und tichte
  den louff der werlde not,
das fchätz ich als für nichte,
wenn ich bedenck den tod,   *11ʳ*
5   der mich nicht wil begeben,   5
  wie ferr ich von im ker,
  und ftellt mir nach dem leben,
  fein gieng mir nahent not.
  An wider pott in fätzen
10   zeucht er uns all hindan,   10
  mit fcharpfen, klügen lätzen
  er jedem richten kan,
  güt frid ift im zerrunnen,
  gar fnell walt fein gevert;
15   wer ich im nicht entrunnen,   15
  er het mich langft verzert.
  In waffer und auf lande,
  ze roffe, füffen dick
  hett er mich an dem bande
20   verknüpft mit fnellem ftrick.   20
  hett ich all fchätze funden,
  die foldan ie erkos,
  die müfft er han verflunden,
  wer ich gewefen los.
25   Mit fällen, waffers trencke,   25
  und groffer wunden tieff

---

2. welde *A.*   3. fchacz *A.* fur *A.*   4. wañ *c.* bedenk *A.*   5. nit *A*
(auch 15, 40, 147, 151). pegeben *A.*   6. wo ich jn der weld hin ker *A.*
7. ftelt *Ac.*   8. ging *c.* not] fer *A.*   9. bid'pot *c.*   11. fcharffen *c.* clugen
A (c).   13. gut *A.* im] dinn [?] *A.* zerunne *A,* zerunnen *c.*   14. walt]
wart *A.*   16. hett *A.* lang *A.*   17. uff landen *A.*   18. fufuen *A,* fueffen
c.   19. het *Ac.* pande *Ac.*   20. verknupft *A.* ftrik *A.*   21. het *c.* fchetze
c.   22. folden *A.* erkoß *c.*   23. muft *A,* müeft *c.* haben *A.*   24. hett er
mich läffen los *A.*   25. trenke *A.*

```
        fiben mal ich gedencke.
        noch hab ich dhainen brief,
        das er mich fichern welle
30      zeit, weil, minut, noch quint;                        30
        er ift mein zergefelle,
        got waifs, wie er mich vindt.


II      Mit warhait wil ich fprechen
        von erft ain not gezalt;
        mit ainem pflag ich ze ftechen                        35
        auff roffen, grofs und valt;
5       ain tür von klafters klimme
        und dreier füffe weit,
        da für ich durch mit grimme,
        dannocht was es nicht zeit.                            40
        Wol vier und zwainzig ftaffel
10      tieff in ains kellers grund,
        die viel ich ab mit raffen,
        mein rofs zerbrach den flund.
        mich daucht, ich wolt verfinken                        45
        in ainem vas mit wein,
15      jedoch bott ich ze trinken
        den güten freunden mein.
        Darnach über ettlich wochen
        got lech mir feinen hüt,                               50
        ain fchiff ward mir zerbrochen
20      auff wilden meres flüt;
        ich lert ain vas begreiffen
```

27. fert fyben ich gedenke *A*. **28.** kainen *c*. **29.** fichren *A*. **31.** er]
vnd *A*. **32.** wais *A*.
34. ain] mein *A*. **35.** zu *c (auch 47, 103, 129, 147)*. **38.** füeffe *c*. **39.**
fur *Ac*. **40.** dennocht *A*. **42.** tieff *fehlt;* in eines kellers grunt *A*. keler *c*.
44. meim *A*. den] der *A*. **45.** u'fincken *c*. **46.** vaff *A (c)*. **47.** pot
Ac. trincken *c*. **48.** guten *Ac*. freunden] gefellen *c*. **49.** vber *A*.
etlich *A*. bochen *c*. **50.** leich *A*. hut *A*. **51.** fchiff *c*. **52.** wildem *c*.
flut *Ac*. **53.** vaff *A*. pegreiffen *A*.

mit gütem malvifir,
das zoch mich zu dem reiffen;   55
verzagt fo hett ich fchier.

25   Und nach derfelben raife
fo was mein erfte gab,
gevangen und ain waife
ward ich all meiner hab.   60
mein houbt hett volgefungen,
30   von flegen ward es krank,
ouch ward in mich gedrungen
ain fwert nach halbes lanck.

III   Auch fchwimmen wolt ich leren   65
auf ainem tieffen fee,
do fchofs ich zu der erden,
das mich fach niemand me
5   vil über ain güte ftunde;
do kom ich aus der hitz,   70
vifch fücht ich an dem grunde
mit meiner nafen fpitz.
Gevangen und gefüret
10   ward ich ainft als ain dieb
mit failen zü gefnüret;   75
das fchüff meins herzen lieb,
von der ich hab erworben
mein aigen leiden fwĕr.
15   wer fi noch ainft geftorben!
noch ift fi mir gevĕr.   80

---

54. gutem *Ac.* malfafir *c.*   55. den *c.*   56. het *c.* fchir *Ac.*   61. haubt
daz het uol fungn̄ *A.* het *c.*   62. kranck *c.*   63. jnn *A.*   64. lank *A*,
langk *c.*
65. fwinben *A*, fwȳmen *c.*   67. fchos *A.*   68. nymant *A*, nyemāt *c.*
mer *A*, mee *c.*   69. uber *A.* gute *Ac.*   71. fucht *Ac.*   72. nafe *A.*   74.
diep *A.*   75. zu *Ac.* gefnuret *A.*   76. fchuf *A*, fchuff *c.*   78. fwär *A.*
79. fey *A.*   80. fey *A.* geuăr *c.*

Des bin ich worden innen,
do ich gen Ungern rait,
noch von derſelben minne
20 kom ich in groſſes laid.   85
in waſſer, wetter, wegen
huſch lert ich maierol
und was ouch nach belegen;
der tauggel ward ich vol.
25 Das iſt ain waſſer ſumpern
von hohen kläpfen groſs,   90
dorin viel ich mit pumpern,
des gouggels mich verdroſs.
ich wett umb all die ſtainer
30 poliert durch edel dach,
ob doch aus hundert ainer   95
plib, gauggelt er mir nach.

IV Darnach bei dritthalb jaren
mir trauren ward bekant,
von haim ſo wolt ich varen
ain rais in fremde land,   100
5   in Portugal, Kranaten,
Iſpania, Barbarei,
dorinn kom mir zeſtatten
vil krumber ſtampanei.
Ain herzog hochgeboren,   105
10 gehaiſſen Friderich,

---

81. pin *Ac.*   **84.** jnn *A.* groß lait *A.*   **87.** nachent *A.* pelegen *A.*
88. tawgkel *A.*   **89.** ſumper *A.*   **90.** hochen *A.* klippen *A.*   **91.** dar
jn *Ac.*   **92.** gawkel *A,* gaugels *c.*   **93.** wett] welt *A.* dr *A.*   **94.** edl *c.*
95. doch] dauch *A.* auſſ *A.*   **96.** gawkelt *A,* gaugelt *c.*
97–128 in A nach 160 nachgetragen.
97. pey *Ac.* drithalb *c.*   **100.** frömde landt *c.*   **101.** portigal *A.* grana-
ten *c.*   **103.** darjnn *Ac.* zu ſtaten *c.*   **104.** krumper *c.* ſtäpeney *A.*
105. hochgeporn *A.*   **106.** fridereich *Ac.*

    beweiſſt mir ſeinen zoren,
    des ward ich lützel reich.
    durch in ward ich gevangen
    an ſchuld auf meinen leib;   110

15 ich wand, es wĕr zergangen
    auf diſer erden pleib.
    Got lat nicht ungeſtraffet
    von ſeinem höchſten ſtül,
    des bin ich wild gezaffet;   115

20 danck hab mein alter bül,
    die mir hat zü gepfiffen
    vil meines leibes not,
    wie wol ſi hat begriffen
    vor lang der bitter tod.   120

25 Ir letz, die ſlach der ſchawer
    und kratz der wilde bĕr,
    die iſt mir worden ſawer,
    das ich ir nimmer ger.
    het ich die lieb verſüdert   125

30 bei ainer haiſſen glüt,
    des wĕr ich bas gefüdert,
    an leib, ſel, er und güt.

V Es wĕr noch vil ze ſagen,
    da wil ich laſſen von,   130
    was ich in jungen tagen
    geaubenteuert han

5   mit kriſtan, reuſſen, haiden,
    in kriechen güte zeit;
    der ſchimpf wil mir erlaiden,   135

---

107. peweyſt A. 108. lützl c. 110. leip A. 114. ſtuel c. 115. pin Ac.
116. pül A, puel c. 117. czu A (c). 119. pegriffñ A. 120. pitt' A.
121. ſchawr A. 122. per c. 123. ſawr A. 125. hiet c. 126. pey Ac.
glut c. 127. pas A. 128. leip A. gut c.
129. wär A. 132. geawbĕtewrt A, geabenteuert c. 133. criſſtan A.
kriſt. haid. reuſſ. c. 134. chriechen A. gute Ac.

fid mich das alder ritt.
Und waiſs, wenn er mich zucket,
10   davon ich hab geſait,
ſtümpflichen nider bucket,
wie ſchon wer ich berait,   140
wurd mich der richter hauen
mit ſeinem ſtrengen ſail,
15   Owe des groſſen grawen!
wem wurd ich dann zu tail?
Darumb, ir fürſten, herren,   145
ſo gebt euch ſelber rat,
ich darf euch nicht ze leren,
20   ir ſecht wol, wie es gat.
all menig, arm und reiche,
macht euch der ſünde keuſch,   150
das euch nicht überſliche
der tod mit ſeim gereuſch.
25   Welt, mich nimpt immer wunder,
wer dich neur hab geplent,
und ſichſt tëglich beſunder,   155
das uns der tod entrent:
heut friſch, ſtarck, morgen krenklich
30   und über morgen tod.
dein lob iſt unverfäncklich,
bedenckſt du nit die not. etc.   160

---

136. ſeyt *A*, ſeyd *c*. alter *Ac*. reit *A (c)*.   **137.** wañ *A*, b- *c*.   **139.** vnd ſtumpfleich *A*. pucket *c*.   **140.** wär *A*.   **141.** wurd] Solt *A*, würd *c*.   **143.** awe *A*, o wee *c*.   **144.** bürd *c*.   **145.** furſten *A*.   **147.** tarff *c*. zu l. *c*.   **149.** reich *A*.   **151.** ew *A*. vber ſleiche *A (c)*.   **153.** Werlt *c*. nſbt *c*.   **155.** täglich *A*.   **156.** entrendt *A*.   **157.** ſtarkh *A*. krancklich *c*.   **159.** vnu'fenklich *A*.   **160.** bedenkſt *A*.   Amen *(3 mal) A*. *Daneben, vereinzelt:* Abt.

A: Nota daz lied ſingt ſich in der weiſe als des groſſen he'ren jn folio ſeqñte

Nach 160 in A: Vil hor vnd wänig ſag. So lebſtu mit frauden manigen tag.

Nota difs vorgefchriben lied Wie vil icl fing und tichte finget
fich jnn der melody des groffen herren wunder etc.

24. Kain freud mit klarem herzen *B 11ʳᵒ (A 41ᵛ, c 29ʳᵒ*
= BW 119, Sch 91)

I   **K**ain freud mit klarem herzen
      trüg ich nie ainen tag
an hoffnung, forcht und fchmerzen,
der ains mich ie bewag.   *11ᵛ*

5   vil armüt ich empfinde   5
tëglich auf difer erd
mit mangerlai gefinde,
des mir das alder mert.
Mein freud ward nie fo michel,

10   vil gröffer ift die wart,   10
wenn mir des todes fichel
die zeitlich freud verkart.
güt hoffnung tüt mich waichen,
das ich ir wolgetraw;

15   ich fürcht, fi werd mich laichen,   15
wie vil ich auf fei paw.
So mich der fchmerz begreiffet
und dent mich zu dem tod,
freud, hoffnung von mir fleiffet

20   und lat mich in der not.   20
die forcht kompt, wie ich fterbe,
graufflicher wirt die kunft,
das ich dort nicht verderbe
in engeftlicher brunft.

---

1. Chain *A*.   **2.** trug *c*.   **3.** hofnung *A*. fmerczer *A (c) (auch 17)*.
4. pewag *A*.   **5.** enpfinde *A*.   **9.** michl *c*.   **10.** groffer *c*.   **11.** fichl *c*.
13. gut *c* [*A*?]. hofnung *A*. tut *c*.   **15.** fürch *c*.   **16.** fy *Ac*.   **17.** pegreiffet
A.   **19.** hofnung *A*.   **21.** kübt *c*.   **22.** greuflich' *c*.   **24.** engeftleicher *A*.
prunft *A*.

II　All maiſter uns das leſen　　　　　　　　25
　　aus der vil hailgen ſchrifft,
　　das kainer müg geneſen,
　　wer inn der ſünde gifft
5　tödlichen wirt erfunden
　　an beicht, büſs, ware reu,　　　　　　　30
　　des ſel werd dort geſchunden
　　mit mangerlai gepreu.
　　Seid jecklich ſünd beſunder
10　gebuſſet wirt ſwërlich,
　　ſo nimt mich immer wunder,　　　　　　35
　　wes ich mich ſelber zeich,
　　das ich mein tödlich leben
　　hie büſſlich nicht vertreib
15　und laſs mich überſtreben
　　den krancken, ſnöden leib　　　　　　40
　　Mit ſünd, groſs, mitter, klaine,
　　und ſwachlichem geluſt;
　　vernunft volgt mir unraine
20　und all mein ſinn vertuſt,
　　das ich nicht wil verſchrenken　　　　45
　　den gifftiklichen wurm,
　　der mir die ſel maint krencken
　　ſchärpflich mit hertem ſturm.

III　*A*in ſchatz hab ich verloren,
　　köſtlich, das iſt mein klag,　　　　　50
　　und tüt mir immer zoren

---

25. leſent *A*.　**26.** awſs *A*. heilgn̄ *c*. ſchrift *A*, geſchrifft *c*.　**28.** jn *c*.
gift *Ac*.　**29.** tödleichen *A*.　**30.** peicht *Ac*. büs *A*, püs *c*.　**32.** mit]
durch *A*.　**33.** yeglich *c*. peſunder *A*.　**34.** gepüſſet *A*, gepueſſet *c*.
ſwerleich *A*.　**35.** nympt *A*, nymbt *c*.　**38.** püßlich [?] *A*, püeſlich *c*.
40. leip *A*.　**41.** gros *A*.　**42.** ſwachlichen *A*, ſwechlichem *c*.　**43.** ver-
nuft *A*, v'nufft *c*.　**45.** verſchrencken *A (c)*.　**46.** gi ftikleichen *A*, gifftigk-
lichen *c*.　**48.** ſchärpfleich *A*, ſcherfflich *c*.
50. köſtleich *A*.　**51.** tut *c*.

umb mein vergangen täg,
5   der ich fchier hab vertriben
wol fegs und vierzig jar,
fündlich darinn beliben;   55
das reut mich ficher zwar.
Die zeit auf erd hie pringet
10   der fel mang fweren ftofs,
die zeit auf erd hie twinget
von got genad fo grofs,   60
die zeit fchafft freud und quale
hie nach des todes zil;
15   des haftu, menfch, die wale,
zu nemen, was du wil.
O aufferwelte fchrancke,   65
keufch junckfreuliche macht,
mein lob dir immer dancke,
20   feid du ain kindlin bracht,
das uns mit feinem leiden
erloft an creutzes päm,   70
ob wir neur wellen meiden,
was im ift widerzäm.

25. Ain burger und ain hofman

B 11ᵛ 12ʳ (A 45ᵛ,
c 29ᵛ-31ʳ

I   Ain burger und ain hofman   *= BW 31, Sch 112)*
    begunden tifpietiern.
die namen ainen obman,
für war ain alte diern,

---

52. tag *c*.   **53.** fchyr *A (c)*.   **54.** fechs und vierzigk *c*.   **55.** füntl. *c*.
60. gros *A*.   **61.** fchaft *A*.   **64.** zẅ *A*. wild *c*.   **65.** awferwelte *A*,
auferwellte *c*.   **66.** iunckfrawl. *A*, junckfraunl. *c*.   **68.** kindlein *c*.
pracht *A (c)*.   **70.** pam *A*.   **72.** widerzam *A*.
A: Nota das lied finget fich jnn der weyfe des groffen herren wunder
nyemant etc.
1. purg' *c*.   **2.** tyfpitiern *A*, tifputiern *c*.   **3.** nomen *c*.

5   und welcher bas möcht geben   5
       den freulin hohen müt,
       darumb ſi wurden ſtreben.
       do ſprach der hofman güt:
       »Ich bin ain jüngling küne,
10   kraws, weiſs iſt mir das har,   10
       darauff ain krenzlin grüne
       trüg ich das ganze jar.
       wol kan ich ſingen, ſchallen
       und ſchreien friſchlich ju,
15   ſolt ich nit bas gevallen   15
       den freulin rain wänn du?«
       »Ich ſei ain burger weiſe,
       gar ſtill iſt mein gevert,
       mit ſüſſen worten leiſe
20   wirt mir vil liebs beſchert;   20
       und trag ain ſwere taſchen,
       die iſt der pfenning vol,
       darinn ſo laſs ich naſchen,
       das tüt den freulin wol.
25   Des frag die alte keue   25
       mit kurzen worten ſlecht.«
       »ich ſprich bei meiner treue,
       der burger hat wol recht.
       ich hab mein zeit verkuppelt
30   zu Brixſen in dem krais,   30
       vil parell aus geſuggelt,
       das ich den louff wol waiſs.«

II   »Ich pflig nit groſſer witze,

---

6. hochen *A.* mut *c.*   8. gut *c.*   9. pin *c.* jünglingk *A.*   12. trag
A, trug *c.*   14. jy *A.*   15. ſölt *A.*   16. freulein *c.* wann *Ac.*   17. ſei]
pin *c.*   purg’ *c.*   19. ſueſſen *c.*   23. laſs]län *A* .   pey *c.*   27. pey *c.*   28. purg’ *c.*
29. v’kupelt *c.*   **30.** brichſen *c.*   **31.** vß *A.*   **32.** loff *A.*

          mein barſchafft, die iſt klain,
          ir alte kamer zitze,   35
          ja bin ich hübſch und rain.
5   ſolt mir nicht bas gelingen?
          nu tün ich mir ſo we
          mit reitten, tanzen, ſpringen
          vil durch den grünen kle.«   40
          »Ich bül mit güten ſitten,
10   daran bin ich nicht laſs,
          hab ich nicht vil geritten,
          leicht mag ich deſter bas
          mit güt und an dem leibe,   45
          wann ir, vil röſcher knab,
15   auch füg ich mangem weibe
          mit koſtberlicher gab.«
          »Rain frau von hohn eren,
          der iſt dein gab enwicht,   50
          ir herz mag nicht emberen,
20   wann ſi mich frölich ſicht
          verwegenlichen ſprengen
          über ainen graben tieff.
          ich hoff, ſi tü verhengen,   55
          ſend ich ir meinen brieff.«
25   »Des müſs ich aber lachen«,
          ſprach es die Grieswärtlin,
          »was ſol man daraus machen?
          die büllſchaft hat nicht inn.   60
          ich hett mich ainſt verſchoſſen
30   mit ainem knaben junck,

---

34. barſchaft *A*, parſchaft *c*. **36.** pin *c*. **41.** pül *Ac*. gutñ *c*. **42.** pin *c*.
nit *A (auch 43, 91)*. geritñ *c*. **44.** pas *c*. **45.** güt und] güttät *A*. gut *c*.
46. dañ *c*. **48.** koſtperlich' *c*. **49.** hochen *A (c)*. **50.** gäb *A*. entbicht *c*.
51. ir] der *A*. enperen *A*. **53.** verwegeleichen *A*. **55.** tü *A*. **56.** ir
meinen brieff] newr ain br. *A*. **58.** grieſbertlin *c*. **59.** bas *c*. **60.** pul-
ſchafft *c*. **61.** het *c*. **62.** jügk *A*.

　　des hett ich nie genoſſen
　　neur umb ain böſen trunck.«

III　»Her jünglingk, eu möcht frieſen,　　　　65
　　ir habt verſchrotten zwier,
　　werdt ir das dritt verlieſen,
　　das habt ir neur von ir.
5　ich traw ain maid erſleichen,
　　zwar die ir nicht erloufft,　　　　70
　　und mügt mir nit geleichen,
　　ir werdt dann recht getoufft.«
　　»Das müſſt der valant ſchaffen,
10　ich ſei von criſten art
　　und weiſs das mit dem pfaffen,　　　　75
　　der mich töfflich bewart.
　　auch wil ich des genieſſen
　　gen freulin weit für dich,
15　wenn ich mein ſper laſs flieſſen
　　mit ritterlichem ſtich.«　　　　80
　　»Turnieren und ouch ſtechen,
　　das ward mir nie bekant.
　　ich hab ain peutel frechen,
20　darin ſtoſs ich mein hand,
　　gold, ſilber, edel geſtaine　　　　85
　　zeuch ich daraus genüg
　　und tail den freulin raine,
　　daſſelb iſt bas ir füg.«
25　»Gar war«, ſprach es die alte,
　　»ſo werdt mir nimmer hold.　　　　90

---

63. des hett ich] ich hiet ſein *c.*　　**64.** böſsen *A*, pöſen *c.* trunckh *A.*
　　65. jüngling *Ac.*　**66.** u'ſchroten *c.* zwir *c.*　**67.** wert *Ac.*　**68.** hab *c.*
69. mayt *A.*　**72.** wert *A*, wärt *c.* getawft *A (c).*　**73.** müſt *A.* faland *A.*
76. teuflich *c.* pewart *A*, peb. *c.*　　**79.** wañ *c (auch 111).* flieſſen]
ſchieſſenn *c.*　**80.** ritt'leichem *A.*　**81.** Turniern *c.*　**83.** peutl *c.*　**85.** edl
c. gſtaine *A.*　**88.** fueg *c.*　**90.** wert *A*, werd *c.* holt *c.*

```
        kain beſſer lieb nicht walte
        wann ſilber oder gold.
        darumb lieſs ich mich nützen
30      auf den gerackten tod,
        e ich mich wolt bekützen                        95
        mit kaines hofmans not!"
```

```
IV      »Seid ich nu han verloren,
        du alter, böſer ſack,
        das tüt mir immer zoren.
        ich ſlach dich auf dein nack,                   100
5       das dir bei ainlif zende
        emphallen nicht gar ſchon;
        der tiefel müſs dich ſchenden,
        das gib ich dir zu lon.«
        »Ich burger zuck ain riem güt                   105
10      von ainem peutel groſs,
        ſee hin, mein liebe diemüt,
        fünf pfund für diſen ſtoſs.
        kouff hüner, air und würſte
        und darzu güten wein,                           110
15      und wenn dich aber dürſte,
        ſo kom herwider ein.«                           12ʳ
        »Der lon, der wirt mir ſawer,
        nu han ich kainen zand,
        den hofman ſlach der ſchawer,                   115
20      der mir ſi hat entrant,
        und müſs hinfür derwelhen,
        koufft ir mir nit ain kü,
```

91. peſſer *c.* **92.** dañ *c.* golt *c.* **94.** gerakten *c.* **95.** ee *c.* bekützlen *A.*
97. hab *c.* **98.** böſſer *A,* poſer *c.* **99.** tut *c.* **101.** ayndliff *c.* zenden
Ac. **102.** enph. *A,* enpf. *c.* **103.** tewfl *c.* **104.** ze *A.* **105.** zuck]
zewch *A.* gut *c.* **106.** von] an *A.* peutl *c.* **107.** ſe *A.* **108.** phund
Ac. **109.** kouf *A.* hüenr *c.* **110.** darczü *A.* gueten *c.* **112.** küm *c.*
114. nu han ich] ſeyd ich hän *A.* **116.** ſey *A.* **117.** derwelchen *c.*
118. nit] newt *A.* ků *A,* kue *c.*

    da mit ich hab zu melhen
    ain müſs des morgens frü.«   120
25   »Ich kouff dir kü und kalben,
    und wes dein leib bedarf,
    ſeid ich den hofman valben
    hab überſtritten ſcharf.
    und waiſs ain ſchöne mētzen   125
30   dort oben an dem egk,
    die ſoltu mir erſwetzen,
    das gilt dir würſt und wegk.«

    Der ſtreit hat ſich verbrauſet,
    redt all darzu das beſt.   130
35   wer alde weiber hauſet,
    der hat ouch geren geſt;
    wann alte weib und änten
    gehören in ainen ſee:
    was ſol man dran verquenten?   135
40   kain vich, das ſchnattert me.

    Nota diſs vorgeſchriben zwai lieder Kain freud mit klarem
hertzen etc. und Ain burger und ain hofman ſinget ſich jnn
der melodey Des groſſen herren wunder etc.

---

120. mues *c.* morgñ *c.*   **122.** wes] was *A.*   **124.** überſtritñ *c.*   **125.**
und] ich *A.* Mätzen *A.*   **127.** müſt du] ſoltu *A*, ſolt du *c.*   **128.** bëgk *c.*
129. ſtritt *A.*   **130.** rett *A.* dartzü *A.* pëſſt *c.*   **131.** alte *Ac.*   **133.** Wan
A. ëntñ *c.*   **134.** gehörend *c.*   **135.** dran] vil *A.* verkwänten *A.*   **136.**
ſnattert *c.* mer *Ac.*
A: Nota das lied Ain burger vnd ain hofman ſinget ſich jnn d' wyſe
des groſſñ hrñ etc.

26. Durch aubenteuer perg und tal

B 12ʳᵛ (A 42ᵛ 43ʳ,
c 31ʳ–33ᵛ

I   **D**urch aubenteuer perg und tal   = BW 13, Sch 109)
      ſo wolt ich varen, das ich nicht verläge,
      Ab nach dem Rein gen Haidelwerg,
      in Engelant ſtünd mir der ſin nicht träge,
5   gen Schottlant, Ierrland über ſee   5
      auf hölggen groſs gen Portugal zu ſiglen;
      nach ainem plümlin was mir we,
      ob ich die Liberei da möcht erſtiglen,
      von ainer edlen künigin
10   in mein gewalt verriglen.   10

II   Von Lizabon in Barbarei,
      gen Septa, das ich weilent half gewinnen,
      da manger ſtolzer mor ſo frei
      von ſeinem erb müſſt hinden aus entrinnen.
5   Granaten hett ich bas verſücht,   15
      wie mich der rotte küng noch hett emphangen,
      zu ritterſchafft was ich geſchücht,
      vor meinen kindlin wer ich darinn gangen; –
      dafür müſſt ich zu tiſch mit ainem
10   ſtubenhaitzer brangen.   20

III Wie wol ich mangen herten ſtraiff
      ervaren hett, des hab ich klain genoſſen,

---

1. awbentewr A, abenteur c. tal vnd perg Ac.   2. ich *fehlt in* c. varen]
rayſen A. u'lege c.   3. haidelberg A, haidlb. c.   4. engeland c. ſtünd]
was A. nit A. trege c.   5. ſchottland Ac. yerland A, yrrland c. ſe A.
6. holgen c. gros A. portigal A. zẇ A, ze c. ſigeln A.   7. plümlein c.
wee c.
12. zepta c. weilend A.   13. do A.   14. müſt Ac.   15. het Ac (auch
22, 49; A auch 56; c auch 28, 44, 86). pas A. u'ſucht c.   16. rote Ac. kü-
nig c. het A, hiet c. enphangen A, enpfangñ c.   17. ritterſchaft A.
18. kindlein c.   19. da fur A. muſt Ac.   20. ſtubmhaitz' c. prangñ Ac.

      ſeid ich ward zu dem ſtegeraiff
      mit baiden ſporen ſeuberlich verfloſſen.
5   dieſelbig kunſt ich nie geſach,   25
      doch hab ich ſei an ſchaden nicht geleret;
      do klagt ich got mein ungemach,
      das ich mich hett von Hauenſtein verferret,
      ich forcht den weg gen Waſſerburg,
10   wenn ſich die nacht verſteret.   30

IV *I*n ainem winckel ſach ich dort
      zu Fellenberg zwen boien, eng und ſwëre.
      ich ſwaig und redt da nicht vil wort,
      ie doch gedächt ich mir nöttlicher mëre.
5   wurd mir die ritterſchafft zu tail,   35
      in diſen ſporen möcht ich mich wol ſtreichen.
      mein gogelhait mit aller gail
      geriet vaſt trauriklich ab in ain keuchen;
      was ich güt antlas darumb gab,
10   das tet ich haimeleichen.   40

V Alſo lag ich ettlichen tagk,
      der römiſch küng die ſorg mir nicht vergulde,
      das ich nicht welſt, wenn mir der nack
      verſchrotten wurd, wie wol ich hett kain ſchulde.
5   zwar oben, niden, hinten, vor   45
      was mir die hüt mit leuten wolbeſtellet.

---

23. ſeid] Do *A*. **24.** paiden *A*. **26.** ſy *Ac*. **28.** hawenſtain *A (c)*.
verferrent *A*. **30.** verſterent *A*, verſternet *c*.
31. winckl *c*. **32.** ze *A*. zwo *c*. poyen *c*. **33.** rett *A*. **34.** gedacht *Ac*.
nötleicher *A*, nötlich' *c*. **35.** würd *A*. ritterſchaft *A (c)*. **37.** gögl-
hait *c*. **38.** trawrikleich *A*, traurigklich *c*. keichen *A*. **39.** güt] in *A*,
gut *c*.
41. Alſo] Darjnn *A*. ettleichen *A*, etlichen *c*. tag *c*. **42.** kung *c*. **43.**
welſt *A*. wañ *c*. **44.** verſchroten *Ac*. ward *c*. **45.** hindñ *c*. **46.** huet *c*.
peſt. *A*.

»wart, Peter Märckel, zu dem tor,
er ist befcheid, das er uns nit entfnellet!«
mein liftikait hett in der fürft
10   die oren vol erfchellet.   50

VI   *D*arnach fo ward ich gen Infbrugk
ain Preuffen vart gen hoff köftlich gefüret,
dem meinem pfärd all über rugk
verborgenlichen niden zü verfnüret.
5   ellender rait ich hinden ein   55
und hett doch nicht des kaifers fchatz verftolen.   *12*°
man barg mich vor der funne fchein,
für fpringen lag ich zwanzig tag verholen.
was ich da auff den knieen zerraifs,
10   das fpart ich an den folen.   60

VII   Ain alter Swab, gehaiffen Planck,
der ward mir an die feitten dick gefetzet.
Ach got, wie bitterlich er ftanck!
von feinem leib wird ich des nicht ergetzet.
5   er trüg ain bain mit ainer klufft,   65
der autem gieng im wilde von dem munde,
darzü fo felfcht er dick den lufft,
vaft ungehäbig niden an dem grunde;
und ob er noch den Rein verfwellt,
10   wie wol ich im des gunde.   70

VIII   *D*er Peter Haitzer und fein weib,

---

47. Märckel] merck *c*.   **48.** pefch. *A*.   nicht *A*. entfchnellet *A*.
51. Infprugk *Ac*.   **52.** preuffn *c*. hof *A*.   **53.** meinen pferd *c*. vber *A*.
54. verporgenlichñ *c*. zu *c*.   **57.** parg *Ac*. funne *A*.   **58.** fur *A*. zwain-
czig *A*, zb- *c*.   **59.** knyen *Ac*. zerais *c*.
63. pitterlich *Ac*.   **64.** leip *c*. des] fein *c*.   **65.** trug *c*. pain *Ac*. kluft *Ac*.
66. atm̃ *c*. ging *c*. münde *c*.   **67.** darczw *A (c)*. dick] offt *c*. luft *Ac*.
68. niden] hinden *A*.   **69.** verfwelt *A*, -fb- *c*.

Planck und ain ſchreiber, der was tëglich truncken,
die machten grauſen meinen leib,
wenn wir das brot zeſamen wurden duncken.

5   ſimm, ainer kotzt, der ander hielt   75
den bomhart niden mit der langen mäſſe,
als der ain büxs von anderſpielt,
die überladen wër durch bulvers laſſe.
hofieren, das was mangerlai
10   von in durch volle ſt äſſe.   80

IX   Mein frölichkait gab tunckeln ſchein,
do mich gedenck hin hinder machten ſwitzen,
das mich der phalzgraf von dem Rein
von kurzlich bat, ob im ze tiſche ſitzen.
5   wie gleich der falck den kelbern was!   85
der römiſch küng hett mein ſo gar vergeſſen,
bei dem ich ouch vor zeitten ſaſs
und half das krut aufs ſeiner ſchüſſel eſſen.
da wider was ich von dem vierſt
10   abgvallen ungemeſſen.   90

X   Noch waiſs ich ainen inn der leuſs
mit namen Kopp, den kund ich nie geſwaigen;
der ſnarcht recht als ain hafenreuſs,
wenn in der ſtarck traminner trang ze ſaigen.
5   zwar ſölhen ſlaff ich nie gehort,   95
des müſſt ich baide oren dick verſchieben,

---

73. leip *A*.   74. bañ *c*. prot *c*. würden *A*. tuncken *c*.   75. grötzt *c*.
76. pomhart *A*, pom̄hart *c*. maſſe *Ac*.   77. püchs *c*. puluers *Ac*.   79.
hofiern *c*. mancherlay *A*.   80. ſtraſſe *Ac*.
81. frolichait *A*, fröl. *c*. tunckel *A*.   82. gedänck *c*.   83. pfaltzgraff *c*.
84. kürtzlich *c*. pat *Ac*. zu *c*.   86. kung *c*. ſo] da *A*.   87. pey *Ac*.   88.
krawt *A (c)*.   89. von] ab *A*.   90. geuallen *A*.
91. in *c*. laufs *c*.   94. wañ *c*. ſtarchk *c*. trumynn' *A*. drang *c*. zu *c*.
95. ſölchen *A*. ſlaf *A*. gehört *c*.   96. müſt *Ac*. paide *A*.

          mein houbt hat er mir dick bedort,
          das es mir von ainander wolde klieben.
          wẽr ich ain weib, umb alles güt
10   ſo möcht er mir nicht lieben.   100

XI   Der Kreiger und der Greiſnegger,
           Moll Trugſäzz retten all darzu das beſſte,
           der Salzmair und der Neidegger,
           frein, graven, Säldenhoren, freunt und geſſte,
5   die baten all mit rechter gier   105
           den fürſten reich, durchleuchtig, hochgeboren,
           da mit er wẽr genẽdig mir
           und tẽt kain gäch in ſeinem erſten zoren.
           er ſprach: »ja werden ſolcher leut
10   von bomen nicht geboren.«   110

XII   *D*ie ſelbig red was wol mein füg;
           mit meines bülen freund müſſt ich mich ainen,
           die mich vor jaren ouch beſlüg
           mit groſſen eiſen niden zu den bainen.
5   was ich der minn genoſſen hab,   115
           des werden meine kindlin noch wol innen;
           wenn ich dort lig in meinem grab,
           ſo müſſen ſi ire hendlin dorumb winden,
           das ich den namen ie erkannt
10   von diſer Hauſmaninnen.   120

---

97. hawpt *A*. dick] vil *A*, oft *c*.   **98.** das] als *A*. vonenand' *c*.   **99.** gut *c*.
100. mocht *A*. geliebñ *c*.
101. greiſnẽgker *c*.   **102.** mol *A*. trugſatz *c*. redten *c*. peſte *A*, peſſte *c*.
103. neydẽgker *c*.   **104.** Säldenhörn *c*. frewnd *A*. geſte *A*.   **105.** paten *c*.
106. hochgeporn *A*.   **109.** ſölich *c*.   **110.** von holcz nicht vil geporen
A. pomen *c*.
111. füeg *c*.   **112.** pülen *A*, puelen *c*. freunt *c*. müſt *Ac*.   **113.** weſlug *c*.
114. painen *A*.   **115.** myn *A*.   **116.** kindlein *c*.   **117.** wañ *c*.   **118.** hend-
lein *c*. darumb *A*.   **119.** erkant *Ac*.

XIII Do ſprach der herr auſs zornes wan
gen ſeinen rëten gar an als verdrieſſen:
»wie lang ſol ich in ligen lan?
künt ir die taiding nimmer mer verſlieſſen?

5   was hilft mich nu ſein trauren da?   125
mein zeit getraut ich wol mit im vertreiben,
wir müſſen ſingen fa, ſol, la
und tichten hoflich von den ſchönen weiben.
pald iſt die urfech nicht berait,

10   ſo lat ſi kurzlich ſchreiben.«   130

XIV *D*em kanzler ward gebotten zwar,
auſs meiner väncknuſs half er mir behende,
geſchriben und verſigelt gar.
des danck ich herzog Fridrich an mein ende.

5   der marſchalck ſprach: »nu tritt mir zü,   135
mein herr hat deins geſanges kom erbitten.«
ich kom für in, do lacht er frü;
ſecht, do hüb ſich ain heulen ane ſitten.
vil mancher ſprach: »dein ungevell

10   ſoltu nicht han verritten.«   140

---

121. ſprach] rett *A*. **122.** Räten *A*. **124.** künd *c*. weſlieſſen *c*. **126.**
getraut] die trawt *A*. **127.** müſſn *A*, mueſſen *c*. **129.** per. *A*. **130.**
kürzlich *c*.
131. gepoten *A (c)*. **132.** väncknus *A*, vancknüſs *c*. **133.** geſchribñ
vnd geſchribñ *c*. **134.** fridreich *A*. an mein] bis an mein *c*. **135.** mar-
ſchalk *A*, marchſchalk *c*. trit *c*. zw *A (c)*. **136.** mein herr] der fürſt
A. deines gſanges *c*. kom] kaum *c*. erpitten *A*. **137.** fur *A*. **138.** hueb
c. heulen] hönen *c*. **139.** mang' *c*. **140.** verriten *c*.
In A zwischen V. 140 und 141 noch eine Strophe eingeschoben, Text:
Do batt ich in an allen haß / für meinen frewnd der iſt für war ain
freye / der newnt halb iar gelegen was / geuangen jnn des edlen für-
ſten kreyge / Er ſprach nun für in mit dir haim / vnd hilf im durch
ſein frewnd genade ſüchen / alſo kert ich gen hauenſtain / zwar diſem
furſten [?] ſol ich nymm' fluchen / das er mir noch ſo wol getrawt /
des helf mir got geruchen.

XV Der wirdig got, der haimlich got,
der wunderlich in den vil auſſerkoren,
der lieſs mir nie kain freis gebott
die leng, des han ich dick ein ſpil verloren.
mein tentſchikait und üppig er
iſt mir durch in an waſſer offt erloſchen,
wann zeuch ich hin, ſo wil er her,
in diſem ſtreit ſo wird ich überdroſchen.
verdiente ſtraff zwar umb die minn
beſtet mich manchen groſchen.

27. Ich hab gehört durch mangen granns

B 12v 13r (A 44v 45r, c 33v–34v = BW 18, Sch 110)

I Ich hab gehört durch mangen granns
mit ainem ſprichwort dick ain toren triegen:
ſim, Lippel wër ain güte ganns,
hett er neur federn, das im flawnt ze fliegen.
bei dem ain jeder merken ſol,
das ſich die löff in manchem weg verkeren; *13r*
das prüfft man an den genſen wol,
ir ainvalt ſi geſcheidiklichen meren
zu Behem und ouch anderſwo,
do ſi die federn reren.

II Das federſpil hat ſer verzagt,

---

143. gepot *Ac.* **144.** hab *A.* dick] oft *c.* **145.** mein] mit *A.* und üppig er] mit aller gail *c.* **146.** oft *Ac.* **148.** ſo wird ich] pin ich vil *A,* wird ich *c.* vberdroſchen *A.* **149.** ſtraf *A,* ſtraſs *c.* zwar umb die minn] von ſeiner macht *A.* **150.** geſtet *c.* mangen *A.*
A: Ultimus verſus eſt veriſſimus. Per oſwaldum Wolckenſtainer. Finis iſtius

1. gehort *A.* grans *A.* **3.** ſym̄ *A.* lyppell *A.* gute *c.* gans *A.* **4.** het *Ac.* zẅ *A,* zw *c.* **5.** bei dem] Da bey *A,* pey dem *c.* mercken *Ac.* **6.** leuff *c.* mangñ *A.* **7.** průft *A,* prüeft *c.* **8.** -leichen *A.* **9.** beheim *c.* **10.** federen *A.*

die adler, falcken, häbich, ſparwer, ſmieren,
ſein baiſs mir laider nit behagt,
wann ich ir ſchellen vaſt hör timpelieren.
5   des wirt vil manig edel geviecht   15
von ainer groben ganns ze tod geſlagen,
gebiſſen ſer und gar verdiecht,
wie da beſchicht, darnach türft ir nicht fragen,
wann alte ſünd pringt neue ſcham,
10   hör ich die weiſen ſagen.   20

III   *I*r edlen valken, pilgerin,
eur nam iſt gaiſtlich wirdikleich gebreiſet
mit euerm flug vil höher hin
wann ander valken kürlich underweiſet.
5   ain maiſter groſs von oberlant   25
eur ſchnäbel, füſs hat forchtiklich verhürnet;
nu lat eu reulich weſen ant,
wo ir denſelben maiſter hand erzürnet,
und mawſſt die alden federn ab,
10   leicht wirt die ganns verdürnet.   30

IV   Ir ſägger, blawfüſs, nemet war
als edel geviecht der criſtenhait beſunder,
ſeid euch entſtet ain genſlich ſchar
von ainem land, des lat eu weſen wunder.
5   des hört man offt ain genſelein   35

---

12. hâbick *A*. ſmyern *A*.   **13.** ſein] ir *A*. paiſs *c*. nicht *A*.   **14.** tympel-
lieren *A*.   **15.** edl *c*.   **16.** gans *Ac*. erſlagñ *A*.   **17.** gepiſſen *c*.   **18.** das
Ac. dürfft *c*. nit *A* (*auch 46, 49*).   **19.** wan *A*.   **20.** hor *c*. wiſen *A* [*am
Zeilenende*].
21. edln *c*. falcken *A*.   **22.** wierdikleich *A*, wirdigklich *c*. gepreiſet *c*.
23. hôcher *A*.   **24.** wan *A*. falcken *A*. kurlich *Ac*. vnt'weyſet *c*.   **25.**
oberlandt *c*.   **26.** ſnäbel *A*, ſnäbl *c*. füeſs *c*. vorchtigklich *c*.   **28.** maiſter]
hrñ *c*.   **29.** altñ *A (c)*.   **30.** gans *Ac*.
31. ſaiger *c*. plafüs *c*.   **32.** edl *c*.   **33.** ew *A*.   **34.** lant *A*.   **35.** oft *Ac*.

durch feinen vaiften kragen fpöttlich lachen.
wol auff, all vogel, rauch und rain!
hilf, adler grofs, dein fwaimen las erwachen!
fliegt fchärpflich ab und ftofft die genns,
10   das in die rügk erkrachen!   40

V   *J*u Hufs, nu hafs dich alles laid,
und heck dich Lucifer, Pilatus herre!
des herberg wirt dir unverfait,
wenn du im komft aufs fremden landen ferre;
5   und ift dir kalt, er macht dir warm   45
mit ainem bett, fo wirftu nicht verlaffen.
vil güt geferten, reich und arm,
die möchftu finden auff derfelben ftraffen.
wilt du den Wigklöff nicht verlän,
10   fein ler, die wirt dich haffen.   50

VI   Ain jeder vogel inn der welt
fein orden halt, in dem er ift geboren,
mit feinem gelouben unvermelt,
wann neur die ganns wil tragen krumpe horen,
5   da mit fi ander vogel rain   55
verftoffen wil, fich felber gar verfenken
mit tieffem flug von der gemain;
gen feuerfpach tüt fi die federn fchrenken,

---

36. finen *A*. fpötlich *c*.   **38.** din *A*. lafs *Ac*.   **39.** fcherfl. *c*. ftoft *A*,
ftöfft *c*. gens *A*.   **40.** rügg *A*.
41. Jy *A*, Nü *c*.   **42.** luciper *c*.   **44.** wañ *c*. kompft *A*, kumbft *c*. from-
den *c*.   **46.** pëtt *c*. wierftu *A*. verlauffen *A*.   **47.** gut *c*.   **48.** möchft
du *c*. ftrauße *A*.   **49.** wiltu *A*, wildu *c*. Wigklöff] Wigklöf *A*, vorlauff *c*.
u'lan *c*.
51. vogl *c*. in *Ac*. werlt *c*.   **52.** geborn *A*.   **54.** wan *A*. gans *A*.   **55.**
vogl *c*.   **56.** verftoßt vnd tüt fich *A*. verfencken *A (c)*.   **57.** mit tief-
fem] durch tieffen *A*.   **58.** tut *c*. fchrencken *Ac*.

die fchrift zu felfchen, mer wann all
10   ir vodern ie gedenken.   60

VII   »*D*en beften vogel, den ich waifs,
      das was ain gannse vor zeiten ward gefungen.
      das hat zu Beheim inn dem krais
      verkeret fich, wann in ift miffelungen.
5   mit ainem wort, wo vor das beft   65
      in difem raien mercklich ift geftanden,
      da wider fchreiben maifter, geft
      das böfft, fo man es vindt in allen landen.
      Alfo hat fich die ganns verkert
10   dafelbs mit groffen fchanden.   70

VIII Ir braitter füfs möcht werden fmal,
      wolt neur ain man, der uns all hat befchaffen,
      wie der vergéfs feins zornes fal
      und ftiefs durch barmung in fein veintlich waffen,
5   das er über uns gezogen hat   75
      mit fcharpfer fchneid und graufelichem fpitze
      umb unfer groffe miffetat,
      die wir téglich begen durch fünden glitze,
      der kaine ungefchaben bleibt
10   mit peiniklicher hitze.   80

IX   *I*r güten criftan, feit gemant,
      andächtiklich helft uns den fürften flehen,

---

59. gfchrift *c.* me *A.*   **60.** vordern *c.* gedencken *A,* gedenuckenn *c.*
61. pëlten *c.* vogl *c.*   **62.** gans *A (c).*   **63.** zẅ pehem *A.* in *Ac.* **64.** verkeret] verwandelt *A.* in ift] ift in *A.*   **65.** pëfft *c.*   **68.** böft *A,* pöfft *c.*
69. gans *A.*
71. prayter *A,* brait' *c.* fues *c.*   **72.** wölt *A.*   **73.** vergäfs *Ac.*   **74.** parmung *Ac.* wauffen *A.*   **75.** vber *A.*   **76.** fcharffer *c.* fneyd *A (c).*
graufl. *c.*   **78.** begend *A.* funden *A.*   **79.** pleibt *Ac.*
81. gutñ criftñ *c.* gemant] gemait *c.*   **82.** andächtikleich *A.* helft uns den] fo helft den *A.*

das im fein zoren werd gewant,
den wir durch grofſe zaichen rächlich fehen
5   in Frankreich, Engelant, Katalon,   85
in Lampart und zu Behem auf der mitte,
mit inflüfs, manfleg, fterben gan
und durch gelouben ketzerlicher fitte.
ftee für, Maria, wend dein kind!
10   ich Wolkenftein das bitte. Amen.   90

28. Menfchlichen got   *B 13ᵛ (A25ʳ–27ᵛ, c 35ʳᵛ*
= *BW 123, Sch 57)*

Cifioianus

I   *Menfchlichen got, befchnitten fchon,
drei küng für Erhart hohen lon
han in dem tron, ouch Marcellus, Anthoni.

---

*) blau-rot

83. zorn c. wert *A*.   84. fechen *A*.   85. franckr. *Ac*.   86. zw̄ *A*. pehem
A, beheim c.   87. influfſ *A* [?], c. gän *A*.   88. kätzerlicher *A*.   89. fte
A. bendt c. din *A*.   90. wolkenftain *Ac*. pitte c. Amen *fehlt in A*.
28. *In A 1.Str. zuerst unter Noten, dann das ganze Lied Wort für Wort
untereinander (zweispaltig). Vor den Wörtern 3 Zahlen und der Buch-
stabe des Wochentages. Über den 3 Zahlenreihen steht bei jeder Spalte
(von links nach rechts):* gulden zal / hore / minute.
Auf Bl. 25ᵛ steht auch am unteren Ende der 1. Spalte die gulden zal.
Randbemerkungen in A:
am unteren Rand von 25ᵛ:
Ir folt merchen daz anno dm̄ XXXI ift VII die guldein czal vnd dar
nach XXXII fint VIII die guld. czal vnd alfo fur vnd fur iarichleich
vncz auf newnczechñe fo hebt man wid' an einē an. vnd wa ir in dem
kalend' VII findet anno 31. da wirt d'man new.
am unteren Rand von 26ʳ:
Itm̄ ob ir welt wiffen wen d'vafenacht ift fo merchket den nachften
newen manē nach dem liechtmeffmes tag vnd der nachfte mittich dar
nach ift d'afch'mittich.
1.*Str.: Aⁱ = unter Noten, Aⁱ = im fortlauf. Text.*
1. Menfleichen *A*ⁱ'ⁱ *(in Aⁱ fehlt Init.).* wefchniten *A*ⁱ, wefnytten *A*ⁱ,
befnitñ c.   2. kunig *A*ⁱ'ⁱ. für] vnd *A*ⁱ'ⁱ, fur c. hochen *A*ⁱ'ⁱ.   3. jnn *A*ⁱ'ⁱ.
antony *A*ⁱ'ⁱ.

Priſca, Octavo, Fabien.

5   Agnes Vinzenzen wil beſten,   5
Paul Pollicarpen, Hanns macht Val, Conſtantini.
Die Breid, Maria, Blaſen da,
Ag, Dor und Helena, Polon, Scolaſtica
Octavo lieplich loben.

10   Valtein und Julian began   10
Simeon fragen freuntlichen umb Peterman.
Ins Math Walpurg wil zoben.

II   *R*oman, Donat, Sim, Küng, Äderlin
pfinztages in des merzen ſchein
ain bëdelein Gregorio beraiten.   15
Hilf, Marthan, das Gedrut verleich
5   uns herberg. Benedict, nit weich.
unſer fraue reich, Ruprecht, well uns dort laitten.
Abrelle, wankelicher müt.
Ambroſius, der Celeſtim mit hohem früt   20
gab babſt Leo dem Tiburzen.
10   Auſs ellend uns Valer ſchier ker,
ains güten endes Jörg, Marcus uns hie gewër.
Vitalis früchtet wurzen.

III   Philipp, Sigmund, creutz, Florian.   25

---

4. Briſca *A*². fabian *A*¹.   **5.** agneſſ *A*². vincenten *A*¹. will *A*². weſten
*A*¹c, weſtien *A*².   **6.** Paull *A*². policarpen *A*¹c. mach *A*¹. vall *A*¹.   **7.** Je
*A*¹ *(In. ſehlt)*. plaſen *A*¹.   **8.** elena *A*¹ʼ². ſcholaſtica *A*¹.   **9.** liebleich
*A*¹, lipl. *A*².   **11.** Symãon *A*¹, Symon *A*². frewtleichen *A*¹, frewtleichen
*A*².   **12.** jnns *A*¹ʼ². will *A*¹.
13. kung *Ac*. äderlein *A*.   **14.** pfincztags *A*.   **15.** padellein *A*, pädlein *c*.
weraitten *A*.   **16.** matron *A*. gedrawt *A (c)*.   **17.** benedickt *c*. nicht *A*.
18. rueprecht *c*. wel *A*. uns] mich *A*.   **19.** Abbrelle *A*. wankleicher *A*.
mütt *A*.   **20.** celeſtin *Ac*. hochem *A*. frut *A*.   **21.** pabſt *Ac*. den *A*.
22. ſchir *A*. cher *A*.   **23.** guten *A (c)*. Jorg *Ac*. uns *ſehlt in A*.   **24.**
vitallis *A*. fruchtet *A*.
25. Philip *A*. chrewcz *A*.

Gothart, Johanns, zwen hailig man.
Corbianus bran. Pangratz brangt der Sophellen.
Pilgrin, der bracht Potenz, Baſill

5   ain maien plüd durch Urbans will.
vergib Hanns, Zirill, genzlichen Petronellen.   30
Bewart, getreuer Aſimus,
und Bonifacius mit Senat. der Primi alſus
wart, pflanz las, Veut, nicht faulen.

10   Gelobt ain heilger ritter vein,
Achacius, und Johannes toufft Henſelein.   35
peiſs Leo, Peter, Paulen.

IV   *D*ie künigin vor Ulrich rait,
und ouch Kilianus darnach ſchrait.
Margret, Hainz ſait, tailunge gebt Allexen.
Arnolf, der lüd Praxederlein,   40

5   Magdalena junckfrau Criſtein,
Jacob, Ändlein, die band Felix ain krächſen.
Petrus, Steffan, Steffanus frumm,
Oſwaldus, Sixt. Affra, die romt Laurenzium,
und nuſſen Polt, Euſeben.   45

10   Frau, trinck, ſprach Agapt ain Bernhart,
fragt Thimotheen den Bartlomeen unverkart,
ob Ruff, Hanns, Augſt mer leben.

---

26. heilige *A*, heilig *c*.   **27.** corbinianus *A*. pran *Ac.* prangt *Ac.* der]
vor *A*.   **28.** Pilgrim *A*. pracht *c*. paſill *Ac.*   **29.** plud *A*, plüed *c*.
30. ganczleichen *A*.   **31.** Bewart] Weratt *A*. treuer *c*. aſinus *A*.
32. bonifacz *A*.   **33.** pläncz *A*. laz nicht veitt *A*. ueitt *c*.   **34.** heili-
ger *A (c)*.   **35.** henſſellein *A*.
37. kunigin *A*. Vlreich *A*.   **39.** alexen *c*.   **40.** ludt *A*, lud *c*. praxedel-
lein *A*, braxedelein *c*.   **41.** Magdalen *A*. junkfraw chriſtein *A*.   **42.**
pant *A*, pandt *c*. krâſchen *A*, kräxen *c*.   **43.** ſtephan *A*. ſteffannus *A*.
frum *A*.   **45.** pold *A*.   **46.** trinkk *A*.   **47.** dyemothe *A*. Bartlmen *A*.
48. augſt Hanns *A*.

V   Gilg ſchankte güten moſt ſant Mang,
      Regin, Marei, Corbin, Illang.   50
      Protüſlin ſang hochgelobtes creutze froni.
      Offnei, Lamprecht, vernempt mich gar,
5   Matheus und Mauritz, Ruprecht zwar,
      Virgil, Coſmar, Wenzla, Michel, Jeroni.
      Remigius, kenſtu Frenzelein   55
      mit ſeinen faulen käſen? Dionis im gügelein.
      Maxim Colman lert hangen.
10   Gall huſch. Lucas göttlichen ſchraib,
      Urs ſüchte Colen. Criſpinus, Columb haim blaib;
      Simon, Marz kunt Wolfgangen.   60

VI   *H*eilgen. Euſtachius, der vieng wild.
      Lienhart gebrüdern vier gilt.
      Mart. Martein milt. Britzien gens briet Öttel.
      Iſs mit Elſbetha frölich, fro.
5   Cecil, Clement, Criſogono,   65
      Kathrein, Cünzo, Virgil, louff nach Andriöttel.
      Cant frölich ſola Barbara.
      Nicetus, Claus und Maria von Montſera,
      Damaſius und Lucie,
10   Die müſſen alle hilflich ſein.   70
      auſs India Thomas kündt uns das Iheſumlin.
      Ste, Hanns, kind, Tho kumpt Silvreien Silveſter.

---

49. Gill *A*. ſchankt *A*, ſchanckte *c*. guten *A (c)*. ſand *Ac*.   **51.** protu-
ſellein *A*. hochleiches *A*. chrewcze *A*.   **52.** u'nembt *c*.   **53.** Matheus
Mauricz vnd Rupprecht *A*. rueprecht *c*.   **54.** weczla *A*. michl *c*.
55. kenſt dw *A*. franczellein *A*, frentzelin *c*.   **56.** käſſen *A*. diniſſ *A*.
gugellein *A*.   **58.** gotleichen *A*, götlichen *c*.   **59.** Vrſ *A*. ſuchte *Ac*.
pelaib *A*.   **60.** nartz *A*.
61. Heiligen *A*. Euſtacheus *A*.   **62.** gebrudern *A*, gebrüedern *c*.   **63.**
gengs *A*. pryet *Ac*. otell *A*, öttl *c*.   **64.** Is *A*. elſpeta *A*, elſbeta *c*. froleich *A*.
65. cezill *A*.   **66.** katrein *c*. kunczo *A (c)*. lauf *c*. anderötl *A*, ändriöttl
c.   **67.** froleich *A*. ſol la *c*.   **69.** luceye *A*.   **70.** muſſen *A*, müeſſñ *c*.
all *A*. hilffleich *A*.   **71.** tomas *Ac*. künd *c*. Jeſumlein *A*, Jeſumlin *c*.
72. hans *c*. kumbt *c*. Silfrey *A*. Silveſter *fehlt in A*.

29. Der himel fürst uns heut bewar   *B 14ʳ (A 37ᵛ,*
                                                 c 36ʳ = BW 99,

I   Der himel fürst uns heut bewar,   *Sch 105)*
    got und sein liebe mütter klar,
    die engel schar und all gots heilgen werde.
    Allmächtikait über alle macht
5   und der als wesen hat bedacht,   5
    künstlich volbracht in himel und auf erde,
    Der sei unser schilt vor aller not,
    beschierm uns durch sein marter und den bittern tod,
    das blüt hailg, rot walt unser sünd abläffe.
10 Lass, herr, dein zoren nicht ergän   10
    nach unser schuld, wie wol wir dick verschroten han
    mit tün und län dein huld durch sündlich räffe.

II Gesegen uns heut altissimus,
    darzu der minnikliche flus,
    den Longinus mit seinem spiess hett funden.   15
    Dasselbig sper, kron, nagel drei,
5   ste uns vor schaden, schanden frei,
    frid won uns bei und die heilgen fünf wunden.
    Verleufs dein bitters gallen getranck,
    herr, nicht an uns, wie wol wir sein der sünden kranck; 20
    kreutzlicher hanck, erlös uns ewikleichen.

_____

In A Ich-Form.
1. Er *A (Init. fehlt).* himlfürst *c.* uns] mich *A (auch 8, 13, 32).* **2.** got
und] darczu *A.* mut' *A,* muet' *c.* **3.** die] der *A.* engl *c.* schor *A.* hail-
gen *A.* **4.** Allmechtigkait *c.* vber *A.* **5.** alls *c.* **6.** künstleich *A,*
kunstlich *c.* himl *c.* **7.** unser] mein *A.* **8.** beschirm *Ac.* pittern *c.*
9. hailg plut rot *A,* plut heilg r. *c.* unser] mein' *A (auch 11, 29).* fund
A. ablasse *A.* **10.** zorn *c.* ergan *Ac.* wir] ich *A (auch 20).* **11.** dickh *A,*
dik *c.* **12.** tun *A.* lan *Ac.* süntl. *c.*
14. miñikleiche *A.* **15.** hat *A,* het *c.* **16.** nagl *c.* **17.** uns] mir *A (auch*
20). **18.** pey *Ac.* hailgen *A.* **19.** dein] das *A.* pitter *A,* pitt's *c.* tranck
A. **20.** wir sein] ich pin *A.* funden *A.* **21.** krewczleicher *A.* ebigk-
lichen *c.*

10   Ich bevilch uns heut dem heilgen grab
        und dem, der ſich unſchuldig toten darin gab,
        Maria, hab, hilf an dem letzten keichen.

III   Trivaltikait, ſun, heilger gaiſt,   25
          verfloſſen in ains vatters laiſt,
          ſeit du nu traiſt die macht, kron aller fürſten,
          So tail dein barmung köſtlich groſs
5   mit unſer ſel, wenn ſi gar bloſs
          nach Abrahams ſchoſs tut ſeniklichen dürſten.   30
          Verheng dem tiefel nicht gewalt,
          das er uns trieg, vorlait durch grauſelich geſtalt,
          wenn er ſich ſpalt gen unſerm kranken leibe.
10   So wir hie raumen ditzs ellend
          freuntlos und ſtimmlich vechten mit des todes hend,   35
          O got, das end uns gnediklich verſchreibe.

30. Kain ellend tet mir nie ſo and   *B 14ʳ (A 46ʳ, c 36ᵛ*
                                                         37ʳ = BW 19,
I   K̲ain ellend tet mir nie ſo and   *Sch 102)*
        von klainer ſach in fremdem land,
        neur wenn ich fand die herberg voller kinder.
        Ir ſchreien hat mich dick bedort,
5   das ich offt ſelber nicht gehort   5

---

22. Ich gib mich *A*. hailgen *A*.   **24.** leſten *c*.
25. Driualtikait *c*. hailger *A*. geiſt *c*.   **26.** vaters *A*.   **27.** furſten *A*.
28. parmung *c*. koſtlich *c*.   **29.** ploß *A*, plos *c*.   **30.** ſenikleichen *A*.
31. tewfel *A*, teufl *c*.   **32.** verlait *A*, u'laitt *c*. grawſeleich *A*, grewſelich
c.   **33.** bañ *c*. gen] pey *c*. unſerm] meinem *A*. krancken *A (c)*.   **34.** So
ich von diſem ellend ker *A*. räumen *c*. ditz *c*.   **35.** frewntloſer ſtumlich
vicht ring nach des todes ſer *A*.   **36.** götleicher herr dein hilf mir dann
verſchreibe *A*. gnedigklich *c*. Amen *A*.
A:Nota das lied Kain ellend etc. ſinget ſich jnn der weyſe Mentzſch-
lichen got etc.
1. Chain *A*. ant *Ac*.   **2.** fromdem *c*.   **3.** bañ *A*.   **4.** dik *c*. betort *A*.
5. oft *A (auch 9, 22, 31, 47)*.

mein aigen wort, und ſunder gen dem winder,
So ich den langen tag erfros,
müdlichen rait, gen aubent zwar des klain genoſs.
ain ſtauben groſs, die ward mir offt zu enge.

10   In mancher wiegen dick ergal   10
ain kindlin klain, das es mir durch die oren gal;
die nachtigal mich freuet bas die lenge.

II   *I*r rumplen groſs mit hurlahai,
dafür lob ich den grünen mai,
und ſunder zwai, freuntlich dorin geſellet.   15
Noch iſt ſein vil, das mir gewirt
5   von ainem kindlin, ſo es kiert
und mich veriert mein ſingen, und erſchellet
Durch manche falſche diſonanz,
falſeten groſs, dabei kain freuntlich concordanz;   20
der reſonanz hat mich ſo dick verdroſſen.
10   Zu ſwaigen iſt offt ains ſo tratz
mit widerwärtikait recht als ain böſe katz;
von meiner tatz hand ſi des klain genoſſen.

III   Zu Preſpurg dort in Ungern zwar   25
ain kind mir macht vil grawe har
von dritthalb jar, und lieſs mich ſelden ſlauffen
Die langen nacht bis an den tag,
5   und ander vich, des ich da pflag,
neur ju ich jag, dick aines tet ich ſträffen.   30
Das kind ſchrai offt: »wie ſer mich dürſt!«

---

6. gen] in *c.*   **8.** müedl. *c.* gein abent *c.*   **9.** ſtuben *Ac.* oft *c.*   **10.** mang'
A.   **11.** orn *c.* gal] hal *A.*   **12.** mich bas erfrewt *A.*
13. rumpeln *c.*   **15.** darin *A*, dorjnn *c.*   **16.** das] des *c.* gewiert *A.*
17. kirt *c.*   **18.** v'irt *c.*   **19.** mange *A.* diſſonantz *c.*   **20.** dapey *c.*
23. biderbertigk. *c.* pöſe *c.*
26. grawbe *A*, grabe *c.*   **27.** drithalb *c.* ſlaffen *c.*   **28.** lange *A.*   **30.** ju]
ſẅ *c.* ains tet ich zu ſtr. *A.* ſtraffen *c.*

man bracht im met und wein, als ob es wĕr ain fürſt,
fiſch, hüner, würſt, neur wes ſein herz begeret.
10   Dannocht gewan es ſelden raſt.
vil manchen zwick hab ich im zu der heut getaſt,   35
haimlichen vaſt, das es ſein ſtimm verkeret.

IV   *M*ich wundert ſer an ainem man,*
das er ſein kind nicht ziehen kan
und lat es gan ſo gar an alle rütte.
Der dunck mich ſicherlich nicht weis   40
5   und möcht wol ſchlipfen auf dem eis
mit klainem breis an ſeinem aigen blütte.
Güt mütter, hand ir nie geleſen
vor langer zeit: »ie lieber kind, ie gröſſer beſen?«
das ewig weſen mügt ir an in verhönen.   45
10   Das ir in hengt den willen nach,
da von offt ains die leng gewinnt vil ungemach;
dorumb groſs rach volgt eu mit böſen lönen.

31. Der oben ſwebt   *B 14ʳᵒ (A 36ᵛ, c 37ʳᵛ*
= BW 100, Sch 90)

I   **D**er oben ſwebt und niden hebt,
der vor und hinden, neben ſtrebt
und ewig lebt, ie was an anefange,   *14ᵛ*
Der alt, der jung, und der von ſprung
5   trilitzſcht gefaſſt in ainlitz zung   5
an miſſhellung, mit unbegriffner ſtrange,
Der ſtrenklich ſtarb und was nicht tod,

---

*) rot-blau
32. p̄cht *c.* **33.** huenr *c.* wegert *c.* **34.** Dannoch *A.* **35.** mangñ *A.*
37. ainen *A.* **38.** ziechen *A.* **39.** gån *A.* rüte *A,* ruette *c.* **40.** dunckt
Ac. nit *A.* **41.** ſlipffen *c.* **42.** plüte *A,* blüte *c.* **43.** Gut *c.* müter *A,*
mut' *c.* habt *A.* nie] ye *A.* **44.** groſſer *c.* peſen *c.* **46.** im *A.* dem *A.*
47. oft *c.* gewint *A,* gebingt *c.* **48.** darumb *A.* poſen *c.*
2. hinten *A.* **4.** ſprung] vrſprung *c.* **5.** triliczſt *A,* triliſch *c.* geuaſt *A.*
6. vnpegrifner *A.* ſtrannge *c.* **7.** ſtrencklich *A,* ſtrengkl. *c.*

der keuſchlich ward emphangen und an alle not
geboren rot, weiſs durch ain junckfrau ſchöne,
10   Der manig wunder hat geſtifft,   10
die hell er brach, den tiefel dorin ſer vergifft,
getült, geſchifft all wurz durch ſtammes tröne,

II   *D*em offen ſein all herzen ſchrein,
grob, tadelhäfftig, ſwach, güt, vein,
das er dorin ſicht allerlai gedenke,   15
Dem tün und lan iſt undertan,
5   die himel ſteren, ſunn, der man,
der erden plan, menſch, tier, all waſſer rencke,
Auſs dem all kunſt gefloſſen iſt,
von dem, der aller creatur durch ſpähen liſt   20
zu jeder friſt iꞛ zierhait würckt, ſchon euſſet,
10   Dem alle tier, zam und ouch wild,
hie danckber ſein, das er den ſamen hat gebildt,
der narung milt gar waideleich vergreuſſet,

III   Der himel, erd, gar unverſert   25
hat underſetzt an grundes herd,
das waſſer kert dorin durch fremde rünſte, –
Der wunder zal vil tuſent mal
5   wêr mer ze ſingen überal
mit reichem ſchal, ſo hindern mich die künſte –,   30
Der mir die ſel klar geben hat,
leib, er und güt, vernufft und kriſtenliche wat:

---

8. enphangen *A*, empfangñ *c*.   9. geporen *A*. Junckfraun *c*.   10. ge-
ſtift *Ac*.   11. teufl *c*. dajnn *c*. ſer darjn *A*. vergift *Ac*.   12. getult *Ac*.
geſchift *A*. ſtames *A*. trone *c*.
14. -häftig *A*, tadlhäfftig *c*. gut *c*.   15. darein *A*, dorjnn *c*. gedencke
Ac.   17. himl *c*. ſtern *c*. ſun *A*.   18. all' *c*.   20. ſpachen *A*, ſpehñ *c*.
21. zw *A*. ir] ſein *A*. ewſſent *A*.   23. danckper *Ac*. gepildt *A*, gepild *c*.
24. waidenleich *A*, baidelich *c*.
25. himl *c*.   26. vnterſeczt *A*.   27. darin *Ac*. frömde *c*.   28. tawſent
A (c).   29. zu *Ac*. vberal *A (c)*.   32. gut *c*. vernuft *A*.

der geb mir rat, das ich im alſo dancke,

10 Da mit ich all mein veind verpaw

baid hie und dort, das mich ir kainer nicht verhau. 35

O keuſchlich frau, dein hilf mir dorzu ſchrancke!

32. Durch toren weis   *B 14ᵛ (A 27ᵛ, c 37ᵛ–38ᵛ = BW 25, Sch 98)*

I   **D**urch toren weis ſo wird ich greis
und mag bejagen klainen breis
auf diſem eis, es well ſich dann verkeren;
Und ſchier gedächt, wie das ich mächt

5   dort komen aufs des tracken ächt,   5
derſelb mich vächt, wil ich ſein nicht emperen.
Das iſt die hell mit irem ſlund,
darinn wol ſiben kamer grauſlich ſind erzunt.
fund ich den fund, mein laid, das wurd ſich meren;

10   Als Salomon gemeldet hat,   10
menſch, wie du ſündſt, geleich vindſt du die widertat.
grofs freud umb quat, der kouff iſt nicht ze leren.

II   Gelt wider gelt, got ſelber melt.
der erſten kamer ſwach gezellt

---

34. veint *c*.   35. paid *A*. das mich ir k.] da mit mich k. *A*.   36. dein] den *c*. darczẅ *A*, darzu *c*. Amen *A*.
A: Nota das lied der oben ſwebt vnd etc. ſinget ſich jnn der weyſe Mentzſchlichñ got etc.
32. *A (neben der einzigen Notenzeile):* etc. [?] ut in p̄cedenti melodia ſ. vor heng vnd las.
1. wurd *A*.   2. chlainen *A*. preis *A*.   3. dan *A*. verchern *A*.   4. ſchir *Ac*.   5. chomen *A*. trachen *A*.   6. der ſalb *A*. will *A*. enperen *A*.
7. irem] ſeinē *c*. ſchlunt *A*.   8. ſuben *A*. chämer *A*, kämer *c*. grauſleich *A*, greuſlich *c*. erczünd *A (c)*.   9. fünd ich *c*. mären *A*.   10. gemäldet *A*.   11. ſüntſcht *A*, ſünds *c*. gleich *c*. vinſt *A*.   12. fraud *A*. chauff *A*. zu *c*. lern *A*.
13. ſälber *A*. mält *A*.   14. chammer *A (auch 19, 25, 31)*. gezelt *Ac*.

zu hell, da quellt verſigelt haiſſer lecken.   15
Von feuer gram gar widerzam,
5   das alle flüſs, des meres tam
der minnſten flamm ir raiſs nicht mag erſtecken.
Dieſelbig kamer pringet we,
wer ſich unkeuſch begreiffen laſſet ſunder ee,   20
groſs jamers kre vindt er in haiſſen ſecken.
10   Da mit ſo wirt vergolten das
ain jeder metz nach ſeinem lehen mit der maſs,
die rechten ſträſs helf uns Maria ſtrecken.

III   Die ander kamer iſt mit jamer   25
voller kelt, ain groſs gewammer,
daſſelb getammer kain feur nicht mag erhitzen.
Wer haſs und neid mit widerſtreit
5   vertriben hat in diſer zeit,
derſelbig leit darinn froſtlichen glitzen.   30
Die dritte kamer tunkelfar,
das man die vinſter greiffen mag bei ainem här,
des ſcheines klar ſol da kain menſch beſitzen.
10   Wer ungelouben hat gefürt,
all juden, haiden, ketzer darinn ſind verſnürt;   35
das liecht berürt in mund und nas durch blitzen.

IV   *D*ie vierd priſawn iſt ſwacher lawn

---

15. quelt *Ac.* lechen *A.*   **16.** feur *A*, feẅre *c.*   **18.** minſten *A.* flam *A.*
râzz *A (c).* erſtechen *A.*   **19.** Die ſälbig *A.* wee *Ac.*   **20.** vnchauſch *A.*
pegreiffen *A.*   **21.** chree *A*, kree *c.* vint *A*, vind *c.* ſechken *A.*   **22.**
wurd *A.*   **23.** lähen *A.*   **24.** ſtraſſ *Ac.* ſtrechen *A.*
26. chelt *A*, këllt *c.*   **27.** chain *A (auch 33, 39).* nicht *fehlt in A.*   **30.**
derſälbig *A.* leid *A.* dar in *A.* froſtleichen *A*, fröſtlichñ *c.*   **31.** tunchel-
far *A*, tunchlfar *c.*   **32.** pey *Ac.* har *Ac.*   **33.** ſcheins *A.* chlar *A.*   **34.**
wär *A.* gefurt *A.*   **35.** chetzer *A.* dar in *Ac.* ſind] ſein *A.*   **36.** beruert *A.*
pliczen *A (c).*
37. preſawn *A.* läun *c.*

von ſnödem ſmach in wildem zawn,
das kain allrawn noch wurz den mag vertreiben.
Mit wunder mail ſo vindt man vail   40
5 dorinn die rouber, brenner gail,
und die an hail den armen recht vermeiden.
Die fünfte gilnitz ungeſtallt
von ſcheutzen, ſchricken, greulich brünſten, groſs gezalt,
gar manigvalt ſo iſt dorinn das leiden.   45
10 Von hochfart, groſſer üppikait,
wie ſich der menſch gezieret hat geſtalt von klaid,
ſwēr herzenlaid müſs er da wider ſneiden.

V   Die ſechſte keich iſt wunder reich
von würmen, autern, ſlangen, ſleich,   50
dem häſig teich, dem wücher iſt beſchaffen;
Und wēr ſein lētz mit fürkouf, ſätz
5 hie richten tüt, groſs zöll und tätz,
der ſünd geträtz ſchreit alles dorinn wäffen.
Das ſibent gadem iſt beſwärt   55
mit groſſer zagknuſs, ewiklich dorinn bewärt,
da ſein vermärt böſs nunnen, münch und pfaffen,
10 Und alle, die verzweifelt han

---

38. ſnödem] groſſem *A*. gſmach *c*. wildem] ſnodem *A*. zäun *c*. **39.** alravn *A*. mage *A*. **40.** vind *A*. **41.** dar in *A*, darjnn *c*. prenner rauber *A*, r. prenner *c*. **43.** funfte *A*. gillnicz *A*. vngeſtalt *Ac*. **44.** ſchauczen *A*. ſchrichen *A*. grausleich *A*. prünſten *A (c)*. groz *A*. gezald *A*. **45.** maniguald *A*. darinn *Ac*. **46.** v̈ppichait *A*. **47.** geſtald *A*. von] vnd *Ac*. chlaid *A*. **48.** ſwär *A*. mues *A*. er] es *A*.
49. cheich *A*. **50.** wurm *A*, burmen *c*. atern *Ac*. ſchleich *A*. **51.** dem] der *Ac*. häſtig *A*, helſlich *c*. wuchrer *A*, wucher *c*. weſchaffen *A*. **52.** läcz *A (c)*. fürchauff *A*. **53.** tuet *A*, tut *c*. zoll *A*. **54.** ſund *A*. ſchreiet *A*. dar inn *Ac*. baffen *A*, waffen *c*. **55.** ſubend *A*. gadm *c*. weſwert *c*. **56.** zagnuſſ *A*, zagnüſs *c*. ewichleich *A*, ebigklich *c*. dar in *A*, darjnn *c*. pewärt *A*, -b- *c*. **57.** pos *A*, pös *c*. münich *A*. phaffen *A*.

in iren fünden, darzü an dem höchften man.

des gadems pan tüt fi dafelben fträfen.   60

Item die vier lieder oben gefchriben nach ainander Das erft
Der himel fürft das ander kain ellend etc. füngent fich jnn der
melody Menfchlichen got etc.

33. Ain tunckle farb   *B 15ʳ (A 30ᵛ 31ʳ, c 38ᵛ 39ʳ*
= BW 32, Sch 71)

I   **A***in tunckle farb von occident
mich fenlichen erfchrecket,
Seid ich ir darb und lig ellend
des nachtes ungedecket.

5   Die mir zu vleifs mit ermlein weifs und hendlin gleifs   5
kan freuntlich zu ir fmucken,
Die ift fo lang, das ich von pang in meim gefang
mein klag nicht mag verdrucken.
Von ftrecken krecken mir all bain,

10   wenn ich die lieb befeuffte,   10
Die mir mein gier neur weckt allain,
darzü meins vatters teuchte.

II   Durch wincken wanck ich mich verker
des nachtes ungeflauffen,
Gierlich gedanck mir nahent ferr   15
mit unhilflichem waffen.

5   wenn ich mein hort an feinem ort nicht vind all dort,
wie offt ich nach im greiffe,

---

*) blau-rot
59. funden *A*. dar czu *A (c)*. 60. gadms *c*. tuet *A*, tut *c*. fey *A*. def-
felben *c*. ftraffen *Ac*.
1. tunkle *A*. von] in *A*. 2. fenleichen *A*. erfchreket *A*. 4. vngedeket *A*.
5. mir] mich *A*. hendlein *Ac*. 6. freuntlich] fröleich *A*. fmuken *A*.
7. jnn *A*. meim] dem *A*. 8. verdruken *A*. 9. ftreken kreken *A*. all]
die *A*. pain *Ac*. 10. bañ *c*. 11. weckt] went *A*. 12. darczu *A (c)*.
13. winken wankh *A*. 14. vngeflaffen *c*. 15. gierleich *A*. gedankh *A*,
gedänck *c*. 17. wann *A*. nit *A*. 18. oft *c*.

So ift neur, ach, vil ungemach, feur in dem tach,
Als ob mich brenn der reiffe.   20
    und winden, binden funder fail
10 tüt fi mich dann gen tage.
    Ir mund all ftund weckt mir die gail
    mit feniklicher klage.

III *A*lfo vertreib ich, liebe Gret,   25
    die nacht bis an den morgen.
    Dein zarter leib mein herz durchgeet,
    das fing ich unverborgen,
5 Kom, höchfter fchatz! mich fchreckt ain ratz mit groffem
    davon ich dick erwachen,   [tratz, 30
    Die mir kain rü lat fpät noch frü, lieb, dorzü tü,
    damit das bettlin krache!
    Die freud geud ich auf hohem ftül,
10 wenn das mein herz bedencket,
    Das mich hoflich mein fchöner bül   35
    gen tag freuntlichen fchrencket.

34. Es leucht durch graw

B 15ʳ (A 34ʳ, c 39ᵛ
= BW 101, Sch 54)

I *E*s leucht durch graw die vein lafur
    durchfichtiklich gefprenget;
    Blick durch die braw, rain creatur,
    mit aller zier gemenget.
5 Breiflicher jan, dem niemand kan nach meim verftan 5

19. fü *A*. vil] mit *Ac*. jnn *A*.   **20.** prenn *A (c)*.   **21.** pinden *A (c)*.
22. tut *Ac*. fey *A*. dann] gar *A*.   **23.** wekt *A*.
25. grett *c*.   **26.** pyß *A*.   **27.** durch get *Ac*.   **28.** vnuerporgen *A (c)*.
29. Chum *A*. fchrekt *A*.   **30.** erwache *A*, -b- *c*; n *ausradiert*.   **31.** rüe *c*.
fpat *Ac*. fru *c*. darczu *A (c)*.   **32.** pëttlin *c*.   **33.** ftul *A*, ftuel *c*.   **34.**
bedenket *A*.   **35.** das] vnd *A*. hofleich *A*, höflich *c*. pul *A*, puel *c*.
36. fchrenket *A*. Amen *A*.
1. gra *c*.   **2.** durchfichtigkl. *c*.   **3.** Plick *Ac*. praw *A*, pra *c*.   **4.** zir *A*.
5. Preyflicher *A*, Vreiflich' *c*. nymant *A*, nyëbt *c*.

blaſnieren neur ain füſſel,
An tadels mail iſt ſi ſo gail, wurd mir zu tail
von ir ain freuntlich grüſſel,
Es wër mein ſwër mit ringer wag
10   volkomenlich geſcheiden,   10
von der man er, lob ſingen mag
ob allen ſchönen maiden.

II   *D*er tag leucht gogeleichen hel,
des klingen alle ouen,
Dorinn mang vogelreich ſein kel   15
zu dienſt der rainen frauen
5   Schärpflichen bricht, ſüſſlichen ticht, troſtlichen flicht,
von ſtrangen heller ſtimme.
All plümlin ſpranz, des maien kranz, der ſunne glanz,
des firmaments höh klimme   20
Dient ſchon der kron, die uns gebar
10   ain ſun keuſchlich zu freuden.
wo ward kain zart junckfrau ſo klar
ie pillicher zu geuden?

III   Das waſſer, feuer, erd, lufft, wind,   25
ſchatz, krafft der edlen geſtaine,
All aubenteuer, die man vindt,
gleicht nicht der maget raine,
5   Die mich erlöſt, tëglichen tröſt; ſi iſt die höchſt

---

6. plaſmiren *A*, blaſſniern̄ *c*. fuſſlin *A*, füeſſel *c*.   7. ſi] er *A*.   8.
grüſlin *A*, grüeſſl *c*.   9. Es] ſo *Ac*. mit] auf *A*.   10. geſchaiden *A (c)*.
    13. leucht] ſcheint *A*. gögel. *c*.   14. awuen *A*.   15. Dar jnn *A*. vogl *c*.
16.   dinſt *Ac*.   17. Scharpfl. *A*, Scherpffl. *c*. pricht *c*. ſüſl. *c*. troſt-
lichen] vnd troſtlich *A*.   18. von] mit *A*.   19. plümlein *c*. ſunnen *A*.
20. firmamends *A*. höch klime *A*.   21. gepar *Ac*.   22. ſun] frucht *A*.
23. wart *c*. junkfrau *c*.
25. fewr *A (c)*. lufft] vnd *A*, luft *c*. windt *c*.   26. kraft *Ac*. des *c*. edln *c*.
ſtaine *A*.   27. Alle *c*. awbëtewr *A*, abenteur *c*.   29. tëglichen *A*.
hochſt *A*.

in meines herzen kloſter.   30
Ir leib ſo zart iſt unverſchart. Ach rainer gart,
durch wurz frölicher oſter
ſte für die tür grauſlicher not,
10   wenn ſich mein houpt wirt ſencken
gen deinem veinen mündlin rot,   35
ſo tü mich lieb bedencken!

35. In Suria ain braiten hal   *B 15ᵛ (A 36ᵛ, c 40ʳ = BW 102, Sch 55)*

I   **I**n Suria ain braiten hal
     hort man durch groſs geſchelle,
Des freut ſich da die frummen all
auf erden und zu helle
5   Der neuen mĕr, wie das an ſwĕr geboren wĕr   5
ain ſun von rainer maide.
Des wunders bloſs gar ſer verdroſs den tiefel groſs,
das er durch zornes laide
Brach in ain mauer tieff ain klufft,
10   als es die alten jehen,   10
zu Bethlaheme ob der grufft:
die ſpalt hab ich geſehen.

II   O reicher got, küng aller reich,
herr, fürſte aller herren!
Der lebentig rot auf ertereich   15
vergangen und noch werden,
5   Wie ward die nacht mit armer macht ſo wol bedacht
durch dein göttliches wunder!

---

33. grawſleicher *A*.   **34.** bañ *c*. haubt *c*.   **35.** mundlin [?] *A*.   **36.** tu *c*.
pedencken *A*, wedenkn *c*.
1. praiten *c*. hall *A*.   **2.** hört *c*.   **3.** freunt *c*. da] dort *A*. frumen *A*.
5. mär *A*. geporn *A*, geborn *c*.   **7.** ploß *A*, plos *c*. teufl *c*.   **8.** das er
von rechtem leyde *A*.   **9.** Prach *Ac*. in ain] durch die *A*. maur *c*.
tieff] dick *A*. kluft *Ac*.   **11.** Bethleheme *c*. gruft *Ac*.   **12.** geſechen *A*.
    15. lebentigñ *A*.   **18.** götliches *c*.

Als dich an mail löblichen gail mit groſſem hail
gepar keuſchlich beſunder   20
Die ſchönſte junckfrau wolgetän,
10   als ſi ie ward erkoren,
die müſſt ain ellend herberg han,
do ſi dich hett geboren.

III   *A*in ochs dem eſel, tierlich ſipp,   25
mit freuntſchafft tet begegen,
Vor den mit feſel ſtünd ain kripp,
dorinn müſſt ſi dich legen,
5   Die dein genas, vor der du ſaſs, ir herr du was,
got, vatter und ſi dein mütter,   30
Du ſi beſchüff von veiner brüf, ſi hat den rüff,
du ſeiſt ir kind, ſun güter,
Freuntlich veraint, das ich Wolkenſtein
10   die lieb nicht kan beklaiden.
göttlich geburd durch magt menſch rain,   35
hilf an dem letzten ſchaiden!

36. Zwar alte ſünd pringt neues laid   *B 15ᵛ (A 42ʳ,*
                                           c 40ᵛ = BW 103
I   **Z**war alte ſünd pringt neues laid,   *Sch 104)*
        des wird ich tēglich innen,
        Umb das ich leid vil groſs arbait,

---

19. löbleichen *A*, loblichen *c*.   20. kewſchleich *A*.   21. ſchonſte *c*.
wolgetan *Ac*.   22. als mentzſch ye ward geporen *A*.   23. müſt *A, c*
(auch 28).   24. dich erkoren *A*, dich het geporñ *c*.
25. oxſ *A*. den *c*. eſl *c*.   26. frewntſchaft *A (c)*. pegegen *A*, wegegnen *c*.
27. veſl *c*. ſtund *c*.   28. dar jn *Ac*.   29. genaß *A*. ſaſt *c*. waſt *c*.   30.
müter *A*, muet' *c*.   31. peſchuf *A*, beſchueff *c*. prüf *A*, prueff *c*. rüf *A*,
rueff *c*.   32. guter *c*.   33. wolckhenſtain *A*, wolkenſtain *c*.   34. pe-
klaiden *A*.   35. götleich *A*, götlich *c*. gepurd *Ac*.   36. leſten *c*.
A: Nota das lied ſinget ſich jnn der weyſe Ain tunckle farb von occident
36. *A:* Nota das lied zwar alte ſünd etc. ſinget ſich jnn der weyſe
Ain tunckle farb von oc etc.
3. vil] mein *A*. gros *A*.

dem kan ich nicht entrinnen.

5   Wie wol der leib von ainem weib mit todes ſchreib   5
    iſt in der erd verſoffen,
    So hat ir letz mit ſcharpfer wetz und ſneller hetz
    mein hail auf erd erloffen.
    Ich watten noch geſwimmen kan
10 und get mein pflüg uneben.   10
    was ſi mir lieb, laid hat getän,
    das well ir got vergeben.

II *A*in ſchaffer aller creatur,
    herr, maiſter aller fürſten,
    Der ſich nach menſchlicher natur   15
    lieſs ſeniklichen dürſten,
5   Das er den val von Adams qual mit ſeinem gral
    löblichen widerbrächte,
    Vil bittrikait er dorumb laid, der marter brait
    von jüdiſchem geſlechte.   20
    Ein ſchatz vand er mit ſeinem tod,
10 der tiefflich was verloren,
    danck hab ſein edel blüt hailg rot
    von rainer maid geboren.

III O vas der barmung uberfluſs,   25
    das niemand kan erſchepfen!
    Ich han vermodelt mangen guſs
    mit ſündiklichem trepfen.
5   Von anefangk ains kindes gangk bis auff die ſchranck

---

4. leip *A*.   **7.** ſcharff' *c*.   **9.** waten *A*, b- *c*. geſwimen *A*.   **10.** pflueg *c*.
11. getan *Ac*.
13. pſchaff' *c*.   **16.** ſenikleichen *A*.   **18.** löbleichen *A*, loblichñ *c*. wider-
prächte *c*.   **19.** pittrikait *Ac*. darumb *A (c)*. lait *c*.   **20.** geſlächte *A*.
22. tieflich *A*.   **23.** edl *c*. plüt *A*, blut *c*. heilg *c*.   **24.** magt *A*. geporen *A*.
    25. parmnüg *Ac*. vber flus *A*, üb'flus *c*.   **26.** nymand *A*. erſchöpffen *c*.
27. gus *A*. ſundikleichem [?] *A*, ſundiklichem *c*.   **29.** pyſs *A*.

ſchier gen den fünfzig jaren,   30
Das ich dein huld nie hab verguld; mein ſünd, mein ſchuld
du mir ze grab nicht ſparen,
zwar die mich reuen innikleich,
10   das ich der hab begangen.
hilf, got, den ich unwirdikleich   35
auf barmung hab emphangen.

Nota die vorgeſchriben drew lieder Es leucht durch graw, vnd
die andre zway darnach etc. ſingent ſich jnn der weyſe Ain
tunckle farb etc.

37. Des himels trone   B 15ᵛ 16ʳ (A 34ᵛ, c 41ʳᵛ
= BW 33, Sch 35)

I   **D**es himels trone
       entpfärbet ſich
       durch tags gedranck,
       Die voglin ſchone
5   erwecken mich   5
       mit ſüſſem klanck.
       Verſwunden iſt der ſnee,
       laub, gras, kle
       wunnikleich entſpringen.
10   Des wil ich von herzen,   10
       an ſmerzen,
       meiner frauen ſingen,
       Die mir kan wenden   16ʳ
       als mein ſenden,
15   trauren blenden   15
       mit den henden

---

30. ſchyr A.   **31.** v'gult c.   **32.** du] tü c. zu c. ſpare A.   **33.** ȳniklich c.
34. der] die c.   **35.** vnbirdigklich c.   **36.** parmung Ac. han c. enphan-
gen A, empfangñ c.
A: Finis iſtius Hilf got
2. enpferbet c.   **4.** ſchöne c.   **6.** ſueſſem c.   **7.** ſne A.   **8.** klee c.   **9.**
buniklich c.   **15.** plenden A (c).

minnikleich,
freudenreich
macht mich die raine,
20   klaine   20
ilt mein ungemach.
Wenn ich gedenck
in ir gelencke
funder wencke
25   freuntlich fchrencke,   25
die fi kan,
undertan
fo ilt mein leib
dem zarten weib,
30   neur wo ich gach.   30

II   Pfeiff auf, lafs raien,
die lind ilt grüne,
der wald entfproffen
Gen difem maien.
5   herz lieb, bis küne   35
und unverdroffen
Schau an die blümlin klar,
wolgevar,
zierlich ir gepflänze,
10   Dorinn well wir brangen.   40
emphangen
find die liechten glënze,
Von manger varbe,
junck und marbe,
15   fchmelhlin garbe,   45

---

17. mỹklich *c*.   23. in] an *A*.   28. leip *A*.
35. pyß *A*.   37. plümblin *A*, plüemlein *c*.   39. gepfläncze *A*.   40. Dar
jnn *Ac*. wel *c*. prangen *A (c)*.   41. enphangen *A*.   42. glëncze *A*.
44. jung *c*.   45. fmelchlin *A*, fmelhlein *c*.

```
        würzlin harbe,
        manigvalt.
        neu und alt
        hand fich gefüllet,
20      grüffet                                              50
        fei ir fprinz und fprannz,
        Gezwait, gefieret,
        fchärlich tieret,
        fchrailich gieret,
25      kurzlich fchieret                                    55
        alle gnucht.
        weiplich zucht,
        gedenck an mich,
        wenn ich
30      kom zu dir an den tanz.                              60


III     Fliehet, fcharpf winde,
        lat uns an not,
        ir feit genidert,
        Die meinem kinde
 5      fein mündlin rot                                     65
        han durchfidert.
        Sein amplick, hendlin weifs
        fol mit fleifs
        von eu verfichert fein,
10      Wenn fi durch die aue                                70
        mit taue
        benetzt ir fchüchlin klain.
        Wol auf die laffen
```

---

46. wurczlin *A*.   **49.** gefuffet *A*, gefüeffet *c*.   **50.** gruffet *A*, grueffet *c*.
52. gefuret *A*.   **53.** fcharlich *A*, fcherlich *c*.   **55.** kürtzlich *c*. fchiret *c*.
56. gnücht *c*.   **59.** bañ *c*.
61. fcharff *c*.   **65.** mundlin *A*.   **67.** Sein] jr *A*. anplick *A*, amplichk *c*.
69. verfichret *A*, gefichert *c*.   **70.** durch] in *A*. awue *A*.   **71.** tawue *A*.
72. fchuchlin *A*.

	an die gaffen,	
15	die vor faffen	75
	als die naffen	
	auf der banck,	
	blöd und kranck,	
	freut eu der funne!	
20	küler brunne,	80
	klar geflinft.	
	Mai, du kanft machen	
	allen fachen	
	ain erwachen,	
25	des wir lachen.	85
	fraget, wes?	
	alles des,	
	das neur ain got,	
	an fpot,	
30	uns fölche gnad verzinnft.	90

38. Keufchlich geboren

B 16ʳ (A 46ʳ, c 41ᵛ 42ʳ
= BW 104, Sch 53)

I	**K**eufchlich geboren	
	ain kind fo küne	
	von rainer maid,	
	Das groffen zoren	
5	durch ewig füne	5
	hat erlait.	
	All unfer veind an zal	
	fein zu mal	
	fchricklich fer erlofchen	
10	von dem kindlin klaine,	10

---

77. panck *c*. **78.** plod *A*. **79.** ewch *A*. **80.** kuler *A*, küeler *c*. brünne *c*. **90.** folche *A (c)*. verzinft *A*.
1. Chewfchlich *A*. geborn *A*. **3.** mayt *A*. **7.** veint *c*. **10.** kindlein raine *c*.

      ſein raine
      lauter vein gedroſchen.
      Derſelben plüder
      freut eu, brüder,
15   ſeid ain müder   15
      hat die lüder
      zügeſchockt,
      ſüſs gelockt
      uns zu dem raien,
20   maien   20
      zier hat· er gewalt.
      Und alle freude
      übergeude,
      würzlin, kreude,
25   loub, geſteude,   25
      plümen, ſpranz,
      diſem tanz
      mag nicht geleichen,
      weichen
30   vor des raien ſchalt.   30

II   *A*in wib, ain dieren,
      ain maid und fraue
      des kinds genas.
      Wer kan volzieren
5   ſo genaue   35
      des degens vas,
      Das er im ſelb erwelt?
      als ain held
      friſchlich er daraus ſprangk,

---

13. plüeder *c.*   **14.** brüeder *c.*   **15.** müed' *c.*   **16.** lüed' *c.*   **17.** zu- *A*,
zugeſchöckt *c.*   **18.** ſuß [?] *A.*   **21.** zir *A.*   **24.** bürtzlein *c.*   **26.** plüe-
men *c.*
31. weib *A*, b- *c.* diern *c.*   **35.** gnawe *A.*   **38.** als ain] all ſein *A.* helt *c.*
39. ſpranck *A.*

10	An ſorg, we, ſunder mail,	40
	So gar gail,	
	des hab er immer danck.	
	Der groſſen wunder	
	freut eu munder,	
15	ſeid ain zunder	45
	bracht beſunder	
	feures flünt,	
	unerzünt	
	wer hat die macht	
20	bedacht?	50
	der alles ding vermag.	
	Des freu dich immer	
	in dem zimmer,	
	da kain timmer,	
25	trawren, wimmer	55
	nie hin kam.	
	nicht enſcham	
	dich, rain figur,	
	der kur	
30	von dem, der in dir erlag.	60

III	Wer mag durchgründen	
	die aubenteuer	
	von dem jungen	
	Aus der erzünden	
5	mit gailtes feuer?	65
	nie gedrungen	
	Wart ſeiner werche ſpür	
	durch kain tür,	
	ſo weit volkomner gab,	

---

40. wee *c.*   **43.** Der] Des *c.*   **44.** münder *c.*   **46.** pracht *c.*   **47.** fewers *A.*   **49.** mocht *A.*   **51.** alle *A.*   **54.** wymm' *A.*   **55.** tymm' *A.*   **59.** kür *c.*   **60.** erlag] lag *Ac.*
62. abenteur *c.*   **64.** den *c.*   **65.** feur *c.*

10   Unzälich aus der maſs.   70
     ſein tün, laſs
     gerecht an widerhabb.
     Gerümt der ſteren
     dein geberen,
15   und das meren,   75
     ſterbens geren,
     uns ze troſt,
     hat erloſſt
     mit deiner früchte
20   güffte   80
     von dem höchſten bam.
     Die von dem zoren
     was verloren,
     das ain doren
25   ſtach das koren,   85
     deiner ſat,
     die du jat.
     aus deinem garten
     warten
30   ſei wir gnaden gam.   90

Nota diſs obgeſchriben lied keuſchlich geboren etc. ſingt ſich
jnn der melody Des himels trone etc.

39. Mein ſünd und ſchuld   *B 16ᵛ (A 48ʳ, c 42ʳ–43ʳ*
                                          = BW 105, Sch 106)

I   *M*ein ſünd und ſchuld eu prieſter klag
          an ſtat, der alle ding vermag,
        grob, lauter, ſchamrot, forchtlich das ſag

---

70. Vnzalich *Ac.*   **72.** widerhab *Ac.*   **74.** geperen *A (c).*   **78.** erloſt
Ac.   **80.** güfte *A,* guffte *c.*   **81.** pom *A,* päm *c.*   **82.** zorn *c.*   **83.** v'lorn
c.   **87.** yatt *c.*   **90.** gäm *c.*
A: Nota das lied Kewſchlich geboren etc. ſinget ſich jnn der weyſe
Des himels trone ent etc.
1. brieſt' *c.*

durch andächt naller ougen,
5   Und hab ain fürfatz, nimmer mer   5
mit vleifs zu fünden, wo ich ker.
diemütiklich mit willen, herr,
gib ich mich fchuldig taugen.
An dem gelouben zweifel ich,
10   bei gottes namen fwĕr ich vaft,   10
mein vatter und mütter erenreich
vertragen hab mit uberlaft.

II   Roub, ftelen, töten ift mir gach,
leib, er und güt dem menfchen nach,
ban veirr vaft tün ich ungemach,   15
falfch zeugknus fügt mir eben.
5   Spil, fremder hab wird ich nicht vol,
zobri, lüg, untreu tüt mir wol,
verräterfchafft, brand gib ich zol,
hochvertig ift mein leben.   20
Von geitikeit ich felden rü,
10   fpot, zoren, unkeufch ift mir kund,
übereffen, trinken fpat und frü,
träg, neidig als der efel und hund.

III   *D*ie fünd ich haifs, die fünd ich rat,   25
die fünd ich tün und leich ir ftat
günftlich, nicht underften die tat,
tailhäfftig an rüglichs melden.

5. ain] kain *A*.   **6.** ze *c*. ich hin ker *A*.   **7.** diemüetikl. *c*.   **9.** zweifl *c*.
10. pey *c*.   **11.** vat' *c*. mütt' *A*, mut' *c*.   **12.** v̆berlaft *A (c)*.
13. fteleten *c*. tötten *c*.   **14.** gut *c*.   **15.** pan *Ac*. tün *A*.   **16.** zeugnüß
Ac. fügt] ift *A*.   **17.** frömd' *c*. wirt *A*. nit *A*.   **18.** zobrey *Ac*. lug *c*.
19. verräterfchaft *A*, v'rätrey *c*. prand *A (c)*.   **21.** Vonn *c*. geitikait
A (c). felten *A*.   **22.** fpott vnkewfch zoren *A*. zorn *c*.   **23.** übereffen]
vil effen *A*. trincken *Ac*. fpät [?] *A*.   **24.** nidig *A*. efl *c*.
26. tün] lieb *A*, tü *c*.   **27.** v̆nt'ftee *c*.   **28.** tailhaft *A*, tailhaftig *c*. rew-
lichs *A*, rüglich *c*.

5   Den bloffen hab ich nie erkennt,
     armen durft, hungers nie gewent,   30
     kranck, tod, gevangen, ellend hend
     kain barmung nicht mag velden.
     Unfchuldigs blüt vergoffen han,
10   die armen leut befwär ich fer,
     ich kenn die fünd von fodoman,   35
     verdienten lon mit halb gewër.

IV   Die weiffhait gots vernufft und kunft,
     göttlicher ratt, gots fterck, inbrunft,
     göttliche vorcht, göttliche kunft,
     göttlich lieb, güt nie kande.   40
5   Den priefter ich fmäch, mein e zerbrich,
     mein touff und fiermung überfich,
     gots leichnam ich nim unwirdiklich,
     ölung, beicht, büfs tüt mir ande.
     Unwillig armüt, übelhait   45
10   treib ich durch zeit verloren,
     das gots recht an barmherzikait
     ich hafs nach gunft mit zoren.

V   Mein fehen, hören, fünntlich brauch,
     mein kofften, fmecken, luftlich flauch,   50
     mein greiffen, gen, gedenckh, verdauch,

---

29. ploffen *Ac.* erkent *A*, erkant *c.*   **30.** hung' *Ac.* nie] nicht *A.* ge-
bant *c.*   **32.** parmung *A (c).*   **33.** plut *c.* hab *A.*   **34.** befwër *A (c).*
35. ken *A.*   **36.** v'dientem *A.* mit] nicht *A.*
37. vernüft *A*, v'nüft *c.* kunft] prunft *A.*   **38.** göttleich' *A (auch 39
2 mal),* götlich *c (auch 39, 40).* rat *Ac.* gotz *A.* inprunft *A.*   **39.** got-
liche vorcht *c.*   **40.** götleich *A.* gut *c.* nie] nit *A.*   **41.** ee *c.*   **42.** und]
mein *A.* uberfich *c.*   **43.** gotz *A.* nim] halt *A.* vnwirdikleich *A*, vn-
birdigklich *c.*   **44.** peicht *c.* pufs *c.* tut *c.*   **45.** üblh. *c.*   **47.** gotz *A.*
parmherzik. *A*, barmhr̄zigk. *c.*
49. fechen vnd hören *A.* fündl. *A*, füntl. *c.* prauch *c.*   **50.** koften *A (c).*
lutftl. *A.*   **51.** mein] mit *A.* gedenck *Ac.*

unfrüchtiklich dem herren,
5   Der himel und erd befchaffen hat,
    und was dorinne wonlich ftat,
    der gab mir Wolkenftainer rat,   55
    aufs beichten folt ich leren
    Durch mein gefangk vil hoveleut
10   und mangen ungewiffen menfch,
    die fich verfliegen inn der heut,
    recht als zu Behem tünt die genns.   60

VI   Dorumb hab ich die zechen gebot,
    die fiben todfünd, groffe rot,
    die fremden finn an allen fpot
    bekannt durch reulich fchulde,
5   Die werck der hailgen barmung rain,   65
    die gab des heilgen gaiftes ftein,
    vier rüffend fünd, fünf finn verain.
    O priefter, gebt mir hulde!
    Durch hailikait der fiben gab
10   fprecht ablas meiner fünde,   70
    acht fälikait ir nempt mir ab,
    das ich gaiftlich erzünde.

---

52. vnfruchtikleich *A*, vnfrüchtigklich *c*.   53. himl *c*.   54. darjnn *A*, darjne *c*. wonleichen *A*.   55. geb *c*.   56. aufs] auch *c*. peichten *c*. 57. gefang *A*.   59. verfliegen] v'ierren *A*. in *Ac*.   60. zu] in *A*. pechem *A*, Beheim *c*. tüt *A*. gens *A*.
61. Darumb *A (c)*. pott *A*.   62. groffe] michel *A*.   63. frömden *c*. fynn(d), d *später (wohl 16.Jh.) darübergeschrieben B*, fünd *c*.   64. bekant *Ac*.   65. Die hailgen werck der parmüg rain *A*. heyligñ parmüg *c*.   66. hailgñ *A*, heiligñ *c*. geiftes *c*. ftain *Ac*.   67. rüeffend *c*.   69. heilik. *c*.   71. felik. *c*. nembt *c*.   72. gaiftlich] in got *A*.

40. Erwach an ſchrick   *B 16ᵛ 17ʳ (A 51ʳ, c 43ʳᵛ*
                                      = BW 34, Sch 11)

I   Erwach an ſchrick, vil ſchönes weib,
         der nie geleicht kain ierdiſch leib,
         mit aller hendlin viſament,
         des freu dich loblich heuer.

5   Blick durch des maien obedach   *17ʳ* 5
         und tröſt mich, lieb, für ungemach;
         wenn man den hohen tag erkennt,
         ſo kom mir, frau, zu ſteuer,
         Das ich des wachters nicht engellt
10   und von im bleib ſtill unvermellt,   10
         dorumb ob ich zu lang geblennt
         wurd in verſlauffner ſcheuer   clauſs
         Bei ainer, der ich nacht und tag
         günſtlich, mit gütem herzen, pflag,
15   und die mich zölich nach ir zennt   15
         durch ſorgklich aubenteuer.

               Auff, jung und alt! ir macht eu kün   Repeticio
               und gailt eu gen des maien grün,
               der ſich erglennz luſtlich ze blüeen
               uber alle farbe gërwe.   clauſs 20
5   Poliert eu klärlich, weib und man,
               das wir den maien nicht verlän,
               mit dem wir ſollen hoh erſtän
               gar wunniklich an hërwe.

---

1. E *fehlt in A.*   **2.** yrdiſch *c.*   **3.** aller] kain' *A.* hendlein *c.*   **4.** löbl.
Ac.   **5.** Plick *A.*   **7.** erkent *c.*   **8.** köm *A,* kum̃ *c.*   **9.** entgelt *c.*
10. vnu'melt *c.*   **11.** dar vmb *A.* geplennt *A,* geplent *c.*   **12.** verſlaffner
A (c).   **13.** By *A,* Pey *c (auch 55).*   **14.** gutem *c.*   **15.** zent *c.*   **16.**
abenteuer *c.*
19. erglentzt *Ac.* zu *Ac.* plün *A,* blüen *c.*   **20.** üb' *c.* farwe *A.* gerbe *c.*
21. Paliert *c.* klerl. *c.*   **22.** verlän *A (c).*   **23.** ſüllen *c.* höher ſtan *c.*
24. wunikl. *c.* än *A.* herbe *c.*

II Ich hör vil füffer voglin don   25
       in meinem houbt erklingen fchon,
       von oben abher gar zu tal,
       das fich mein herz erwecket
5   Gen dir, vil aufferweltes ain.
       ich hoff, du laſſt mich nicht allain,   30
       feid du nu biſt mein höchſter gral,
       der alles laid verdecket.
       Dein ſtĕter diener ewiklich
10   fo wil ich fein, du minniklich,
       kürlich für aller frauen zal   35
       mit richem fchatz beſtecket.
       Das haſtu wol verſchuldet zwar
       umb mich, durchleuchtigs freulin klar,
15   mit deines zarten leibes fal,
       der eren vol verſtrecket.   Repeticio ut fupra   40

III *E*s nahent gen des tages glanz.
        frau, ich folt lügen auf mein fchanz,
        das ich den warner nicht verſawm,
        der uns ie was mit treuen,
5   Und im fo wol bevolhen find,   45
        mit groſſer lieb, recht als ain kind,
        das feiner mütter nimet gawm;
        des müg wir uns wol freuen.
        Die zeit dringt her aus külem tufft,
10   das fpür ich wol an mangem lufft,   50
        der mich berürt durch fwëren trawm;
        ich fürcht ain fchidlichs ſtreuen.
        Hilf, fchatz, das ich dein fchön geſtallt

---

25. füeffer *c.* voglein *c.* **29.** vßerweltes *A.* **30.** laſt *Ac.* **31.** feyt *c.*
nun *A.* piſt *c.* **33.** ſtäter *A.* ebigkl. *c.* **36.** reichem *Ac.* fchatz] fchall *c.*
    41. nahet *A.* **42.** luegen *c.* vf *A.* **47.** mut' *c.* gam *Ac.* **49.** Her dringt
die zeit vß kaltem tufft *A.* kuelem tuft *c.* **50.** luft *c.* **51.** durch] mit
A. fwërem *A.* tram *A,* träm *c.* **52.** fürch *c.* fchidlich *Ac.* **53.** geſtalt *c.*

kurzlich ſëh in des maien wald
15   mit freuden bei dem hochſten pawm,   55
der ſich grünlich tett neuen.   Sequitur Aliud

41. Von Wolkenſtein   *B 17ʳᵛ (A 46ᵛ 47ʳ, c 44ʳ–45ʳ*
= BW 12, Sch 100)

I   Von Wolkenſtein wolt ich zu Cölen gütter lawn
*und kom gen Salzburg zu ainem wiert, gehaiſſen Prawn,
der hett ain alſo tugenthaffte, ſchöne fraun,
frölich mit eren, hoflich ir gemüte.
5   In gütter main vil zucht iſt mir engagent zwar   5
von ir unſträfflich, danck hab die ſeuberliche klar,   *17ᵛ*
mit gütem herzen wünſch ich ir vil lieber jar,
got well ir meren haill durch all ſein güte.
Zwar meiner kunft durch güt vernunft des innen ward
10   ain biſchoff grofs, erz wierden gnofs, her Eberhart,   10
der ſchickt nach mir; kurzlichen ſchier ich zu im kart,
ob ſeinem tiſch dick eſſens ward ich müde.
Vil groſſer freud, zierlicher geud, wellend ich kum,
ward mir bekant, der ich da vand ain michel drumm
15   durch mangen tritt; das weis ich mit dem reutter   15
der braitlich friſch beſach der welde plüde.   [frumm,

II   *I*n freim gelait ſo ward ich aber wegehafft
gen München bald, ich danck der edlen ritterſchafft,

---

*) rot-blau
54. kürtzlich *Ac.* jnn *A.* **55.** höchſten *Ac.* pam *Ac.* **56.** tet *Ac.*
A: Jt. das ſingt ſich in der melodey zergangñ iſt meins herczñ we.
1. wolckenſtain *A,* wolkenſtain *c.* güt' *A (auch 5, 21),* gut' *c (auch 5,
7, 9, 19, 21, 58, 61).* **2.** wirt *c.* **3.** het *c.* tugenthafte *Ac.* **4.** gemüete
c. entgagent *c.* **6.** vnſträfl. *Ac.* **7.** ich *fehlt in A.* lieber] güter *A.*
9. v'nufft *c.* **10.** biſchof *A.* wirdñ *A.* her' *c.* **11.** kürztl. *c.* ſchyr *A (c).*
12. müede *c.* **13.** zierleich' *A.* wellent *A.* kuɱ *c.* **14.** wart *A.* michl *c.*
drum *A,* drüb *c.* **15.** trit *c.* **16.** praitl. *c.* werlde *c.*
17. wegehaft *A.* **18.** pald *c.* edln *c.* ritterſchaft *Ac.*

die mich da lüd zu güten frauen ſchön gezafft.

nach unſerm füg begund wir ſingen, ſchallen.   20

5   Von gütter hait vil manger wein ward mir geſchanckt

zu Augſpurg, Ulmen, des in mein dienſt noch willig danckt.

zu Ulmen vand ich ainen tanz, köſtlich verſchranckt

von freulin klüg, die kunden hoflich ſchallen.

Ain edelman, der weiſt heran ſein elich kůn   25

10   für mich zu ſten. »nu haiſs mir den wilkomen ſchon!«

ſi ſprach zu im: »ich wol vernim dein krumben don.

was möcht mir, ach, der beghart wolgevallen?«

Ser ich engalt, das mein geſtalt fürt halbs geſicht.

wer ainen wigt nach ſchawn, der pfligt der witze nicht;   30

15   ain flẽcht gewand tet mir die ſchand, als offt geſchicht.

mein mandel ſprach: »wes lieſſtu nicht dein wallen?«

III   Gen Haidelwerg rait ich zu meinem herren reich.

fünf fürſten von der kur vand ich da wirdikleich,

von Cölen, Mainz und Triel drei biſchof hoher zeich,   35

Phalzgraf bei Rein, Marggräf Brandburg gemachet.

5   Hoch auf den berg ſchrait ich gen hoff gar an die tür

zu herzog Ludwig, den ich für alle fürſten ſpür

an früimikait, göttlichen milt, do kom ich für,

gütlichen vein ward ich von im verſprachet.   40

Schier müſſt ich ſingen, hell erklingen manig liet,

10   an allen jamer in ſein kamer ich geriett,

dorinn zu ligen unverzigen ſölcher miett,

---

19. frauen] frewlin *A.* ſchon *c.* gezaft *A.*   **20.** vnßm *Ac.* begünd *c.*
22. dinſt *c.*   **23.** koſtl. *c.* verſchräkt *A (c).*   **24.** freulein *c.* klug *c.*
25. kün *A,* kan *c.*   **27.** krumpen *A.*   **30.** ſchauen *c.*   **31.** gewant *c.*
ſchant *c.* oft *Ac.*   **32.** mantel *A,* mantl *c.*
33. haidlberg *c (auch 59).*   **34.** wirdiklich *A,* birdigkl. *c.*   **35.** drei]
der *c.* biſchoff *c.*   **36.** pfaltzgraf *A,* pfaltzgraff *c.* by *A,* pey *c.* margk-
grauf *A,* margkgraff *c.*   **37.** perg *c.* hof *A.*   **38.** zu] für *c.* all *c.*   **39.**
frümk. *c.* göttleichen *A,* götlich' *c.*   **40.** gütleichen *A.*   **41.** Schyr
A (c). müſt *Ac.* hel *A.* lied *A.*   **43.** darjnn *Ac.* ſolcher *A,* ſölh' *c.*

und eer ward nie den freunden mein erwachet.

Von mandel, rock recht als ain tock ward ich beklait,   45
durch füxs und märder; mein wallgehäder von mir lait,
15   hütt underzogen kom geflogen auf mein ſchait.
ſein rat ich ie müſſt ſwëren ſtill verdachet.

IV   *A*uff meinen völn und ſchiffen ich zu Cölen für,
von dann gen Aach miet ich ain karren wilder rür,   50
neur blitz und blatz wielg er nach ungeleicher ſchnür,
des ich emphand durch kümberlich geboſſe.
5   Mein herr von Cöln und der von Perg, zwen fürſten ſüſs,
beweiſſten mir genediklichen iren grüſs;
wes ich all da begert, des ward mir ſorgen büſs,   55
günſtlich an ſchand durch furdernuſſe groſſe.
Nit mer ich ſprach, was mir darnach kuntlichen ward.
10   ab nach dem Rein ſücht ich güt wein, die widervart
von Fürſtenberg gen Haidelwerg zu meinem bart,
herzog genannt, Phalzgraff, kurfürſts genoſſe,   60
Der zerung, ſpeis mit gütem fleiſs für mich bagärt,
wellend ich kos, ſo was ich los mit knecht und pfärd.
15   nu bin ich hie und waiſt noch, wie es ſich verdärt,
e ich zu land kom in meins weibes ſchoſſe.

---

44. er *Ac.* freuden *c.*   **45.** mantl *c.* rok *c.*   **46.** füchs *c.*   **47.** hüt *A*,
huet *c.* ſchaitl *c.*   **48.** müſt *A*, muſt *c.*
49. meinen] ainen *c.* volen *c.* ſchiffe *c.* fur *c.*   **50.** dan *A.* Auch *A (c)*.
mût *A.*   **51.** neur] nu *A.* plitzſch vnd blatzſch *A*, plitz vnd platz *c.*
vielg *A.* ſnür *Ac.*   **52.** enphand *A*, empf. *c.* kümerl. *c.* gepoſſe *c.*   **53.**
Cölen *c.*   **54.** genädikleichen *A*, genedigklichen *c.*   **55.** alda *c.* pues *c.*
56. fürdernuße *A*, fürderniſſe *c.*   **57.** Nicht *A.*   **58.** ſucht *Ac.* zu] by *A.*
part *c.*   **60.** genant *Ac.* phaltzgrauf *A*, pfaltzgraff *c.*   **61.** fur *c.* pagärt
c.   **62.** pfärt *A*, pherd *c.*   **63.** pin *c.* wais *A*, b- *c.* noch] nicht *A.*
64. ee *c.* ze *A.*

42. Vil lieber grüſſe ſüſſe   *B 18ʳ (A 44ʳ, c 45ʳ–46ʳ*
                                          = BW 35, Sch 37)

I   Vil lieber grüſſe ſüſſe
       ſich erheben, ſtreben,
    frölich, zölich, jetten,
    tretten in das phat.
5   drat frü und ſpat   5
    hört man dringen,
    ſingen, klingen
    voglin in der auen,
    Durch helle döne ſchöne,
10   in den ſtrauhen rauhen,   10
    eſten gleſten, fliegen,
    kriegen widerſtreit.
    breit angerweit
    ſol man grünlich,
15   künlich, ſünlich,   15
    kurzlich ane ſchauen.
    Winder kalt,
    ungeſtalt,
    dein gewalt
20   iſt entſpalt   20
    von den ſüſſen lüfften.
    liechten ſummer
    ane kummer
    wil ich tummer
25   als ain frummer   25
    geuden und güffte.
    Grüner kle
    jagt den ſnee
    jarlag me

---

1. grüeſſe *c.* ſueſſe *c.*   **3.** frol. *A.*   **4.** ρhad *c.*   **5.** fru *c.*   **6.** hort *c.*
8. voglein *c.*   **10.** ſtrauchen *A.* rauchen *A.*   **13.** angerweit] augenbeit *c.*
16. kürtzlich *c.*   **20.** geſpalt *A,* enſpalt *c.*   **21.** ſüeſſen *c.* lüften *A.*
26. vnde *A.* güſte *A,* güfftñ *c.*   **27.** klee *c.*   **29.** jarlang *c.*

30   inn den ſee   30
        wilder meres flüte.
        nachtigalle,
        droſchel ſchalle,
        lerchen halle
35   uns gevalle   35
        für des ofens güte.

II   *D*ie blümen gële, hele,
        hübſch gevërbet, gërbet,
        prawne, ſchawne, plawe,
        grawe, mangerlai.   40
5   mai, dein geſchrai
        ſich florieret,
        zieret, gieret
        köſſtlicher gelüſſte.
        Und hübſche wëſli, grëſli   45
10   ſich entſflieſſen, ſprieſſen
        hüglich, tüglich, plüde,
        früde, violſpranz,
        glanz, firlafanz,
        aller pame   50
15   zame, game,
        zier auſs kalder früſte.
        Stauden, ſtock
        machet ſchock,
        rauhen rock   55
20   als ain bock,
        löblichen bedecket,

        _____

30. in *Ac.* ſe *A*. **33.** droſchl *c.*
37. blumen *c.*   **38.** hübſch] gar ſchon *A*.   **39.** ſchawne] ſchöne *c.*
plaube *A*, plabe *c.*   **40.** grabe *Ac.*   **42.** floriret *c.*   **44.** köſtl. *A*. gelüſte
Ac.   **46.** ſich entſprieſſen ſliezzen *A*.   **47.** heugl. *c.* teuglich *c.*   **49.**
virlofantz *A*.   **52.** zir *A*.   **54.** ſchok *c.*   **55.** rauchen *A*.   **56.** pock *c.*
57. läbl. *A*.

ſwarzer doren,

weiſſer koren,

gar verloren   60

25   iſt der zoren,

den der winder wecket.

Küler brunn,

warme ſunn

geit uns wunn.   65

30   gail dich, nunn,

hinden auſs dem kloſter,

bei dem Reine

in dem ſcheine

als ain veine   70

35   bülbegine

raien nach den oſtern.

III   Die ſwammen ſtupfen, lupfen

auſs der erde herde.

würmli türmli wachen,   75

machen neuen ſlauch.

5   gauch, lock uns auch

durch die haide!

raide, ir maide,

ſücht der ſtauden winckel!   80

Da well wir koſen, loſen

10   mit befloſſen goſſen,

warmen armen lieplich,

dieblich inn dem buſch;

duſch, mündlin kuſch!   85

ob die raine,

15   klaine, ſaine

---

68. küeler *c*. 68. pey *c*. 71. bülbegeine *A*, pulbegine *c*.

73. ſwamme *A*. lupffen ſtupffen *A*. 75. wurmly *c*. 80. ſucht *c*.

ſtaudn *A*. winckl *c*. 82. befloſſen] ploſſen *c*. 84. diepl. *Ac*. in *Ac*.

puſch *c*. 85. tuſch *c*. mündlein *c*. kuſs *c*. 87. ſaine klaine *A*.

              mir emblöſſt ain ſchinkel,
              An ain knie,
              ich wer hie,   90
              des nit lie
20   und tet, wie
              ich das gefügen kunde,
              zu ir rucken,
              freuntlich ſmucken,   95
              lieplich drucken,
25   biegen, bucken,
              ob ſi mir des gunde,
              So wër quitt,
              was ich litt.   100
              hielt ſis mit,
30   diſen ſtritt
              müſſt ich überwinden,
              ſunder klifen
              taſten, grifen,   105
              mänigen lifen
35   luſt vertrifen,
              bleiben bei dem kinde.

43. Ain güt geboren edel man   *B 18ʳᵛ (A 47ᵛ, c 46ʳ-47ʳ, E*
                                                 = BW 36, Sch 20)

I   A*in güt geboren edel man
        warb umb ain freulin wolgetan,
     er ſprach ir zü mit tugentlichem ſitten:

---

*) blau-rot
88. enplöſt *A*, emplöſt *c.* ſchinckel *Ac.*   **93.** gefüegñ *c.*   **97.** pucken *c.*
98. günde *c.*   **100.** lit *c.*   **102.** ſtrit *A*, ſtreit *c.*   **103.** müſt *Ac.* vberw.
A, -b- *c.*   **105.** taſte *A (am Zeilenende).*   **106.** mangñ *c.*   **107.** ver-
triben *A.*   **108.** bey dem ſchönen kinde *A.* pleiben *c.* pey *c.*
1. gut *c*, wol *E.* geporen *A.* edlman *c.*   **2.** freulein *c (auch 44, 57).*
wolgetän *A.*   **3.** zu *c.* ir zü] zu ir *E.* mit] aus *c (E).*

»Genad, ain freulin waidelich,

5   wolt ir ain klain verhören mich,   *18ᵛ* 5

was ich eu underteniklich wolt bitten?

Ich bin verellendt alſo ſer,

an freuden müſs ich armen

und wais nicht, wellend ich hin ker;

10   das lat eu, frau, erbarmen.«   10

II   »Ir lieſſt gen mir wol euern ſpot,

und ſeit ir kranck, ſo helf eu got,

der mag eu alles trawren wol embinden.

An mir ſo leit ain klainer troſt,

5   dorumb ſo werdt ir hart erloſt.   15

ſücht anderſwo, wo ir mügt freude finden.

Wann ich mag kaines helfer ſein,

das möcht ain jeder ſchauen.

ich bin ain klaines freuelein,

10   was wolt ir auff mich pauen?«   20

III   »Ach frau, was ſol der ungelimpf?

es iſt mir laider auſs dem ſchimpf;

mang jar bis her müſſt ich vil kumbers tragen,

In euerm dienſt verborgenlich;

5   und waiſſt got wol von himelreich,   25

das mich nie half gen euch mein ſenlichs klagen.

---

4. Gnad *c*. mynneclich *E*.   **5.** wält *c*.   **6.** wes *cE*. vnderteniklichñ *A*,
vnderteniklich *c*. piten *c*.   **7.** pin *c (auch 19, 34)*. v'ellent *A*, u'ellend
c.   **10.** laß dir *A*. erparmen *Ac*.
11. wol gen mir *A*. ewrn *c (auch 24, 39, 42, 43, 62, 65, 68)*. ſpott *A*.
12. krank *A*.   **13.** ewch *A*. enp. *A*, emp. *c*.   **15.** darumb *A*, dauon *c*.
wert *A*.   **16.** ſucht *c*. wo] da *E*. frewden *A*.   **17.** Wan *A (auch 27)*.
hellferin *E*. gſein *A*, geſein *cE*.   **18.** mocht *c*, mag *E*. an ſchauen *c*.
20. wällt *c*. pawuen *B [im Text zu -au- vereinfacht]*.
21. der] ewr *E*.   **22.** laider] wärlich *E*.   **23.** mang] vil *A*. müſt *Ac*. vil] groß
A. kum' *A*.   **24.** dinſt *c*. u'porgenl. *c*.   **25.** und] das *E*. wais *A*, b- *c*. himel-
rich *A*, himlreich *c*.   **26.** ew *A*. gen eüch nie halff *E* ſenleich *A*.

        Wann mir kain weiplich creatur
        nie bas geviel von herzen,
        dorumb mein leiplich kranck natur
10   müſs leiden groſſen ſmerzen.«   30

IV »Ir mügt wol ſagen, was ir wellt.
        ſi iſt nicht hie, die euch gevellt,
        das waiſs ich wol, mich triegen dann mein ſinne,
        Wann ich bin grauſelich geſtallt,
 5   von vier und zwainzig jaren alt;   35
        was möcht eu gen mir luſſten klüger minne?
        Und kan ouch weder weis noch wort,
        das kainen müg erfreuen,
        und wer ich jetz euer leiſer hort,
10   es wurd eu morgen greuen.«   40

V »Was dürft ir neur der klügen ſprach?
        euer ſchön, die tüt mir ungemach,
        euer wandel klüg, der hat mein herz betwungen.
        Erhör mich, ſtolz freulin gemait!
 5   zwar mir iſt ie geweſen laid,   45
        wer dich betrübt mit ſeiner falſchen zungen.
        Und was dich übet, ſäligs weib,
        zu naſſen öglin klare,
        daſſelb betrübet mir den leib
10   und macht mir grawe hare.«   50

---

27. weibl. *A.* **28.** pas *c.* von] in *E.* **29.** darumb *A.* leiblich creatur *A.*
30. groſſen] ſenlich *E. V. 31–40 fehlen in A; zwischen 50 und 51: ir
mügt.*
31. ſagen] reden *E.* welt *c.* **33.** dann all mein *E.* **34.** geſtalt *c.* **35.**
zbainzigk *c.* **36.** luſten *c.* klueg' *c.* **37.** Und] ich *E.* **39.** leiſer] lieb'
c (E). **40.** morgen] hart *E.* gereuen *c.*
41. türft *A.* neur] nun *E.* klugen *c.* **42.** tut *A.* **43.** wandl klug *c.* der
fehlt in E. hatt mir mein *E.* **44.** mich *fehlt in c.* **46.** wer eüch verſert
E. **47.** üebet *c.* ſälig *A,* ſeligs *c.* **48.** ewglin *A (c),* augen *E.* **49.**
betrüebet *c.* **50.** grabe *c.*

VI »Des danck ich eu mit ganzem fleiſs.
    davon ſo habt ir lob und brais,
    das euch der freulin ſmäh tüt miſſevallen.
    Jedoch beſwärt es mich ain klains,
5   ich tröſt mich ſicherlichen ains,   55
    das mir nicht ſchaden mag kain übels kallen.
    Wer freulin ſchendet ane ſach
    und ſich ir an ſchulde rümet,
    derſelb verphendet ungemach,
10 ſein lob wirt im enthümet.«   60

VII »*L*at mich genieſſen, edle frucht,
    durch all euer er und weiplich zucht,
    das ich nie gert, was eu möcht ſchaden bringen.
    Was hilft eu neur mein teglich pein?
5   euer treuer diener wil ich ſein   65
    und wër unfro von eu kain miſſelingen.«
    »Zwar ich bedarf nicht ſölcher knecht,
    euer dienſt iſt mir zu wähe.«
    »nit redt als ſcharpf, frau, bedenckt eu recht,
10 wie geren ich das ſähe.«   70

44. Durch Barbarei, Arabia   *B 18ᵛ 19ʳ (A 49ʳᵛ,*
                                    c 47ʳ-48ʳ

I   **D**urch Barbarei, Arabia,   *= BW 3, Sch 107)*
    durch Hermani in Perſia,
    durch Tartari in Suria,

---

52. preys *A*, breis *c*.   **53.** freulin] frowñ *A (E)*. ſchmächt *A*, ſmach *c*.
54. peſw. *c*. kleins *A*.   **55.** ich] vnd *E*.   **56.** nit *A*.   **57.** frawen *A E*.
60. entümet *A*, verhünet *E*.
nach 60 in A eingefügt: das mag niemant gelawben das eſ chain bar-
hait iſt furbar ich daſ ſag etc.
62. ewr *A (auch 65)*.   **63.** was] das *E*. pringen *Ac*.   **64.** neur] nü *c*.
täglich *A*.   **66.** wär *A*. kain] ain *c*.   **67.** ſolcher *A*, ſolh' *c*.   **68.** dinſt *c*.
iſt] ſind *cE*. wäche *A*, ſwäre *E*.   **70.** gern *c*. ſache [-ä-?] *A*.
1. D *fehlt in A*.   **2.** harmaney *A*.   **3.** tartarey *A*.

durch Romani in Türggia,
5   Ibernia,   5
der [prüng han ich vergeſſen.
Durch Reuſſen, Preuſſen, Eiffenlant,
gen Litto, Liffen, übern ſtrant,
gen Tennmarckh, Sweden, in Prabant,
10   durch Flandern, Franckreich, Engelant   *19ʳ* 10
und Schottenland
hab ich lang nicht gemeſſen.
Durch Arragon, Kaſtilie,
Granaten und Afferen,
15   auſs Portugal, Iſpanie,   15
bis gen dem vinſtern ſteren,
von Profenz gen Marſilie,
In Races vor Saleren,
daſelbs belaib ich an der e,
20   mein ellend da zu meren   20
vaſt ungeren.
Auff ainem runden kofel ſmal,
mit dickem wald umbfangen,
vil hoher berg und tieffe tal,
25   ſtain, ſtauden, ſtöck, ſnee ſtangen,   25
der ſich ich teglich ane zal.
noch aines tüt mich pangen,
das mir der klainen kindlin ſchal
mein oren dick bedrangen,
30   hand durchgangen.   30

---

4. türkia *A*, turgia *c*.   6. hab *Ac*.   7. prewſſen rewſſen *A*. landt *c (auch
10, 11)*.   9. tenmarck *A*, teñmarch *c*. probāt *A*.   10. franckrich *A*,
frankreich *c*. engellant *A*.   13. Arragun *A*.   14. kranatñ *A*.   15.
portigal *A*.   18. vor] bey *A*. ſalern *A*.   19. daſelbñ *A*. blaib *A*. an] in
A. ee *c*.   22. ainem kofel rund vñ ſmal *A*. kofl *c*.   24. hocher *A*. perg
Ac.   25. ſtock *c*. ſne *A*.   26. ſach *A*. täglich *A*.   27. tüt] twingt *A*,
tut *c*.   29. dick] tüt *A*.   30. hat *A*.

II *W*ie vil mir eren ie beſchach
von fürſten, künigin gefach,
und was ich freuden ie geſach,
das büſs ich als under ainem dach.

5 mein ungemach,   35
der hatt ain langes ende.
Vil gütter witz, der gieng mir not,
ſeid ich müſs ſorgen umb das brot.
darzu ſo wirt mir vil gedrot,

10 und tröſt mich niena mündlin rot.   40
den ich ee bott,
die laſſen mich ellende.
Wellent ich gugk, ſo hindert mich
köſtlicher ziere ſinder,

15 der ich e pflag, da für ich ſich   45
neur kelber, gaiſs, böck, rinder,
und knoſpot leut, ſwarz, häſſelich,
vaſt rüſſig gen dem winder;
die geben müt als ſackwein vich.

20 vor angſt ſlach ich mein kinder   50
offt hin hinder.
So kompt ir mütter zü gebrauſt,
zwar die beginnt zu ſchelten;
gäb ſi mir aines mit der fawſſt,

25 des müſſt ich ſer engelten.   55
ſi ſpricht: «wie haſtu nu erzauſſt
die kind zu ainem zelten!«
ab irem zoren mir da grauſt,

---

31. beſchach] geſach *A*. **32.** von] durch *A*. **34.** püeſs *c*. alls *c*. tach *A*.
36. hat *Ac*. ennde *c*. **37.** gut' *c (auch 78, 79)*. ging *c*. **38.** müs *A*,
müſt *c*. prot *c*. **40.** niena] nit ain *c*. **41.** e *A*. pot *c*. **42.** läſſen *A*.
43. Wellend *A*. gugg *A*. **45.** ee *c*. **46.** pöck *c*. **47.** heſſel. *c*. **48.** rüſſig]
rotzig *A*, rueſſig *c*. **49.** mut *c*. ſackwin *A*. vich] tut *c*. **51.** offt] vaſt *c*.
52. So] Dann *A*. kumbt *c*. muet' *c*. zu *c*. geprawſt *A (c)*. **53.** begind
A. **54.** geb *c*. **55.** müſt *Ac*. entgeltñ *c*. **56.** haſt du *A*, haſtus *c*.
57. zellten *A*. **58.** zorn *c*.

doch mangeln ich fein felten,
30   fcharpf mit fpelten.   60

III   Mein kurzweil, die ift mangerlai,
      neur efel gefang und pfawen gefchrai,
      des wunfcht ich nicht mer umb ain ai.
      vaft rawfcht der bach neur hurlahai
5   mein houbt enzwai,   65
      das es beginnt zu krancken.
      Alfo trag ich mein aigen fwër.
      tëglicher forg, vil böfer mër
      wirt Hauenftain gar feldn lër.
10   möcht ichs gewenden an gevër,   70
      oder wer das wër,
      dem wolt ich immer dancken.
      Mein lanndesfürft, der ift mir gram
      von böfer leutte neide,
15   mein dienft, die fein im widerzam,   75
      das ift mir fchad und laide,
      wie wol mir fufft kain fürftlich ftamm,
      bei meinem güten aide,
      nie hat gefwecht leib, er, güt nam
20   in feiner fürften waide,   80
      köftlich raide.
      Mein freund, die haffen mich überain
      an fchuld, des müfs ich greifen.
      das klag ich aller werlt gemain,

---

59. mangel *Ac.*
62. gfang *A.* pfawbn *A,* pfaben *c.*   **63.** des *fehlt in A.* bünfcht *c.* ich
mir nicht *A.*   **64.** pach *c.* neur] in *A.*   **65.** howpt *A.*   **66.** begindt *A.*
67. fwär *A.*   **68.** tägl. *A.* pöfer *c (auch 74).* mär *A.*   **69.** felten *A,* folden
c. lär *A.*   **70.** geuär *A.*   **71.** wär *A.*   **73.** landes *Ac.*   **74.** von] durch *c.*
nyde *A.*   **75.** dinft *c.*   **77.** fuft *A,* füft *c.* furftl. *c.* ftam *c.*   **78.** pey *Ac.*
güttñ *A.*   **79.** gefwechet hab leib *A.* fefwecht [*Verfchreibung?*] *c.*
81. koftl. *c.*   **82.** freunt *c.* vber ain *A.*   **83.** än *A.*   **84.** welt *A.*

25 den frummen und den weifen,   85
    darzü vil hohen fürften rain,
    die fich ir er land preifen,
    das fi mich armen Wolckenftein
    die wolf nicht lan erzaifen,
30 gar verwaifen.   90

45. Wer machen well   *B 19ʳᵛ (A 53ʳ, c 48ʳ–49ʳ*
= BW 4, Sch 60)

I   *W*er machen well fein peutel ring,
        und im deffelben wolgeling,
     der frag den weg gen Überling,
     da gelten vierzen pfifferling
5   fünfzen fchilling   5
     der Coftnitzer geflagen;
     Und fechzen haller umb ain ai,
     der zwen und dreiffig gelten zwai.
     fleifch lützel, krut ain grofs gefchrai;
10   aufs klainer fchüffel gat der rai   10
     von mangem lai,
     dem hungrig ift fein magen.
     Ain waffer müfs in ainer pfann,
     die brauten kurz gemeffen,
15   wildbrät und vifch fein inn dem bann,   15
     der turrent ir nit effen.
     da mit wol uff, hebt eu von dann!
     ir fein zu lang gefeffen.
     zwen grofchen fo geb jederman,

---

86. darzu *c*. **87.** breyfen *A (c)*. **88.** wolkenftain *Ac*. län *A*.
1. W *fehlt in A*. fein] den *Ac*. peütl *c*. **3.** Vberling *A (auch 84)*. **4.**
vierzehñ *c*. **5.** funffzehen *c*. **7.** fechzehen *c*. **8.** driffig *A*, dreiffigk *c*.
9. flaifch *A*. lützl *c*. kraut *c*. **10.** vß *A*. fchüffl *c*. **14.** braten *A*, pra-
ten *c*. **15.** wildprät *A*, b- *c*. fein inn dem] die fein im *A*. in *c*. pann *c*.
16. turrent ir] tar man da *A*, türrent ir *c*. **17.** uff] vmb *A*, auff *c*.
18. fein] feyt *A (c)*.

20   des fond ir nit vergeffen,   20
      wol anhin heffen.
      Nicht lenger ich gebeitten mag,
      nu ziecht die riem, gefellen!
      nach dem fo ift kain andre frag,
25   ich gib eu kurze ellen   25
      und nim die langen nach dem tag.
      das gelt lat von eu fnellen!
      zal, gilt, du müfft! das ift mein fag.
      ich woltz nicht anders wellen
30   mit ainer kellen.   30

II   Vafft füffer wein als flehen tranck,   19ᵛ
      der reuhet mir die kel fo kranck,
      das fich verierrt mein hels gefangk,
      dick gen Traminn ftet mein gedanck;
5   fein herter twangk   35
      pringt fcharpfen ungelimpfen.
      Wann er geit freud und hohen müt,
      recht als der fack dem efel tüt,
      fein räfs erfchreket mir das blüt,
10   davon fo wird ich fwach, unfrüt,   40
      fein wilde flüt
      fchafft mir den triel verrimpfen.
      Zwar güter kurzweil ficht man vil
      da mitten auf dem blatze,
15   mit tanzen, fpringen, faitenfpil,   45
      von ainer rauhen katze.

---

20. fond] fult c. **22.** Nit A. gepeiten c. **28.** müft c. **29.** wolts Ac.
nit A. wëlen c. **30.** këlen c.
31. Vaft Ac. fueffer c. getranck A. **32.** krank A. **33.** u'yert c. **34.**
ftat A. **35.** tbanck c. **36.** fcharffñ c. **37.** gibt c. **38.** efl c. **39.** er-
fchrecket c. plut c. **42.** fchaft c. **43.** Auch vindt man wunder kurcz-
weil vil A. gut' c. **44.** vff A. platze c. **45.** fpringen] fingen c. **46.**
ruhen A.

gen Überling ich nicht enwil
mer fragen nach dem ſchatze,
Ich wolt dann ainen ſlegel ſtill
20   da kouffen umb ain ratze   50
in zu tratze.
Mein wiert, der was beſchaiden zwar,
er ſchied das gold von leder;
das nam ich an der bettſtat war,
25   zwelf pfenning gulten ain feder,   55
und käm ain alter karren dar,
er liefs im niena reder.
ſein lob ich nicht gebreiſen tar
als ainem bom von zeder,
30   denſelben fleder.   60

III   *D*en beſſten ſchatz ich da verſchreib,
zwar das was milſt und alde weib
und failſte ſwein, gemeſcht von kleib,
vil flöch mit langer weil vertreib;
5   der pawren leib   65
wolt mir nicht lenger ſmecken.
Doch reut mich noch ain klainat kraus,
das was die dieren in dem haus;
zwai brüſtlin als ain fledermaus
10   trüg ſi vor an irs herzen paus,   70
ir kratzen, zaus
vil mangen tett erſchrecken.
Zwai ſmale füſſlin als ain ſchilt

49. ſlegl *c*. ſtil *Ac*.   **54.** pettſtat *c*.   **55.** zbellff *c*. die gulten *A*.   **56.**
köm *c*.   **57.** niena] nit die *c*.   **58.** gebriſen *A*, gepreyſen *c*.   **59.** ainen
paum *c*.   **60.** des ſelben *c*.
61. beſten *A*, peſſten *c*. verſchrib *A*.   **62.** milſt *c*. alte *Ac*. wib *A*.
63. gemëſſt *c*. von] mit *c*. klyb *A*.   **64.** vertrib *A*.   **65.** pawern lib *A*.
66. nit *A*.   **68.** diern *c*. in] von *A*.   **69.** prüſtlein *c*.   **70.** trug *c*.   **72.**
tet *Ac*.   **73.** Zwai] Zwar *c*. füſlin *c*.

<pre>
          trait fi in braiten fchühen,
15   darob zwai bainlin, klain gedilt,   75
          recht als ain dicke bühen.
          ir ermlin, hendlin find gevillt,
          weifs als ain fwarze rühen.
          vil groffer fleg, der was fi milt,
20   mit fwëren und mit flühen   80
          kund fi das tühen.
          Verborgen was der liechte glanz
          von berlin und von fpangen
          zu Überlingen an dem tanz,
25   und da man inn folt brangen.   85
          unlöblich was des maien kranz
          bei röfelochten wangen,
          neur bei dem ofen ftünd mein fchanz,
          mit kinds gefchrai umbfangen,
30   das tet mich pangen.   90
</pre>

Nota difs vorgefchriben lied Wer machen well den peutel ring
fingt fich jn der melody durch Barbary arabia etc.

46. Du aufferweltes fchöns mein herz   B 19ᵛ (A 13ᵛ 14ʳ, c 49ʳ = BW 37, Sch 31)

<pre>
I   Du aufferweltes fchöns mein herz,   Difcantus
          dein wunniklicher fcherz
          hat benomen mir befunder fmerz;
          ei, minnikliches falcken terz,
5   wie füfs ift dir dein fnäblin wolgevar!   clauß 5
</pre>

---

74. trait] trüg A. braiten] paiden c. fchuehen c.   **75.** zwai] die A.
painlin c. klain] wol A. gedillt A.   **76.** puehen c.   **77.** geuilt Ac.   **78.**
ruehen c.   **79.** vil groffer fleg der] mit groffen flegen A.   **80.** mit] durch
A (zweimal). fluehñ c.   **81.** tuhen c.   **82.** V'porgen c.   **83.** perlin Ac.
85. do c. prangen c.   **87.** pey c. röfol. c.   **88.** by A, pey c.
1. aufferweltes A.   **3.** hät A. befunder] betrubtñ A.   **4.** falkñ A (c).
5. fufz A, füefs c. Snäbelein A, fnebelein c.

II   Kain menfch gefach nie lieber diern,
ich kan ir nicht volziern,
weiffe brüftlin, finwel als die biern,
damit fi köfftlich kan hofiern;
5   ir ftolzer leib benimpt mir trauren gar.   10

III Und folt ich die vil zarten gefehen nimmer Secunda pars
ir ler, zucht und weipliche er   [mer,
müfs ich bedencken, wo ich inn der werlt hin ker,
fennliches fchaiden bringt fawer zucker nar.

IV Tröftlich gedingen ich zu der gütten han,   Tertia pars 15
wie fi mich nicht well län.
unvergeffen bin ich ir undertan
und harr auff güten wän.

Du aufferweltes fchöns mein hertz etc. ut fupra etc.

47. Fröleichen fo well wir   *B 20ʳ (A 17ʳ, c 49ᵛ*
                                     = BW 38, Sch 16)

I   Fröleichen fo well wir
        fchir fingen, fpringen hoh,
uns zwaien, fchon raien
all inn des maien loh,
5   mit frechen abbrechen   5
der pfifferlingen roh,
an wencken gedencken,

---

6. dirñ *A.*   7. kañ *A (auch 9).* volczyrñ *A,* volzierñ *c.*   8. brûftlein
A (c). fynbel *A,* fybell *c.* birñ *A,* piern *c.*   9. koftlich *Ac.* hofyrñ *A.*
10. benymt *A,* benymbt *c.*
11. mer *fehlt in c.*   12. weibliche *A,* beiplich *c.*   13. bedenkñ *c.* in *Ac.*
welde *A.*   14. fendl. *A,* fenl. *c.* bringt] geit *A,* pringt *c.* fawr *A.* zuker *A.*
15. Trofl. *A.* guttñ *A,* guten *c (beide auch 18).*   16. nit *A.* lan [?] *A, c.*
17. pin *c.* vntertan *A.*   18. wan *Ac.*
1. Frolichen *Ac.* wel *A.*   2. hoch *Ac.*   4. in *Ac.* loch *Ac.*   5. aprechñ
A, abprechen *c.*   6. phifferlïgñ *A.* roch *Ac.*   7. wenken gedenkñ *A.*

wo mir die zart empfloch.
herwider ker,
10   herz lieb, iſt das mein ger.   10
du waiſſt wol, wie
du mich und ich dich lie,
mein höchſter hort,
zwar ich halt ſtät die wort,
15   wurd mir der kranz von roſental.   15

II   Dein weipliche güt tüt
mich ſtraffen, zaffen dick,
mit geren verkeren,
des meren ich erſchrick.
5   laſs faren, nicht ſparen,   20
durch mich dein lieplich blick.
mein quelen, dein helen,
pald mir troſtlichen ſchick.
Ach, traut geſell,
10   ich ſol, was dein gnad well.   25
dein fremden groſs
mich annt der ſinnen bloſs.
mach haimlich zam,
gierlichen, ſunder ſcham,
15   ergetz hüglich meins herzen qual.   30

III   Senliche begir mir
pringt achen, wachen vil.
das laiden und meiden
ſich nindert ſchaiden wil.

8. enphloch *A*. **10.** liebe *A*. daz iſt *A (c)*. **13.** hochſter *A*. **14.** ſtat *A*,
ſtet *c*. **15.** bürd *Ac*.
16. weipleiche *A*. güt *A*. tut *c*. **17.** ſtrafñ zafñ *A*. **19.** h'ſchrick *A*,
erſchrik *c*. **20.** las *A*. **21.** plick *Ac*. **23.** troſtleichñ *A*, tröſtlichen *c*.
26. frömden *c*. **27.** ant *A*. plos *A*. **29.** girleichñ *A*. **30.** ergetzt *A*.
hûgleich *A*, heüglich *c*. quall *A*.
31. Senleiche *A*. **32.** brenget *A*. **33.** leidñ *A (c)*. **34.** ſcheidñ *A*.

5   ich lamer mit jamer   35
       nicht treffen kan das zil;
       die klüge durch füge
       mich halt, neur wie ſi wil.
       der bitter tod
10   mag helfen wol aus not,   40
       ob ir genad
       nicht wenndt engſtlichen ſchad.
       zart liebſtes weib,
       den jamer hie vertreib,
15   erkück den man in freudenſchal.   etc.   45

48. Stand auff, Maredel   *B 20ᵛ (A 14ᵛ 15ʳ, c 50ʳ*
                                 = BW 39, Sch 46)

                                                        Tenor
I   Stand auff, Maredel! liebes Gredel, zeuch die rüben auſs!
       zünt ein! ſetz zü flaiſch und kraut! eil, bis klüg!
       get, ir faule taſch! die ſchüſſel waſch!
       wer bett, Chünzel knecht, der dieren flecht?
5   auſs dem haus, ir verleuchter dieb!   5

II   Frau, ich enmag, wann es iſt ferre gen dem tag. Diſcantus
       nu wol, wenn ſol ich vol
       ſlauffen mir genüg?

36. treffan *A*. **37.** cluge *A (c)*. fuge *A*, füege *c*. **38.** ich *durchgeſtr.*
[?] *A*. hald *A*. nuewr *A*. **39.** pitt' *A*. tot *A*. **40.** halffñ *A*. woll *A*.
41. genade *A*, gnad *c*. **42.** went *A*, wendt *c*. angſlich' *A*. **43.** lipſtes *A*.
44. v'traib *A*. **45.** Erchück *A*. den man] dem nam *A*.
A: Finis.
48. *Anordnung der Strophen in B (= c): II, IV, VI (unter der Bezeich-*
nung Diſcantus)*, I, III, V (unter der Bezeichnung* Tenor)*.*
Anordnung der Strophen in A: II, VI, IV, I, V (III fehlt).
1. maredl *c*. gredl *c*. rubñ *A*, rueben *c*. **2.** zünt] kent [?] *A*. czu *A (c)*.
fleiſch *c*. klug *Ac*. **3.** get ir] gee du *c*. ſchuſzel *A*, ſchüſſl *c*. **4.** bett]
wet *A*, pëtt *c*. kunczl *A*, küntzl *c*. dirñ *A*, diern *c*. flecht *c*. **5.** v'lucht'
A.
7. nû *A*. wañ *c*. **8.** ſlaffñ *A (c)*.

zü, lat euch der weil!
5   ja trag wir ouch ain peil.   10
bleib hie, nicht eil,
mein trauter Chünzel!
ſünzel iſt mir werlich lieb.

III   Gret, louff gen ſtadel, ſüch die nadel, nim den rechen mit!
gabel, driſchel, reitter, ſichel vindſtu dort.   15
Jans, Kathrein nim mit dir, der Chünz bleib mir!
ſweig, du faige haut, und ſchrei nicht laut!
5   dein ſchand werd brait und er ſicherlichen ſmal.   etc.

IV   Wer kompt hernach, der mir wennt meinen ungemach,
ſo ſchain unrain allain?   20
arbait iſt ain mort.
Chunz, Kathri iſt unnutz,
5   Jenſlins pin ich udrutz,
mit lieben ſmutz
pin ich Chünzlis   25
genzlich aus dem edlen Zilerſtal.

V   Pfäch dein, Gredlin!
ſpinn, ker, dich ner!
nicht verzer deinen rock,
lock, ſo wirſtu ain bock.   30

---

9. zu *A*, zbue *c*.   **11.** pleib *c*. nit *A*.   **12.** chunczel *A*, küntzel *c*.   **13.** ſmüczel *A*, ſüentzel *c*.
14. Grett *c*. ſtadl *c*. ſuch *c*. nadl *c*.   **15.** gabl driſchl reutt' ſichl *c*. vindſt du *c*.   **16.** katrey *c*. kuntz *c*. pleib *c*.   **18.** w't prait *c*.
19. kumpt *A*, kumbt *c*. went *A*, benndt *c*.   **22.** Chunz *fehlt in A*, küntz *c*. kathrey *A*, katrey *c*.   **23.** Jänſleins *A*. pin *c*. vndrucz [?] *A*, vrdrutz *c*.   **24.** liebñ *A*. ſmücz *A*.   **25.** bin ich genczleich *A*, pin ich küntzlins *c*.
26. des Chunczleins aus dem edlen zylerſtal *A*, pin ich gentzlich *c* (*usw. wie in B*).
27. gretlin *A*, gredlein *c*.   **29.** rok *A*.   **30.** lock] pok *A*. wirſtus *c*. bock] lok *A*, pock *c*.

5   dock, vier ſchock
         gib ich dir zu ainem manne vil ſchier.

VI   Frau, eur ſtraffen iſt enwicht.
         ſpinnen, keren mag ich nicht,
         phlicht trag ich zu dem Chünzelein,   35
         wann er iſt wol mein.
5   ſein leib pringt freuden vil, darnach ſich ſennt mein gier.

49. Sag an, herzlieb   *B 21ʳ (A 17ᵛ 18ʳ, c 50ᵛ*
                                = BW 40, Sch 10)

                                               Diſcantus

I   »S*ag an, herzlieb, nu was beteutet uns ſo gar ſchrick-
         mit ſeinem don?«   [licher hal
         aahü, aahü, wol auf, die nacken bloſs!
         »Ainiger man, ſol uns der gaſt erſtören hie ſo ach ellend?
5   wem laſtu mich?«   5
         aahü, aahü, her gat des tages ſchein.
         Pald ab dem weg, die geren läg!   ſecunda pars
         hör, hör, hör, geſell, klüglichen geſchell,
         ſtand upp, riſch upp, ſnell upp!
10   die voglin klingen in dem hard,   10
         amſel, droſchel, der vinck,
         und ain ziſelin, das nennet ſich guggukh.

II   »Los, frau, und hör des hornes ſchal,   Tenor

*) Blau-rot
31. dok *A*, tock *c.* vir ſchok *A.*   **32.** ze *A.* ſchir *A.*
34. kern *A.*   **35.** pflicht *c.* Chunczeleÿ *A*, küntzelein *c.*   **37.** pringt]
geit *A.* ſent *A (c).*
1. bedeutet *c.* hall *A.*   **3.** plos *A.*   **4.** mañ *A.* erſtôrrñ *A.* elend *A.*
5. laſt du *c.*   **6.** aahü aahü *fehlt in A.* get *c.*   **7.** wêg *A.* lêg *A.*   **8.** hor
A (3 mal, auch 13, 15, 24). klûgleichñ *A*, kluglichen *c.*   **9.** vp *A (3 mal).*
10. fogel *A*, vogelein *c.*   **11.** droſchl *c.* vinkh *A.*   **12.** zeyſelein *Ac.*
kukuch *A*, guggugk *c.*
13. ſchall *A.*

berg und tal überal, ane qual,
ouch hör ich die nachtigal;   15
des liechten morgen rötte
5   ſich vor der pleb her dringt. blas ſchon,
wachter! ich ſpür dein zoren michel grofs.
Mich rürt ain wind von orient,
der entrennt, ouch blennt das firmament,   20
und der uns die freud hie wennt.
10   zart minnikliche dieren,
das horen pollret grimmikleich.
ich hör dich wol, du trübſt die fraue mein.«
»Los, los los, los,   ſecunda pars 25
ſennliche klag, mordlicher tag,
15   wie lang ſol unſer not mit dir beſtan?
hab urlob, höchſter ſchatz, kürzlich herwider ruckh!« etc.

50. Der mai mit lieber zal   *B 21ᵛ (A 19ᵛ 20ʳ, c 50ᵛ,*
= BW 41, Sch 45)

Der mai mit lieber zal   Diſcantus
die erd bedecket überal,
pühel, eben, berg und tal.
auſs ſüſſen voglin ſchal
erklingen, ſingen hohen hal,   5
galander, lerchen, droſchel, die nachtigal.

---

14. perg *Ac.* tall *A.* v ane quall / vberall *A.*   16. rote *A*, röte *c.*   17.
plas *A.*   18. ſpur *A.* michl *c.* gros *A.*   19. rurt *A.* wint *Ac.*   20. ent-
rent *Ac.* plent *A*, plendt *c.*   21. went *A*, wendt *c.*   22. dirñ *A.* -lich
A.   23. polret *A (c).*   24. *fehlt in c.* frawñ *A.*   26. ſeinleiche *A*, ſen-
liche *c.*   28. vrlaub *Ac.* hochſter *A.* kurczliche *A.* ruk *A*, rugk *c.*
Verſolge in A:
B, 1–6 = A, 1–6
B, 7–12 = A, 23–28
B, 13–28 = A, 7–22

2. bedeckt *A.* vb'all *A*, übral *c.*   3. puhel *A*, pühl *c.* p[er]g *A (c).*   4.
ſuſſ' *A*, ſueſſen *c.* vogelein *A (auch 9).*   6. droſchl *c.* die *fehlt in A.*

der gauch fleucht hinden hin nach
zu groſſem ungemach
klainen vogel in gogel reich.
höret, wie er ſprach: 10
»cu cu, cu cu, cu cu,
den zins gib mir,
den wil ich han von dir,
der hunger macht lunger
mir den magen ſchir.«   15
»Ach ellend! nu wellent
ſol ich?« ſo ſprach das klaine vich.
küngel, zeiſel, mais, lerch, nu komen wir ſingen:
oci und tu ich tu ich tu ich tu ich,
oci oci oci oci oci oci,   20
fi fideli fideli fideli fi,
ci cieriri ci ci cieriri,
ci ci ciwigk cidiwigk fici fici.
ſo ſang der gauch neur: kawa wa cu cu.
Raco, ſo ſprach der rab: ſecunda pars 25
»zwar ich ſing ouch wol
vol müſs ich ſein,
das ſingen mein,
ſcheub ein! herein! vol ſein!«
liri liri liri liri liri liri lon,   30
ſo ſang die lerch, ſo ſang die lerch, ſo ſang die lerch.
ich ſing hel ain droſchelin, ich ſing hel ain droſchelin,
                 ich ſing hel ain droſchelin,
das in dem wald erklinget.
ir lierent, zierent

---

7. fleugt *c*. hindñ nach *A*. 8. zu] mit *A*. 9. vogelein *c*. gogoleich *A*.
10. horet *A*. 11. cu *fünfmal A*. 16. elend *A*. wellend *c*. 18. kügel
A, küngl *c*. zeyſl *c*. nû kuᴍ *A*. 23. civigk *zweimal A*. 24. ſing *A*.
chauch *A*. nur *A*. cu ca *c*.
27. muß *A*. 32. hell *A*. troſchelein, *dann zweimal* droſchelein *A*,
droſchelein *c*. 33. erklingt *A*. 34. zirent *A*.

gracket und wacket   35
hin und her
recht als unſer pfarrer.
zidiwick zidiwick zidiwick,
zificigo zificigo zificigo nachtigall,
dieſelb mit irem geſangk behüb den gral. etc. tan etc.   40

51. Ach ſenliches leiden   *B 22ʳᵛ (A 20ᵛ, c 51ʳᵛ*
                                   = BW 42. Sch 18)

I   *A*ch ſenliches leiden,   Tenor
       meiden, neiden, ſchaiden, das tüt we,
     beſſer wer verſunken in dem ſee.
     zart minnikliches weib,
5   dein leib mich ſchreibt und treibt gen Joſophat.   5

---

35. gracket *zweimal A.*   **37.** pharrer *A.*   **38.** zidiwigk *c, das drittemal:*
zidigwigk *c.*   **39.** nachtigal *Ac.*   **40.** irñ *A.* geſang behub *Ac.* grall *A.*
In A eine weitere Strophe:
> Upchahi ſo prach das ful
> lat vns auch dar zu
> frw vert die kue
> der eſel lue
> her ſak auff meinē nack   45
> rigo rigo rigo rigo rigo rigo kum
> ſo rufft die mûl, ſo ruff die mul, ſo rufft die mul
> ker ab ſo ſprach die mulnerin
> heb auff ſchrey die pawrin
> nu trag hin mein eſelein   50
> da da pruſta JA nü leir
> nicht veir bis dir d' geir
> dye hawt abziehñ wirt bey dem veyer
> wol auff wol auff wol auff wol auff
> ſaylon pint auff   55
> ſchintt dich wolpurg
> rugel dich gut waydman
> mit iagñ paiſſñ rogken in den tan.

51. *A¹ = Diſcantus, A² = Tenor (1. Str.).*
1. ſenleiches *A¹.*   **2.** ſcheidn *A².* thut *A¹'².* wee *c.*   **3.** peſſer *c.* ver-
ſunckñ *A² (c).* ſe *A¹'².*   **4.** mÿnicleiches *A¹'².*   **5.** gein *A¹'².*

herz, müt, sin, gedanck ist worden mat.
es schaidt der tod,
ob mir dein gnad nicht helfen wil
aufs grosser not;
10   mein angst ich dir verhil.   10
dein mündlin rot
hat mir so schier mein gier erwecket vil,
des wart ich genaden an dem zil.

II   Mein herz in jamer vicht,   *22ᵛ*
erbricht. bericht und flicht den kummer jo!   15
frau, schidlicher freuntschafft wart ich so,
recht als der delephin,
5   wenn in der sin fürt hin zu wages grund
vor dem sturm, und darnach wirt enzunt
von sunnen glast,   20
die im erkückt all sein gemüt.
herzlieb, halt vast
10   durch all dein weiplich güt!
lass deinen gast
nicht sterben, serben, werben in unfrüt!   25
in ellenden pein ich tob und wüt.

III   Mein houbt, das ist beklait
mit waffen, flauffen, straffen die natur,
das mich twingt ain stund für tausent ur.
wenn ich mein laid betracht   30
5   die nacht, so wacht mein macht mit klainer krafft,

6. mut *A*¹ᵛ². gedanck *A*². ist] sein *A*¹ᵛ². matt *c*.   **7.** schaid *A*¹ᵛ².   **8.**
gnad] trew *A*¹ᵛ².   **9.** gros' *A*¹.   **11.** müdlein *A* ¹ᵛ².   **12.** schir *A*¹ᵛ² *c*.
gir *A*¹ᵛ² *c*.
15. komer *A*.   **16.** freuntschaft *c*.   **17.** delphin *A*, telphin *c*.   **18.** bañ *c*.
syñ *A*. furt *A*. grunt *A*, grundt *c*.   **19.** erczunt *A*, enzundt *c*.   **21.** er-
kukt *A*.   **23.** durch *zweimal A*. alle *A*. gute *A*.   **24.** las *A*.   **25.** vn-
frud *A*.   **26.** elendñ *A*, ellender *c*. wutt *A*, wüett *c*.
28. flaffñ *A*, flaffñ *c*.   **29.** zwingt *A (c)*. fur *A*.   **30.** lait *A*.   **31.** kraft *c*.

und ich freuden ganz wird ſigehaft.
       mich niemand tröſt
       und iſt mein leiden ſicher groſs,
       mein herz, das wirt geröſcht   35
10   mit manchem ſeufften ſtoſs.
       ach we, wann wirt erlöſt
       mein trauren? tauren, lauren negt und pölſt,
       da mit ich der ſinn wird gar emblöſſt.

52. Wolauff, geſell! wer jagen well   *B 22ᵛ (A 15ᵛ 16ʳ,*
                  c 51ᵛ 52ʳ = BW 43, Sch 44)

I   **W**olauff, geſell! wer jagen well,   Diſcantus
          engagent im kain ungevell,
       wart unverkart,
       ſo pringſtu vil wild in mart.
5   los, freud!   5
       zwar dein ſtimm ich geud.
       ich hör lieb und troſt,
       der mich dick erloſt
       auſs verhangen roſt.
10   hetz zü! es iſt noch frü,   10
       hin rück! heng nach, gelück!   clauſula
       Jagt nach, ir trauten hundes kind!
       eu ſchenck,
       richt ob ſtät und wenck!
15   zü bi will und harr!   15
       der vart biſtus ain narr.

_____

32. wirt ſigehafft *A*. **33.** nyemät *A*. troſt *A*. **34.** gros *A*. **35.** geroſt
A, geröſt *c*. **36.** manchñ *A*. ſeüftzen *c*. ſtos *A*. **37.** O wee *c*. erloſt *Ac*.
38. mein] mich *A*. poſt *A*, pölſt *c*. **39.** wirt *A*. enploſt *A*, emplöſt *c*.
1. Woll auf *A*. wel *A (auch 19)*. **2.** enkagent *A*, entgagen *c*. **3.** vnu'-
chart *A*. **4.** mort *A*. **6.** ſtym *A*. **7.** hor *A*. **9.** v'l(h?)angñ [?] *A*,
u'hangem *c*. **10.** zu *A*. **11.** rük *A*, ruck *c (auch 39)*. geluch *A*. **12.**
J *fehlt in A*. **13.** ey *c*. Yo ſchenk *A (auch 41, 47)*. **14.** ab *A*, obñ *c*.
wenk *A (auch 41)*. **15.** zwo by wil *A*, zu pill *c*. **16.** biſt du *A*, piſtus *c*.

krais umb, fůch wider dar!
nach trüb! das wild ift müd.

II	*W*olauff, gefell! wer jagen well,	Tenor
	wifs, das er fein netz recht ftell.	20
	pfetz die hohen wart!	claufs
	Los! zü hin all mit laut und fchall,	
5	das es den forftern wolgevall,	
	perg und tal.	
	nu kall! blaus ab der klingen,	25
	das uns müfs wolgelingen!	
	Hin loufft die ftolzen hind.	
10	Wart, wunn und hail!	
	lafs nicht von dem fail,	
	fo machftu wild wolfail.	30
	vertritt die alten fpür!	
	nicht lafs für,	
15	geud und meld, mit willen kür!	
	Se, lapp!	
	fetz von rügg und trapp!	35
	her loufft gail und gfund!	
	ftill, ir liebn hund!	
20	danck fo hab eur mund.	
	hin rück, heng nach gelück.	
	heuch, heuch, heuch, heuch, hoch, hauch.	40
	und ju fchenck, richt obftät und wenck!	
	zu wiwill und harr!	
25	der vart biftus ain nar.	

---

17. fuch *A (auch 44)*, fuëch *c*. **18.** trub *A*. müed *c*.
21. höhen *A*. **22.** zw *A (c)*. **23.** wollgeuall *A*. **25.** nů chall *A*. plas
Ac. chlingen *A*. **27.** ftoltze *c*. hind ... hin ruk *A*. **28.** wůn *A*. **29.**
las *A (auch 32)*. **31.** ve'trit *A (c)*. **32.** fur *A*. **34.** See *c*. **35.** růg
A, rugk *c*. **36.** fund *A*. **37.** liebn *A (c)*. **39.** hin rück *fehlt in A*,
vgl. 27. henk *A*. geluck *A*. **40.** hauch] hach *A*. **42.** *c bricht nach* harr
ab mit: ut fuꝑ. **43.** biftu *A*.

krais umb, füch wider dar!
nach trüb! das wild ift müd.   45
jagt nach, ir trauten hundes kind!
ju fchenck.   etc.

53. Frölich, zärtlich   *B 23ᵛᵛ (A 32ᵛ 33ʳ, c 52ᵛᵛ = BW 44, Sch 12)*

Tenor

I   Frölich, zärtlich, lieplich und klärlich, luftlich, ftille,
     in fenfter, füffer, keufcher, fainer weife,   [leife,
     wach, du minnikliches, fchönes weib,
     reck, ftreck, breis den zarten, ftolzen leib!

5   Sleufs auf dein vil liechte öglin klar!   fecunda pars 5
     taugenlich nim war,
     wie fich verfchart der fterne gart
     inn der fchönen, haittren, klaren funne glanz.
     wol auff zu dem tanz!

10   machen ainen fchönen kranz   10
     von fchawnen, prawnen, plawen, grawen,
     gel, rot, weifs,
     viol, plümlin fpranz.

II   Lünzlot, münzlot, klünzlot und zifplot, wifplot   *23ᵛ*
                         freuntlich fprachen,
     aufs waidelichen, güten, rainen fachen,   15
     fol dein pöfchelochter, rotter mund,
     der fer mein herz lieplich hat erzunt

---

46. liebñ tr. *A*. kint *A*.   **47.** Jufu *A*, *nach 74:* vt fupra.
1. Frol. *A*. zertl. *c*. klarl. *A*, klerl. *c*.   **2.** fuffer *A*, fueffer *c*.   **3.** mi-
ñickl. *A*.   **4.** preyß *A*. den] dein *c*. leip *A*.   **5.** euglin *Ac*.   **6.** teugentl.
c.   **7.** grat *A*.   **8.** In *c*. fchonen *c (auch 11)*. haittern *c*. funnen *A*.
plawben *A*, plaben *c*. graben *A (c)*.   **13.** plümbl. *A*, pluml. *c*. fpranntz *c*.
     14. Lunczlocht münczlocht klunczlocht *A*, Luntzlot muntzlot
kluntzlot *c*. zyßplocht wyßplocht *A*.   **15.** rainen guten *c*. guten *A*.
16. pöfchol. roter *c*.   **17.** lieplich] tiefflich *A*. erzünt *c*.

5   Und mich fürwar taufent mal erweckt,
      freuntlichen erfchreckt
      aufs flauffes träm, fo ich ergäm   20
      ain fo wolgezierte, rotte, enge fpalt,
      lächerlich geftalt,
10   zendlin weifs dorin gezalt,
      trielifch, mielifch, vöflocht, röflocht,
      hel zu vleifs,   25
      waidelich gemalt.

III   Wolt fi, folt fi, tät fi und käm fi, näm fi meinem herzen
      den fenikleichen, groffen, herten fmerzen,
      und ain brüftlin weifs darauff gedruckt,
      fecht, flecht fo wër mein trauren gar verruckt.   30
5   Wie möcht ain zart feuberliche diern
      luftlicher geziern
      das herze mein an argen pein,
      mit fo wunniklichem, zarten, rainen luft?
      mund mündlin gekufft,   35
10   zung an zünglin, brüftlin an bruft,
      bauch an beuchlin, rauch an reuchlin,
      fnel zu fleifs
      allzeit frifch getufft.

---

18. fur Ac. tawfend A. 20. flaffes Ac. tram A. ergam A. 21. gezirte
A. rote Ac. 22. lacherl. [?] A. 23. darjn Ac. 24. trewl. mül. A.
27. tet c. 28. feniklichen Ac. 29. bruftlin [?] A, prüftlein c. gedruckt]
gefmuckt A. 30. fo fehlt in A. gar] da A. u'zuckt c. 31. dirn A,
dieren c. 32. tröftlicher A. gezirn A, gezieren c. 33. herczen A. argen]
allen A. 34. zarten] lieben A, zartem c. 35. gekuft Ac. 36. zungl. A.
bruftl. A. 37. pauch c. peuchl. c. 38. fnell Ac. 39. getuft A, getüfft c.

54. Frölich geschrai so well wir machen   *B 23ᵛ (A 21ᵛ,*
c 52ᵛ 53ʳ = BW 45, Sch 47)

*F*rölich geschrai so well wir machen, lachen, Discantus
   swachen den zwar, der uns nicht gevellt.
junckfrau, sind die air noch gar gezellt?
so loufft, ir zieren held,
und esst si ungeschellt!   5
frau Gelt, trag her der weines kelt!
So schon, sprach des maiers dieren all niden auff der banck,
mach lanck, geselle mein, hab immer danck,
dein gesangk
und getranck   10
und süsser winckenwanck
pringt mir freuden vil.
Smutz, sprach mein fraue, nu welcher fidelt mir neur auf
              meinem saittenspil?
das tün ich, Hainzel und Jäckel.
damit hüb sich ain gäggel.   15
do sprach si: »snäggel,
owe, Hainz, magstu nimmer?
so kom, Jäckline,
trauter socie,
ler mich das ABC,   20
und tü mir doch nicht we!«
ite, venite!

---

1. Froleich geschrey *A*. wel mir *A*.   **2.** geuelt *A (c)*.   **3.** Jungfr. *A*.
ayer *A*. nach *A*. geczelt *A (c)*.   **4.** zirñ helt *A*.   **5.** est *A*. si] die *c*.
vngeschelt *A (c)*.   **6.** dragt *A*. des *A*.   **7.** dirñ *A*, diern *c*. all] da *c*.
bankh *A*, panck *c*.   **8.** lank *A*. gselle *c*. dankh *A*.   **9.** gesanck *c*.   **10.**
getrank *A*.   **11.** susser winkvank *A*, süesser winkenwanck *c*.   **13.**
fraw *A*. nûr *A*. seytñ *A*.   **14.** tun *A*. haintzl *c*. Jekel *A*, Jäckl *c*.
15. hub *Ac*. checel *A*.   **16.** da *A*. snakel *A*.   **17.** awe *A*, o wee *c*.   **18.**
kum *A*, kuñ *c*.   **21.** thu *A*, tu *c*. nit *A*. wee *c*.

55. Wes mich mein bül ie hat erfreut   *B 24ʳ (A 22ʳ,*
c 53ʳᵉ = BW 8, Sch 101)

I   Wes mich mein bül ie hat erfreut,
   das han ich feider wol verdeut
mit mangem ungefegten roft,
den ich durch iren willen koft;
5   und ift das laider ane zal.   5
gelückes hab ich klainen val,
feid das fi mich mit groffem qual
hieng mit den füffen lieplich an ain ftange,
An andern groffen überlaft,
10   den mich ir lieb hat angetaft;   10
fol ich ir dorumb dancken vaft,
des müfs fi von mir warten eben lange.
      Von ir ich dol   Repeticio
      zu Ungern wol
      der kinder vol,   15
      genant mit fiben füffen.
5   die tretten mich
      und jetten mich
      und knetten mich
      und fretten mich,   20
      das ich mein fünd möcht büffen.

II   Zu Prefpurg vor dem ofenloch
   ich und der Ebfer hetten rät.

---

1. pül *A,* puel *c.* **2.** hab *c.* feyder] fich' *A.* **3.** manichen *A.* vngefechtñ
A. **4.** durch iren willen] von jrm̄ wegñ *A.* **5.** des *c.* **6.** geluckes *Ac.*
fall *A.* **7.** fait *A.* quall *A.* **8.** hing *A.* fuffen *A (auch 16),* füeffen *c*
(auch 16). leibl. *A.* ftannge *c.* **9.** vberlaft *A.* **11.** dar vmb *A (auch*
29, 44). **12.** mufs fie fich baitñ von mir ebñ lange *A.*
14. hungern woll *A.* **18.** knetñ *A.* **19.** getñ *c.* **20.** *fehlt in A.* **21.**
fund *A.* mocht *A.* buffen *A,* püeffen *c. Unter 21 in A:* Nichil debet
hic ftare nifi montferra tle. d d.
22. offenl. *A.* **23.** da bleib ich alle czeit in dem rat *A.* heten rat *c.*

zwar fchüren, haitzen kund ich doch,
das ich den künig fürher jagt.   25
5 ich meldt mich, das er es erfach.
er fprach zu mir: »dein ungemach
leidft du von der, die an dir brach,
dorumb das dir die faitten nimmer klungen.«
Ich antwurt im an als gevёr;   30
10 »hett ich gehabt ain peutel fwёr,
als euer genad vernempt die mär,
von meiner frauen wer mir bas gelungen.«   Repeticio ut
                                                          fupra

III Ich hoff, mein fach möcht werden güt,
liefs herzog Fridrich feinen ftraufs;   35
wie er deffelben nicht entüt,
fo ift dem fchimpf der bodem aufs.
5 Segs taufent guldin wil er han,
die bülfchaft käm mich fawer an.
do fis verbott, hett ichs gelan,   40
fo törft mein rugg jetz gen der banck nicht krachen
In Ungerlant die lange nacht,
10 da man die küfs aufs fätteln macht.
dorumb ain jeder minner tracht,
damit er bül, das er des fchimpfs müg glachen.   45

---

25. bis das der kunig da furher trat *A.* **26.** melt *Ac.* **28.** leidftu *A.*
prach *c.* **30.** antbort *c.* **31.** hiet *c.* peutl *c.* **32.** eür *c.* vernemet *A,*
u'nembt *c.* mer *Ac. Nach 33 in A:* R⁰ Von ir ich dol, *c:* Repeticio uts.
(ebenso nach 45).
34. moch *A.* gut *Ac.* **35.** frydreich *A.* **36.** entut *A.* **37.** fchymph
A (auch 45). boden *A,* poden *c.* **38.** Sechf *A (c).* guldein *Ac.* will *A.*
39. pulfchafft *A,* puelfchaft *c.* kumpt *A.* **40.** da fy es *A.* verpot *A (c).*
het *c.* **41.** torft *A.* rukh *A,* rugk *c.* gein *A.* bankh *A,* panck *c.* nit *A.*
42. vngernlant *c.* **43.** do *c.* kuß *A.* fetelñ *A,* fäteln *c.* **45.** damit] das
A. pul *A,* puel *c.* das] damit *A.* mog *A.* lachen *A,* gelachen *c.*

56. Tröſtlicher hort   *B 24ᵛ (A 18ᵛ 19ʳ, c 53ᵛ 54ʳ*
                       = BW 46, Sch 13)

Ia   Tröſtlicher hort, wer tröſtet mich?   Diſcantus
         herz lieb, wie lang ſol ich dein weſen an?
         dein fremdikait mir pringet pein
         und betrübet ſer; ich ger
5   gnad mit hilf und rat   5
         in kurzer friſt.   clauſs

IIa   Geſell, geluck, freud, wunn und hail,
         begierlich zeit vertreib ich nacht und tag.
         vil manger herter ſeufftenſtoſs
         mein herz ſer bekrenckt, nicht wenckt   10
5   unzweifenlichen gar,
         ſtätiklich in güt.

IIIa   Dein poſchotz mündlin freuden pringt,   ſecunda pars
         dein zendlin zwingt; wem da gelingt,
         derſelb muglicher ſingt.   15
         mein herz, das wil und mag
5   an dich nicht geneſen, zu gevallen dir.
         dorumb biſtus mir erwellt,
         minnikliches weib, in eren gunſt.   clauſs

IVa   Mein herz, das prüfft vil offt und dick,   20
         das ſeltzam blick pringt freintlich ſchrick,
         in der lieben ſtrick.
         frau, deine dreuch und netz

---

1. Tröſtl. *A (c)*. troſtet *A*. **3.** frômdik. *A (c)*. **4.** betrubet *A*.
7. freüd vnd wunn hail *c*. **8.** begirl. *A*, pegierl. *c*. **9.** manch' *A*. herter
fehlt in A. ſenfftñ ſtos *A*, ſeuffzen ſtös *c*. **10.** bekrenkt *A*. wenkt *A*.
11. vnczeweifel. *A*, vnzbeyſel. *c*. **12.** ſtatiglichñ *A*.
13. poſſchatcz *A*. müdlein [?] *A*. **14.** zendlein *A*. **15.** müglich *A*,
müglich' *c*. **18.** darvmb *A*. piſtus *c*. erwelt *A (c)*.
20. prufft *A*, prüeft *c*. oft *c*. **21.** plick *Ac*. pringet *A*. freuntlichñ *A*.
23. dein *A*.

5   haben mich umbfangen und vergernet ganz.
      niemand kan erlöſen mich,   25
      neur dein ſtolzer leib an tadel frei.

Ib   Frölich das tün ich,   Tenor
      mein auſſerwelter man,
      ſo bis gewaltig mein;
      ie lenger, ie mer   30
5   ich dein frü und ſpat,
      wann du es wĕrlich biſt.   cla[u]ſs

IIb Freuntlich ane mail
      ich dir wünſchlich betracht.
      an freuden ſei es bloſs,   35
      der uns verdenck;
5   das ſol werden wär.
      vor arg werſt dus behüt.

IIIb Neur dein allain,   ſecunda pars
      ich main, mein ain,   40
      all freuntſchafft groſs und klain
      billich ſol ich ganzer treue dir dancken ſchir
5   fro gezellt.
      ich pflig tĕglich ſtäter minne runſt.   cla[u]ſs

IVb Von rechter gier   45
      iſt mir als dir
      in groſſer freuden zier.

————————

25. nymãt *A*. erloſñ *A*.   26. dadel *A*, tadl *c*.
27. Frol. *A*. thûn *A*.   28. auſterwelt' *A*.   31. frw *A*. ſpot *A*.   32. piſt *Ac*.
   33. Freuntleich *A*. an *A*.   34. wunſchleich *A*.   35. plos *Ac*.   37. war *Ac*.
38. arkh *A*. du *A*. behüt *aus* behat *(ausgebessert) A*, behut *c*.
39. dein] dir *A*.   41. gros *A*.   42. pill. *Ac*. ſol] ſo *A*. trewen dankñ *A*.
43. gezelt *A (c)*.   44. phlig *A*. tagleich *A*. ſtat *A*, ſteter *c*. rünſt *c*.
45. gir *Ac*.   47. groſſer] muglich' [?] *A*. zir *A*.

5 treulich ſoltu von mir warten lieber ſchanz,
   wunniklich
   mich, dich halt der eren krei.   50

57. Ain menſch von achzehen jaren klüg   *B 25ʳ (A 8ʳᵛ,*
                                             c 54rv = BW 47, Sch 1)

I   A͙in menſch von achzehen jaren klüg,
       das hat mir all mein freud geſwaigt,
    dem kund ich nie entwinnen gnüg,
    ſeid mir ain oug ſein wandel zaigt.
5   An underlaſs hab ich kain rü,   5
    mich zwingt ir mündlin ſpat und frü,
    das ſich als lieplich auff und zu
    mit worten ſüſs kan lencken.

II Wie ferr ich bin, mir nahet ſchir
    ir rains geſicht durch alle land,   10
    ir zärtlich blick umbfahent mir
    mein herz in rechter lieb bekannt.
5   Ach got, und weſſt ſi mein gedanckh,
    wenn ich vor ir ſenlichen kranck
    hert ſtän und tar in kainem wanck   15
    deſgeleichen rencken.

III *W*eiplicher weib menſch nie geſach,
    ſo liederlich an tadels punt.
    ir ſchön gepärd tüt mir ungemach,

---

*) rot-blau
48. ſchantze *c*.   **49.** wunikl. *c*.   **50.** frewñ halt *A*.
1. klug *Ac*.   **3.** gnug *A*, genüg *c*.   **4.** wandl *c*.   **5.** vnd' las *A*.   **6.** müd-
lin *A*. fruo *A*.   **7.** liebl. *A*.   **8.** fuß *A*, ſüeſs *c*.
9. pin *c*. nahent *A*.   **10.** lant *A*.   **11.** zartl. *A*. plick *A*, plickh *c*. umf.
A.   **12.** bekant *A*, wek. *c*.   **13.** weſt *A*. gedankh *A*, gedank *c*.   **14.** wañ
Ac. krank *A*.   **15.** ſtan *Ac*. wankh *A*.   **16.** mich deſg. *A*. renken *A*.
   17. Weybl. *c*. nie m. *A*.   **18.** lyderl. *A*.   **19.** ſchon geper *A*. tut *Ac*.

von höch der ſchaittel über ab den grund.   20
5   wenn ich bedenck ſo gar die maſs,
kürz, leng, ſmal, brait, zwar tün und laſs.
wer möcht der lieben ſein gehaſs?
O, wolt ſi mich bedencken!

58. Mein bül laiſſt mir geſellſchafft zwar   *B 25ʳᵒ*

(A 8ᵛ 9ʳ, c 54ᵛ 55ʳ =
I   Mein bül laiſſt mir geſellſchafft zwar,   *BW 48, Sch 2)*
recht als die monat tünt dem jar.
von erſten jenner ich nicht ſpar,
der mich dick keltet und erfröret.
5   Zu jedem hat ſi ſich verphlicht   5
mit müt und ouch mit angeſicht.
der hornung lat michs liegen nicht,
des freud der winter hat erſtöret.   etc.
Si macht mich ſiech dick, offt geſund,
10   mit lieb und laid zu manger ſtund,   10
das macht der merz, der irs tüt kund,
als ich von ärzten han gehöret.
Gelück iſt güt für ungevell,
wann ich wen, ich ſei güt geſell,
15   ſo tüt ſi gleich als der abrell.   15
halb hie und dort iſt ſi betoret.   etc.

II   Zwar ſi iſt hübſch und wolgetan,   *25ᵛ*
das erbt ſi von dem maien an,

---

20. ſchaitl *Ac.* vber *A.* grunt *A.*   21. waň *c.*   22. kurcz *A.* ſmël *c.*
prait *Ac.* las *A.*   23. gehaſ *A.*   24. bedenken *A.*
1. pul *A,* puel *c.*   2. manet *A.* tůn *A,* tünd *c.*   3. von erſt den y. *c.*
genner *A.*   4. kelltet *c.* erfroret *A.*   5. ydem *A.* u'pflicht *c.*   7. hornug
A. mich *A.*   8. erſtoret *A.*   9. ſich *A.* dickt *A.* oft *c.* geſůnd *A,* geſunt *c.*
10. manig' *A.*   11. tut *c (auch 15, 20).* kunt *A.*   12. arczten hon gehort
A.   13. Geluck *A.* gutt *A (auch 14),* gut *c (auch 14, 32).* für] vor *A.*
14. wan *A.* wën *A,* wän *c.*   15. Ap̄l *A.*   16. hy *A.* bedöret *A,* wetöret *c.*
17. hubſch *A.*

des gelückes ich ir zeittlich gan,
darnach und fi mich freuen tüt.   20

5   Ir har, ir mund, ir wenglin vein,
ir öglin, klar als der rubein,
dem geit der junius liechten fchein,
mit feiner krafft in hübfchem plüt.
Der julius hat feinen fleifs   25
10   gelegt auf ir brüftlin weifs,
ir ermlin blanck, ir hendlin gleifs,
recht als das filber in der glüt.
Si ift ain waideliche diern,
gedrät finbel recht als die biern,   30
15   die uns der augft kan fürher ziern,
mit luft und ouch mit güttem müt.

III   Si tüt geleich dem feptember,
der ift ain tail ouch mit gevër,
dorumb das er macht lafs und fwër   35
die leut an müt und ouch an macht.
5   Des bin ich worden von ir inn,
das fi mich lat aufs irem finn.
ich hoff, der october mir pring
gelück, als er vor offt hat bracht   40
Wol in das haus, als du ouch mir,
10   mein herze vol, damit mein gier
erfüllet werd von irer zier.

---

19. gluckes *A (auch 40).* zeitlich *A.*   **21.** münt *A.* wenglein *A*, weglein *c.*   **22.** auglein *A*, eüglin *c.*   **23.** Julius *A.* lichten *A*, liechtem *c.*
24. kraft *c.* hubfchem plüd [?] *A.*   **25.** Junius der hat *A.*   **26.** geleget *A.* pruftlin *A*, brüftlein *c.*   **27.** blankh *A*, planck *c.* yre *c.* hendleÿ *A (am Zeilenende),* hendlein *c.*   **28.** glut *Ac.*   **29.** dirn *A*, dierñ *c.*
30. gedrett *A.* fynbell *c.* pirn *A*, pierñ *c.*   **31.** aûgft *A.* zirn *A*, zieren *c.*   **32.** guttñ *A.* mut *Ac.*
33. tut *A.* gleich *A.*   **35.** dar vmb *A.* fwar *A.*   **36.** an] den *A.*   **37.** pin *Ac.*   **39.** pringt *A.*   **40.** vor *fehlt in A.* off dick *A.* pracht *c.*   **42.** hercz *A.*   **43.** erfullet *Ac.* jrrer zir *A.*

der november ist wol besacht
Mit mangerlai, des man sich nert,   45
sid si hat jeder zeit ain geferrt,

15   so wirt mir klain von ir beschert.
kalt ist december tag und nacht.

59. Solt ich von forgen werden greis   *B 25ᵛ (A 22ᵛ 23ʳ,*
c 55ʳᵛ 56ʳ = BW 7, Sch 87)

I   Solt ich von forgen werden greis
und nach dem schaden klüg und weis,
des danck ich meines bülen breis,
den si mir hat gemessen,

5   Der ich zu willen ainmal trüg   5
ain guldin kettenlin gefüg,
haimlich am arm verslossen klüg,
des hett si rain vergessen.
Seid mir mit solcher underschaid

10   ain eisen, dreier finger brait,   10
von iren züchten eng berait
was an die stat gesessen,
Und ich den tratz müsst sehen an,
das sis ain andern treuten kan,

15   der mir vil laides hett getän,   15
das laidot mir mein essen.

II   Auff wolgetrawen ich mich verschofs
zu ir von rechter liebe grofs,

---

45. manicherl. *A.*   **46.** feyt *A,* feyd *c.* yder *A.* gefert *A (aus* gefirt)
(c).
2. fchadem *A.* klug *Ac.*   **3.** dank *A.* bulen *A,* puelen *c.* preys *A (c).*
5. ainmal] aineft *A.* trug *A.*   **6.** guldein *Ac.* ket[t]elin *A,* kettenlein *c.*
gefug *A.*   **7.** am] den *A.* clug *A (c).*   **8.** hat *A,* het *c (auch 15, 23, 27).*
9. folher *Ac.* vnderfchait *A,* vnt'fchaid *c.*   **10.** ayfen *A.* prait *c.*   **11.**
zuchtñ *A.*   **12.** geffen *A.*   **13.** muft *A (auch 28),* müft *c.*   **14.** fye *A,*
fy *c.* ander dreutñ *A.*   **15.** hat *A.*   **16.** laidet *A.*
17. v'fchos *A.*   **18.** gros *A.*

des hab ich mangen herten ſtoſs
deſſelben gangs erlitten,   20
5   Do ich ir kirchfart überſach,
die ſi wolt reitten, als ſi ſprach.
kain hailg hett irs geſchriben nach,
hett ſi die fart vermitten.
Doch hab ich es alſo betracht,   25
10 die rais wĕr mir zu güt erdacht,
wann hett ſi mich gen himel bracht,
ſo müſſt ich dort für ſi bitten,
Dorumb das ſi mir an gevĕr
mit ainer boien, michel ſwĕr,   30
15 die ſchinbain freuntlich hin und her
hieſs reiben ane ſitten.

III   *W*olhin, das wenndt ain ringer müt.
es ſchadt nicht, was die liebe tüt,
ie zarter kind, ie gröſſer rüt,   35
ain liebt ich ir getrange.
5   Das prüfft ich wol, wann ſi iſt ſtät;
untäſche lieb wil han gerät,
des ward ich hübſchlich aufgedrät
mit füſſen an die ſtange.   40
Viertauſent marck begert ir herz
10 und Hauenſtain, es was ir ſcherz,
das prüfft ich wol, do mich der ſmerz

---

19. manchñ *A*. ſtos *A*.   **20.** erlitñ *A (c)*.   **21.** Da *A*. vberſach *Ac*.
23. hailig *A*, heilg *c*. ir *A*. uerſchribñ *c*.   **24.** hiet *c*. v'miten *c*.   **26.**
rayße *A*. gut *Ac*.   **27.** gein *A*. hymell *A*, hyml *c*. p̄cht *c*.   **28.** dort
fehlt in A. fur *A*. piten *c*.   **29.** darvmb *A*.   **30.** michl *c*.   **31.** ſchin-
bein *A*, ſchinpain *c*.
33. went *A*, wendt *c*.   **34.** ſchad *A*. tut *A*.   **35.** zerter *c*. kint *A*. groſſer
rut *A*.   **36.** lieb *A*. gedrange *c*.   **37.** prufft *A*. ſtet *A*.   **38.** vnteſche liebe
A. gerett *A*.   **39.** wart *A*. hübſchlich] zartlich *A*. getrett *A*.   **40.**
fuſſñ *A*, fueſſen *c*.   **41.** markh *A*.   **42.** hauſenſtain *A*.   **43.** prüfft]
hort *A*. da *A (auch 45, 46)*.

macht kerren an dem ſtrange.
Do ſi mir pfaiff der katzen lon,   45
do därrt ich ir der meuſe don.
15 fünf eiſen hielſen mich gar ſchon
durch iren willen lange.

60. Es nahet gen der vaſennacht   *B 26ʳ (A 23ʳ, c 56ʳ*
= BW 49, Sch 86)

I   Es nahet gen der vaſennacht,
des ſüll wir gail und frölich ſein;
ie zwai und zwai ze ſament tracht,
recht als die zarten teubelein.
5   doch hab ich mich gar ſchon geſellt   5
zu meiner krucken,
die mir mein bül hat aufſerwellt
für lieplich rucken.
Und ich die kruck vaſt an mich zuck,   Repeticio
freuntlichen under das üchſen ſmuck;   10
ich gib ir mangen herten druck,
das ſi müſs kerren.
5   wie möcht mir gen der vaſennacht
noch bas gewerren?
plehe, nu lat eur plerren!   15

II   Seid das die wilden voglin ſint
gezwait jet ſchon an allen neid,

---

44. kerñ *A.*   45. phaiff *A.*   46. tert *A*, därt *c.*   47. funf *A.* hilſen
A.
1. nahent *A*, nehnet *c.* gein *A (auch 13, 19, 30).*   2. ſol *A*, ſull *c.* frol. *A.*
3. zeſamē *A*, zu ſamen *c.*   4. daubel. *A.*   5. han *A.* geſelt *A.*   6. krukñ
A.   7. pull *A*, puel *c.* aufſer welt *A*, aufſerwelt *c.*   8. fur *A.* liebl. *A.*
9. kruk *A.* zugk *A.*   10. vchſen *A*, vechſen *c.* ſmukh *A.*   11. manchñ *A.*
truk *A.*   12. muſs *A (auch 31).*   13. mocht *Ac.* vaſenacht *c.*   14. ge-
warñ *A.*   15. pleher *c.*
16. Seind *A.* vogl. wildñ *c.* ſind *Ac.*   17. nayt *A.*

was wolten dann die lieben kind
nu feiern gen der lieben zeit
5   mit halfen, küffen ain fchönes weib?   20
fmutz, la dich nieffen!
haimlichen brauch dein jungen leib
an als verdrieffen!   Rep. Und ich die kruck etc.

III   [D]ie vafnacht und des maien pfat,
die pfeiffen vaft aufs ainem fack.   25
was fich das jar verborgen hat,
das tüt fich ögen an dem tag.
5   doch hat mein frau ir tück gefpart
mit falfchem wincken
all gen dem herbft; ich fchraw ir vart,   30
feid ich müfs hincken.

61. Gelück und hail   *B 26ʳᵛ (A 23ᵛ, c 56ᵛ = BW 50, Sch 3)*

I   G*elück und hail ain michel fchar
wunfch ich dir, frau, zum neuen jar.
mein ftĕt gerechte treu für war
in deinem dienft ich nimmer fpar,
5   des foltu werden innen.   5
Das macht dein mündlin wolgevar,
mit wenglin rot, ain lieplich par,
verglanzt von liechten öglin klar,
die örlin klain, darob das har

---

*) rot-blau
18. wes *A.* lieben] zamen *A.* **19.** feyren *c.* **20.** kuffen *A.* fchones *A.*
22. haimlich *A.* haimelichen *c.* prauch *c.* **23.** alles *A.* v' driffñ *A.*
24. *Init.* D *fehlt in B.* vafennacht vnd das *A.* pfat] watt *A.* **25.** phaif-
fen *A.* fak *A.* **26.** uerporgen *c.* hatt *A.* **27.** tut *A.* eugñ *A (c).* den *A.*
28. hett *A.* tugk *A.* **30.** herbeft *A.* Irbart *A.* **31.** mus *c.* hinkñ *A.*
1. Geluk *A.* michl *c.* **2.** new iar *A.* **3.** ftät *c.* fur *A.* **4.** dinft *Ac.*
5. folt du *Ac.* **7.** benglein *c.* liebl. *A.* **8.** v'glántzt *c.* eugl. *A (c).*
9. orlein *A.*

10   raid, kriſpel, krumpel, krinnen,   10
       krauſs, güldlocht, gel durch flocket.   etc. O got

II   Nas, zendlin, kin, kel, der hals zu tal   *26ᵛ*
          mit ganzer maſs hat ſeinen val
          bis auff der weiſſen brüſtlin ſal.
          der ſinkel hert geit reichen ſchal;   15
5   ain jeds gelid durch meſſen.
          Arm, finger lang, zwai hendlin ſmal,
          das beuchlin hel, ſleicht überal,
          und ain volkomen reuch zumal,
          groſs hinderſetzt, mit gedrolter zal,   20
10   mit herter maſs beſeſſen;
          die füſſlin klain geſchocket.

III *I*r zarter leib nie mailes pein
          verſchart; zucht, tugent eitel rain,
          junck, edel, adeleicher ſchein   25
          mit wandel ſich probiert dorein
5   nach maiſterlichem ſitten.
          An allen tadel iſt ſi vein.
          zart traut geſell, vergiſs nicht mein!
          ſeid ich nu bin gehaiſſen dein,   30
          ſo la dir, herzlieb, aberfrein,
10   des ich lang hab gebitten,
          und das mich ſenlich locket.   etc.

---

10. kriſpl krümpl *c.*   **11.** krewß güldloch *A.* guldlocht *c.* gele *c.* durch-
flockelt *A.*
12. zendlein *A.*   **13.** ſeinem *A.*   **14.** bruſtl. *A.*   **15.** ſinckel *c.* ſchall *A.*
16. yets glit durch meſſn *A.*   **17.** ſmall *A.*   **18.** peuchlein *A,* peuchlin
c. hail *A,* häl *c.* ſlecht *A.* vberall *A.*   **19.** volkomne *c.* zu mall *A.*
20. hinderſechczt gedr. zal *A.*   **21.** beſeſſn *A.*   **22.** füſſlein *A.* geſchockt
A.
24. eytl *c.* rein *A.*   **25.** Jung *A.* edl *c.* adelich' *Ac.*   **26.** wandl *c.* pro-
birt *A.* darein *Ac.*   **27.** maiſterlichñ *A.* ſitn *A.*   **28.** tadl *c.*   **29.** geſelle
A.   **30.** pin *c.*   **32.** Das *A.* han *A.* gebitñ *A,* gepiten *c.*

62. Von rechter lieb krafft   *B 26ᵛ 27ʳ (A 23ᵛ 24ʳ, c 57ʳᵛ*
= BW 51, Sch 14)

Ia	Von rechter lieb krafft	Diſcantus
	länt mich gedenck nicht frei.	
	ain weiplich bild	
	hat betwungen mich.	
5	laſs, frau, genad	5
	an mir beſchehen!	
	Des gib mir dein treu,	ſecunda pars
	ich ſei dein liebſter man!	
	den ſchatz niemand pärlichen	
10	von uns wiſſen ſol.	10

Ib	Sag an, geſellſchafft,	Tenor
	was deinem herzen ſei!	
	mit gerner mild	
	ich das hör und ſich.	
5	dein eren an ſchad	15
	ſo wil ich jehen.	
	Mein höchſter hort, an reu	ſecunda pars
	müſſt du mich han.	
	ſo bis verſwigen gerlich!	
10	daran ſo tüſtu wol.	20

IIa	Mein freuden macher,	
	meins herzen zucker nar,	
	dein aigen weib	
	ich wil dorumb ſein,	
5	ach traut geſell,	25

---

1. kraft *c.* 2. lä *A*, land *c.* gede(a)nk [?] *A*, gedänck *c.* nit *A.* 3. pild
Ac. 5. las *A.* 6. beſchehn *A.* 9. nymät *A.* parleich *A.*
11. geſelleſchafft *A*, geſellſchaft *c.* 13. milt *c.* 14. hor *A.* 15. den
A. 17. Nain *c.* hoſter *A.* 18. müſt *A.* 19. garl. *A.* 20. tuſtu *A*,
tüſt du *c.*woll *A.*
22. zuker nar *A.* 24. dar vmb *A.*

	neur lieb und nimmer laid.	
	So bis allzeit ſtët	
	und zweifel nicht an mir	
	und halt dich gar taugen	
10	vor falſcher merker ſag.	30

IIIa	In hertem ſlauff, frau,	
	vertreib ich lange zeit.	
	trawn nain ich zwar,	
	auſſerweltes ain.	
5	das machen neur	35
	der melder lugenſpil.	
	Ir verdencken falſch	
	in argk, das tüt mir we.	
	gib urlob meinem herzen,	
10	wann es wil werden ſpat.	40

IIb	*D*u haſt all mein ſwër	
	benomen ſunder gar,	
	euer ſtolzer leib	
	pringt mir freud und pein.	
5	was dein gnad well,	45
	dorzü bin ich berait.	
	Wie geren ich das tet	
	von rechter gier.	
	mein herzen lieb, an laugen	27ʳ
10	das tün ich nacht und tag.	50

IIIb   Haſtu kain miſſetreu?

26. nvr *A*. nymer *A*.   **27.** ſtätt *A*, ſtät *c*. zbeyfl *c*.   **30.** mercker *Ac*.
   31. ſlaf *A*, ſlaff *c*.   **33.** treün *c*.   **34.** auſterw. *A*.   **35.** nûr *A*.   **37.**
verdenkñ *A*.   **38.** ark *A*, arg *c*. tut *A*. wee *c*.   **39.** vrlaub *A*.   **40.** ſpatt
A.
41. ſwâr *A*.   **43.** ewr *c*.   **44.** bringt *A*.   **45.** genad *A*.   **46.** darczu *A (c)*.
pin *c*. perait *A*.   **47.** gern *A*. tât *A*.   **48.** gir *A*. tû *A (c)*.
51. Haſt du *c*.

das fag mir funder neid!
warumb fogar
laftu mich allain?
5   durch aubenteuer   55
müfs man wagen vil.
Die red aufs irem hals
nit lang befte.
ich wunfch dir hail an fmerzen,
10   lieb, kom herwider drat!   etc. 60

63. Wol mich an we der lieben ftund   *B 27ʳ (A 24ʳᵛ,*
                                                  c 57ᵛ 58ʳ

I   Wol mich an we der lieben ftund,   *= BW 52, Sch 5)*
              do mich ain pöfchelochter mund
           an lacht mit wunniklichem fmiel,
           und fich ain röfelochter triel
5   von ander fpielt die höch zu tal,   5
           mit zendlin weifs, gefchaiden, fmal;
           Darob zwai prawne öglin klar
           fchälklichen fpilen her und tar,
           von plick zu plick fcharpf mit gewalt,
10   fchriems über ain näflin wolgeftalt.   10
           Ich graber brach nach difem trutz.
           und trowt fi mir mit ainem fmutz,
           Das müfft ich ficherlichen wägen
           an verzagen, ftill verhagen,

---

52. neyt *A*. **54.** laft du *c*. **55.** abentewrñ *A*, abenteür *c*. **56.** muß *A*. **58.** nicht *A*. beftee *A*, beffte *c*. **59.** wünfch die *c*. **60.** kum *A*, kuñ *c*. erwid' trat *A*.
A: Finis iftius
1. wee *c*. **2.** pofchelott' *A*, pofcholocht' *c*. **3.** wuñgklichñ *A*, wunic-lichem *c*. **4.** rofelott' *A*. **5.** hoch ze tal *A*. **6.** waifl *A*. **7.** augelein *A*, euglin *c*. **8.** Schackleichñ *A*, fchelklichen *c*. fpiln *A*. dar *A*. **9.** fchraff *A*, fcharff *c*. **10.** Schriembs *A (c)*. vber *A*. näflin] roflein *A*, neflin *c*. **11.** prach *A*, präch *c*. noch *c*. difen *Ac*. **12.** drott *A*, traut *c*. **13.** müft *A (c)*. ficherleichñ *A*. wagñ *A (c)*.

15 niemand ſagen oder klagen,   15
   gar haimlich inn dem herzen tragen.

II *T*enkiſch ze ſehen weiſſt mich das,
   wann mir gerecht ie was gehaſs,
   wie ſi vor trüg zwen ſinwel knöpf
   ſpitzlich gedrät recht als die töpf,   20
 5 gedrollen auf des herzen wulſt.
   owe der zarten, lieben geſwulſt!
   käm mir die blöſſlich an die bruſt,
   ſo wär mein greiſen gar umb ſuſſt.
   der bart müſſt weichen von der heut,   25
 10 mir zerunn denn meſſer oder leut.
   und wurd mir dann ain umbefangk
   von ermlin bloſs, erſt wër ich kranck;
   wie ſich die lieb als umb mich wünde,
   freuden günde ich da fünde.   30
 15 ob ſi mir günde ſölcher pünde,
   ich ſpräch ir ablas für all ir ſünde.

III Und von der gürtel umbevangk
   bis auf den füſs ſtat mein gedanck,
   wie ſi wol hab die rechten maſs.   35
   doch möcht ich es gefügen bas,
 5 das ich die lidmaſs griff und ſäch;

---

15. ader *A (auch 26)*. 16. gar *fehlt in A*. in c.
17. Tentk. *A*, Tenck. *c*. zu ſehen *c*. 19. trug *A*. ſwel *A*, ſynbell *c*.
knoph *A*. 20. Spiczleich *A*. gedrät] gerundet *A*. recht *fehlt in A*.
toph *A*. 22. Awe *A*, o wee *c*. 23. Chäm *A (auch 38)*. ploſleich *A*,
plöſlich *c*. an die] an mein *c*. pruſt *Ac*. 24. war *A*, wer *c*. ſuſt *Ac*.
25. part *Ac*. muſt *A*, müſt *c*. 26. ze rum dem *A*, zerünn dañ *c*. 27.
würd *c*. 28. ermlein *A*. plos *A*. war *A*. chrank *A*. 29. alſo *c*. wand *A*.
30. gründñ *A*. funde *A*. 31. gunde ſolcher punde *A*. 32. ſprach *A*.
fur ir ſunde *A*.
33. gırtel *A*, gürtl *c*. 34. pis *A*. fus *A*, fueſs *c*. ſtet *c*. gedank *A*. 35.
woll *A*. mas *A*. 36. macht *A*. gefugen pas *A*. gefuegen *c*. 37. ſach *A*.

käm ſi mir dan in ſolh genäch,
das ich die manhait retten ſolt,
ich fluh ir nicht, gult, was es wolt.   40
ob ich des kriegs dernider läg,
10   vielleicht ſo wurd mir dannocht tëg
ze laiſten wider in ir haus,
darab ſo hett ich klainen grauſs.
ich wolt mich dannocht mit der rainen   45
ſchier verainen, an vermainen
15   umb die zainen zu ir lainen
mit leib, hend, füſſen und gepainen.   etc.

64. Gar wunniklich   *B 27ᵛ (A 25ʳ, c 58ʳᵛ*
= BW 53, Sch 33)

I   Gar wunniklich hat ſi mein herz beſeſſen,   fuga
in lieb ich ir gevangen bin mit ſtëtikait,   ſecundus
verfloſſen gar in der vil zarten ermlin ſtrick.   ab initio
Mein höchſtes hail, ich bin dein aigen,
5   zwar des gib ich dir meinen brieff.   5

II   In welcher main haſtu dich freud vermeſſen
gen mir? doch unergangen ſo bin ich berait.
herzlieb, nim war, das uns nicht vach der melder rick!
als ungevell behüt die faigen,
5   jo und geſchech in nimmer lieff!   10

III   In aller treu, weib, du ſolt nicht vergeſſen,

---

38. köm *c.*   dann *A (c).* ſolche *A,* ſölh *c.*   **39.** manheit *A.* redten *c.*
40. fluch *A,* flüch *c.* gült *c.*   **41.** vnd ab *A.* krigs *A.* ernider *c.* leg *A.*
42. willeich *A.* wurdñ *c.* dennocht *c.* tag *A,* täg *c.*   **44.** ſo ſo hatt [?] *A.*
het *c.*   **46.** vmb dye zäinen ſch. ver. *A.*   **47.** an v'mainen zů ir l. *A.*
48. gepaine *A.*
A: Finis iſtius tractatuli
1. Wuñichleich *A.*   **2.** gefangn' *c.* pin *Ac (auch 4, 7).* ſtatichait *A.*
3. ermlein ſchrick *A.*   **4.** hochſtes *A.*   **5.** gih *A.*   **9.** vngeuel behüet *A.*
11. ich ſol *A.* nit *A.*

teglich ilt mein belangen dir zu dienlt berait.
der freuden lchar ich wart von liechten öglin blick,
dein mündlin rot mit lüllem naigen
5   lchon mich beroubt der lorgen tieff.   etc. 15

65. Mein herz, das ilt verlert   *B 27ᵛ 28ʳ (A 30ʳ, c 57ᵛ*
                                      = BW 54, Sch 29)

I   Mein herz, das ilt verlert   Tenor
    und gifftiklichen wunt,
    mit ainem lcharpfen lwert,
    zwier durch bis an den grund.
5   Und lebt kain arzt auff erd, der mich verhailen kan,   5
    Neur ain menlch, das mir den lchaden hat getan.

II Frau, krön dein edle art!
    bewar dein höchlten lchatz,
    das dir nicht werd verlchart
    dein wild in lchanden latz,   10
5   Da mit kain zungen an dir nicht werd erfreuet,
    lo wirt mein herz gelund gar und verneuet.

III Ich man dich, lieb, der wort   28ʳ
     mit williklichem trolt.
     bedenck das kleglich mort,   15
     da mit ich werd erlolt!
5   Vil beller ilt mit eren kurz geltorben zwar,
     wann mit lchanden hie gelebt zwai hundert jar.   etc.

---

12. tägleich *A*. u'langen *c*. ze danck *A*, dinlt *c*.   13. aüglein plichk
A. euglin *c*.   14. mündlein *A*. lullen *A*, luellem *c*.   15. lorgenn dief
A.
1. u'leret *c*.   2. giftikl. *A (c)*. wund *A*.   3. lcharffen *c*.   4. zbir *c*.
grundt *c*.   5. arcz *A*.   6. hät getän *A*.
7. kron *c*. pebar *c*.   9. nit *A (auch 11)*. verkart *A*.   11. an dir] dar jnn
A.   12. Gelunt *c*. vnd gar *A*.
15. klågl. *A*.   17. peller *c*. ilt] wer *A*.   18. dañ *c*. jaur *A*.

66. Weifs, rot, mit brawn verleucht *B 28ʳ (A –, c 58ᵛ 59ʳ*
= BW 55, Sch 30)

I Weifs, rot, mit brawn verleucht,
   in ainem runden veld,
   fchüff mir vil manig teucht
   hertlich, der ich nicht meld.
5 gar eng ward mir die werlt,   5
   Do fich zu fleifs mein oug
   gierlich dorin verfchofs;
   von krankheit ward ich plaug,
   der zeit mich nicht verdrofs.
10 mein anmacht, die was grofs.   10

II *A*in farb von itel grün
    den poffen rain verdackt,
    der jedem fürften kün
    fein manhait wol erwackt,
5   wenn er fich bei im ftrackt.   15
    Nach dem, als ich in fach
    gar waidelich verftampt,
    fo wendt er ungemach.
    der mir emphulch das ampt,
10 vil nahent ich im rampt.   20

III *A*in zwifel waidelich,
    darob ain mafer hert,
    die tragt zwo bieren reich;
    gar füfs ift ir geverrt,
5   weifs, frifch, wo man fi zert.   25
    Wer ich ain kindlin klain,
    vernüfftig, alt und weis,

---

1. praun *c*. 3. fchuff *c*. 7. darjn *c*. 8. krankhait *c*.
11. eÿtl *c*. 12. u'deckt *c*. 14. erweckt *c*. 15. wan *c*. pey *c*. ftreckt *c*.
18. went *c*. 19. befulch *c*. ambt *c*.
21. zwifl *c*. 23. piernn *c*. 24. geuërt *c*.

und ich der bieren ain
müſſt ſaugen für mein ſpeis,
10   ſo wurd ich nimmer greiſs.   30

Nota diſs obgeſchriben lied Weyſs rot mit brawn etc. ſinget
ſich jnn der melody Mein Hertz etc.

67. Genner beſchnaid   *B 28ʳᵛ (A 28ʳ, c 59ʳ–62ʳ, H*
                          = BW 121/122, Sch 56)

Genner beſchnaid Criſt wirdikleich.
drei *kunig**, für Erhart lobleich,
dem ſtern eilten ſnell hin nach.
Marcell, Anthoni Priſcam ſach.
Fabian, Agnes, Vinzenz vil kund   5
Paul, Pollicarp, Hanns, guldiner mund.
zündt hornung, Breid. *Maria*. Blas.
ſchraib Agath, Dorothea las.
Elen, Polon. Scolaſtic ſpan,
das worcht Valtein und Julian.   10
der Simeon ſwärlich trüg
Pul, *Peter* und *Mathe*. Walpurg klüg.
Emphacht her Merz frau Kunigund.
Adrianus, der ward geſund
pfinztages in merziſchem bad.   15

---

*) Die kursiv gedruckten Wörter sind in der Handschrift mit roter
Tinte geschrieben.
28. piern aine *c*. **29.** müeſt *c*. **30.** würd *c*.
Vor Genner: KL⁰ der Genner *H*. **1.** weſnaid *c*, gepar *H*. chriſt *A H*.
wirdichleich *A H*, wirdigklich *c*. **2.** künig *H*. fur *A*. löblich *c*. **3.**
Steren *H*. ſchnell *H*. **5.** künd *A H*. **6.** Pauls *H*. Policarp *A (c) H*.
guldeiner *A H*. Münd *H*. **7.** zünd *c H. nach* hornung: KL⁰ der hornüg
H. plaſſ *A*. **8.** Agatha *H*. laſſ *A*. **9.** helen *c (H)*. ſcolaſtig *A*, Scola-
ſtica *H*. **10.** wurcht *A*, würcht *H*. Valentein *H*. **11.** Symon *A H*.
ſwarleich *A*, ſwerlich *c*, ſwërlichen *H*. trug *A c*. **12.** puel *c*, Pül *H*.
Peter Mathe *A*. Mathyas *H*. walpurgk *A*. klug *c*. **13.** enphacht *A*.
herr *c (H), danach in H:* KL.⁰ der Mertz. frawn *A H*. kungud *A*, küni-
gund *H*. **14.** wardt *A*. geſunt *A c H*. **15.** Phincztages *A*, -tags *H*.
Inn *A H*. mercziſchen *A*. pad *A c H*.

Gregori, ler die /chüler drat,
Gedraut, mach uns dein herberg klar;
/chür zu, Marei, nim Ruprecht war.
das uns der Abrell dick begie/s,
Ambro/i hat des kain verdrie/s.   20
Bewar uns, adelicher leü,
und Tiburz vor po/licher treu.
Valer, das gro/s ellend ver/mäh.
Sant *Jörg, Marcus* /tet für gäch
genediklich unverlan.   25
Philipp, mai *creutzt* Florian,
Gotthart, Johanns wont uns bei,
Corbian, der Pangratz und die Sophei.
Pilgrin, der bracht Potenz, Pa/ill
ain krenzlin grün durch Urbans will.   30
kom Hanns. Zirill gen Petronell.   *28ᵛ*
der Junius A/em koufft da /nell.
Genat und Preim /etzt phlanzen güt,
So wirt Veitlinus wolgemüt.
Gelobt drei hailigen /under pein,   35
Achatz, gro/s *Hanns,* klain Hen/elein.

---

16. /chuller *A,* /chueler *c.*   **17.** Gerdrawt *H.* h'werg *A.*   **18.** Schürr
A, /chur *c.* zû *H.* Maria *H.* ruepr. *c,* Rûpr. *H.*   **19.** *nach* der: KL⁰ der
Abrell *H.* abrel *A,* abrill *c.* dickh *c.* pegiezz *A.*   **20.** chain *A H.* v'dri/f
A.   **21.** webar *A.* adenleicher *A H.* leo *H.*   **22.** von *H.* po/fleicher *A,*
pö/lich' *c (H).*   **23.** groß daz *H.* elend *A.* v'/mäch *A (H),* u'/mach *c.*
24. Sand *A,* Sandt *c,* Sannd *H.* Jorg *Ac,* Jörig *H.* marx *c.* fur *A.*   **25.**
Genadigleich *A,* genedigklich *c,* gnëdigklich *H. nach* vnuerlan: KL⁰
der Maÿ *H.*   **26.** Philipp, creutzt *fehlen in c.* krëwcz *H.*   **27.** gothart
cH. Johannes *A H.* want *A,* wonend *H.* pey *c.*   **28.** Gordian *H.*
Pangrecz *H.*   **29.** Pilg'im *A,* Pilgrein *H.* pracht *cH.* Ba/il *H.*   **30.**
chrenczlein *A,* krentzlein *c,* kränczlein *H.* grun *A.*   **31.** kum *A,* kum̃
c, küm *H.* gien *A.* petronel *A H. nach* petronel: KL⁰ der prachmonat
H.   **32.** den *H.* A/men *H.* chaufft *A.* /chnëll *H.*   **33.** Genatt *A H.*
Prim *H.* pflanczē *A (H),* pflanntzen *c.* gut *Ac (auch 51).*   **34.** wol-
gemut *Ac.*   **35.** trey *A (H).* heiligē *A (c H).*   **36.** gros *H.* hen/elin
A, Hän/elein *H.*

hilf Leo *Peter*, Paulen friſch.
Marei ſchanckt Ulrich, Julius fiſch,
und Kilian brach kerſen ſegs,
Margreth, Hainz, die tailten mit Alex.   40
Arnolf, der lüd Braxederlin,
Magdalena junckfrau criſtein.
Jacob, Anna melt Pantaleon.
fliecht haiſſen Augſt, *Petro*, Steffan.
Stefflin, künig Oſwalt, Sixt, Affra   45
mit dem *Laurenzen* baiſſten da.
Ypold, Euſeb, *Maria* zart,
die trunken ainen Bernhart.
ſprach Thimothe zu *Pertelin*,
wie münchiſch predigt *Auguſtin*.   50
inn dem September Gilg ſchanckt güt moſt.
Gib, Mang, der Marei, das ſi koſſt.
das minniklich *creutze* fron.
Offni, Lamprecht beſchierm uns ſchon.
Matheus, Mauritz, emphelcht mein ſel.   55
Virgil, Coſmar, Wenzla, *Michel*,
Jeron, October. hupf auff, Franz,
mit deiner kutten an den tanz.

---

37. *nach* Paulen: KL⁰ d' ſnÿt mon *H*.   **38.** Maria *H*. ſchangkt *A*. vlreich *A H*.   **39.** chilyan *A*. prach *A c H*. kerſchen *A*. ſechs *A c H*. **40.** Margret *A c H*. Haintzl *c*.   **41.** lud *A*, lued *c*. praxederlein *A*, braxedelein *c*, Braxederlein *H*.   **42.** Junchkfr. chriſt. *A*.   **43.** meldt *H*. ponthol. *A*, Panthal. *H*.   **44.** *nach* Augſt: KL⁰ der Augſt *H*. ſtephan *A*.   **45.** Stefflein *A*. kunig *A*. Oſwald *A H*.   **46.** paiſten *A (c) H*. **47.** Yppoldt *H*.   **48.** truncken *c H*. pernh. *Ac*, Perenh. *H*.   **49.** Thymothee *H*. zů *H*. Partelein *A*, pertlin *c*, Pärtelein *H*.   **50.** munch. *A*, munich. *c*, Münich. *H*. auguſtein *A H*.   **51.** In *Ac. nach* September: KL⁰ der erſt herbſt *H*. gil ſchankt *A*. moſſt *A*.   **52.** Manng *H*. Marein *H*. koſt *A c H*.   **53.** minichleich *A*, mÿniklich *c*, mÿnnekleich *H*. krëwcz *H*.   **54.** Offney *A H*. peſchirm *A*, w- *c*, b- *H*.   **55.** maricz *A*. enph. *A*, empf. *c H*.   **56.** Vigilg Coſmas *H*. michl *c*.   **57.** *nach* Jeron: KL⁰ d' and' herbſt *H*.

des hieng Colman in O∫terreich.

Gall ∫prach, Lucas ∫chreibt waidelich.   60

Urs ze Colen Cri∫pinum vand,

Dolos hat Simon wol erkannt.

November *Heiligen* all verkünd.

au∫s vancknu∫s, Lienhart, los all pündt.

Trinck, *Martein*, wein, und gens i∫s, Ott.   65

leicht kompt El∫betha zu getrott.

Cecil, Clement, prach *Ketterlin.*

Chünz ∫prach, was fi∫chet *Anderlin*?

December. hilf uns, Barbara,

∫ant *Nicklas* und *Maria*,   70

darzü die minniklich Lutzei,

das wir der ∫ünden werden frei.

her Thomas und der heilig *Cri∫t*,

Steffan, Hanns, kind, Thomel fri∫t

Silve∫ter.   etc. 75

---

59. inn *H.* O∫terrich *c*, Ö∫terreich *H.*   **60.** waidenl. *A H.*   **61.** Ur∫el *H.* ze] zu *c*. kölen *H.* Chri∫pinū *A.* vant *A*, vanndt *H.*   **62.** erchant *A*, erkant *c*.   **63.** *nach* Nouember: KL⁰ d' dritte *H.* v'chündt *A*, verkündt *H.*   **64.** vanchnus *A*, vancknü∫s *c* (*H*). la∫l *A*, lös *cH.* pünt *c*. **65.** Trinchk *A*, trinckh *H.* genns *H.*   **66.** kumpt *A H*, kumbt *c*. el∫petn *A*, eli∫abet *c*, El∫pet *H.* gedrott *c*.   **67.** Cecill *Ac*, Cecilig *H.* ∫prach *c*, pracht *H.* Getterlein *A*, ketterlein *c*, katherlein *H.*   **68.** Chuncz *A*, kuntz *c*, Cüncz *H.* anderlein *A*, enderlein *c*, Änderlein *H. nach* Änd.: KL⁰ d' kri∫tmonadt *H.*   **69.** hillff *c*.   **70.** Sand *Ac*, ∫annd *H.* Niclas *A (H)*, Niklaus *c*.   **71.** Darczw *A (c)*, dar zù *H.* minnichleich *A*, Mÿnnechleich *H.* luceÿ *H.*   **72.** Sunden *A.*   **73.** herr *cH.* Toma∫ *A.* chri∫t *AH.*   **74.** Steffann *A.* kindt *H.* thômel *A (H)*, Tomel *c*.   **75.** Siluer∫ter *A.* Amen *A.*

H: Den kalender hat von newen dingñ gemacht der Edel O∫wald von Wolken∫tain.

In A am linken Rand einer jeden Strophe (Text nach Monaten abgeteilt) rot die Tagzahl des Monats: Genn' hat **XXXI** tag. – Hornung hat **XXVIII** *[tag fehlt]*. – Mercz hat **XXXI** tag. – Abrel hat **XXX** tag. – May hat **XXXI** tag. – Junius hat **XXXI** tag. – Julius hat **XXXI** tag. – Aug∫t hat **XXX** tag. – Septěb' hat **XXX** tag. – Octob' **XXXI** tag. – Nouemb' **XXX** tag. – Decemb' **XXXI** tag.

68. Mein herz jüngt sich

B 29ʳ (A 30ᵛ, c 62ᵛ
= BW 56, Sch 69)

I
    Mein herz jüngt sich in hoher gail
    und ist getröfst, erlöfst von lieber hand,
Die mir zu fleifs frei tadels mail
zärtlich erschofs, entflofs all meine band
5   so gar an strëfflich schand.   5
Ich lob den tag, stund, weil, die zeit, minut und quint,
do ich es hort und gaistlich sach,
Das mir mein klag unzweifelichen so geswind
ward abgenomen; do zerbrach
10   meins herzen ungemach.   10

II
    Mit eren, o ausserweltes G,
so freust du mich glich inn der sele grund;
Darnach ain edel R und E
mich trösten sol so wol durch rotten mund,
5   frölich zu aller stund.   15
An end der wort zwai T beslossen han die treu
von dir zu mir in ewikait.
Mein höchster hort, das lafs dir teglich wesen neu,
und desgeleichen ich berait
10   mit ganzer stetikait.   20

III
    Vergifs durch all dein weiplich er,
wo ich dein zucht, frucht ie erzürnet han.
Für all difs werlt liept mir dein er

Anmerkung. Abrel: *nach* XXX I *radiert.* – May: I *mit schwarzer Tinte hinzugefügt.* – Augst: *nach* XXX I *radiert.*
2. getröft erlöft *Ac.* **4.** zärtleich *A*, zertlich *c.* mein *c.* pand *A*, pandt *c.* **5.** strefl. *c.* **8.** Das] do *A.* vnzweifenl. *A.* **9.** zeprach *A.*
11. awsterw. *A.* seüb'liches G *c.* **12.** du freuest mich gleich in *c.* **13.** edl *c.* **14.** roten *A (c).* **16.** endt *c.* tt *c.* beschlossen *A.* **17.** ewigk. *c.*
18. Mein *A*, Nain *c.* läfs *A.* tegleich *A.* **19.** perait *A.* **20.** stätik. *A.*
21. er] ler *A.* **23.** welt *A.* liebt *c.*

und wil der vil bas weſen undertan,
5   löblich an abelan.   25
Ungeſchaiden hie auff erd bis in den tod,
und darnach hundert tauſent jar.
Von uns baiden kain falſche zung das bettenbrot
ſol freuen mer, klain umb ain här;
10 herz lieb, got füg das wär!   30

69. Do fraig amors   *B 29ʳᵒ (A 31ʳᵒ, c 62ʳ*
                                  = BW 57, Sch 77)

I a   **D**o fraig amors,
      adiuva me!
      ma lot, mein ors,
      na moi ſercce,
5   rennt mit gedanck,   5
      frau, puräti.
      Eck lopp, ick ſlapp,
      vel quo vado,
      weſegg mein krap
10   ne dirs dobro.   10
      iu gſlaff ee franck
      merſchi vois gri.
          Teutſch, welſchiſch mach!   Repeticio
          franzoiſch wach!
          ungriſchen lach!   15
          brot windiſch bach!
5   flemming ſo krach!   *29ᵛ*
          latein die ſibend ſprach.

----

24. paß *A*, pas *c*. vntertan *A*.   **25.** lobl. *c*.   **26.** pyß jnn *A*.   **27.** taw-
ſend *A*.   **28.** paiden *Ac*. pettenb. *A*, petenb. *c*.   **29.** mer fröwen ſol
klain *A*. har *Ac*.   **30.** war *Ac*.
3. loat *A*.   **4.** nay *A*. ſerce *A*.   **5.** rent *Ac*. gedankh *A*.   **6.** puraty *c*.
7. ick] eck *A*.   **9.** krapp *c*.   **11.** ſglaff *A*. frankh *A*.   **13.** welchiſch *A*,
weliſch *c*.   **14.** lach *A*.   **15.** wach *A*.   **16.** prot *c*. pach *c*.

IIa   Mille ſchenna,

ime, man gür,   20

peromnia

des leibes ſpür.

5   Cenza befiu

mit gſchoner war

dut ſervirai,   25

pur zſchätti gaiſs,

nem tudem frai

10   kain falſche rais.

got wett wol, twiw

eck de amar.   etc. 30

IIIa   De mit mundeſch,

Margaritha well,

exprofundes

das tün ich ſnell.

5   datt löff, draga   35

griet, per ma foi!

In recommiſſo

diors et not

mi ti commando,

10   wo ich trott,   40

jambre, twoia,

allopp mi troi.   etc.   Teutſch weliſch etc.

Expoſicio

Ib   Do fraig amors,   Ach wars mein lieb,

Adiuva me!   Hilf mir!

---

24. mett ſchoner *A*.   **25.** Dutt *A*.   **26.** ſchczäty *A*, tzſchatti *c*.   **29.**
wet *A*.   **30.** egk *c*. Repeticio uts *c*. *Nach 30 in A:* R.: Tewczſch wel-
chiſch mach etc.   **31.** mündeſch *c*.   **32.** margrita *A*, margarita *c*.
34. tü *c*.   **35.** dat *c*. loff *A*.   **38.** et] ee *A*.   **42.** Repeticio Tewczſch
weliſch mach etc. *A*, Repeticio ut ſupra *c*.
43. franczoß *A (über der Zeile).*   **44.** mir zwar *A*. latiniſch *A (darüber).*

	Malout, mein pferd,		min ors, mein rofs,	45
	Nai moi fercce,		dorzu mein herz,	
5	rennt mit gedanck,		rennt mit gedanck,	
	frau, pur äti.		frau, neur zu dir.	
	Eck lopp, eck flapp,		ich louff, ich flauff,	
	vel quo vado,		oder wo ich gen,	50
	wefegg		wërlich mein krapf	
10	ne dirs dobro.		der halt nicht vaft.	
	iu gflaff		ich aigen	
	ee franck		und frei	
	merfchi vois gri		dir dencklich rüff.	55

IIb	Mille fchenna,		zart liebftes weib,	
	ime,		fee hin,	
	man gür,		mein herz,	
	Peromnia		überal	
5	meins leibes fpür.		meins leibes fpür.	60
	cenza befiw		an allen fpot	
	met gfchoner war		mit fchönem werd	
	Dut fervirai,		ich dien dir ganz,	
	pur tfchätti gaifch,		neur was du wilt,	
10	nem tudem		und waifs nit,	65

---

45. Maloat *A*, malot *c*. pherd *A*. vngrifch – flemmfch *A (darüber)*.
46. na *Ac*. ferce *A*. darczu *A (c)*. windifch *A (darüber)*.   **47.** rent *Ac*.
gedankh *A*. tewczfch *A (darüber)*.   **48.** puraty *c*. welfch *A (darüber)*.
49. ick fl. *c*. loff *A*. ich] vnd *c*. flaff *Ac*. flemmfch *A (darüber)*.   **50.**
gcn] ker *A*, gee *c*. lateinfch *A (darüber)*.   **51.** kraph *A*, krappff *c*.
vngrifch – tewczfch *A (darüber)*.   **52.** windifch *A (darüber)*.   **53.**
flaff *A*. welfch *A (darüber)*.   **54.** frankh *A*.   **55.** denklich *A*. rüff]
fchry *A*, rüeff *c*. franczoß *A (darüber)*. Repeticio Tewczfch welchifch
rc. vt p'us *A*.
56. windifch *A (darüber)*.   **57.** fe *A*. vngrifch *A (darüber)*.   **58.** franczoß
A (darüber).   **59.** Vberall *A*. lateinifch *A (darüber)*.   **60.** tewczfch
A (darüber).   **61.** welfch *A (darüber)*.   **62.** mett fchoner *A*. fchonem
pärd *c*. flemmifch *A (darüber)*.   **63.** Dutt *A*. din *A*. welfch *A (darü-
ber)*.   **64.** fchczäty *A*, tfchatti *c*. gayß *A*. wild *c*. windifch *A (darüber)*.
65. vngrifch *A (darüber)*.

frai
kain falſche rais.
got wet wol, twiw
eck de amar.

für war,
kain falſche rais.
got waiſs wol, wie
ich dich lieb hab.

IIIb   *De* mit mundeſch,
Margarita well,
Exprofundes
das tün ich ſnell.
5   dat löff,
draga Griet,
Permafoi!
in recommiſſo
diors ee nöt
10   mi ti commando,
wo ich trott.
jambre,
twoia,
allopp mi troi.

neur was du wilt,   70
mein ſchöne Gret,
auſs ganzen gründen
das tün ich ſnell.
das gloub,
liebe Gret,   75
auff mein treu!
in dein bevelchnüſs
tag und nacht
mich dir emphilch,
wo ich trott.   80
liebe,
neur dein,
all auf min treu.

70. Her wiert, uns dürſtet   *B 29ᵛ 30ʳ (A 32ʳ, c 63ᵛ*
64ʳ, L = BW 59, Sch 43)

I   **H**er wiert, uns dürſtet alſo ſere,   Fuga
    trag auf wein! trag auf wein! trag auf wein!
Das dir got dein laid verkere,   ſecundus

---

66. fur *c.* francoß *A (darüber).*   **67.** tewczſch *A (darüber).*   **68.** wett
c. flemmiſch *A (darüber).*   **69.** lateinſch *A (darüber).* Repetiᵒ
Tewczſch *A.*
70. wild *c.* vngriſch *A (darüber).*   **71.** Margrita *A.* welſch *A (darüber).*
72. latein *A (darüber).*   **73.** tü *c.* tewczſch *A (darüber).*   **74.** datt *A.*
loff *c.* flemmſch *A (darüber).*   **75.** windiſch *A (darüber).*   **76.** franczoß
A (darüber).   **77.** pefelchnuß *A.* lateiniſch *A (darüber).*   **78.** nott *A.*
franczoß *A (darüber).*   **79.** enphilch *A,* beuilch *c.* welſch *A (darüber).*
80. tewczſch *A (darüber).*   **81.** vngriſch *A (darüber).*   **81.** windiſch *A*
(darüber).   **83.** mi] mein *c.* min] dein *A,* mein *c.* flemmiſch *A (darüber).*
Repeticio Tewczſch welchiſch rc. *A.*
1. wirt *A (c).* vnd *B.* türſtet *A.*

pring her wein! pring her wein! pring her wein!
5   Und dir dein fälden mere,   5
nu fchenck ein! nu fchenck ein! nu fchenck ein!

II   Gretel, wiltu fein mein treutel?
fo fprich, fprichs! fo fprichs! fo fprich, fprichs!
Ja, koufft du mir ainen beutel,
leicht tün ichs, leicht tün ichs, leicht tün ichs,   10
5   Und reifs mir nit das heutel,
neur ftich, ftichs! neur ftich, ftichs! neur ftich, ftichs!

III   Sim Jenfel, wiltus mit mir tanzen?   30ͬ
fo kom auch! fo kom auch! fo kom auch!
Böckifch well wir umbhin ranzen,   15
Jans, nit ftrauch! Jans, nit ftrauch! Jans, nit ftrauch!
5   Und fchon mir meiner fchranzen,
dauch fchon, dauch! dauch nach, dauch! dauch, Jenfel,
[dauch!

IV   Pfeiff auff, Hainzel, Lippel, fnäggel!
frifch, frow, fri! frifch, frow, fri! frifch, frow, fri!   20
Zwait eu, rürt eu, fnurra, bäggel!
Jans, Lutzei, Cünz, Kathrei, Benz, Clarei,
5   fpring kelbrifch, durta Jäckel!
ju haig haig! ju haig haig! ju haig haig!

-----

5. felden c. 6. nun A (dreimal). jn A (dreimal).
7. Gredly A, Gretl c. wildu c. trütel A, treütl c.   8. fprich fprichs Ac
(bei der zweiten Wiederholung).   9. ain c. pewtel A' peütl c.   11. rifß
A. heütl c.   12. ftichs ftichs A (bei der zweiten Wiederholung).
13. Jänfel c. wolft dus A.   14. kum c (dreimal).   15. pöckifch c.   18.
nach dauch Jans c.
19. Haintzl lippl fnäggl c. fnäkel A.   20. fraw A, fro c. frey A (c)
(dreimal).   21. bäggl c.   22. Chüncz A. katrey c.   23. Jackl c.   24.
zwischen dem 3. und 4. haig: jü A. rc amen A.

V Hin get der raie, ſeuſa, möſtel!   25
nu reckt an! nu reckt an! nu reckt an!
gump auf, Hainreich, noch ain jöſſtel;
rür, biderbman! rür, biderbman! rür, biderbman! rür,
5 Metz Diemut, deut das köſſtel!   [biderbman!
dran, dran, dran! dran, dran, dran! dran, dran, dran! 30

VI *N*u füdert eu, man iſſt im dorfe,
nempt kain weil! nempt kain weil! nempt kain weil!
nachin, Cünrat, fauler thſchorfe,
du lempeil! du lempeil! du lempeil!
5 lüg umb dich als ain orfe   35
eil, held, eil! eil, held, eil! eil, eil, eil!   *etc.*

71. Mit günſtlichem herzen   *B 30ʳ (A 32ʳ, c 64ᵛ*
= BW 59, Sch 74)

I *»**M***)*it günſtlichem herzen   Fuga ſecundus (*nach*
wunſch ich dir   günſtlichem)
ain vil güt jar
zu diſem neu,
5 und was auff erd   5
dein herz begeret.«
»Amen, mein hort,
zwar das iſt recht,
gedenck an mich,
10 geſelle mein!«   10

---

*) blau-rot
25–36. *fehlen in A.*
25. maie *c.* möſtl *c.* **26.** reck *c (dreimal).* **28.** piderman *c (dreimal!).*
29. diemuet *c.* köſtl *c.*
32. nembt *c (dreimal).* **33.** nach hin *c.* thſcorffe *c.* **35.** lug *c.*
Bruchſtücke in L:
… ſchaft ein rädel *als Titel, darunter:*
Martein / … et allſo ſere trag / … wein tragauf wein / … gelük mere
pringher / … pringher wein vnd / … alczeit mere nu ſchenkein nu
ſchenkein / … ſchenk ein. Her wirt.
2. wünſch *A.* **3.** gut *Ac.* **6.** pegeret *A.* **9.** gedenk *A.*

II   »Dein ſchallen und ſcherzen
      liebet mir,
      das nim ich zwar;
      dir lon mein treu.
5   der wunſch, lieb, werd   15
      an uns gemeret.«
      »danck hab das wort,
      ich bin dein knecht,
      neur freut es dich,
10   zwar das ſol ſein.«   20

III   »Mich freuet, traut weib,
      dein rotter mund,
      ich dein allain
      mit ſtetikait.
5   dein züchtlich er   25
      mich tiefflich ſenet,
      des pin ich fro
      unzweifel gar,
      das hör ich gern,
10   zart, liebe Grett.«   30

IV   »Dein manlicher leib
      mich hat erzunt,
      daſſelb ich main
      ich dir berait.
5   dein tugent mer   35
      höchlich mich zenet,
      dem iſt alſo,
      ich ſag dir war.

---

11. *ohne* und *A*.   **12.** vnd liebet *A*.   **17.** dankh *A*.   **18.** pin *Ac*.   **19.** /
20. freüet dich zwar das *c* (ſol ſein *fehlt*).
22. roter *c*.   **24.** ſtätik. *A*.   **28.** vnzbeifl. [?] *c*.   **30.** gret *Ac*.   **31.** mänl.
leip *A*.
32. erzünt *c*.   **34.** perait *A*.

```
          nach dein begern,
10    Os, wie es get.«                                            40


V     »Vergiſs, mein ſchatz, nicht,
      durch all dein güt,
      wer iſt mein hail,
      wer tröſtet mich.
 5    des wol mich ward                                            45
      der groſſen freuden.
      du wendſt mir we,
      du wendſt mir pein,
      du wendſt mir laid
10    und ungemach.                                                50


VI    Dein ſchärpflich geſicht
      mein herz durch plüt,
      neur ich an mail,
      frau, das tün ich.
 5    zwar unverkart                                               55
      ſol ich dich geuden,
      ouch du vil me,
      lieb, das ſol ſein.
      zart frau gemait,
10    dem kom ich nach.«                                    ect. 60
```

72. Die minne füget niemand   *B 30ʳᵛ (A 33ʳ, c 65ᵛ*
                                                      = BW 60, Sch 41)

```
I     D ie minne füget niemand,                       Fuga
        wer da nicht enhat;
      wann, wo er hin gat,                        ſecundus (nach hin)
      man ſpricht: »du wicht,                             30ᵛ
```

---

39. deim *Ac.* pegern *A.*
45. wart *A.*   **46.** des *A.*   **47.** wenſt *A (auch 48, 49).* wee *c.*
51. ſcherflich *c.*   **60.** kum̃ *c.*
1. fuget *A.* nymand *A.*

5   we dir! was wiltu mir?   5
     ge fürhin drat!
     haſt nicht, ſo richt
     dich balde von hinnen!
     dein minnen
10   dir übel ane ſtat.«   10

II   Der wiert wil uns nicht borgen,
     das iſt mein gröſſte klag.
     er fegt mich nacht und tag
     umb gelt. o welt,
5   pfü dich! wie kifſt du mich,   15
     du voller wiert!
     nu ſchellt und bellt
     frau, knecht, diern und kinder.
     der winder
10   mich inn der taſchen ſiert.   20

III *N*u trinck wir auſs dem fläſchlin,
     laſſen wir den kopf,
     ſo trenelt uns der ſchopf.
     ſchenck ein, Henſlein,
5   das fläſchlin vol! das tüt uns wol   25
     im goderſnal.
     her wein, get in –
     her! friſchlichen gieſſen
     und flieſſen
10   bis in der blauter fal!   30

---

5. wee *c.* **6.** gee furhin *c.* **8.** palde *A*, pald *c.* **9.** mynne *A.* **10.** vbel
A, übl *c.*
11. wirt *A (auch 16)*. nit *A.* porgen *A (c).* **12.** gröſte *A.* **14.** werlt *c.* **15.**
pfüg *A*, pfui *c.* kifſt *A*, kiffſtu *c.* **17.** ſchelt *A.* belt *A*, pellt *c.* **18.**
dirn *A.* **20.** teſchen *c.*
21. flaſchl. *A*, fläſchel. *c.* **22.** vnd laſſen *A.* koph *A.* **23.** trendelt *c.*
24. ſchenk *c.* henſel. *c.* **25.** diczs *A.* fleſchl. *Ac.* tut *c.* **26.** god' ſnall *A.*
30. pyß jnn *A.* plater *Ac.* fall *A.*

IV   Die junckfrau folt ich minnen,
        das tet der frauen zorn;
        ie doch müfft ich fi born.
        ich fchob und klob
 5   daffelbig bloch von ander doch,   35
        ich armer knab!
        fi hob das ftro,
        der ftadel ward fchütten
        und rütten den iren flaier ab.

73. O herzen lieber Nickel mein   *B 30ᵛ (A –, c 64ʳᵛ*
                                                      = *BW 61, Sch 38)*

I   »**O****)*herzen lieber Nickel mein,
          vergifs mein nicht, auff alle treu!«
        des heiaho!
        »Sim nain ich, zarts mein Elfelein,
 5   dein freuntfchafft ift mir allzeit neu.«   5
        dem fei alfo!
        »Mein herz, das fwindt, feid du dich fchaidft von mire.«
        »fweig, liebes kind! ich kom herwider fchire.«
          »Ach Nickel, Nickel, trauter, fchöner Kleufli, Repeticio
          hals mich, küfs mich, leich mir her das meuffli!«   10

II   »Verhaifs mir bald, mein fchöne Els,
        das du kain andern welleft hän!«
        des heiaho!
        »Ich wolt e fpringen über den fels,
 5   e mich beflieff kain ander man.«   15
        dem fei alfo!

---

*) rot-blau
31. junckfrau] dieren *A.* mynen *c.*   **33.** muft *A,* müft *c.* poren *c.*
35. ploch *c.*   **37.** fi] fich *A.* hueb *c.*   **38.** ftadl *c.* fchutten *A.*   **39.** rutten
A. fchlayer *A,* flair *c.* ab *fehlt in c.*
1. nickl *c (auch 9, 26).*   **4.** agneflein [!] *c.*   **5.** freuntfchaft *c.*   **8.** kum̄ *c.*
11. pald *c.*   **12.** han *c.*   **14.** ee *c (auch 15).* ub' *c.*   **16.** allfo *c.*

»Mein treu gefüg an dir nimmer erwinde.«
»mein Nickel klüg, du leiſt mir in dem ſinne.«

III »Geſegen dich got, mein höchſter hort!
       kain ſchaiden tet mir nie ſo we.«   20
       des heiaho!
       »Du laſſt mich hie und pleibſt du dort,
5   wenn kom wir zu ainander me?«
       dem ſei alſo!
       »In kurzer vart wil ichs herwider keren.«   25
       »mein Nickel zart, das tü mich ſchier geweren.«

74. Sweig ſtill, geſell   *B 30ᵛ 31ʳ (A 54ʳᵛ, c 65ᵛ 66ʳ*
                                     = BW 62, Sch 39)

I   Sweig ſtill, geſell, dem ding iſt recht,
       ju gib mir freulins bettenbrot!
       des heiaho!
       Si ward mein herr und ich ir knecht,
5   nu iſt mir ſicher ungedrot,   5
       dem ſei alſo!
       Ich main die zart, zu der ich bin verbunden,
       des wol mich ward, erſt han ich freude funden.
               Ach raines töckel, traute, ſchöne tocke, Repeticio
               du liebſt mir mit dem zipfel an dem rocke.   10

II Mein dienſt ir allzeit iſt berait,
       und hoff, das mich die lieb nicht enſtoſs,
       des heiaho!
       Mit iren hörelein gemait;

---

17. nÿmerm' *c.*   18. nick klug *c.*   20. bee *c.*   22. laſt *c.*   23. bañ
kuñ *c.* zuenand' *c.*   26. *c.* des ſchir *c.*
1. S *fehlt in A.*   2. frewlin gib mirs *A.* freuleins petenbrot *c.*   4. ward]
iſt *A.*   5. iſt] wirt *A.*   7. pin v'punden *c.*   8. hab *c.* fundn *A.*   9.
töckl *c.* trute *A.*   10. zypffl *c.*
11. dinſt *c.* iſt ir allcz. ber. *A.*   12. ſtoſs *A*, entſtöſs *c.*

5   e trawt ich ir ain kinglin bloſs,   15
      dem ſei alſo!
      An als gevĕr als meinem rechten herren,
      des knecht ich wĕr gar williklichen geren.

Repeticio Ach raines töckel ut ſupra

III   Ich freu mich noch der lieben ſtund,   *31ʳ*
        do ſi zu diener mich erkoſs,   20
        des heiaho!
        Und hoff, ir röſelochter mund
5   ſoll mich von ſorgen machen los.
        dem ſei alſo!
        Herz, müt und ſin ir gailt mit ſtätem fleiſſe,   25
        wie ferr ich bin von ir, ju dar! die weiſſe.

Repeticio ut ſupra

75. Wol auff, wol an   *B 31ʳ (A 35ʳ, c 66ʳᵛ = BW 63, Sch 75)*

I   W*)ol auff, wol an!   Tenor
         kind, weib und man,
      ſeit wolgemüt,
      friſch, frölich, früt!
5   Tanzen, ſpringen,   5
      härpfen, ſingen
      gen des zarten
      maien garten grüne!
      Die nachtigal,
10   der droſchel hal   10
      perg, au erſchellet.

---

*) blau-rot
15. ee c. küngl. c.   18. willigkl. c.
22. röſol. c.   23. well A, ſüll c. loſs A.   25. ſtättem A, ſtetem c. fliße
A.   26. pin c. wyſſe A. A: Rᵒ Ach raines töckel rc.
4. frolich [?] A. frut [?] A.   6. harpffen A, herpffen c.   9. nachtigall A.
10. droſchl c. hall A.

zwai gefellet,
freuntlich kofen,
haimlich lofen,
15   das geit wunne   15
für die funne küne.
       Amplick herte,   Repeticio
       der geferte
       well wir meiden
       von den weiben ungeftalt.   20
5   Mündlin fchöne,
       der gedöne
       macht uns höne manigvalt.

II   Raucha, fteudli,
      lupf dich, kreudli!   25
      in das bädli,
      Öfli, Gredli!
5   Plümen plüde
      wendt uns müde,
      laubes decke   30
      rauch beftecke! Metzli,
      Pring den buttern,
10   lafs uns kuttren!
      wafcha, maidli,
      mir das fchaidli!   35
      reib mich, knäblin,
      umb das näblin!
15   hilfft du mir,
      leicht vach ich dir das rĕtzli.

---

16. fur *c*. **19.** foll *A*. **21.** Mundl. fchone *A*. Clafula *A*.
24. Rauha *c*. ftudly *A*. **25.** krudly *A*. **26.** bedly *A*, pädly *c*. **27.**
Öfly *A*, Öflin *c*. gredlin *c*. **28.** plumen *A*. plude *A*, plüede *c*. **29.** went
A. müede *c*. **31.** peft. *A*. **32.** putren *A*, putern *c*. **33.** kuttern *c*. **35.**
pfaidlỹ *c*. **36.** knably *A*, knäbly *c*. **37.** näbly *Ac*.

III Ju heia haig,   40
    zierlicher maig,
    ſcheub pfifferling,
    die mauroch pring!
5 Menſch, loub und gras,
    wolf, fuxs, den has   45
    haſtu erfreut,
    die welt beſtreut grünlichen.
    Und was der winder
10 vaſt hinhinder
    in die mauer   50
    tieffer lauer
    het geſmogen,
    ſer betrogen,
15 die ſein erlöſt,
    mai, dein getröſt fröleichen.   etc. Amplick herte etc. 55

76. Ain graſerin   B 31ᵛ (A 35ᵛ, c 66ᵛ 67ʳ, F
                                      = BW 64, Sch 49)

I A in graſerin durch külen tau   Tenor
    mit weiſſen, bloſſen füſſlin zart
    hat mich erfreut in grüner au;
    das macht ir ſichel brawn gehart,
5 do ich ir half den gattern rucken,   5
    ſmucken für die ſchrencken,
    lencken, ſencken in die ſeul,

---

vor **40.** Amplick herte vt ſupra *A*, repeticio ut ſup̄ *c*.   **42.** may *A*.
43. maurach *c*.   **45.** wolf fuxs] hyerß tyer *A*. fuchs *c*.   **47.** werlt *c*.
durchrewt *A*. grunleichn *A*.   **49.** vaſt] ſer *A*.   **50.** jnn *A*.   **53.** petr.
A.   **54.** erloſt *A*.   **55.** deinem troſt *A*. frölichen *c*. Repeticio Amplick
herte *A*, Repeticio ut ſupra *c*.
1. ain *in B nach* Tenor *wiederholt.* dürch *c*. kulen *A*, kuelen *c*.   **2.** ploſ-
ſen *Ac*. fuſſlin *A*.   **3.** gruner *A*. äu *c*.   **4.** ſichl *c*. prawn *A (c)*.   **6.** fur
A (auch 9).   **7.** lenkñ *c*. jnn *A*. ſeyl *A*.

wolbewart, damit das freul
hinfür an ſorg nicht flieſen möcht ir genſel.   etc.

II   *A*ls ich die ſchön her zeunen ſach,   10
ain kurze weil ward mir ze lanck,
bis das ich ir den ungemach
tet wenden zwiſchen zwaier ſchranck.
5   mein häcklin klein hett ich ir vor
embor zu dienſt gewetzet,   15
gehetzet, netzet; wie dem was,
ſchübren half ich ir das gras.
»zuck nicht, mein ſchatz!« »ſimm nain ich, lieber Jenſel.«

III   Als ich den kle hett abgemät
und all ir lucken wolverzeunt,   20
dannocht gert ſi, das ich jät
noch ainmal inn der nidern peunt;
5   ze lon wolt ſi von roſen winden,
binden mir ain krenzel.
»ſwenzel, renzel mir den flachs!   25
treut in, wiltu, das er wachs!«
»herz liebe gans, wie ſchön ist dir dein grenſel.«

---

8. wolpew. *A*, peb. *c*.   9. mocht *Ac*.
11. ze lanckh *A*, zu langk *c*.   12. pyß *A*.   13. payder *A*, zbair *c*.   14.
hecklin *Ac*. klain *A*. het *Ac*.   14. enpor *A*, empor *c*. dinſt *A*.   16. heczet
A.   17. ſchubern [?] *A*, ſchubren *c*.   18. ſym *c*.
19. klee *c*. het *Ac*.   21. dannoch *c*. gät *A*.   22. nidren *A*.   23. pindū *c*.
24. pinden *A*, binden *c*. kranczel [?] *A*, krentzl *c*.   25. ſwänczel *A*,
ſwentzl *c*. ränczel *A*, rentzl *c*.   26. wildu *c*.   27. gränſel *A*, grenſl *c*.
Umdichtung in F:
I   Ain graſerin in der kaſteinn pat
die gab luſt fröd mich mit irem gerein
Da ich ſach durch ir pfat
die praün mich dett nit iren hōgk noch zein
5   ich graiff ſy an vn tātt ſy zū mir ſchmucken   5
Schon buckē iuckē in dē pad

77. Simm Gredlin, Gret   *B 31ᵛ 32ʳ (A 36ʳ, c 67ʳᵛ*
= BW 65, Sch 76)

I   » Simm Gredlin, Gret, mein Gredelein,   Tenor
     mein zarter bül, herz lieb gemait,
     dein züchtlich er an mir nicht weich!«   *32ʳ*
     »Halt wie es get, mein Öfelein,
5   inn deiner fchül treu ftetikait,   5
     die wil ich leren ewikleich.«
     »Die wort fol ich behalten mier
     und fchreiben in meins herzen grund
     von deinem röfelochten mund.«
10   »Mein hort, das felb ift wol mein gier,   10
     wann ich wil nicht wencken.«
     »Gedenck, liebs Öfelein, an mich,
     dein Gredlin fol erfreuen dich.«
     _____
     wz aller welt ain klainer fchad
     vnd det vns baiden wol in leib vnd im herczen.

II   Da fy fo fraintlich mit mir facht
     ich fprach hett ich eüch by der nacht   10
     wer waift aber wz da gefchach
     doch dz ich eüch kain aug aufprach
5   ich det ain ding das ir eüch nit derft rimpfen
     in fchimpfen glimpfen her vnd dar
     daz macht ain frelin wol gefar,   15
     zuck nit mein lieb ich wil nur mit dir fcherczen.

III Da wolt die fein die hüpfch als ich
     auch gund die zart die mynigclich
     fchön fam ain teiblin fchüeblen mich
     dar durch die lieb ward lieben fich   20
5   vnd fy gar fchon ward fcherczen mit meiner tockñ
     ir locken focken macht vns gail
     wir hetten baide fröde vnd hail
     da vnfer fchimpff fich endet onne fchmerczē.

1. Sym *c.* gredly *A.* mein] trawt *A.*   2. pul *A*, puel *c.*   3. zuchtlich *A.*
4. Ofelein *A.*   5. in *Ac.* fchul *A*, fchuel *c.* ftätikait *A.*   6. ewigklich *c.*
7. behalden *A.* mir *Ac.*   8. grundt *c.*   9. röfol. *c.*   11. will *c.*   12. *In
A als V. 12 unter den Diskantusnoten:* das fol ich pedencken. *Fehlt in
B und c.* – gedenckh *A.*   13. gredlein *c.*

II »Du kanſt mich nicht erfreuen bas,
     wann das ich läg an deinem arm,   15
     verfloſſen als ain kleuſener.«
     »in deiner phlicht wurd ich nicht laſs,
5   an ſainlich träg mach ich dir warm
     und iſt mir das ain klaine ſwër.«
     »Hab danck, mein trauter aidgeſell,   20
     das ſol ich dir vergeſſen klain,
     wann du biſt wol, die ich da main.«
10 »An wanck von mir kain ungevell,
     herzlieb, nicht enwarte!«
     »danck ſo hab die zarte.«   25
     »zart liebſter man, mir iſt ſo wol,
     wenn ich dein bruſt umbflieſſen ſol.«

III »Vor aller freud tröſt mich dein herz,
     dorzu dein wunniklicher leib,
     wenn er ſich freuntlich zu mir ſmucket.«   30
     »Geſell, ſo geud ich wol den ſcherz,
5   und gailt ſich fro dein ainig weib,
     wenn mir dein hand ain brüſtlin drucket.«
     »Ach frau, das iſt mein zucker nar
     und ſüſſt mir alle mein gelid,   35
10 ſeid du mir haltſt günſtlichen frid.«
     »Getraw mir ſicherlichen zwar,
     Öſlin, gar an ende!«
     »Gredlin, das nicht wende!
     kain wenden zwiſchen mein und dir   40
15 ſei uns mit hail beſchaffen ſchier.«

---

14. paß *A*, pas *c*.   **15.** wenn *A*.   **16.** klauſen' *c*.   **17.** pflicht wird *c*.
nit *A*.   **20.** zarter *A*.   **21.** ſol] mag *A*.   **22.** piſt *Ac*.   **23.** wangk *A*.
25. *in A unter den Diskantusnoten.*   **27.** wann *A*. pruſt *c*.
28. troſt *A*.   **29.** darczu *A (c)*. minnikleich' *A*, wuniklicher *c*. leip *A*.
30. wann ſich der *A*. ſmuckht *A*.   **33.** bruſtl. *A*. druckht *A*.   **35.** ſüſt
A, ſüeſſt *c*. meine glid *A*.   **36.** ſeyt mir dein er halt *A*. gunſtlichen [?] *A*.
38. Öſlein *Ac*.   **39.** *in A unter den Diskantusnoten.*   **41.** ſchyr *A (c)*.

78. Mich tröft ain adeliche mait   B 32ʳᵛ (A 39ᵛ 40ʳ, c 67ᵛ 68ʳ = BW 66, Sch 68)

I   Mich tröft ain adeliche mait,   Tenor
      die ift für war durch klar an tadels mail.
    Der keufchlich er ift wol fo brait,   32ᵛ
    das fi verdeckt, erfchreckt all ftrëfflich gail,
5   mit wirdiklichem hail.   5
    Si hat den breis in meinem herzen ewiklich
    für alle, die ich ie gefach;
    ir wandel, weis ift wol fo reich,
    das fi wenndt ungemach,
10 füfflich an welich ach.   etc. 10

II   *F*reu dich, du weltlich creatur,
    das dir all mafs, tün, lafs recht wol anftat,
    Und du nach menfchlicher natur
    loblichen zart von art keufchliche wat
5   befitzt an miffetat.   15
    Dick, fmel, kürz, leng, von höch zu tal, fo ift ir leib
    waidlich poffnieret unverhönt,
    und dein gemeng von amplick, weib,
    blaich, weifs, durch rot getrönt,
10 für alle maid verkrönt.   20

III   Junckfrau, durch all dein köftlich er,
    folt ich von got an fpot des wierdig fein,
    So wolt ich doch nicht wünfchen mer,
    wann das ich möcht, getöcht neur wefen dein,

---

1. adeleiche *A*. maid *c*.   2. fur [?] *A*. tadls *c*.   3. prait *c*.   4. fträfl. *A*.
5. wirdickleichem *A*, birdigklichem *c*.   6. preyß *A (c)*. ewigkl. *c*.
9. went *A*, wendt *c*.   10. füefl. *c*. weel. *c*.
11. weiplich *A*, berltlich *c*.   14. löbleichen *A*, löblichen *c*.   15. peficzt
A, befitzft *c*.   16. leip *A*.   17. baidel. *c*. pofnyeret *A*, pofniert *c*.   19.
plaich *Ac*.   20. mayt *A*.
22. wirdig *Ac*.

5   recht als ain gſläfelein.   25
       Erſt wolt ich geuden, gailich ſchallen, ſingen hel
       von meiner frauen, der ich wĕr,
       und die mit freuden herz, müt, leib, ſel
       wol hailen mag an ſwĕr,
10   mit wort, werch und gepär.   30

79. Frölich ſo wil ich aber ſingen   *B 32ᵛ 33ʳ (A 39ʳ,*
                                       c 68ʳᵛ = BW 67, Sch 80)

I   » *F* rölich ſo wil ich aber ſingen   Tenor
       der edlen frauen ſüſs.«
    »Hainz, Hainrich, erſt wirt mir wolgelingen,
    ſeid du mir haltſt deinen grüſs.«
5   »ja frau, und wer das nicht eur ſpot?«   5
    »Simm nain es, Hainrich, ſommer got!«
    »we heut, wol e, ſolt ich eur huld erwerben,
    dorumb litt ich den tod.«
    »Iſt dir ſo we, dannocht ſoltu nicht ſterben   *33ʳ*
10 und leiden groſſe not.«   10

II   »Mich freut euer leib, dorzu die guldin ſpangen
    vor an den ermelin zart.«
    »Ich bin ain weib, mit gürtel umbevangen,
    von adelicher art.«
5   »Ir ſecht recht als ain valken kel.«   15
    »nu kan ich doch nicht fliegen ſnel.«
    »Vergieng das paw, ich verwäg mich zwaier oxſen,
    und wurd mir neur ain ſmutz.«

---

25. gſlefel. *c*.   **28.** mut *c*. leip *A*.   **30.** werck *A*. geper *Ac*.
1. Fröleich *A*.   **2.** ſüeſs *c*.   **3.** Hainreich *A*.   **4.** dein grües *c*.   **6.** ſamm'
A, ſamir *c*.   **7.** Weë *c*. eë *c*.   **8.** darumb *A*.   **9.** wee *c*. dannoch
Ac.
11. ewr *c*. leip *A*. darczw *A*.   **12.** ermel *A*, ërmln *c*.   **13.** pin *Ac*. gürtl
umbfangñ *c*.   **14.** adeleicher *A*.   **15.** ſächt rächt *c*. als] ſam *A*. volcken
A, volkñ *c*.   **16.** Nẅ *A*.   **17.** u'bäge *c*. zbair *c*.

>»Was ſpräch dein ſaw, mein Hainzel ungeloxſen?
10   und brächſtu diſen trutz.«   20

III   »*E*uer falbes har, darzü die weiſſen hende
       mir geben hohen müt.«
       »Du laichſt mich zwar, das wett ich umb dein zende,
       deucht es dich weſen güt.«
5   »Mit meinen zenden fräſs ich wol drei.«   25
       »Sim, wenſtu, Hainzel Trittenbrei?«
       »Mich näm unnider oder ich ſprung in ain waſſer
       von zorn in ainer gäch.«
       »Kämſtu herwider dann für mich alſo naſſer,
10   wie geren ich das ſäch!«   30

IV   »Ir edle maid, was bedürft ir mein ze ſpotten?
       ja wurd ich ſchier ſo fraiſs.«
       »Zwar unverſait iſt dir ain dicker ſchotten
       von meiner rotten gaiſs.«
5   »Sim, topfen hab ich ſelber gnüg.«   35
       »Danck hab, mein Hainzel, richt den pflüg.«
       »Ich wil es klagen meiner lieben mütter,
       das ir mich habt verſmächt.«
       »Ge, ſmierb den wagen und driſch den roſſen fütter,
10   als ander dein geſlächt.«   40

---

19. ſprech *c.* hainzl vngelochſen *c.*   **20.** prechſt du *c.*
21. Eẅr *Ac.*   **22.** gäben *c.* mut *c.*   **23.** Dẅ *A.* des *Ac.*   **24.** gut *c.*   **25.**
ſo fräß *A.*   **26.** haintzl *c.* trittenpr. *A*, tritenpr. *c.*   **27.** unnider] bund’
c. woſſer *A.*   **29.** kömbſtu *c.*
31. mayt mich dunckt ir welt mein ſpotten *A.* dürft *c.*   **32.** ja] newr *A.*
würd *A.* ſchyr *A (c).*   **34.** rotñ *c.*   **35.** ott ſelb’ *A.* genüeg *c.*   **36.** mein]
ain *A.* haintzl *c.* pflueg *c.*   **37.** ott mein’ *A.* müter *A,* muet’ *c.*   **38.**
mich alſo ſmächt *A.*   **39.** Gee *c.* ſmyrb *A (c).* den] dein *A.* triſch *c.*
füter *A,* fuet’ *c.*

80. Ain rainklich weib   *B 33ʳ (A 40ʳ, c 68ᵛ 69ʳ*
= BW 68, Sch 67)

I
A^{*)}in rainklich weib, durch jugent ſchön,
klain aufgedrät an tadels dro,
der wandel, leib gailt mich ſo hön,
wes ſi neur bät, des wer ich frow.

5   Der arbait deucht mich nicht ze vil;   5
ich ſpräch: »herz lieb, neur was du wil,
das ſol ich tün an endes zil,
wolt es dir nicht verſmahen.«

II
Mich freut für war ir rotter mund,
darzü ir frölich angeſicht,   10
aufrüſtig gar zu aller ſtund;
ir houpt untröſich iſt gericht

5   Mit ganzem fleiſs, wort und gepär
gar unverſchroten, an gever,
ir zarter leib frücht, tugent ſwër: 15
das tüt mich ſenlich vahen.

III
Si hat mein herz mit ſtätter gier
ſtrencklich beſeſſen nacht und tag.
frau, diſen ſcherz, den klag ich dir,
dein troſt mir wol gehelfen mag.   20

5   Mein dienſt dir allzeit iſt berait,
es ſei dir, kind, lieb oder laid.
erhör mich, ſtolz freulin gemait,
laſs dir mein ellend nahen!

---

*) rot-blau
1. rainl. *A.* ſchon *c.* **2.** tro *A.* **3.** wandl *c.* leip *A (auch 15).* ſchön *c.*
4. pät *Ac.* fro *Ac.* **5.** zuuil *c.* **8.** verſmachen *A.*
9. roter *Ac.* **10.** darzu *c.* **12.** haubt vndröl. *c.* **13.** geper *Ac.* **16.**
tut *c.* fachen *A.*
17. ſtäter *A,* ſteter *c.* gir *c.* **18.** ſtrengkl. *c.* **21.** dinſt *c.* per. *A.* **23.**
freülein *c.* **24.** nachen *A.*
A: Et cetera.

81. Sweig, güt gefell   *B 33ᵛ (A 40ᵛ, c 69ʳᵛ*
= BW 69, Sch 82)

I   Sweig, güt gefell, fchimpflichen lach,
      lafs dir kain flüch zu herzen gän,
      verantwurt nicht all krumpe fach,
      weich umb, wo du nicht folt beftän,
5   fchreibt uns Hainz Mofmair mit gefchrai.   clauß Clüger 5
      Wer feinem richter geit bevor   layg
      und halt den pfarrer unverfmächt,
      der dunckt mich ficher nicht ain tor,
      ob er die zwai nutzlich volbrächt,
10   und hiefs für wär ain klüger laig.   10
            Wer neffeln zafft und gilgen ftrafft,   Repeticio
            der wil das gärtlin ftören gar;
            und fein tauben tüt erlouben
            rappen und geiern, die nicht feiern,
5   der wennt fein nutz die lenge zwar.   15

II   An hafs hab ich die wort erzalt, –
      nu fing wir von den freulin rain,
      der ich kain frumme nie gefchalt,
      neur fi wër vor der eren fain
5   in frävelicher weife.   20
            Wer haimlich fündt, dem wirt fein büfs
            in ainer ftille auf gefatzt.
            daffelb bedenckt, liebs freulin füfs,
            euer züchtlich er lat unverhatzt
10   und halt euer freuntfchafft leife.   Repeticio ut fupra 25

---

1. gut *c (auch 27).* fchimpl. *c.*   **2.** flüech *c.* zẅ *A.* gan *A c.*   **3.** verantwrt
A, uerantbort *c.*   **4.** wo du pift vnd'tan *A.* weftan *c.*   **5.** hans *c.* ge-
fchrayg *A.*   **6.** geit] gibt *c.* peuor *A.*   **9.** nützl. *c.* volprächt *A.*   **10.** für
war *A,* b- *c.* cluger *A,* klueger *c.* lay *c.*   **11.** zaft, ftraft *A.*   **12.** gertl. *c.*
14. den *A.* geyren *c.* feyren *c.*   **15.** went *A,* benndt *c.*
17. freülein *c.*   **18.** frume [?] *A.*   **20.** fräueleicher *A.*   **21.** fünd *c.*
püß *A,* puefs *c.*   **22.** gefetzt *c.*   **23.** lieb fr. *A.* füefs *c.*   **24.** ewᴛ *A (c)*
(auch 25). laft vnu' hëtzt *c.* freüntfchaft *c.*   **R.** Wer neßeln zaft u' etc. *A.*

III Seid ich nu hails die nachtigall
     und lob ouch vast die freulin güt,
     doch breis ich wol durch hellen schal
     ain zart, schön weib, mit er behüt,
5   für sterck der grossen leuen;   30
     und bin auch got von herzen hold,
     das er ain schön weib, tadels frei,
     schon würckt, der lob für alles gold
     erleucht, wont tugent, er da bei,
10   an offenbars verstreuen.   35

82. Got geb eu ainen güten morgen *B 33ᵛ 34ʳ (A 41ʳᵛ,*
                                        c 69ᵛ–70ᵛ = BW 70, Sch 81)

I   »*G*ot geb eu ainen güten morgen,
         ir vil edle kaiserinne!
     mich daucht vil wol in meinem müt,
     ir seit ain also schöne junckfrau,
5   als man si ferre kennet.«   5
     »Da pfleg ich klainer sorgen,
     darzu der gailen minne
     mit ainem hübschen knaben güt,
     der ist gesessen under krä,
10   zu Kastellrüt genennet.«   10
     »Secht, secht, des habet immer danck!   34ʳ
     das sol er umb eu dienen,
     dasselbig knechtlin wol berait,
     und fürder sich gar rasche,
15   das ir im neut empharet.«   15

---

26. nachtigal *c*. **28.** so preyß ich *A*, preis *c*. **29.** schon *c*. **30.** fur *A*
(auch 33). **31.** pin *Ac*. holt *c*. **32.** tadls *c*. **33.** [schon] rain *A*. golt *c*.
34. dapey *Ac*. R[ep]. *A*, Repeticio uts *c*.
1. gäb *A*. gutñ *c (auch 8)*. **3.** dunckt *A*, deücht *c*. muet *c*. **4.** Junck-
frä *c*. **5.** färre *Ac*. kenet *c*. **6.** Do pflig *c*. **7.** darzw̃ *A*. mÿne *c*.
9. vnter *A*. **10.** Castelrüt *A*, kastelrut *c*. **11.** sächt *(zweimal) Ac*. **13.**
dassälbig knächlein *c*. per. *A*. **14.** füder *A*. **15.** ime *A*. enpfaret *A*.

»Kain weg, der ward mir nie fo lanck,
und wer es halt gen Wiennen,
ich hulf dem knaben hübfch gemait
aufs ungelückes mafche,
20   damit er wёr bewaret.«   20
  Frifch, frei, fro, frölich,   Repeticio
  ju, jutz, jölich,
  gail, gol, gölich, gogeleichen,
  hurtig, tum, tümbrifch,
5   knawfs, bumm, bümbrifch,   25
  tentfch, krumb, rümblifch, rogeleichen,
  fo ift mein herz an allen fmerz,
  wenn ich an fich meins lieben bülen gleichen.

II   »Awi, awäch, ir vil trautes gold,
  wie wol kündt ir neur fpächten,   30
  das ich fein fchon derklupfe
  von rechten fräden, auf mein treu,
5   das macht euer klüges gelüdme.«
»Ach lieber mair, werft du mir hold,
  zwar du förchft klain mein brechten,   35
  wann fich kain falfcher tropfe
  in meinem herzen nindert preu
10   von kainerlai gepüdme.«
»Sich numerdum und numine!
  fo keut man unvermainet.   40
  ich hett noch wol ain faiftes rind,
  das gäb ich drumb, wёr ich eu leup,

---

16. langk *Ac.*   **17.** wienen *A*, wienn *c.*   **18.** hülff *c.*   **19.** ungeluckes
[?] *A*, vngelükes *c.*   **20.** pew. *A*, peb. *c.*   **21.** fry *A.* fröleich *A.*   **22.**
iöleich *A.*   **23.** göleich *A*, gögel. *c.*   **25.** pum *A.* bumbr. *c.*   **26.**
krump *A.* rumbl. *c.*   **28.** wañ *c.* pülen *A*, puelenn *c.* geleichen *c.*
29. golt *c.*   **30.** wole *A.* künt *A*, künd *c.*   **31.** fchone *A.*   **32.** rächten
Ac.   **33.** ewr *Ac.* klueges *c.*   **34.** werftu *A.* holt *c.*   **35.** du vörcht *c.*
brächten *A*, prechtñ *c.*   **36.** trupffe *A.*   **39.** numinee *c.*   **41.** hätt *c*
(auch 53).   **42.** gäbe *c.* drumͤ *c.*

15 und lieſſt das knëchtlin gſchämpen.‹

»Her mair, das gieng mir an mein e.
ich han mich ſo verainet,   45
das mich erfreut mein hort, mein kind,
mein lieb, mein knäblin krauſs geſtreut,
20 wenn es ſein har tüt kämpen.‹

III »Nu geſegen uns haint der vil hailge gaiſt,
ſant Hedewigk und ſant Jenuein!   50
wie gar ſeit irs verſchnorfen,
ett als auf den verſorten knecht,
5 und hett ich ſein doch kunde.‹

»Er iſt der liebeſt und der maiſt
verfloſſen in dem herzen mein,   55
ich bin im unverworfen,
kund ich im dienen, wo ich möcht,
10 mit meinem rotten munde.‹

»Se, ſä, nu gämet, zieren held,
was ſolt ich des gelauben,   60
das ir ſo luppiklichen acht,
was ich eu vor gekeude
15 mit klügen worten wacker?‹

»Louff, hau das holz, wer dich der kelt,
und haitz in mit den ſchäben!   65
auch driſch das koren tag und nacht!
erlaſs mich deins geſneude!
20 reut, mä und far gen acker!‹   Repeticio ut ſupra

---

43. knächtl. *c.* ſchämppen *A.* **44.** ging *c.* ee *c.* **45.** hab *A.* **47.** knebl.
c. **48.** tut *c.* Re. friſch fry fro rc Reſpondit Ruſticus *A.*
50. ſand *(zweimal) Ac.* Hadeweigk *A.* Jenubein *c.* **51.** ir *Ac.* u'ſnor-
pffen *c.* **52.** ëett *c.* knächt *Ac.* **53.** doch newr k. *A.* **56.** pin *Ac.*
58. roten *Ac.* **59.** helt *c.* **61.** luppikleichen *A.* **63.** klugen *c.* **65.** in]
ein *c.* **66.** triſch *c.* **67.** erlas *A.* **68.** agker *c.* R. friſch rc. *A.*

83. Ain jetterin   *B 34rv (A 43v, c 70v 71r*
= BW 71, Sch 48)

I   **A**in jetterin, junck, frifch, frei, früt,
     auf fticklem berg in wilder höch,
     die geit mir freud und hohen müt   *34v*
     dort umb die zeit, wenn fich die löch
5   mit grünem loub verreuhen   5
     An als verfcheuhen.
     So wart ich ir recht als ain fuxs
     in ainem hag mit ftiller lawfs,
     gugg aufs der ftauden, fmeug dich, luxs!
10   bis das ich ir die preun ermaufs,   10
     auf allen vieren kreuhen
     an als verfcheuhen.
                Ir rotter mund von adels grund   Repeticio
                ift rain verfüfft gar zuckerlich;
                füfflin klaine, weifs ir baine,   15
                brüftlin herte, wort, geferte
5   verget fich biergifch, waidelich.

II   *D*er amfel tün ich ungemach
     und manger drofchel aufferwelt
     ze öbrift auf dem Lenepach   20
     mit ainem kloben, der fi fellt,
5   wenn ich das fchnürlin zucke
     In ainer hütten, wolgedeckt
     mit rauhen eften, luftlich grün;

---

1. getterin *A*. **2.** ftickelm *c*. perg *Ac*. **3.** hochen *A*. **4.** wañ *c*. loch *c*.
5. grüenem *c*. verreuchen *A*. **6.** Gar funder fcheuhñ *A (gilt auch für
12)*. **7.** fuchs *c*. **9.** gugk *c*. luchs *c*. **10.** pys *A*. ir *fehlt in c*. **11.**
krewchen *A*. **12.** alls *c*. **13.** rot' *A (c)*. verfüft *A*, uerfüeft *c*. zucker-
leich *A*. **15.** füflin *A*, füefflein *c*. paine *c*. **16.** prüftl. *c*. **17.** pierg.
Ac.
18. amfl *c*. **19.** mancher *A*. drofchl *c*. **21.** felt *A*. **22.** wañ *c*. fnürl. *c*.
23. wolbedeckt *c*. **24.** rauchen *A*. efften *c*.

leicht kompt zu mir, die mich erweckt   25
mit ganzen freuden troſtlich kün,
10   gefloffen durch die lucke
ſchon mit getucke.   Repeticio ut ſupra

III   Wenn ich das voglen zu geſchöck,
und aller zeug beinander iſt,   30
ſo hört man zwar ain ſüſs gelöck
durch groſs geſneud in kurzer friſt.
5   des möcht die ſchön gelachen,
Das ſi mir all mein kunſt abſtilt,
was ich zu voglen han gelert;   35
von irem kloben mich bevilt,
des gümpels er zu dick begert.
10   das macht die hütten krachen
von ſolchen ſachen.   Repeticio Ir rotter mund etc.

84. Wol auff, wir wellen ſlauffen   *B 34ᵛ 35ʳ (A 45ʳ,*
                                         c 71ʳᵛ, G, G¹ = BW 9, Sch 42)

I   *W*ol auff, wir wellen ſlauffen!   Tenor
         hauſknecht, nu zündt ain liechtel,
wann es iſt an der zeit,
da mit wir nicht verkaffen,
5   der letzt ſei gar verheit.   5
das laien, münch und pfaffen

---

25. kumbt *c.*   **26.** ganntzen *c.* tröſtl. *c. nach* **28***:* R⁰ Ir rot' *A.*
29. wan *c.* vogeln *c.* **30.** pey ainand' *A.* **31.** hort *A.* ſüeſs *c.* **32.** gros
A. **35.** vöglen *A.* hab *Ac.* gelrt *c.* **36.** peuilt *A.* **37.** der [?] *c.* ze *A.*
dick] offt *c.* pegert *A.* **39.** las friſchlich bachen *A.* ſolhen *c.* R⁰ Jr *A.*
84. *Strophenfolge*
in G: 1–16, 33–40, 17–24; 25–32 fehlen;
in G¹: 1–16, 25–32, 17–24, 33–40.
1. ſlaffen *Ac (auch 33)*, ſlaffen gan *G¹.* **2.** nu *fehlt in G.* zünd *A,* ent-
zünd *G¹.* liecht *GG¹.* **3.** an der] worden *G.* **4.** das *G¹.* vnd hab wir nit
ze kauffē *G.* **5.** ſy *A.* v'hyt *A.* der ſey u'heit *c (GG¹).*

zu unſern weiben ſtaffen,
ſich hüb ain böſer ſtreit.

II   Heb auff und laſs uns trincken,   *35ʳ*
          das wir alſo nicht ſchaiden   10
          von diſem güten wein.
          und lämt er uns die ſchincken,
     5   ſo müſſt er doch herein.
          her kopf, nu lat eu wincken!
          ob wir zu bette hincken,   15
          das iſt ain klainer pein.

III   *N*u ſleich wir gen der türen.
          ſecht zü, das wir nicht wencken
          mit ungelichem tritt.
          was gilt des ſtaubs ain üren?   20
     5   her wiert, nu halt es mit!
          wir wellen doch nicht züren,
          ob ir eu werdt beküren
          nach pollaniſchem ſitt.

IV   Her tragt den fürſten leiſe,   25

---

7. zu unſern] den buern zun *G*¹. wibñ *A*, beibñ nit ſt. *c*.   8. hueb *c*.
pöſer *c*, groſzer *G*¹. ſtritt *A*. hebt ſich ein groſſer ſtr. *G*.
9. Heb auff und] Schenk ein *G (G¹)*. lauß *A*.   10. alſo] uns *GG*¹.
11. gutñ *Ac*, külen *GG*¹.   12. lembt *c*. der lawbt mä vnß *G*. den *G*.
ſchinken *A*, ſchenkel *G*¹.   13. müß *A*, müs *c*.   14. winkñ *A*.   15. zum
pettlen *G*. pëtte *c*. hinkñ *A*.   16. es *G*. klaine *c*, geringe *G*¹.
17. So trät *G*, Drett *G*¹. zu der *c (G) G*¹.   18. zu *c*. wenkñ *A*. das wir
vnß nicht zûrē *G*, das wir doch nit wenken *G*¹.   19. vngeleichem *c*.
trit *c*, ſtat *G*¹. nach hoffenlichē ſytt *G*.   20. ſtobs *A*, düsz *G*¹. vnd gült
es vnß ein ewrē *G*.   21. her *fehlt in G*. wirt *A*. nu] ſo *G*, ir *G*¹. halt es]
halt vnß *G*, haltens *G*¹.   22. nit *A (und 26, 31)*. vnd das wir vnß nit bezu-
rē *G*, ir ſolt dar umb nit zürnen *G*¹.   23. wert *A*, werd *c*. vnd vnß nicht
bekürē *G*, ob wir unſz bekürnen *G*¹.   24. polliniſchē *A*, polaniſchem *c*,
pollēdiſchē *G*, bollemſchem *G*¹.
25. Dragt *G*¹.

da mit er uns nicht felle
auff gottes ertereich!
fein lob ich immer breife,
5   er macht uns freuden reich.
ie ainer den andern weife!   30
wiert, fchlipf nicht auff dem eife,
wann es gat ungeleich!

V   *H*in flauffen well wir walzen.
nu fragt das haufdierelin,
ob es gebettet fei.   35
das krawt hat fi verfalzen,
5   darzu ain güten brei.
was foll wir dorzu kalzen?
es was nit wolgefmalzen;
der fcheden waren drei.   etc. 40

85. „Nu hufs!" fprach der Michel von Wolkenftain

B 35ᵛ 36ʳ (A –, c 71ᵛ 72ʳ, G
= BW 10, Sch 78)

I   »*N***)u hufs!*« fprach der Michel von Wolkenftain,
     »fo hetzen wir!« fprach Ofwalt von Wolckenftain,
»za hürs!« fprach her Lienhart von Wolkenftain,
»fi müffen alle fliehen von Greiffenftein geleich.«   *36ʳ*

II   *D*o hüb fich ain geftöber aufs der glüt,   5

---

*) rot-blau
26. das ir yn nit fellent *G*[1]. **27.** ertreich *c*. **30.** ie] das *G*[1]. **31.** wir
fchlifen *G*[1]. flipff *c*. **32.** wan *A*. get *A*. ir gent gar unglich *G*[1].
33. Hin *fehlt in G und G*[1]. well] föll *A*. walzen] päld fein *G*. **34.** nu
fehlt in G. haufdiernelein *c*. Herr wirt nu fragt das diernelin *G*[1].
35. es] unfz *G*[1]. gepëttet *c*. **36.** *S*y hatt das kr. *G*. fie unfz *G*[1]. **37.** ain]
den *G*. gütten *A*, guten *c*. prey *c*, prein *G*. **38.** full *c*. darüb *A (G*[1]*)*,
darzu *c*. dar vmb well wir nit k. *G*. **39.** nit wolgefm.] halt vngefchm.
G, gar vngefchm. *G*[1]. **40.** fchäden *A*. wären *A*, der warent *G*..
2. wolkenftain *c*. **3.** zu hurfs *c*. **4.** müeffen *c*. greiffenftain *c*.
5. hub *c*.

all nider in die köfel, das es alles blüt.
banzer und armbro/t, darzu die ei/enhüt,
die lie//ens uns zu letze; do wurd wir freudenreich.

III   Die handwerch und hütten und ander ir gezelt,
das ward zu ainer a/chen in dem obern veld.   10
ich hör, wer übel leihe, das /ei ain bö/er gelt:
al/o well wir bezalen, herzog Friderich.

IV   Schalmützen, /chalmeu//en niemand /chied.
das ge/chach vorm Rauben/tain inn dem ried,
das mangem ward gezogen ain /pann lange niet   15
von ainem pfeil, geflogen durch armbero/t gebiett.

V   Gepawren von Sant Jörgen, die ganz gemaine,
die hetten uns ge/woren fal/ch unraine,
do komen güt ge/ellen von Rauben/taine.
got grü/s eu, nachgepawern, eur treu i/t klaine.   20

VI   *A*in werfen und ain /chie//en, ain gro/s gepreu/s
hüb /ich än verdrie//en, glöggel dich und /eu/s!
nu rür dich, güt hofeman, gewinn oder fleu/s!
ouch ward da/elbs be/enget vil dächer unde meu/s.

VII   Die Botzner, der Ritten und die von Merän,   25
Häfning, der Melten, die zugen oben hran,
Serntner, Sene/ier, die fraidige man,
die wolten uns vergernen, do komen wir der von.

---

6. plüt *c*.   7. pantzer *c*.   8. lie//en /y *c*.
9. hantberch *c*.   11. übl *c*. pö/er *c*.   12. Fridereich *c*.
14. be/chach *c*. in *c*.   16. armbro/ts gepiet *c*.
17. Die paurñ *c*. /and *c*.   19. vom *c*.   20. grue/s *c*. nachtgepaurñ *c*.
22. an *c*. glöggl *c*.   23. gut *c*. gebin *c*.   24. bardñ *c*. be/egnet *c*.
25. potzn' *c*. riten *c*. meran *c*.   26. heran *c*.   27. fraidigñ *c*.   28. verg-
nen *c*. dauon *c*.
Wortlaut in G:
I   zu hür/s /o /pricht her Michel vom Walcke'/taine'
zŭ hutz (?) /o /prach her arnolt von Walcke'/taine'

86. O phalzgraf Ludewig   *B 36ʳᵛ (A 47ʳᵛ, c 72ʳᵛ*
= BW 11, Sch 99)

I
  O phalzgraf Ludewig
    bei Rein ſo vein, dein ſteig
geit braite, ſchraitte tugent groſs,
kainer dein genoſs
5 Dir nicht geleichen mag.   5
hör mich, was ich dir ſag!
ſich klärlich, bärlich vindet das
nach adelicher maſs,
Die rürſtu, fürſtu in ſtētem ſchilt
10 durch manhait, weiſſhait warhafft milt,   10
ouch freuen dich die frauen, permafoi,
hort ich von deim getruen
gemaheln von Sophoi.

II
  *I*ch rüm dich, Haidelwerg,
    lob, oben auf dem perg,   15
das ſchöne, fröne mündlin rot
da zeren múſs und brot
5 Mit züchten wolgemüt.

---

    zú hürß ſo ſpricht her Oſwalt von Walcke'ſtain
    ſo wel wirß friſchlich wage' ir trew die iſt gar cklain.

II
    die púnd die ſind ga falle' ſÿ ſind gewu'ne' wie pald   5
    wie ſÿ der ſchneller, (?) mit cklaine' ſchalle
    das riette' mir die pfaffe' vnd die vo' Halle
    vnd etlich geſt im lande die ich beralle.

III
    die pawre' vo' Jorge' all gemaine
    die habent vnß geſwore' falſch vnd vnraine   10
    ſy wolte' vnß habe' geſchoſſe' (?) das habendß nit getan
    ſy wolte' vnß vbergerbt han da halff vnß got dar uon.

1. Phaltzgraff ludweig *c.* **2.** by Rin *A.* vin *A.* **3.** gibt *c.* praite *c.*
7. klerl. perl. *c.* **8.** adeleicher *A.* **9.** ſtätem *A.* **10.** wißh. *A.* warhaft
A. **12.** getrawen *A,* getreuen *c.* **13.** gemächelin *A,* gemahl *c.*
14. haidlberg *c.* **16.** vf *A.* berg *A.* **17.** müß *A,* mues *c.* prot *c.*

    ir er ift fer behüt
    durch Metzlin, Ketzlin, Kädrichin,   20
    Agnes und Engichin,
    Der jugent, tugent wolgeziert
10 mit wandel, handel ungefiert.
    das lob ich got, den milden, was ich kan,
    das er alfo kan bilden   25
    fchön kindichin wolgetan.

III Do ich den Necker kofs,   36ᵛ
    der bach gemach nicht flofs
    in Rein, der Main, darzu die Nau
    umb Pingen. Neckerau,   30
5   Dein fcheren ungenetzt
    der tafchen mafchen fetzt,
    an rûff fchûff ich mir güt gemach
    zu Manhaim, Bacherach.
    Unfröftlich, köftlich mein da ward   35
10 gepflegen engegen von dem lieben bart,
    der mich hat fchon gedecket mit füchfen fwër,
    durch märder fer erfchrecket;
    das fpil louff mir nicht lër.

    87. Rot, weifs, ain frölich angeficht *B 36ᵛ (A –, c 72ᵛ*
                                       73ʳ = BW 72, Sch 70)
I   Rot, weifs, ain frölich angeficht,
       emplöfft aufs fwarzer farbe klaid,
       ain klain verdackt der ftieren flicht

---

20. Mätzl. kätzl. *A.* kädrichein *A*, kätrichin *c.*   **22.** wolgezieret *c.*
23. bandl b[!]andl vngefieret *c.*   **24.** des *Ac.*   **25.** pilden *c.*   **26.** wolge-
tän *A.*
27. kos *A.*   **28.** pach *c.* nit *A (auch 39).*   **29.** darczü *A*, darzue *c.*   **31.**
fchern *c.*   **33.** rüf fchüf *A*, rueff fchueff *c.* gut *c.*   **34.** pacherach *c.*
36. durch den *A.* part *c.*   **37.** bedecket *A*, w· *c.* füxfen *A.*   **39.** loff *A*,
lieff *c.* lär *A.*
2. enplöfft *c.*   **3.** ftiern *c.*

mit ainem ſchlaierlin gemait,
5   durchſichtiklich geſchittert.   5
Darinn ain mündlin roſen var,
ſmieliſch mit zendlin weiſs beſteckt,
verleucht von ſwarzen öglin klar,
die meinem herzen freuden weckt,
10   das es dorinn erzittret,   10
frölichen kittert.

       Ir wort, gepär ringt mir die ſwër,   Repeticio
       wenn ich das aigenlich beſchaw,
       darzu ir jugent, freuntlich tugent,
       mit ſchallen, ſchimpfen pringt gelimpfen.   15
5   des freu dich, aller liebſte frau!

II   *W*ie wol gedenck mich lan unfrei,
ſo tar ich doch geſprechen nicht.
dieſelbig forcht mir wonet bei,
neur deſter wierſer mir beſchicht,   20
5   das ich die tuſch ſol meiden.
Darzu übt mich mein grobe art,
das ich ſo ſelden wirt getröſt;
von nöten greiſet mir der bart,
ſeid mein herz ſenlich wirt geröſcht.   25
10   gar dick mit groſſem leiden
müſs ich das reiden.

III *S*ündlichen ſehen, klaine ſpräch.
und wer die tütſch nicht wil verſtan,
das pringt dick ainem ungemach,   30
das er ſein not nicht werben kan;

---

4. ſlairl. *c.*   **5.** durchſichtigkl. *c.*   **7.** beſtecket *c.*   **8.** eugl. *c.*   **10.**
dar jnn erzittert *c.*   **13.** wañ *c.* aigentl. *c.*
17. gedänck *c.* lañ *c.*   **19.** pey *c.*   **20.** wieſer *c.*   **22.** üebt *c.*   **23.** wird *c.*
24. part *c.*   **25.** geröſſt *c.*
28. Süntl. *c.*   **29.** teutſch *c.* dick] offt *c.*

5   des müfs ich offt engelten.
       Mit eren, aufferweltes M,
       liebft du mir in meins herzen grund,
       dein ftolzer leib mich nicht enklemm,   35
       der mag mir freude machen kund.
10   fo gar an alles melden
       tet ich es felden.

       Nota difs obgefchriben lied Rot weyfs etc. fingt fich inn der
       melody Ain yetterin iunck etc.

88. Vier hundert jar auff erd   *B 36ᵛ 37ʳ (A 52ᵛ, c 73ʳᵛ, E = BW 73, Sch 19)*

Tenor

I   Vier hundert jar auff erd, die gelten neur ainen tag,
       und wo fich lieb zu lieb haimlich verfliffen mag,
       da wër ich nicht ain zag.
       ich druckt die minniklichen zu mir auf die bruft
5   nach meines herzen luft,   5
       fo wer mein laid, fo wer mein laid vertufcht,   37ʳ
       das hail drung mich zu liebem ungemach.

II   Ich rüm den tag und breis den wunniklichen fcherz,
       do fi mich hat erwellt fo gar an allen fmerz
       ganz für ir ainigs herz,   10
       und defgeleichen unvergeffen ewikleich
5   ir nimmer mer geweich

---

34. grundt *c.*
1. V *fehlt in A.* vf *A (auch 4).* neur *fehlt in A und E.*   **2.** verfliezzen
A (c).   **4.** ich truckt ich fchmuckt *E.* zu mir auf die] an mein *E.*
pruft *c.*   **6.** fo wer mein laid *in A, c und E nur einmal.* vertuft *A,*
u'tufft *c.*   **7.** die lieb trüg mich zu lieb on vngemach *E.*
8. rüem *c,* lob *E.* brys *A,* preis *c.*   **9.** do] feid *E.* het erwëlt *c.* fchmertz
Ac. vfzerwelt ja für ir aigen hertz *E.*   **10.** fur *A.* fo gar on allen fchertz *E.*
11. und *fehlt in E.* defglichen *A.* ewiklich *A,* ewigklich *c,* ymmer vnd
ewicleich *E.*   **12.** gewich *A.* in meines hertzen teich *E.*

in meines herzen teich,
als ich ir das löblichen hoch verſprach.

III   Mit urlob, frau, kain ſchaiden tet mir nie ſo we,   15
ſolt ich dein ſtolzen leib geſehen nimmer me,
das wër mein gifftlich kre,
und raw mich ſer dein pöſchelochter, rotter mund,
5   der mich tiefflichen wunt
gar in des todes grund.   20
des mordaio, oi mi und immer ach!

89. Herz, müt   *B 37ʳ (A 54ʳ, c 73ᵛ = BW 74, Sch 34)*

I   **H**erz, müt, leib, ſel und was ich han,
das freut ain lieplich angeſicht,
Dem ſol ich weſen undertan,
zu dienen ſtetiklich gericht.
    Frau, du ſolt unvergeſſen ſein   Repeticio 5
    in meinem herzen ewikleich,
    und wër das ouch der wille dein,
    ſo ward nie kaiſer mein geleich.

II   Ich wolt, du weſſt an als gevër
mein freuntſchaft halb, die ich dir trag;   10
zwar du erfürſt vil lieber mër
von dir zu mir an alle frag.

---

13. tich *A.* von der ich doch nit weich *E.*   **14.** wann ich das ir
mündtleich vnd hoch verſprochen hän *E.*
15. wee *c.*   **16.** vnd ſolt ich fraw dein leib g. n. *E.* lib *A.*   **17.** mein] ein
E. giftlich kree *c,* gifftig wee *E.*   **18.** pöſchol. roter *c.* ſo rewt mich fraw
dein roſenuarber zucker ſüſſer mund *E.*   **19.** tiefflichen] lieplichen *A.*
hatt mir mein hertz verwundt *E.*   **20.** bis vff des todes punt *E.*   **21.**
des mordai vnd ach vnd ymmer we *E.*
1. H *fehlt in A.*   **3.** vndertän *A.*   **6.** ewiklich *A,* ewigklich *c.*
10. freuntſchafft *c.*   **11.** erfurſt *c.*   **12.** Rᵒ ffrow du ſolt etc. *A (ebenso 16).*

III   Wie ferr ich bin, ſo nahet mir
        inbrünſtiklich dein ſtolzer leib,
        Senlich darnach ſtet mein begier;   15
        du freuſt mich zwar für alle weib.

                    Repeticio Frau du ſolt unver etc.

90. Ach, ach got, wër ich ain bilgerin   *B 37ʳᵛ (A 55ᵛ*
                                    56ʳ, c 74ʳ = BW 75,

I   *A*＊ch, ach got, wër ich ain bilgerin,   *Sch 26¹)*
        als ich vor zeitten ainer was,
        So walt ich zu den ſweſtern mein
        gar brüderlichen ane haſs.
5   Vil aubenteuer, neuer mër   *37ᵛ*   5
        wolt ich in loſen,
        ſcharpf in das örichin an gevër
        freuntlichen koſen.
            Zwai ſtäbichin hëtt ich pald genät   Repeticio
            auff ainen höggen, wie ich tät,   10
            darunder klöſterlich verdrät
            ſchon als ain brüder,
5   der ſeine ſweſtern lieber ſüchte wann die müdern.

II   *W*o herzenlieb beinander iſt,
        da durt die nacht ain ougen blick.   15
        wie kund ich mich der kurzen friſt
        benügen? der ich nicht erſchrick,
5   Und die mein herz beſeſſen hat
        ſcharpf mit gewalte,

＊) rot-blau
13. pin *c.* **14.** inprünſtigklich *c.* **15.** begir *c.*
1. ach *in c nur einmal.* pilgerin *c.* **4.** brüederlichñ *c.* **5.** abenteür *c.*
10. höggen] mantl *c.* **11.** daründer *c.*   kloſterlich *c.* **12.** prued' *c.*
13. ſüechte *c.* dann *c.* mueder *c.*
14. peinand' *c.* **15.** da durt] do werd *c.* augenplick *c.* **16.** künd *c.* **19.**
ſcharff *c.*

ich kan ir nimmer werden ſat,   20
die weil ich alde.

III   Senliches ſchaiden mich ermart,
           mit groſſer klag ich das verdol.
           ie doch mich teglich panget hart,
           das ich mich ſelden ſchaiden ſol   25
5   Und mir undicke wonet bei,
           die mich tüt freuen
           vor aller werlde ſtampanei;
           das müſs mich reuen.   Repeticio ut ſupra

---

nach 21: Repeticio uts. c.
26. pey *c.*   **28.** für *c.*   **29.** mues *c.* Repeticio omimodo uts. *c.*
Wortlaut in A:
I   Ch got wer eck ein belgerin
           als ick vor tyten eine was
           ſo So walt ick tu den ſöſtern mein
           gar brüderlicken ane haß
5   Vil auentuwer nuwer mër   5
           wolt eck jn loſen
           gſcharp jn dat örigin angeuär
           freuntlicken koſen.
                    Tway ſtäbickin hiet ick pald genät   Re°
                    vp einen höggen wier ick tät   10
                    darund' klöſterlick verdrät
                    gſchon als ein brüder
5   der ſeine ſöſtern liefer ſückte wañ die müdñ.

II   Wo herten lif bynander iſt
           da durt die nacht ein ougen plick   15
           Wie künd ick mick der kurtten friſt
           benügen der ich nicht ergſchrick
5   Und die mein hert beſeden hat
           gſcharp mit gewalde
           ick kan ir nymm' werden ſat   20
           die weyl ick alde.   R° ut ſup

III   Senlickes gſcheiden mick ermart
           mit groter klag ick dat verdol

91. Freuntlicher blick   *B 37ᵛ 38ʳ (A 53ᵛ 54ʳ, c 74ᵛ 75ʳ,*
                              E, K = BW 76, Sch 15)

I   Freuntlicher blick   Tenor
    wundet fer meins herzen fchrein
    mit ainem fcharpfen zain,
    zwai öglin rain,
5   lauter, klar und vein,   5
    ein, fein gewaltig mein.
    Aufs flauffes fchrick,
    vil gedenck, melancoli,
    dicke mir wonen bei,
10 zetter ich fchrei   10
    nach der edlen krei,
    ei, das fi bei mir fei!
    Ir günftlich grüfs
    von dem mündlin füfs
15 mit unmüfs   15
    mir pringt fenlich büfs
    baide, tag und nacht,
    fo ich betracht und acht,
    das mich liederlichen umbfacht
20 ermlin macht.   etc. finis kund 20
    Mit hertem druck   38ʳ
    kürlich zu ir fmuck

    ———————

    Ye doch mich darnach panget hart
    dat ick mick felden gfcheiden fol   25
5   Und mir vndecke wonet by
    die mick tüt frowen
    für aller werlde ftampaney
    dat müt mick ruwen.

1. F *fehlt in A.* plick *c.* 3. ainer *E.* zeyn *A.* 4. eügl. *c.* reyn *A.* 5. luter
A. 7. Ufs *A.* flaffes *A,* flaf *c (am Zeilenende).* 8. gedänck meloncoly
c. 9. pey *c (auch 12).* 10. zetter] hilff io *E.* 13. Ir] Ain *E.* 14. dem]
irem *E.* mündlein fuefs *c.* 15. vnmuefs *c.* 16. puefs *c.* 17. paide *c.*
18. acht vnd betracht *E.* 19. lieplich *E.* vmbefacht *c.* 22. kurtzl. *E.*

und mich tuck,
das ſi nicht enzuck,
25 bis ir rotter mund   25
auf ſleuſt den punt verwunt,
des ſi maiſterlichen ain grund
ſchaffen kund.

II   Traut, ſelig weib,
ſelden ſehen überal   30
dort mir der ſinne zal,
ſeid mich zu mal
5   deines leibes ſal,
gral werfen wil zu tal.
Ellenden leib   35
für ich auf der ierren pan
und hoff auf zweifels wän,
10 recht als ain man,
den man wil verlän.
von freuden müſs ich ſtän,   40
Und ſwebt mein klag
auf dem wilden wag
15 tüglich tag,
das ich ſchier verzag,
ſeid mein höchſtes hail   45
mir machet fail die gail,
und in kainerlai wandels mail
20 brach das ſail.
Dorumb iſt, ach,
feuer in dem tach,   50

---

23. duck *A*.   **26.** vf *A (auch 36, 37, 42)*.   **27.** des] das *E*. maiſt'lich
ainen *c*.
29. Trut *A*. wib *A*.   **30.** vberal *A (c)*.   **31.** tört *c*.   **35.** Ellende lieb *E*.
36. yrren *c*.   **37.** wan *c*.   **39.** verlän *A*.   **42.** dem] aim *c*.   **43.** tegl. *c*.
44. ſchir *c*. das ich nymmer mage *E*.   **46.** mir *fehlt in E*.   **47.** wandel
A, wandels *fehlt in E*.   **48.** prach *c*.   **49.** ach] auch *E*.   **50.** feür *c*.

kain gemach
in meins herzen vach,
25   wenn ich recht bedenck
die zarten renck, gelenck,
mit ſo mangerlai hendlin ſchrenck   55
ſunder wenck.

III   *A*ch raine frucht,
laſs erbarmen dir mein not!
was hilft dich nu mein tod?
dein mündlin rot   60
5   mag verhailen wol den ſchrot
grot, den mir unfal bot.
Kain andre flucht,
neur allaine, frau, zu dir
lendt ſich meins herzen gier.   65
10   dein köſtlich zier
wil behelfen mir
ſchier, des ich hart embier.
Bedenka jo,
lieb, du waiſſt wol, wo,   70
15   hab alſo,
laſs mich nicht unfro,
nu wend meins herzen laid,
das mich all raid beklaid
durch dein ſeuberlich, ſchön gemait,   75
20   zierlich, brait.
Erſt wurd ich reich,
niemand mein geleich,
von dem ſpeich,

---

53. bañ *c*. 55. maniger *E*.
58. las *A*. 59. hulff *E*. 60. mündli *A (am Zeilenende)*. 61. hailen *E*.
62. grot *fehlt in c*. pot *c*. 64. fraw allain *E*. 65. Sent *E*. 67. wöll helf-
fen *E*. 68. ſchir *c*. empir *c*. 69. Wedenncka *c*. 72. las *A*. nicht]
nyendert *E*. 73. nu *fehlt in E*. wenndt *c*. 75. dein] ſein *E*. 76. prait *c*.

fülſer wunne teich;   80
25 urlob gäb ich we,
und grünt mein kle als e.
ſchaiden, bitterlich kalter ſnee,
ſcharpfer kre,
kom nicht me!   85

92. Treib her, treib überher   *B 38ʳᵛ (A 55ʳ, c 75ʳᵛ*
= BW 77, Sch 40)

»Treib her, treib überher, du trautes Berbelin das mein,
zu mir ruck mit den ſchäfflin dein,
kom ſchier, mein ſchönes Berbelin!«
»*I*ch merck, ich merck dich wol, aber ich entün ſein wěr-
dein waide, die iſt gar enwicht,   [lich nicht,   5
mein haide ſtat in grüner phlicht.«
»Mein waid, mein waid, die iſt wol auſs der maſſen kurlich
mit kle, loub, gras, vil plümlin plüt,   [güt,
der ſnee get ab in meiner hüt.«
»So hör, ſo hör ich hie vil ſüſſer vogelin geſangk,   10
da bei iſt mir die weil nicht lanck,
gar frei iſt aller mein gedanckh.«
»So han, ſo han ich hie wol ain külen, klaren brunn,
dorumb ain ſchatten für die ſunn.

---

80. ſueſſer *c.* tich *A.*   **81.** geb *c.* wee *c.*   **82.** grunt *c.* klee *c.* eeeee *c*
83. ſcheiden *A.* pitt'l. *c.*   **84.** ſcharff' kree *c.*   **85.** kum' *c.* mee *A*
meeeeeee *c.*
Einige Verse (57–62; 77) in K:
Zart liebſte fraw nu laſs erbarmen dich Mein nodt was hilff dich nu
mein todt Dein mündlein rodt mag verheilen wol den Skodt grodt
vnual bey erſt wurd ich reich.
1. T *fehlt in A.* trutes *A.* bärbeli *A,* Agneſlein *(auch 3) c.*   **2.** ſchäffgin
A, ſchefflein *c.*   **3.** ku𝔪 *c.* bärbelein *A.*   **5.** die] de *A.*   **6.** ſtet *c.* pflicht *c.*
7. vſ *A.* kürlich *Ac.* gut *c.*   **8.** plut *c.*   **9.** ſne *c.* huet *c.*   **10.** ſueſſer *c.*
vogelein *A,* voglin *c.*   **11.** dapey *c.*   **12.** gedankh *A.*   **13.** einen *A.*
kulen *c.* prünn *c.*   **14.** darumb *A.*

nu kum, meins herzen höchſte wunn!«   15
»Von durſt, von durſt ſo hab ich kainerlaie hendlin not,
  ja keut ich nie das käſs und brot
  von heut, das mir mein mütter bot.«
»Vil ſwammen, ſwemmelein, die wachſen hie in diſem
  darzu vil junger voglin rauch.   [ſtrauch 20
  kämſtu zu mir, ich gäb dir ouch.«
»Wiltu, wiltu mich ſichern, genzlichen mit gemache län,
  villeicht ſo treib ich zu dir hnan;
  ſuſſt weicht mein vich verrlich herdan.«
»*N*u fürcht, nu fürcht dich nicht, mein auſſerwelte   25
  ja flicht ich dir deinen weiſſen lock   [ſchöne tock!
  und ſlicht dir deinen rotten rock.«
»Das haſtu, das haſtu mir ſo dick verſprochen bei der wid,
  veſt ſtet zu halden ainen frid,
  noch tet du mir an meim gelid.«   30
»Der ſchad, der ſchad was klaine, der deinem leib allda
  in maſs, als es dein ſweſter ſprach;   [beſchach,
  ich laſs dich fürbaſs mit gemach.«
»Das wirt, das wirt ſich ſagen erſt, ſo ich werden ſol ain
  ob ſich verraucket hat mein haut.   [braut, 35
  pfüg dich, du tēt mirs gar zu laut.«
»Bis wil, bis wilkomen, du wunniklicher, ſchöner   *38ᵛ*
  du biſt mir lieber hie wann dort.   [hort!
  nu liſp mir zu ain freuntlich wort!«

---

15. kom *A*, kum̄ *c.* hochſte *c.*   16. han *A.* kain'lay *c.*   17. käs *A*, kes
c. prot *c.*   18. das hewt mein mütt' mir gebot *A.* mut' *c.* pot *c.*   19.
ſtruch *A.*   20. voglein *c.* ruh *A.*   21. kombſtu *c.*   22. bildu *(einmal) c.*
lan *Ac.*   23. hinan *c.*   24. ſuſt *c.*   25. Nu fürcht nü furcht *c.* vßerw.
A.   26. wiſſen *A.*   27. roten *Ac.*   28. haſt... haſtu *A*, haſſt ...
haſſtu *c.* dick] offt *c.* pey *c.*   29. ſtät *A.*   30. tētt *c.* meinn *A.*   31.
was] iſt *A.* alda *c.*   33. fürbas *A*, furpas *c.*   34. brut *A*, praut *c.*   35.
verrücket *A*, v'rucket *c.* hut *A*, hat *c.*   36. pfuch *c.* tetſt *A (c).* gar]
vil *c.* lut *A.*   37. will ... willigkom̄ *c.* mein vßerwelt' ſchöner *A.*   38.
piſt *c.* dañ *c.*   39. zü *A.*

»Und wer, und wer ich dort, wer wër dann, lieb, bei dir   40
mein herz dich genzlich nie verlie   [allhie?
an ſmerz, du waiſſt wol ſelber, wie.«
»Des wol, des wol mich ward vil mer wann hundert
mich tröſſt dein röſelochter mund,   [tauſent ſtund.
der löſſt auf ſweres herzen punt.«   45
Vil freud, vil freud und wunne ir baider leib all do betrat,
bis raid der aubent zuher jat.
an laid ſchied ſich ir baider wat.   etc.

93. Herz, prich   *B 38ᵛ (A 21ʳ, c 76ʳ*
= BW 78, Sch 22)

I a   ... prich! rich! ſich: Diſcantus
ſcherz dringt,
zwingt und pringt
natürlich lieb in immer.
5   ach, rach, grimmiklichen ſchrei.   5
ei frei, geſell,
kenn dein treu be ...

I b   *H*erz, prich! ſich; ſmerz   Tenor
hie ſer und pringt
natürlich lib   10
ich immer, ach, rach
5   ich grimmiklichen ſchrei.
frei, geſell,
wenn dein treu bedencken.

---

40. by *A*.   **41.** vorlie *A*.   **42.** än *A*.   **43.** dañ *c*. tuſent *A*.   **44.** tröſt
A c. roſenfarber *A*, röſol. *c*.   **45.** löſt *c*. vf *A*, aus *c*.   **46.** paider *c (auch
48)*. lib *A*. allda *c*.   **47.** abent *c*.
93. *V. 1–7 fehlt in c.*
4. naturleich *A*.   **5.** grim̃ichleichē *A*.   **7.** chen *A*. dein *A*. pedenkchen *A*.
9. ſår *A*.   **10.** naturleich *A*. lib] in *A*, lieb *c*.   **12.** grimmichleichē *A*.
14. wen *A*. pedenkchen *A*.

II   Hort mein, dein ain   15
       wort mort mir gail.
       unhail das ſail
       ich ſchreiben tün an wage ſchild.
5   wild mild mein herz begriffen hat,
       quat mat. nu ſnell,   20
       gelück, rück mir lieb verrencken!

III   *T*od, laid, maid, ſchaid
       not! rot dein mund
       troſt wund die hund,
       der ſtimm mir nie wolt louffen ſüſs.   25
5   büſs müſs mir freuden werden an,
       wan man, geſell,
       nie lie plauſen auff ſchrenken.

94. Lieb, dein verlangen

B 38ᵛ (A 18ʳ, c 76ʳᵛ
= BW 79, Sch 21)

I   L ieb, dein verlangen   Tenor
     hat umbfangen
       unergangen.
       wiſs, frau, traw, ſchaw,
5   mich tröſt dein ellende.   5

II   Dein lieplich poſſen
       hat befloſſen
       freuntlich goſſen,
       die zang, lang, wang
5   mit ſüſſem wellende.   10

---

18. thun *A.* ſchilt *c.* **20.** quad mad *A.* **21.** geluch *A,* gelük *c.* rücht
A. verrenkhen *A.*
22. Tot leid *A.* maid laid *c.* **25.** wold *A.* ſuez *A.* **26.** puez *A,* püſs *c.*
mues *A.* fraud. *A.* werd *A.* **28.** plaſen *A.* ſchrenkchen *A.*
1. u'lanngen *c.* **5.** tröſſt *c.* **6.** Ain *A.* **7.** peſchloſſen *A.* **10.** ſueſſem *c.*

III   Ei, was fol das?

mit geren bas

ich nie verfafs

die fchrenck. wenk, lenck,

5   herzlieb, mich fellende!   15

95. O rainer got   *B 39ʳ (A 48ʳᵛ, c 76ᵛ 77ʳ*
= BW 20, Sch 103)

I   O rainer got,

gnad, tugent hoch, der barmung tieffer gründe,

ain doctor aller weifhait fcharpf,

ain loner gütter dinge,

5   ain recher böfe werche macht,   5

gewaltiklich, ain herr der mächtikait:

Ich klag den fpot,

den du vertraift in difer werlde fünde.

ach frummer, klag, wenn du fein darf,

10   das fchand für er fol dringen,   10

und recht durch unrecht wirt verkart;

wer daffelb kan, der dunckt fich des gemait.

Das lert man inn der fürften fchül,

feid ich es recht bedenck,

15   darumb fo dringt da manger ftül   15

für alle tifch und benck,

der billich wol ain fchamel wĕr,

wenn man im rechen folt der eren fwĕr.

---

12. paß *A*, pas *c*. **14.** wenck *Ac*.

2. parm. *Ac*. grunde *A*. **3.** fcharff *Ac*. **4.** güt' *A (auch 50)*, guet' *c*.
5. bözer *A*, pöfe *c (auch 39, 47)*. **6.** geweltikl. *A*. machtik. *A*, mech-
tigk. *c*. **8.** welde *A*. **9.** wann *c*. darfft *c*. **10.** eer *c*. **12.** des] fein *c*.
13. des *A*. in *Ac*. fchul *c*. **14.** bedencke *A*. **15.** menig' *A*. ftul *c*. **16.**
bencke *A*, penck *c*. **17.** pillich *Ac*. fchaml *c*. wär *A*. **18.** wen *A*, wañ *c*.
rechnen *c*. fwär *A*.

II *I*ch *f*peur dreu' tier

in di*f*er werlt, die zwai jagt man gar *f*elden,   20

dem dritten lat man nimmer rü,

und i*f*t es fal*f*ch genennet.

5   die zwai gehai*ff*en treu und er,

der nam ich breis für aller werlde *f*chatz.

So es die vier   25

hie *f*prechen tün: »heb auff, trag hin, la*f*s gelden,

*f*ein *f*chuld grab in und deck in zü!

10   er*f*t wirt *f*ein nam erkennet,

er i*f*t gewe*f*en di*f*er und der;

was er der fal*f*ch, in vacht der helle latz.   30

Da vindt er *f*einer gno*ff*en vil,

gefangen umb ir *f*chuld,

15   die hie mit mangem fal*f*chen *f*pil

auch fluren gottes huld,

da von *f*i niemand brei*f*en kund,   35

bis *f*i hat gar ver*f*chlickt der helle grund.«

III Wo in dem wald

wont treu und er, die *f*üchen *f*ich ainander,

und de*f*geleichen bös und fal*f*ch,

al*f*o das gleich *f*ein gleichen   40

5   im au*ff*erwelt mit liebem gun*f*t;

das prüfft man an vil gro*ff*ern höptern wol.

Die *f*echen pald,

was in da fügt, käm ainr dort au*f*s Flandern;

i*f*t er ain kraut von bö*f*er *f*als,   45

---

19. *f*pür *Ac*.   **20.** welt *A*.   **24.** preis *c*. welde *A*.   **27.** zu *c*.   **30.** der helle latz in fächt *A*.   **31.** vind *c*. geno*ff*en *A*.   **33.** manigem *A*.   **34.** hulde *A*. **35.** *f*ey *A*. bewey*f*en *A*, wey*f*en *c*.   **36.** pys *A*.   gar *fehlt in A*. ver-*f*lichkt *c*.

38. *f*ûchen *A*, *f*uechñ *c*. *f*ich *fehlt in c*. anenand' *c*.   **40.** geleichen *A*. **42.** prüft *A*. gro*ff*en *Ac*. heübtern *c*.   **44.** kom *A*, köm *c*. ain' *c*.   **45.** po*f*er *c*.

10   behend ſo müſs er reichen.
     ſecht, der geneuſſt ſeinr böſen kunſt,
     das zwar ain frummer nicht engelten ſol.
     Wen allzeit vaſt nach eren dürſt,
     und fleiſſt ſich gütter ſach,   50
15   dem geit der obriſt himelfürſt
     in ſeinem reich gemach,
     und darnach hie ain vil güt wort,
     das beſſer iſt dann aller fürſten hort.

96. Graſſelick liſ   *B 39ʳ (A 55ᵛ, c 76ʳᵛ*
                                = BW 80, Sch 25)

I   G*raſſelick liſ, war hëf ick dick verloren   Tenor
     all diſe lange, ſütten ſummertit?
     Dat gi mi komt tu vorn,
     ſo left min hert in grot jo lit.

II   Geilicken fro, all tëlich ſunder truren   5
     tüt jo frowen lan einig minen liſ!
     Dat gſchol ick nit verluren,
     mit willen gſchin dein einig wif.

III Freuntlicker gſchat, dat ſlot müt gſchin verbunden
     und ſo keiſerlick wol verrigelt ſir.   10
     Erſt hëf ick freude funden,
     und welt min hert kain andern mier.   etc.

---

*) rot-blau
46. müs *c*. **48.** des *Ac*. entgelten *c*. **49.** vaſt *fehlt in A.* **50.** gut' *c*
(auch 53). **51.** gibt *c*. him̄lf. *c*. **52.** ſeim *A*. **54.** peſſer *c*. deñ *A*.
A : Nota das lied O reicher [!] got etc. ſingt ſich in der weyſe O ſnöde
welt etc. in principio.
1. G *fehlt in A*. lief *A*. wor *A*. **2.** langen *A*. **3.** tzu *A*.
5. traurñ *c*. **6.** tut *c*. **8.** gſchein *A*. dein] ewr *A*. ewig wiff *c*.
9. Freuntlich' *c*. **11.** ich *A*. **12.** wellt *A*. für dick kein *A*.

97. Senlich mit langer zeit   *B 39ʳ (A 54ᵛ 55ʳ, c 77ᵛ 78ʳ*
                                    = BW 81, Sch 72)

I   S*enlich mit langer zeit und weil vertreib
    fchafft mir ain minnikliches wib,
    wenn ich erwach und vind ir nicht,
    die mein gewaltig ift.
5   Trauren mich befleuffet genzlich überal,   5
    und meret fich mein groffer qual,
    fo mir an meinem arm gebrift
    ain fchatz an argen lift.
    Hüglich, tüglich, rüglich wer ich ficher gail,
10 wurd mir die lieb noch ainft zu tail.   10

II Ach fchaiden, du bittre wurz, verderblich krut,
    du ferreft mir mein liebfte brut,
    der ich vor kaine nie gewan
    fo gar an tadel wëh.
5   Für war, ich wolt, wër ie fchaiden hett erdacht,   15
    das im hinfür kain liebe nacht
    von kainer frauen wolgetän
    halt nimmer mer befchëch.
    Trauren, tauren, lauren müfs ich als ain kind,
10 bis ich die zarten wider vind.   20

III Gefell, gelück, freud, wunn, hail und höchftes G!
    nu wend durch got mein fenlich we
    vernünftiklich nach weifem rat,
    das ich dich kurzlich an fchau,

---

*) blau-rot
1. S *fehlt in A.* vertreib *fehlt in c.*   2. fchaft *c.* weib *A,* b- *c.*   3. bañ *c.*
5. genzlich *fehlt in A.* vberal *A.*   7. fo] wenn *A.* geprift *c.*   10. zetail *c.*
   11. pittre *c.* kraut *c.*   12. ferroft *A.* pruet *c.*   14. tadl wech *c.*   15. Fur-
bare *c.* ie *fehlt in c.* fcheiden *A.* hiet *c.*   17. wolgetan *Ac.*   19. als ich *A.*
   21. hochftes *c.*   22. wenda yo mein *A.* wendt *c.* wee *c.*   23. v'nüfftigkl.
c. wyfem *A.*   24. kürtzl. *c.*

5   Seid das ich gelouben ſol, als du da ſprichſt   25
      dein ſtäte lieb, und nicht embrichſt,
      da mit dein adeliche ſat
      nicht frücht ödlichen paẅ.
      Fanze, glanze, ſpranze, waideliche Gret!
10   vergiſs mein nicht, halt wie es get!   30

98. O wunnikliches paradis   *B 39ᵛ 40ʳ (A 51ᵛ, c 78ʳ*
                                          = BW 82, Sch 61)

I   **O***wunnikliches paradis,
         wie gar zu Coſtnitz vind ich dich!
      für alles, das ich hör, ſich, lis,
      mit gütem herzen freuſt du mich.
5   Inwendig, auſs und überal,   5
      zu Münſterling und anderſwa
      regniert dein adelicher ſchal.
      wer möcht da immer werden graw?
            Vil ougen waid   Repeticio
            in mangem klaid,   10
            ſlecht, zierlich, raid,
            ſich man zu Coſtnitz brangen
5   von mündlin rot,
            an alle not,
            der mir ains trowt   15
            mit röſelochten wangen.

II   Gepärd, wort, weis an tadel ſpëh   *40ʳ*
      ſchaut man durch hügelichen tritt

---

*) rot-blau
26. ſtete *c.* und] daran *A.* embriſt *c.*   **27.** ſatt *A.*   **28.** ödleichen *A.*
29. Frantze *c* [*korr.?*].
1. O *fehlt in A.* wunikl. *c.* paradeis *A.*   **2.** zu Coſtnitz han ich funden
dich *A.*   **3.** liß *A.*   **4.** gutem *c.*   **5.** vß *A.* vberal *A.*   **7.** regiert *c.*   **8.**
mocht *c.* grab *c.*   **11.** raid] brait *A.*   **12.** ſicht *A.*   **15.** drot *c.*   **16.** rö-
ſol. *c.*
17. wyß *A.* tadl *c.*   **18.** heügl. trit *c.*

von manger ſtolzen frauen wëh.
ſant Peter lat michs liegen nicht,   20
5 Des lob ich immer breiſen ſol
andächtiklich in meim gebett,
wann er iſt aller eren vol,
und wër mir laid, wer anders redt.

III Vil zarter, engeliſcher weib,   25
durchleuchtig ſchön, mit liechtem glanz,
beſeſſen haben meinen lib
all inn der Katzen bei dem tanz,
5 Und der ich nicht vergeſſen wil;
das macht ir minniklich geſtalt.   30
mit eren luſtlich freuden ſpil
vindt man zu Coſtnitz manigvalt.

99. Für allen ſchimpf   *B 40ʳ (A 51ᵛ 52ʳ, c 78ᵛ*
                                          = BW 83, Sch 62)

I   Für allen ſchimpf, des ich vil ſich
         zu Nüremberg frölich beſtellt
mit eren, ſo tüt freuen mich
der hader wunniklich geſellt,
5 Von manger lieben frauen ſchön,   5
und der kain tadel nie geflücht,
die ſich dem hader machet hön,
und doch kain hader nie verſücht.
         Wolauff, geſell,   Repeticio
         wer hadren well   10
         für ungevell,

---

19. bech *c.*   **20.** ſand *c.*   **21.** bryſen *A*, preyſen *c.*   **22.** andächtigkl.
c. gepet *c.*
24. wib *A.*   **27.** leib *c.*   **28.** in *Ac.* by *A*, pey *c.*   **30.** geſtallt *A.* Rº Vil
ougen waid etc. *A.*
1. FÝr *zweimal B*, F *ſehlt in A*, Fᵛr *c.*   **2.** nürnberg *c.*   **6.** tadl *c.* ge-
flucht *c.*   **8.** u'ſucht *c.*   **9.** Wol vff *A.*

der vleiſs ſich freuden ungeſwacht
5   auff glihem dail,
der mag ſein hail
wol machen gail   15
an alles mail,
ob er den orden wolbetracht.

II   Zucht, er, lob, tugent iſt ir krei,
wer ſich der regel halten wil,
der mag dem hader wonen bei   20
mit aller hendlin freuden ſpil,
5   Unhäderlich an argen ſchein,
frölichen fro, wer das verdächt,
der möcht wol an im ſelber ſein
verurtailt in des kaiſers ächt.   25

III   Wo ſolcher ſcherz an argen wän
binander iſt, vernempt den ſin;
wer möcht natürlich das gelän,
er wurf ſein hader ouch dorein?
5   Ob jemand das verkeren wolt,   30
der tet nach ſeiner groben art.
kain frau ſolt im nit werden hold,
ſeid er nit beſſers het gelart.   wol auff geſell etc

---

12. fliſs *A.*   **13.** vf *A.* gleichem *c.* tail *Ac.*   **14.** der] dem *A.*   **15.**
machen] werden *A.*
20. pey *c.*   **23.** frolichen *c.*
26. ſolh' *c.* wan *c.*   **27.** peynand' *c.* v'nembt *c.*   **28.** gelan *c.*   **29.** würff *c.*
darjn *A*, darein *c.*   **32.** nicht *A.* holt *c.*   **33.** peſſers hat *c.*
A: Rº Wol uff geſell etc.

100. O wunniklicher, wolgezierter mai   *B 40rv (A 52r,*
                                              c 78v = BW 84, Sch 32)

I   O wunniklicher, wolgezierter mai,
        dein füſs geſchrai
        pringt freuden mangerlai,
        beſunderlich wo zwai
5   an ainem ſchönem rai   5
        ſich mütiklich verhendelt hän.

II   Grün iſt der wald, perg, au, gevild und tal.   *40v*
        die nachtigal
        und aller voglin ſchal
        man höret ane zal   10
5   erklingen überal.

III   Seid nu die zeit wendt frölich ungemach,
        ſo wach, lieb ach!
        zwar mir ſol weſen gach
        zu hengen der hinnach,   15
5   der ich lang nie geſach,
        und mich ir ermlin weiſs umbfahen.

101. Wach auff, mein hort!   *B 40v (A 56rv, c 79r, J,*
                                   (N) = BW 85, Sch 9)

I   **W**ach auff, mein hort! es leucht dort her   Tenor
            von orient der liechte tag.
        blick durch die braw, vernim den glanz,
        wie gar vein blaw des himels kranz

---

1. O *fehlt in* A. **2.** ſueſs c. **5.** ſchönen c. **6.** v'handelt c. han Ac.
11. uberal c. **12.** wennt A. frölich] lieplich A. **17.** vmbfan A.
1. W *fehlt in* A. es] euch c, der J, er *(N)*. **3.** plickt c. pra c. all dorch
dy wolken dringen mag *(N)*. **4.** gar *fehlt in* J und *(N)*. vein blaw] ain
plab c. iſt des h. J *(N)*. glancz J *(N)*.

5   ſich mengt durch graw von rechter ſchanz.   5
     ich fürcht ain kurzlich tagen.

II   »Ich klag das mort, des ich nicht ger,
     man hört die voglin in dem hag
     mit hellem hal erklingen ſchon.
     O nachtigal, dein ſpēher don   10
5   mir pringet qual, des ich nicht lon.
     unweiplich müſs ich klagen.«

III *M*it urlob fort! deins herzen ſper
     mich wunt, ſeid ich nicht bleiben mag.
     ſchidliche not mir trauren pringt,   15
     dein mündlin rot mich ſenlich zwingt,
5   der bitter tod mich minder dringt.
     mich ſchaiden macht verzagen.

---

5. grab *c*. gemenget ſchon mit rechter ſubſtancz *J*, Er kompt do her
mit rechter ſchantz *(N)*.   **6.** ain *fehlt in J*, das *(N)*. k. es tages
here *J*.
7. *fehlt in (N)*. des] das *J*. ger] mag *J*.   **8.** man *fehlt in (N)*, jch *J*.
vogell *J*. in dem] vor der *J*.   **9.** hal] ſchal *A*, ſtymm *J (N)*.   **10.** fraw
nachtigall mit irem ſüſſen don *J (N)*.   **11.** mit twingt gewallt das ich
ſy mueſz lon *J*, mich czuinget gewalt das ich mus lon *(N)*.   **12.** dar-
vmb ich dick jn ſorgen ſtan *J*. das mus ich … ende clagen *(N)*.
13. fort] fraw *J (N)*. meins h. ein ſper *J*, myns jungen hertzen ſpil *(N)*.
14. wunnt *A*, wundert *J*. ſeid] das *J*. Ich clage nu ich nicht lenger bli-
ben wil *(N)*.   **15.** ſchidliche not] ſchaiden lieb *J*, Scheden not *(N)*.
16. dein] jr *J (N)*. mündli *A*. twingt *A*. mich darzw twingt *J (N)*.
17. pitter *c*. minder] von ir *J (N)*.   **18.** dorumb müſſ ich verzagen *A*
(J), Hir vmme m. i. v. *(N)*.
In J noch eine weitere Strophe:
Ich ſings der allerliebſten ſo ichs han / mit willen ſo gar on argen wan/
noch hewr zu diſem newen jar / was ich dir wünſch das werd dir war /
jch wünſch dir tawſent gute jar / dy laſſz ich dir fraw zu lecze. Varan
hin gotts namen.

102. Sich manger freut   *B 40ᵛ 41ʳ (A –, c 79ᵛ–80ᵛ*
                                     = BW 86, Sch 114)

I   Sich manger freut das lange jar
      gen des liechten maien ſchein,
      und alſo hab ich ouch getän;
      hort, wie es mir ergie!

5   Ains alten weibes nam ich war,   5
      von der ich kom in ſweren pein,
      und hett ſi halb, wes ich ir gan,
      ſi hunck an ainem knie.
      Unrübin iſt ir nam.

10   des ward mein rugk wol innen,   10
      do ſi mich zu der lieben brächt,
      und ich nicht mocht entrinnen.   *41ʳ*
      unrüb gewan mein armer leib,
      ich weſſt nicht ſelber, wie.

15   Fürs grien und für den kram   15
      ward mir die haut erberet
      von vieren, die des nicht verdroſs;
      got waiſs, was mich erneret.
      erſt raw mich ſer, das mich ain weib
20   gar alt ſo dick empfie.   20

II   Ich kom geriten für ir haus,
      mit ainem finger winckt ſi mir,
      ich müſſt ie hören, was ſi wolt,
      das wunder mich ſer baiſs.

5   Do hüb ſi auff an allen grauſs: 25
      »Hanns Maler, ich wil ſagen dir,
      die Törel iſt dir wunder hold
      und gert dein alſo haiſs.«
      Mein herz ward freuden vol

---

4. hört *c*. **7.** ſis halbs *c*. **8.** hünck *c*. **10.** ruk *c*. **11.** p̄cht *c*. **13.** vn-
rueb *c*. **14.** ich] iſt *c*. **15.** grien] gries *c*. **16.** erpëret *c*. **18.** ernërt *c*.
23. muſt *c*. **24.** pais *c*. **25.** hub *c*. **27.** törl *c*. holt *c*.

10   und gailt fich difer mëre.   30
      ich fprach zu ir: »wer dem alfo,
      erft kant ich, wër ich wëre,
      feid ich den freulin noch geviel,
      und daucht mich des fo fraifs.«
15   Ir treue, die was hol.   35
      zwar das vernam ich klaine,
      bis das ich ward durch knüttler wald
      gefüret vaft unraine.
      zwar mir gelang fo übel niel
20   in kainer fölchen raifs.   40

III   *A*ins groffen kriegs nam ich mich an
      mit meinem weib auf ainen tag
      und wefft nicht felber wol, warumb,
      neur das ich von ir käm.
5   Gent fant Laurenzen folt ich gan,   45
      und das bedorft nit ander frag.
      der kirchfart nam ich klainen frumm
      und ward mir widerzäm.
      Als ich eu das bedeut,
10   ich ward gar fchon emphangen,   50
      man fürt mich in ain kemerlin
      fo gar an als belangen;
      mir ftolzt der müt von rechter gier
      und grünet als ain bäm.
15   Man legt mich zu der breut;   55
      bett, bolfter, weifs leilachen,
      das was nach luft gezieret wol.
      ain bifchof folt ich machen,
      darauls fo wurden Unger vier,
20   die kind der teufel nem.   60

---

33. freülein *c.*   **39.** übl nyë *c.*   **40.** fölhen *c.*   **45.** fand *c.*   **50.** empf. *c.*
51. käm'lein *c.*   **53.** gir *c.*   **54.** päm *c.*   **55.** preüt *c.*   **56.** pëtt *c.* pölfter
c.   **58.** pifchoff *c.*   **59.** vngern *c.*

16*

IV　　Man fprach: »lebt aller forgen büfs!«
　　　alfo troft mich der alde hund,
　　　da mit fi in die tür auff flofs
　　　und liefs fi inher gan.

5　　　Viegga waniadat was ir grüfs,　　　　　　　　65
　　　der teutfch ich nicht vernemen kund,
　　　bis das ain aichin waffer grofs
　　　von Ungern mich beran.
　　　Der minn ward mir gelont

10　　mit brügeln und mit eifen,　　　　　　　　　70
　　　das weib und man die beulen fach,
　　　ich torft fein nicht zu weifen.
　　　den maiften fchaden ich da nam,
　　　das tet ain ungrifch man.

15　　Ich wolt, er wer gedont　　　　　　　　　　75
　　　vol zwifchen flaifch und balge,
　　　das er nicht mer gefprechen möcht;
　　　und ob es tet der galge,
　　　es wër dem reich ain klaine fcham,

20　　und hiengens alle dran.　　　　　　　　　　80

V　　Vil füffer wort mein mund in gab,
　　　wie wol mein herz des nit verjach,
　　　das fi gevangen namen mich,
　　　und daucht mich dannocht güt.

5　　　Si gerten vaft der meinen hab;　　　　　　　85
　　　erft do mert fich mein ungemach,
　　　ie doch fo lebt ich ficherlich
　　　gar vaft nach irem müt,
　　　Bis das ich von in jat

10　　gebrechen an dem leibe.　　　　　　　　　　90

---

61. pues *c*.　62. tröft *c*. alte *c (auch 101)*.　64. inher] zu mir *c*.　70. prügeln *c*.　71. peülen *c*.　73. do *c*.　74. vngrifch' *c*. 75. gedonet *c*. 76. fleifch *c*. palge *c*.　81. Vil füeffer *c*.　82. uerjagh *c*.　83. nomen *c*. 84. dannoch *c*. gut *c (auch 113)*.　90. geprechen *c*. an] mit *c*.

do kert ich gen Prawnegk hinwider
vaſt zu meinem weibe.
ſi ſach mich an, als ob ich trüg
ain blawen eiſenhüt,

15   Und gſegnet mir das bad   95
mit flüchen und mit ſchelden.
ich bat ſi vaſt auff alle treu,
das ſi es nicht ſolt melden.
ſi ſprach: »das ſein hie alte mĕr,

20   doch junget ſich ir blüt.«   100

VI   Wer alden weiben wolgetraut,
der nimpt den teufel zu der e.
ſecht, alſo iſt geſchehen mir
und noch vil mangem mer.

5   Man ſolt ſi baiſſen in der haut   105
und darnach werfen in den ſee,
das wĕr ain hochzeitliche zier,
der werlt ain köſtlich er.
Zobri und kuppelſpil,

10   das machen ſi nicht teuer,   110
es wirt offt aine gar verſert
mit ainem haiſſen feuer,
dorumb hab ich gedingen güt,
alſo beſchech ouch der.

15   Wann in iſt nicht ze vil,   115
wo ſi den ſegel wenden,
das prüfft man an der aubenteuer,
wol man ſolt ſi blenden

---

94. plaben *c.* **95.** pad *c.* **96.** fluchen *c.* **97.** pat *c.* **100.** jünget *c.*
plut *c.* **102.** nÿ[m]bt *c.* teüfl *c.* ee *c.* **103.** weſchehñ *c.* **105.** paiſſen
c. **108.** köſtliche *c.* **109.** zaubrej *c.* kuplſpil *c.* **111.** offt] doch ye *c.*
gar *fehlt in c.* **115.** nichts *c.* zuuil *c.* **116.** ſegl *c.* **117.** prüft *c.*
abenteür *c.* **118.** plendñ *c.*

und all ir helfer, ſwach, unfrüt,
20   das wer meins herzen ger.   etc. 120

103. Wer die ougen wil verſchüren   *B 41ᵛ (A –, c 81ʳᵛ*
                                            = BW 15, Sch 115)

I   Wer die ougen wil verſchüren mit den brenden,
        ſein leben enden, mit güten zenden
       übel eſſen, ligen in dem ſtro,
       der füg ſich in die Lumpardie,
5   da vil manger wirt unfro.   5
       tieff iſt das kot, teuer das brot,
       ungötlich reu mit falſcher treu
       ſol man da vinden tëglichen neu.
       das iſt ain ſpeis, der ich nicht keu.

II   Wer nach der wage ringe hechten kouffen welle,   10
       für ungevelle ſo fail, geſelle,
       ainen, der ain ſtaine leber trag:
       forſch in des kaiſers canzelie,
5   wo man ſolche fiſch erjag.
       Gülcher, mach kund, was galt ain pfund?   15
       pro zingk ſoldin et tre zeſin,
       alſo galt ſich das leberlin vin
       von diſem ſütten hechtigin.

III   Herman, Marquart, Coſtnitz, Ulmen wër das leben
       uns freud zu geben von mündlin eben,   20
       und mein öheim hinder dem ofen wër,
       das wër ain beſſer ſtampanie,
5   wan das uns der peutel ler
       wirt zu Placenz. mein conſcienz
       wirt offt ſo ſwach, wie wol ich lach,   25

---

1. well *c.* prenden *c.*   2. guten *c.*   3. ubel *c.*   4. lambardie *c.*   13. Cancellie *c.*   15. ſolhe *c.*   16. zinck *c.*   17. leberlein *c.*   18. hechtichin *c.* 20. freüden geben *c.*   21. oheim *c.*   22. peſſer *c.*   23. peütl *c.*   25. oft *c.*

ſo das mein ſchreiber, dick gefach,
klagt ſeinen groſſen ungemach.

IV Sebaſtian, wërſt dus ain oxs zu Florenzöla
oder ain caniöla und zugſt cum döla
tëglich miſſt auff ainem wagen groſs,   30
das nëm ich für ain ſüſſen breie.
5 für wär, ich geb dir auch ain ſtoſs
zu deiner bruſt, als du mir tüſt
mit valſcher gier, grob als ain ſtier;
zwar deſgleichen videl ich dir,   35
und wurd dir mer, das ſtünd zü mir.

104. Von trauren möcht ich werden taub *B 41ᵛ 42ʳ (A –,*
c 81ᵛ 82ʳ = BW 16, Sch 113)

I Von trauren möcht ich werden taub,
ſeid das der vorder winderklaub
herwider hat behauſet ſich
auff ſeinen alten ſitz.
5 Der iſt ſo nahent bei der tür   5
gelegen mir durch mangen ſpür,
des ich mag klain erfreuen mich;
das macht ſein grober litz.
Kellt, reiff und groſſen ſnee,
10 den bach verdackt mit eiſe   10
bracht er auſs des Böſaiers haus,
das nam ich auch nicht breiſe,
wann raine frucht auſs böſem ai
kom nie von vogels hitz.
15 Gras, blümen, grüner kle   *42ʳ* 15

---

28. werſtus *c.* ochs *c.* Florenzola *c.*   **29.** caniola *c.* dola *c.*   **30.** miſt *c.*
31. ſueſſen *c.*   **32.** fürbar *c.*   **33.** pruſt *c.* tuſt *c.*   **36.** zu *c.*
2. winterklaub *c.*   **3.** gehauſet *c.*   **5.** pey *c.*   **7.** ich mag] mag ich *c.*
10. pach *c.* ü'deckt *c.*   **11.** pöſayers *c.*   **12.** des *c.* preyſe *c.*   **13.** pöſem *c.*
15. pluemen *c.* grüen' klee *c.*

ganz feider ift verfwunden,
verflogen fein die vogelin,
der wald ift loubs befchunden,
der funn verlos von feim gefchrai
20   zu Hauenftain den glitz.   20

II   Nu mir der pawer ift gevar,
und auch gen Brixfen nicht wol tar,
dorumb das ich erzürnet han
ain klainen ungenant
5   Mit ainem fmalen widerdriefs,   25
den ich bot dem geraden füfs,
fo reut mich klain, wes ich dem gan,
der mir den fchimpf da wandt.
Der fräveliche fchlupf
10   dem rifen wer geweret,   30
den er zu feiner metzen tüt,
und alle gaffen keret
mit ainem mantel. Gabriel,
des faul dir mer ain zand!
15   Ich näm ain groffen klupf,   35
als der mir Straffburg gäbe,
ob in wurd allen aufgefegt
mit ainem haiffen fchäbe,
die minn da pflegen funder hel
20   durch gogeliche fchand.   40

III   Ich wond, mein fach wĕr richtig ganz;
neur an der treu fo lag der ftofs,
das marckt ich wol an aim gerün,
das ftob aufs faulem lufft.

---

17. vogelein *c.*   **19.** der] die *c.*   **22.** brichfen *c.*   **26.** pot *c.* viefs *c.*   **29.**
freuel. *c.* flupff *c.*   **34.** zandt *c.*   **36.** ftrafpurg *c.*   **37.** in wurd allen] in
allen wurd *c.*   **40.** gögel. *c.* fchanck *c.*   **41.** wont *c.*   **43.** merckt *c.*   **44.**
luft *c.*

5   Da ſweigen was mein belſte ſchanz,   45
got ſei gelobt, wes ich genoſs,
do man die rigel und die zeun
ſo geren hett vernufft.
Noli me tangere!

10   laich mich nicht, Perzli, Üli!   50
was ſich nicht wol gelimpfen mag,
das richt man auff ain ſtüli,
ſchon mit der neuen hand beluckt
nach weliſcher vernufft.

15   Leicht tün ich mir ſo we   55
mit ſmucken und mit ſmiegen;
ob ich den bauch noch recken möcht,
leicht hulf ich ainen biegen,
der mir den ſtaffel geren zuckt

20   tieff in des meres grufft.   60

IV   Ach Cölen, Wienen, Mainz, Paris,
Affian, Coſtnitz, Nüremberg!
was ich ie freunden da geſach,
die gan mir hie nicht in.

5   Dorumb das ich von ebner wis   65
dick hauſen müſs auf hohen berg,
das macht ain weib under ainem dach
von Swangau, der ich bin,
Und darzü manig kind,

10   die mir den ſchimpf zerrütten,   70
dorumb das ich bedenken müſs,
wie ich ſi müg beſchütten,
das in die wolf verzucken nicht

---

45. ſweigñ [?] *c:* i *oder* r? *Lesung auch in B fraglich.* pëlſte *c.*   **47.** rigl *c.* zeüne *c.*   **48.** gern *c.* hiet *c.*   **50.** v̈le *c.*   **51.** wol *fehlt in c.*   **52.** ſtüle *c.*   **53.** handt *c.*   **54.** vernuft *c.*   **55.** wee *c.*   **57.** pauch *c.*   **58.** hülff *c.*   **59.** ſtaffl *c.*   **62.** nürnberg *c.*   **64.** gën *c.*   **66.** dick] offt *c.* hohem perg *c.*   **67.** tach *c.*   **68.** ſwongav̈ *c.* pin *c.*   **71.** bedenckñ *c.*

        das brötlin und den win.

15   Ain mü die ander vindt;   75
        wers alles wil beforgen,
        das tü mein herr von Öfterreich
        umb feinen fchatz verborgen.
        der tod die leng vil fach richt, flicht,
20   und mangen krumpen fin.   80

105. Es komen neue mër gerant *B 42ʳ (A –, c 82ᵛ–83ᵛ,*
                                                  = BW 14, Sch 116)

I   *E*s komen neue mër gerant
        von ainem graven, füfs genant,
        wie fawer der fein gefft emphacht
        dort im Runzelian.

5   Hinfür den babft gelangt der fchal,   5
        zu Rom für mangen cardinal,
        daraus fo ward ain groffer bracht
        von weiben und auch man.
        Die kirweich was beftalt
10   von pawern und von knappen,   10
        die herberg fi da buchten auff
        und lieffen an die trappen,
        mit keulen, fpieffen wolbetracht
        auff ainen böfen wän.
15   Sechzehen gefft gezalt   15
        die bifchof wolten weihen.
        und welcher da kain beulen hett,
        der dorft fein nicht zu leihen,
        beraiter vier für ain gemacht,
20   ettlicher bracht der van.   20

---

74. prötl. *c.* dein bein *c.* **75.** andñ *c.* **77.** tu *c.* von *fehlt in c.* Ofterrich
c. **78.** v'porgen *c.*
3. empfacht *c.* **4.** in *c.* **5.** pabft *c.* **6.** zu] gen *c.* **7.** pracht *c.* **9.**
kirchweich *c.* **10.** paurñ *c.* **11.** puchtñ *c.* **12.** luffen *c.* **14.** pöfen *c.*
16. pifchoff *c (auch 70).* **17.** peülñ *c.* het *c.* **20.** p̄cht *c.* dauon *c.*

II　Der wiert ward an dem erſten ſtrauſs
　　geworfen zu dem venſter auſs,
　　alſo das im derſelben zech
　　ward ſein geleicher tail.
5　Dietrich Fannawer, Ianko knab　　　　　　　　25
　　neur bei dem har die ſtiegen ab
　　geſchindert wurden alſo frech,
　　das was ir groſs unhail.
　　Mein öheim Matheis Sligk,
10　der hüb ſich zu den tachen,　　　　　　　　30
　　recht als ain katz zum fenſter auſs;
　　er ſprach: »es wil ſich machen,
　　ich wolt, und wer ich auff dem Lech
　　in ainer züllen gail.«
15　Doch ward im auch ain bick　　　　　　　　35
　　zu ſeiner naſen gruſchel,
　　den er zu Rom wol vierzen tag
　　lieſs ſehen für ain muſchel.
　　German, ſein knecht, ain vels gerecht,
20　maſs hoh an alle ſail.　　　　　　　　　　40

III　*H*er Gotſchalck und her Mert von Speir,
　　ir jeder trüg ain krumpe leir
　　von ſeiner achſel auf den dawm
　　in ainer binten weiſs,
5　Und was in freuntſchafft mer beſchach;　　45
　　ſi klagten ſer den ungemach,
　　des hab ich wol genomen gam
　　an in mit ganzem vleiſs.
　　Her Hanns von Tenemarch
10　ward auff ain loch gedrungen　　　　　　　50

---

25. iancko *c.*　**26.** pey *c.*　**29.** oheim *c.* ſlick *c.*　**30.** hub *c.* zu dem tache
c.　**35.** pick *c.*　**36.** grüſchel *c.*　**38.** muſchl *c.*　**39.** Germann *c.*　**40.**
hoch *c.*　**41.** Her' *c.*　**42.** trug *c.*　**43.** achſl *c.*　**44.** pinten *c.*　**49.** hans *c.*

ab durch ain bün in ainen ſtall,
das im die oren klungen,
als ob er lëg in ainem tram
bei ainem feuer heiſs.

15   Rigo von Wiene ſtarch   55
ward auch hin nach geſchupfet.
do ſchrai er laute: »wer iſt hie?
wie bin ich des erklupfet!
ich wond, du wërſt der büne bam.

20   in ſorgen wierd ich greiſs.«   60

IV   Von flegen ward der Steren blaw
und ſchrai: »miſericordia!«
das half in lützel umb ain ai,
im ward ſein rechter lon.

5   Noch ſein ir ſiben ungenannt,   65
dorumb das ich ſi nicht erkant,
die all in diſem hurlahai
die weih empfiengen ſchon.
Ir rugk, füſs, lend und bain

10   die biſchof wol erblawen,   70
und welcher ie was komen dar,
den hett es ſer gerawen.
do conta dulz den firlafai,
pfaiff durch ain ſawern don.

15   Ettlicher da ergrain,   75
recht als ain alter karren,
der nie kain ſmer emphangen hett,
und ward zu ainem narren,
do ſich empferbt in dem geſchrai

20   ſein leib durch roten tron.   80

---

51. pün c. ſtal c.   52. orn c.   53. träm c.   54. pey ainem feüre hais c.
58. pin c.   59. püne päm c.   60. wird c.   61. pla c.   63. lützl c.   65.
ſind c.   68. beich c.   69. pain c.   70. erplauen c.   72. het c *(auch 77)*.
73. canta c.   74. ſauren c.

V   *Der* kirchtag was alſo beſatzt,
      und welcher nicht drei ſtiegen platzt,
      ſecht, oder zu dem minſten zwo,
      der was nit recht geweicht.
5   Und wer der keulen nicht empfand,   85
      die ſi dar brachten in der hand,
      wie wol des manger ward unfro,
      der hett nicht wol gebeicht.
      Als diſer marckt paſſärt,
10   und es begund zu tagen,   90
      ſi ſprachen an ainander zu
      mit ſeniklichem klagen:
      »erheb wir uns auſs diſem ſtro,
      ee man uns bas erſtreicht.«
15   Ir kainer auff ain pferd   95
      mocht ſitzen ane kreiſſten,
      do ward geſehen hend und füſs
      verbunden mit den reiſſten
      zwar unvergeſſen ſunder dro
20   in ires herzen ſeicht.   100

Nota diſs lied ſingt ſich in der weyſe Von trauren möcht ich etc.

106. Nempt war der ſchönen plüde   *B 42ᵛ (A –, c 83ᵛ*
                                    84ʳ = BW 87, Sch 28)

I   Nempt war der ſchönen plüde, früde!
      müde iſt der kalde winder.
      kinder, ſchickt eu zu dem tanz!
      glanz zieret ſich luſtlich des maien tenne
5   Durch manger hendlin farbe, garbe,   5
      marbe würzlin, grüne gräſli,
      wäſli mit den plümlin gel.

---

85. empfandt *c.* 86. prachtñ *c.* handt *c.* 88. wol] recht *c.* gepeicht *c.*
91. anenand' *c.* 94. pas *c.* beſtreicht *c.* 97. fueſs *c.* 98 v'punden *c.*
1. Nembt *c.* plüede *c.*

hel ſingt die nachtigal weit für die henne.
Die droſchel hat ain wett getan
10   mit ainem alten rappen   10
zu tichten auff des maien pan,
und gilt ain junge kappen.
vil ſtolzer maide wellen dran,
das wiſſt, ir röſchen knappen.

II   *D*es wart ich von der ſchönen, hönen.   15
krönen wolt ich noch ir herze,
ſmerze kan ſi wenden mir
ſchir, und benemen alles trauren bitter,
5   Die mich ſo ferr unrübet, trübet,
übet durch vil aubenteuer.   20
getreuer was ichs ie ir knecht,
ſecht, deſgeleichen bin ichs nu ir ritter.
In irem dienſt, dieweil ich leb,
10   ſol ich mich laſſen vinden,
ob ſich ain klain ir widerſtreb   25
bedächt gütlich zu linden.
ich trag ain burd ſwerlicher heb,
wolt ſi mich der embinden.

III   Ach wolgemüte, klaine, raine,
ſaine iſt gen mir dein helfe.   30
gelfe, tapferlich geſtalt,
walt meines leibs unforchtlich deiner eren.
5   Mein ritterlich geſange, lange
pange, laſs, frau, ainig jölich,
frölich lieb erwecken dich.   35
ich nems für güt, woltſt du mich noch geweren.
Dorumb ich in dem achten jar

---

9. droſchl *c*.   15. ward *c*.   18. pitt' *c*.   20. abenteür *c*.   22. pin *c*
(*auch 40, 52*).   23. dinſt *c*.   27. purd *c*.   28. empinden *c*.   34. fröl. *c*.
35. jöl. *c*.   36. nembs *c*. fürgut *c*.

10   mich dicke hab gewunden
      mit ſeniklichem ſeufften zwar,
      und bin ich noch unenbunden.   40
      troſt mich dein mündli wolgevar.
      erſt het ich freude funden.

IV   *A*uffrüſtikliche wunne, ſunne,
      brunne, meines herzen feuchte,
      leuchte deiner öglin klar   45
      gar mich verzucket in der liebi ſchricke.
5   So mir dein höptlin naiget, ſaiget,
      zaiget willikliches grüſſen,
      ſüſſen wunſch ich da emphach;
      nach meines herzen luſt beſchech es dicke.   50
      Dein unvergeſſen, frau, mich ſchreib!
10   wie ferr ich bin ellende,
      ſo nahet mir dein ſtolzer laib,
      da von ich nicht enwende.
      ach, ſelten ſehen, liebſtes weib,   55
      wenn hat die not ain ende?

      107. Kom, liebſter man   *B 43ʳ (A —, c 84ᵛ*
                                        = BW 88, Sch 73)

I   » *K*om, liebſter man!
          meins leibs ich dir wol gan
      an abelan.
      kom, traut geſell,
5   glücklich fleuch ungevell!   5
      kom, höchſter ſchatz, zu tratz
      der falſchen zungen latz!

---

39. ſeüffzen *c.* **40.** ich *fehlt in c.* vnenpunden *c.* **41.** tröſt *c.* mündlin *c.*
43. Aufrüſtigkl. *c.* **45.** eügl. *c.* **46.** liebe ſchrike *c.* **47.** heüptl. *c.*
48. grüeſſen *c.* **49.** ſueſſen *c.* empfach *c.* **53.** leib *c.* **56.** wañ *c.*
ennde *c.*
1. kuɱ *c (auch 4, 6, 8).* **5.** gluckl. *c.*

kom fchier, meins herzen laid vertreib,
und tröft mich vil armes weib!
10   dein mänlich leib reicht finn und müt   10
an mir für aller welde güt.«

II   »*D*ein wort, gepär
ringt all mein fwër,
frau, lieber mër,
feid mein begerd   15
5   ain ftolz weib, junck, hoch und werd,
die mir das herz an fmerz
verjüngt mit liebem fcherz
gar wunniklichen manigvalt.
ir minniklich fchön geftalt   20
10   macht mich nicht alt, und bin ergetzt,
von klaren öglin mich benetzt.«

III   »*S*chaiden mich nöt,
dein fchaiden mich ertöt,
mein öglin röt,   25
und bin verzuckt,
5   der finnen blöfflich entruckt.
mein weiplich zucht, die frucht
fleufft fenlich ir genucht.
ob du mir kurzlich nicht enfchreibft   30
und felb lang von mir beleibft,
10   wie du das treibft,
fo fürcht ich fer,
oder ich gefech dich nimmer mer.«

---

8. fchir *c.*   10. manl. *c.*   11. berlde *c.* gut *c.*   15. begert *c.*   16. jungk
c.   21. pin *c (auch 26).* ergëzt *c.*   22. eügl. *c (auch 25).*   23. nött *c.*   24.
ertött *c.*   25. rött *c.*   27. plöfl. *c.*   30. kürtzl. *c.*

108. Ich klag

B 43ᵛ (A –, c –
= BW –, Sch 124)

*I*ch klag, ich klag, ich klag   Tenor
ain engel, ain engl wunniklich, innerklich,
O tag, erlös die minniklich.
Verjag die alden, die kalden gevalden,
ſwigen wunderlich, gëmelich.

109a. Ave, mater, o Maria

B 44ʳ (A –, c –
= BW S. 531, Sch 125²)

I   *A*ve, mater, o Maria,
       pietatis tota pia,
       ſine te non erat via
       deploranti ſeculo.

II   Gracia tu nobis data,   ſecunda pars 5
       quam fidelis advocata
       celi thronis es prelata
       in eterno ſolio.

III   O Maria, tu ſolaris
       micans phebus ſtella maris   10
       Chriſto rege colletaris
       quam portaſti utero.

IV   Plena dulcis medicina
       tu protegens aruina,
       tu es portus, tu carina   15
       in omni periculo.

V   Dominus te mundi roſam
       preelegit ſpecioſam
       te vocari precioſam
       precepit ab angelo.   20

VI   Tecum dominus incarnatus,
           puer ille nobis natus,
           pro nobis datus
           pro ſalute gaudio.

VII   Benedicta tu ſanctarum   25
           conſolatrix animarum,
           per te patet lumen clarum
           deplorantis oculo.

VIII   Tu in valle delictorum
           es occurſus peccatorum,   30
           tu das animas illorum
           Iheſu Chriſto domino.

IX   In exauditu benigna,
           tocius mundi laude digna,
           pia mater et benigna   35
           demonſtrans in publico.

X   Mulieribus honorem
           preſtas et decorem,
           tu das omnibus dulcorem
           preguſtando mundulo.   40

XI   Et es tota amicabilis,
           deprecanti liberabilis,
           prius te non fuit talis
           nec erit in perpetuo.

XII   Benedictus quem portaſti,   45
           quem uberibus lactaſti,
           tu cum Eva conpenſaſti
           perguſtato pomulo.

XIII Fructus tuus eſt cunctorum
confolacio ſanctorum   50
et eſt cibus beatorum
in celi convivio.

XIV Ventris aula, vas beatum,
ſoli Criſto deputatum
geſſit illud occultatum   55
in tuo ſancto flaſculo.

XV Tui fructus ventris lavit
culpam ade nec peccavit
noſtra crimina portavit
merues patibulo.   60

XVI Iheſu ſacri ventris fructus
pie matris, per te ductus,
ſit nobis dux et conductus
ad celeſtem patriam.

XVII Amen ultimo cantamus   65
in ſignum quod peroptamus
quitquit vite poſtulamus
in orationibus. Amen.

109 b. Ave, mütter, küniginne   *B 44ʳ (A –, c –*
= BW 120, Sch 125¹)

I a Ave, mütter, küniginne,
miltikait ain milderinne,
an dich kain weg löblicher minne
get in wainender welde.

II a Gnadenvol an uns beginne,   5
wo ſich rüfft gelöblich ſtimme,

17*

trön der himel kaiferinne
in ewikleichem velde.

Ib   Ave, mütter, frau, magt und maid,
erenreiche, lobefam beklait,
feid und dir der herre nicht verfait,
fo hilf uns, edle krone,

IIb   Das wir nach des todes hinnen fchaid   5
vinden dort ain frölich ögelweid
und befitzen alle fälikait
bei deinem kindlin fchone.

110. Ich hör, fich manger freuen lat *B 44ʳ (A 38ᵛ, c 85ᵛ*
                                        = BW 89, Sch 66)

I   *I*ch hör, fich manger freuen lat
ain jegklich frau geboren hoch;
aufs welchem land, flofs oder ftat
die bürtig fei, das wierf ich roch
5   Ze rugk aufs meines herzen grund,   5
was ich der land ie hab erkunt.
dafür liebt mir ain rotter mund
von Swaben her, wort, fort, gepër,
perfon, geftalt gemainiklich.

II   Ain ftolze Swäbin das bewärt,   10
an der ich nie kain tadel vand,
die meinem herzen ift vermert
für alle, die ich ie erkant.
5   Ir öglin, nas, mund, kinn und kel
formieret fchon, darob das fel   15

---

2. yglich *c.* geporen *c.*   **3.** landt *c.*   **4.** wirff *c.*   **5.** zu *c.* grundt *c.*   **7.**
roter *c.*   **8.** gebër *A.*
10. fwëbin *A (c).* bewërt *A.*   **11.** tadl *c.*   **14.** eügl. *c.*   **15.** gformiret *c.*

rot, weifs, ain klain verblichen hel,
ir ermlin, hend, brüft lüft an end,
hert, weifs vermalt gar rainiklich.

III Klain in der mitt, ain dicken fitz,
    keif, rund verwelbt, fchon underfpreutzt,   20
    zwai diechlin waidelicher hitz,
    zu tal das bainlin unverfcheutzt,
5   Mit ainem füfflin, fmal und klain,
    klüg underfetzt. ir wandel rain
    unftrefflich ift der welt gemain.   25
    der rechten mäfs mit fitt, tün, lafs
    hat fi gewalt ganz ainiklich.

111. In oberland   *B 44ᵛ 45ᵣ (A 57ᵣ–58ᵣ, c 85ᵛ–88ᵣ*
                                  = BW 106, Sch 117)

Paffio domini noftri Jhefu Chrifti completa Anno 36

I   *I*n oberland
        ain hoher küng, gewaltikleich gefeffen,
    vor zeiten ganz fein her verlos,
    baid manne und auch frauen,
5   durch zwo perfon daffelb befchach,   5
    dorumb das die zerbrachen fein gebot.
    Der ward gefandt
    von feinem vatter, verrlich, ungemeffen,
    gen niderland er in erkos,
10 vil awbenteuer fchawen,   10

---

16. verplichñ *c.*   **17.** ermlein *c.*
22. die painl. *c.*   **24.** klug *c.*   **25.** werlt *c.*   **26.** mafs *Ac.*
In A mit fremder Hand:
zu dinft ich mich erpotten han / dir zu lieb dem herczen dein.
2. künig *c.* gewaltigklich *c.*   **4.** paid *c.* frawñ ... manne *durchgestrichen,*
darüber: manne ... frawen *A.*   **6.** zerbrächen *A.* gebott *A,* gepot *c.*
8. vater *c (auch 21, 53, 59, 178, 195).*   **9.** niderßläd *c.* er *fehlt in c.*
10. abenteüer *c.*

die er verſücht mit ungemach
verwegenlich durch mange wilde rott.
Groſs ellend, armüt, froſt und hitz,
mit allem hofgeſind,
15   gedultiklich durch gruntlos witz   15
laid ſeiner mütter kind,
die in keuſchlichen hie gebar,
an we und mail, das ſag ich eu für wär.

II   Sein herrlich krafft
herſcht aller macht volkomenlich allmächtig   20
dahaim in ſeines vatter reich,
wie wol er hie zu lande
5   ſein zeit vaſt hertiklich verdolt,
ee das er an dem creutze laid die not.
Senlich ſighaft   25
was ſein gemüt, an underlaſs neur trechtig
zerbrechen ſchier die vinſtern keich
10   mit ſeiner aigen hande,
und die gerechten darauſs holt,
die hie nach ſeinem willen waren tod.   30
Groſs wunderzaichen ſüſſer ler
er von im ſehen lie,
15   ee in begraiff des todes ſer,
den er menſchlichen hie
laid von ſeinr aigen creatur,   35
die er beſchüff in menschlicher figur.

---

11. die er] er da *A.* u'ſucht *c.*   **12.** verwegelich *A.* rot *c.*   **15.** gedul-
tiklich] diemütiklich *A.*   **16.** müt' *A,* mut' *c (auch 170, 189).*   **17.**
gepar *c.*   **18.** wee *c.* furbar *c.*
19. hërl. *A (c).*   **20.** volkömenl. allmechtig *c.*   **23.** lannde *c.*   **24.** ee]
bys *A.*   **25.** ſighafft *c.*   **27.** zebrechñ *A,* zu brechen *c.*   **31.** ſüeſſer *c.*
32. ſeheen *A.*   **35.** ſein' *c.*   **36.** beſchuff *c.*

III   *K*ain güten tag
       er nie betratt in vierdhalb dreiſſig jaren,
       wie wol ſein macht durchleuchtig was,
       die niemand kan durch gründen,   40
5   löblich an end und anefangk,
       ſo iſt des fürſten weſen ain ewig maſs.
       Es iſt ain fräg,
       warumb uns wolt ſo hertiklich eraren,
       der himel, erd ſchüff, laub und gras,   45
10   all creatur erzünden
       lebentig darin mit aim gedanck,
       und aller gnaden iſt ain volle ſtraſs.
       Aquinas Thomas des beſchaidt,
       ain kindlin unverſert   50
15   von lieb und durch gerechtikait
       ſich gab der marter ſwert,
       wie wol ſein vatter manigvalt
       erlöſen mocht den val durch ſein gewalt.

IV   *D*orumb ſo batt   55
       der hochgelobte küng vor an dem berge,
       ee im ſein junger gab den kuſs,
       mit tüfftikleichem trone
5   ſein vatter innikleichen ſüſs,
       das er in freite, ob es muglich wër.   60
       Der forchte wat
       was engeſtlichen von des todes fërge;
       doch gab er ſeines willen fluſs
10   der vätterlichen krone
       ganz in ſein hend ſünlicher grüſs,   65

---

37. gutñ *c*.   **38.** hye *A*. betrat *Ac*.   **40.** die] das *A*.   **41.** lobl. *A*. ane-
fang *c*.   **42.** weſen *fehlt in c*. ain *fehlt in A*.   **45.** himl ſchuff erd *c*.   **47.**
lebntig *A*.   **48.** ſträſs *A*.   **49.** Aquinus *A*.   **51.** gerechtigkait *c*.
55. paı *c*.   **56.** kung *c*. perge *Ac*.   **58.** tüfftiklichem *Ac*.   **59.** inniklichen
A, yniklichen *c*. ſueſs *c*.   **60.** mügl. *c*.   **64.** vetterl. *A*, vät'l. *c*.

wie wol im was das herz unmäſſlich ſwēr.
Als er ie leiden ſolt die pein
nach tötlichem geferrt,
15   do kert er zu den jungern ſein,
die ſlieffen alſo herrt;   70
er ſprach: »wacht auff, bett mit vernunft,
wann ir nicht wiſſt tag, zeit des todes kunft.«

V   *I*ndem ſo kam
Judas, der ſeinen herren hett verräten,
mit ainer rott der Juden ſchal   75
und kuſſt in an ſein wange,
5   dorumb das man in kennen tēt,
wann er aim junger was ain tail gelich.
Der wierdig nam,
Jheſus, ſprach zu dem volk, die in berätten   80
mit ſwērten, ſpieſſen ane zal:
10   »wem ſücht ir ſo gedrange?«
»das tü wir Jheſum Nazareth.«
er antwurt tugentlichen: »das bin ich.«
Als er das wort götlich vermeldt   85
auſs ſeinem hailgen mund,
15   ſi vielen in des garten veld
all rügkling auf den grund.
da ward geprüfft ſein mēchtikait,
und das er williklich die marter laid.   90

VI   *S*ein löblich macht

---

66. vnmaſſl. *c.*   **68.** gefertt *A (c).*   **69.** zẅ *A.*   **70.** hertt *A (c).*   **71.** pett *c.* v'nüfft *c.*   **72.** nit *A.*
73. kom *c.*   **74.** het v'ratñ *c.*   **75.** rot *Ac.*   **76.** küſſt *c.*   **78.** aim] ſeim *A.* geleich *c.*   **79.** wirdig *c.*   **80.** Jeſus *c.* volck *A.* betrattñ [?] *A,* be-trattñ *c.*   **82.** wen ſucht *c.*   **83.** da *A.* Jeſum naſareth *c.*   **84.** antbort *c (auch 117).* pin *c (auch 164).*   **85.** göttlich *A.* u'melt *c.*   **86.** heyligñ *c.*   **87.** uiele *c.* velt *c.*   **89.** mechtigkeit *c.*   **90.** willigkl. *c.*

darnach verhieng, das ſi in viengen, ſtieſſen,
hert bunden, raufften auſs den bart,
in wurfn auf die erde.

5 häſſlich, ellend, mit groſſem neit   95
wurd er gefürt in aines richters haws.
Dieſelbig nacht
der vinſter ain end kain mund nicht mag befließſen
das leiden von dem herren zart.

10 ſant Peter, der vil wěrde,   100
verlognot dreimal kurzer zeit
des, der uns loſſt mit ſeiner marter graws.
Maria, die vil raine magt,
unſäglich ward betrübt,

15 als ir die mer ain junger ſagt,   105
haiſs wainen ſi da übt
umb iren ſeligen, lieben ſchatz,
den ſi empfieng, gepar durch keuſchen latz.

VII *A*ls nu ir will
an im ergieng ſtrencklich, durch bös behagen 110
die langen nacht bis an den tag,
ſi fürten in mit gahen

5 Caipha, Pilato und darnach
Herode zu als ain ſchedlichen man.
Von dem noch vil   115

---

93. punden *c.* part *c.*   **94.** wurffen *A*, b- *c.*   **95.** neyd *A (c).*   **96.** ward *A*, b- *c.* richtes *c.*   **98.** ain *fehlt in A; ausgestrichen:* bys auff die Non *A.*
100. ſand *c.*   **101.** v'lognēt *A,* u'laugnot *c.*   **102.** loſt *c.* mit ſeiner mart' graws *A:* mit ſeiner *durchgestrichen, darüber* märterlichen, *dann auch das durchgestrichen.*   **104.** hort auch von diſem mort *durchgestrichen, darüber* vnſäglich ward betrübt *A.*   **105.** Johannes *durchgestrichen, darüber* ain junger *A.*   **106.** v'ſtunden ir die wort *durchgestrichen, darüber* do von ſchrick ward ſy betort, *ebenfalls durchgestrichen; am Rand:* do haiſſ waynen ſy da v̆bt *A.*   **107.** *Vor* vmb *ist* von ſchrick *durchgestrichen, vor* ſchatz *ist* höchſten *durchgestrichen A.*
110. erging *c.* ſtrēngkl. *A (c).* böſs *A,* pös *c.*

zu fingen wёr; wes fi in tetten frägen,
er antwurt in mit klainer fag,
10   das gund in fer verfmahen.
Herodes in im felber fprach:
»er ift unweis, feid er nicht reden kan«,   120
Und legt im an zu ungelimpf
ain törlich klaid berürt.
15   aufs im fo triben fi den fchimpf,
widerumb ward er gefürt,
Pilato fürbafs ungeftillt,   125
durch micheln fpot als ainen toren wild.

VIII   *M*it groffem fturm   45ʳ
und ungefügem heulen, fchawren, brawfen,
liefs fich der küng, küng aller küng,
der herr, herr aller herren,   130
5   gedultiklich recht als ain lamp
Pilato fmächlich wider weifen für.
Derfelbig wurm
krenckt fein gewiffen von des kaifers grawfen
haimlich in feines herzen drüng.   135
10   wie wol er wefft den keren,
der Juden hafs durch valfche wamp,
noch volgt er in mit böfer wille kür.
Er liefs in gaifeln bärmiklich
an ainer feule blofs,   140
15   von im das blüt gar ärmiklich
aufs feinem leichnam flofs.

---

116. teten c. fragen A (c). 118. gund] ward A. 122. torlich A. 124.
widrumb c. 125. fürpas c. vngeftilt A. 126. fpott A.
128. vngefüegem c. 131. gedultiklichen A, gedultigklich c. recht *fehlt*
in A. 132. fmächlich pylato A. fmechl. c. 134. keyfers A (auch
150). 136. wёft c. 138. vnd volgt in nach A. pöfer c. 139. perm-
kl. c. 140. plos c. 141. plut c (auch 171). ermkl. c.

man fatzt im auf fein hailigs hawbt
ain dürnin kron, mit hertem druck betaubt.

IX   *A*uſs der ratſchrann   145
    ward er geweiſt mit bitterlichem ſmerzen
    den Juden für, Pilatus ſtimmt:
    »den euren küng hie ſchawet!«
5   ſi ſprachen: »künges hab wir nicht,
    neur ainen kaiſer, dem wir ſein vermannt.«   150
    Spöttlichen ſann
    ſo knieten ſi für in mit böſem herzen
    und eerten in hēmiſch vergrimmt
10   mit falſchem grüſs gebrawet.
    »ave, rex iudeorum« ſpricht   155
    »gegrüſſt ain küng der Juden her geſandt.«
    Und zügten fälſchlich über in
    ain ſchacherlichs gericht.
15   »lat uns den ächter füren hin
    zu ſeines todes phlicht!«   160
    und ſchrieren hoch da mit gewalt:
    »Pilato, an creutz, chreutz in, chreutz in bald!«

X   *E*r wüſch ſein hend
    und ſprach: »ich bin an ſeinem tod unſchuldig.«
    do namen ſi den herren güt   165
    und legten im mit freuden
5   ain chreutz auf ſeinen rugken kranck,
    das er allain da nicht getragen mocht.
    Ach, wie ellend

---

143. heyligs *c*. **144.** dürnein *c*.
146. pitterl. *c*. **147.** ſtimbt *c*. **150.** v'mant *c*. **152.** poſem *c*. **153.** erten *c*. hämiſch *c*. **154.** geprauet *c*. **156.** gegrüſt *c*. **157.** Und] Sy *A*. zeügten *c*. **158.** ſchächerl. *c*. gerich *A*. **159.** laſt *A*. **160.** pflicht *c*. **161.** vnnd *c*. ſchryren *A*. **162.** kreutz *(dreimal) c (auch 168, 174)*. **163.** wueſch *c*. **165.** nomen *c*. gut *c*.

fein liebe müter nach im trat geduldig,   170
do fi an fach ir aigen blüt
10   geen vor den fwachen leuden
zu feinem tod durch blöden fwanck
mit difem chreutz, das fwärlich was geblocht.
Als fi in brachten an die ftat   175
und er ie fterben folt,
15   do blofften fi den herren mat,
als das fein vatter wolt,
und legten in da funder fcham
ze rugke nider auf des creutzes ftamm.   180

. XI   *D*rei nagel murr
ward im geflagen durch fein hend und füffe,
creutzlich gedënnt, gefpannt, verzwickt,
von aim jüdifchen manni.
5   die hamerfleg Maria hort   185
und drungen da durch ires herzen fel.
Behender fnurr
ward er gefteckt auf höher gar unfüffe.
fein müter er da aneblickt,
10   die er bevalch Johanni,   190
und pflag da fchreien dife wort:
»heli, heli«, mit lawter ftimme hel,
»Mein got, mein got, wie haftu fchier
verlaffen mich in tod,
15   vatter, in dein hend bevilch ich dir   195
mein gaift in difer not.«

---

172. gen *c*. leütñ *c*.   173. plöden *c*.   174. [werl. *c*. geplocht *c*.   175. *A*ls]
Do *A*. p̄chten *c*.   177. da *c*. blöfften *A*, plöfftñ *c*.   180. rugge *A*. ftam
c.
181. nagl *c*.   182. füeffe *c*.   183. gedënt *A*.   185. hämerflëg *c*.   187.
Pehend' *c*.   188. vnfüeffe *c*.   189. mütt' *A*. aneplickt *c*.   192. ftyme
c.   193. haft du fchir *c*.   195. emphilch *A*.

und ftarb da an der menfchlichait. –
mir Wolkenftein werd dort fein huld berait.

confundantur omnes qui nos perfecuntur

A in blinder Jud Longinus hiefs,
der kom mit ainem fper,   200
in fein hailig feitten er das ftiefs,
blüt, waffer drang im her,
gar an fein augen er gefach.
got ewikleich fech uns vor ungemach. Amen.

112. Mich fragt ain ritter *B 45ᵛ 46ʳ (A –, c 95ʳ–101ʳ, D*
= BW 26, Sch 118)

M ich fragt ain ritter angevar
der fich der welde manig jar,
zu güter mafs ervaren hett
durch manig kungkreich, lant und ftet,
in fürften höfen hin und her,   5
ain tail der haidenfchaft entwer,
als dann ain ritter zu gebiert.
in ainem fo was er veriert,
das ich in des befchaiden folt,

---

197. da] hye *A*. 198. wolckenftein *A*, wolkenftain *c*.
199. plinder *c*. 201. hailge *A*, heilig *c*. 202. blut *c*. 204. ewiklich *A c*.
Amen *fehlt in A*.
112. *In D über dem Lied:*
Hie vacht an ain hübfcher fpruch fo herr Ofwalld von wolkenftain
von dem rechten von richtern vorfprechen vñ vrtailern gemacht hat.
1. an geuer *c*, ongeuare *D*. 2. werlde *c (b- 74)*, wellte *D (auch 74, 141,
144, 177, 182, 183, 267)*. jare *D*. 3. zü *D (auch 83, 108, 189, 191
zweimal, 194, 202, 204, 221, 240, 246, 248, 289, 296, 322, 323, 335, 400)*.
guter *c (auch 72, 148, 220, 243, 250, 252, 282, 306, 312, 358, 398, 402)*,
gutter *D (auch 76, 148, 243, 312, 324, 402)*. mas *D*. erfarn *D*. het *c*.
4. kungreich *D*. landt *c*, land *D*. ftett *D*. 5. furften *D (auch 103, 159,
214, 303, 307)*. hofen *D*. 7. aim *c D*. zügepirt *D*. 8. verirtt *D*. 9. follt
D (auch 40, 62, 87, 168, 170, 181, 281, 291, 292, 297, 333, 339, 352, 355).

dorumb und er mich fragen wolt: 10
»beſcheid mich, lieber bruder mein,
von welchen ſachen mag das ſein,
das göttliche gerechtikait
geordnet iſt an underſchait
in aller chriſtenhait gemain   15
aim jeden menſchen, lauter, rain,
zu ſtatten komen durch gericht,
und doch gar ſelten daz beſchicht,
beſunderlichen der geſtalt,
da man die leges nicht enhalt;   20
nach den geſ[e]tzten kaiſerleich,
da wirt betrogen arm und reich.«
Ich ſprach: »als ferr ich mich verſtän,
da ſein vil höpter ſchuldig an.
wer da regiert nach ſeinem houbt,   25
wie clüg der iſt, er wirt betoubt,
beſetzt er nicht ain weiſen rat,
dabei frau ere wol beſtat,
und volgt dem nach durch götlich forcht.
in welchem land man das verhorcht,   30
es hat gewalt das recht verhagt;
als wenn der abpt die würfel tragt,

---

10. Darvmb *D* *(auch 51, 164, 319, 395)*.   **11.** weſchaid *c*, B- *D*.
brüder *D*.   **12.** welhen *D (auch 30)*. geſein *D*.   **13.** götl. *c (auch 41)*,
D.   **14.** Geordent *c D*. vnterſchait *c*, vnderſchaid *D*.   **15.** kriſtenhait *c*,
criſtenheit *D*.   **18.** ſellten *D (auch 83, 94, 302, 354, 377)*.   **19.** geſtallt
D.   **20.** do *c (auch 222, 316, 344, 375)*. die] des *D*. nit *D (auch 27,
89, 100, 104, 137, 143, 151, 210, 215, 225, 251, 252, 257, 277, 292,
307, 335, 339, 360, 361, 391, 398)*. enhatt *D*.   **21.** geſetzen *c*, geſetz-
ten *D*. kaiſerlich *c (auch 278)*, keiſerlich *D*.   **22.** werden *D*. arme *D*.
23. u'ſtan *c (D)*.   **24.** heubter *c D*. ſchulldig *D*.   **26.** klug *c*, clueg *D*.
der] er *c D*. getaubt *D*.   **27.** ratt *D (auch 63)*.   **28.** dapeÿ *c (auch 68,
72, 96, 367, 402)*. beſtatt *D*.   **29.** gotl. *c*.   **30.** lannd *D (auch 217, 230,
245, 294, 300, 303, 361, 368, 370, 371, 374)*.   **31.** es] Sɔ *c D*. gewallt *D*
(auch 110; -ig 112).   **32.** wañ *c*. abt *c*, abbt *D*. bürfl *c*, wurfel *D*.

die brüder ſpilen all hin nach
zu lieb dem herren wüſter sach.
vitztum, ratgeb, pfleger und verg,   35
richter, vorſprech, urtailer, ſcherg,
die tretten all ain valſche pan,
ain jeder zlieb ſeim überman;
zwar der gewiſſen wirt ſo hol.
damit man ſich behelfen ſol   40
zu gottlicher gerechtigkeit,
ſeid das man ins nit underſait,
das niemand kain geleichs beſchicht,
das iſt ain ſwëre zuverſicht,
und iſt aim land ain herte büſs,   45
wo man das recht erkouffen müſs.
damit ſo ſtet des armen ſchanz.
neur allzeit hinden an dem tanz.
Der gebhart hat ain ſwachen nam,
wie wol er iſt natürlich zam,   50
dorumb das er iſt ganz durchpaiſſt,
mit groſſer gierhait man das haiſſt.
da von verlait ſich mang geſell
durch in abgrüntlich in die hell.
doch nemen, geben arm und reich,   55
ſecht aber, es iſt ungeleich.
wer nimpt, was man im gern geit,

---

33. prüeder *c.* hinach *D.*   **34.** wüeſter *c.* Dem herren zulieb bueſter ſach
D.   **35.** vitztumb *c D.*   **36.** richter urt. vorſpr. *c (D).* vnd ſcherg *D.*
37. tretñ *c.* ban *D.*   **38.** zelieb *c,* zulieb *D.* ſeinem *D.* obeman *c,* vber-
mañ *D.*   **39.** holl *D.*   **40.** behellfen *D.*   **41.** göttl. *D.*   **42.** nicht vnder-
ſeit *D.*   **44.** ſwer *c,* poſe *D.*   **45.** pueſs *c (auch 116),* bues *D.*   **46.** mües
c, mues *D.*   **47.** domit *c.* ſtett *D.*   **48.** nur *D (auch 95, 106, 126, 149,
258, 389).* altzeit *D.*   **50.** naturl. *D.*   **51.** durch baiſſt *D.*   **53.** da von]
darumb *c.* mang gut' geſell *c,* manig güt geſelle *D.*   **54.** In abgrundt
der hell *c (durch in ſehlt),* Durch in in abgrund der helle *D.*   **55.** doch]
Es *D.*   **56.** Aber ſecht *D.* gar vngel. *c.*   **57.** nymbt *c D (in beiden Hſſ.
auch 116, 127, 129, 213).* das *c D.*

allo das er kain argen neit
well tragen der gerechtikeit,
weder umb lieb, gab oder leit,   60
dem geber welle bei beltän,
neur wes er götlich recht lol han,
es lei mit urtail oder rat,
lein nam ilt im des minder lchad.
tët er es aber gar durch got,   65
das wer vil beller lunder lpot,
belchech es dan umb ainen lullt,
da bei lo wër ain klain verlullt;
in wurd doch lo vil er davon,
das im bezalet wer der lon.   70
*A*uch möcht er richten baid partei
und tët lein güten vleils da bei,
darinn erwurb er lob und eer
von got und von der welde ger.
lëlig wër das recht, wo man es näm,   75
wenn güte freuntlchaft da von käm.
was man an recht gellichten mag,
das ilt den teufeln groller llag.
durch recht verloufft lich mange diet
mit urtail, rëten, gab und miet.   80

---

58. argenn neid *D.*   **59.** gerechtikait *c D.*   **60.** gab lieb noch lait *c*, lieb
noch vmb laid *D.*   **61.** wolle *D.* pey *c (auch 351).* beltan *c*, beltann *D.*
62. nür *D.* gotl. *D (auch 249, 288, 305, 366).* hoñ *D.*   **63.** ader *D.*   **64.**
num *c*, nüm *D.* des] delter *c D.*   **65.** Tät *c*, Tätt *D.* gar *fehlt in D.*
gott *D (auch 141).*   **66.** wär *D.* peller *c D.* ane *c*, on *D.* lpott *D (auch
142).*   **67.** welchäch *c*, B- *D.* dann *D.* lult *c (auch 223, 376, 385),*
lunlt *D (auch 185, 223, 337, 385).*   **68.** wär *D.* claine *D.* u'lult *c
(auch 386), (D) (auch 338, 386).*   **70.** bezallt *D.* wurd *D.* lan *D.*   **71.**
mocht *D.* paid *c (auch 128, 309, 324, 326, 332, 369).*   **72.** tät *D.* gütten
D.   **73.** er *c D.*   **75.** Sälig *D.* es] das *D.* nem *c.*   **76.** wañ *c.* frunt-
lchaft *D.* kem *c.*   **77.** gelchlichten *D.*   **78.** dem tëufl *c (auch 82,
363).* lchlag *D.*   **79.** manig *D (auch 88, 127, 138, 388).*   **80.** räten *D.*
räten vnd auch miet *c.*

falſch zeugknuſs, aid und aufſätz hol,
das fügt dem teufel alles wol.
kain recht kompt ſelden zu dem zil
an ſünde wenig oder vil
beſunderlichen in der hait   85
da jederman auf ſeinen aid
ertailen ſol nach ſeinem houbt,
darunder manger iſt betoubt,
das er nicht fünfe zellen kan.
wie mag derſelb ain recht verſtan?   90
und gilt als vil am abeleſen,
als wër er Salomon geweſen.
und gärlichen in der gemain
fugt ſich das recht gar ſelten rain.
hat ainer neur ain urtailer   95
und da bei leute nach der ſwër,
ſi volgen all dem ſelben nach,
wie falſchlich iſt ſein aneſpräch.
Der richter lat auch übergen
und wil das unrecht nicht verſten,   100
das jenem tail beſchehen iſt;
das tüt als gebhart, wo der iſt.
fleiſſt ſich ain fürſte ſwacher rët,
den ſel noch eer nicht hoher krät,
ſo iſt das recht in ſeiner hant,   105
neur wie in luſſt, wirt es erkant.

---

81. zëugnus *c (D).* auffatz holl *D.*   **82.** füegt *D.* teufl *D.* woll *D*
(auch 151, 352, 354).   **83.** kumbt *c D (in beiden Hss. auch 183, 205,*
336). zill *D.*   **84.** vill *D.*   **85.** weſunderlich *c*, B- *D.*   **86.** ſein *D.*   **89.**
funfe *D.* zelen *c D.*   **90.** derſelbig *c.*   **91.** gillt *D.*   **92.** wär *D.*   **93.** ger-
lich *c*, voraus *D.*   **94.** fügt *c*, fuegt *D.* gar *fehlt in D.* ſeldñ *c.*   **96.** leut
D. ſwär *D.*   **97.** ſie *D (auch 107, 187, 192, 215, 216, 229, 250, 252).*
98. välſchl *c.* ſein] die *D.* aneſprach *D.*   **99.** vbergan *D.*   **100.** will
D (auch 164, 194, 226, 325, 327, 383). verſtan *D.*   **101.** jenem] dem
ain *c*, dem ainen *D.*   **103.** rät *D.*   **104.** er *c D.* höh' *c.* kret *c*, krätt *D.*
105. hand *D.*   **106.** in] iſt *D.* luſt *c D.* bekant *D.*

18 Klein, Oswald von Wolkenstein

wann li willen wol als die hund
des herren willen zu aller ftund,
da hat das recht kain ander gftalt,
wann trib man frävel und gewalt.   110
und delgeleichen volgt der fchein
von allen, die gewaltig fein,
das recht belitzen für und für
an vorcht, gewillen, als ich fpür,
hoch von dem houbt bis auf den füls,   115
und nimpt doch end mit lwerer buls.
Ain redner, der da nimet güt
von ainem, dem er reden tüt,
der ilt ain argkwönleicher man,
den folt man icht ertailen lan.   120
trawt man daruber leinem aid,
fundt man daran, daz ilt mir laid.
das recht hat gar ain wëchlin nas,
es lat lich biegen als der has,
fo in der hund pringt in den wanck,   125
neur hin und her ftat lein gedanck.
Ich hör, das manger vorlprech nimpt
zu baider leitt, das übel zimpt.
von ainem nimpt er offenlich,
der ander fticht in haimelich.   130
der ainen part redt er das wort,
der ander tail behabt den hort.
mit dem fo wirt durch in verhawt

---

108. des] Irs *cD.* **109.** andre *cD.* geltalt *c.* **110.** dann *D.* treib *D.* freuel *c,* frauel *D.* **111.** deßgl. *D (auch 295, 299, 387).* vollgt *D.* **113.** Vnd das r. *D.* fur *zweimal D.* **115.** die fues *D.* **116.** ende *D.* fwar' bües *D.* **119.** argkbonlich' *c,* argbonlicher *D.* mañ *D.* **120.** icht] nit *cD.* erlaiten *D.* **121.** darüb' *c.* **122.** Sünd *cD.* **123.** bäxe *c,* bechlin *D.* **124.** piegen *c.* **125.** bringt *D.* wangk *c.* **126.** ftet *cD.* **128.** übl *c,* vbel *D.* zymbt *c(D).* **130.** haiml. *cD.* **131.** bartey *D.* rëtt *D.*

die ain partei, die im getrawt.
o Judas, du unselger man,   135
was haltu brüder hie gelan!
allain nicht, der da vorsprech haisst,
mang hoher, der den wechsel baisst,
gaistlich, wëltlich vindt man der,
und die doch wellen haben eer   140
gen diser welt wie halt gen got,
Daselben fürcht ich ir mit spot.
Noch ains lass ich nicht unvermeldt,
ain bös gewonhait in der welt,
die gaistlich sein und weltlich recht   145
regieren mer, wann ritter und knecht,
und wellen nutzen baide swert.
wie habent die so güten wërt!
sant Peter hett neur ains berait,
da er den Juden mit versnaid,   150
und slawnt im da mit nicht gar wol,
do er tet fliehen in das hol.
und get der grund doch dannen her
von got gesatzt gaistliche ler.
offt gaistlich vätter sein so zach,   155
sant Petern kainer volget nach.
wo gaistlich herschen leut und lant,

---

134. trawtt *D*. 135. vnselig' *c*, vnsaliger *D*. 136. hast du *D*. brueder
c. 138. manig *c*. höh' *c (D)*. wechsl *c*, bechsel *D*. paisst *c*. 139. werltl.
c (auch 209, 301; b- *145)*, welltl. *D*. 140. er *c*. Und wollen dannoch
haben er *D*. 141. werlt *c (auch 144, 182;* b- *177)*. hallt *D (auch
160, 219, 221, 245, 297, 369)*. 142. Daselb da f. *D*. 143. vnu'melt *c
(D)*. 144. pös *c (auch 199, 247, 316)*, bas *D*. gewonheit *D (auch 243,
247, 250, 253, 258, 367, 398)*. 146. Regiern *cD*. dañ *c (D)*. 147. wol-
len *D*. nützen *cD*. 148. habñ *c (D)*. werdt *D*. 149. Sand *c (auch
156)*. het *c*. ain *D*. 150. do *D*. u'snait *c*. 152. da *D*. Vnd tet *c*. die
hol *c*, die holl *D*. 153. geet *D*. dannen] von im *cD*. 154. gesetzt *c*.
gaistlich *D*. 155. oft *D*. väter *c*, vater *D*. sind *cD*. 156. peter *c*. 157.
land *cD*.

da wirt mer ungeleichs erkant,
wann fürſten, den das zu gebiert,
das recht zu halten unverierrt,   160
oder anderm adel groſs und klain
in aller chriſtenhait gemain.
got hat drei tail geordent ſchon,
dorumb er geben wil den lon
dort ewikleichen ſunder ſwër,   165
gaiſtlich, edel und arbaiter.
der gaiſtlich iſt alſo bedacht,
das er ſol bitten tag und nacht
für die zwen taile gottes kraft;
und ſtreitten ſol die ritterſchaft   170
hert für die andern vorgenant.
der pawer darzu iſt gewant,
das er ſein arbeit teglich brauch
umb unſer nar, im ſelber auch.
das hat ain groſſe underſchaid,   175
beſunder an der gaiſtlichait,
durch ungeleichs in diſer welt,
als ich das vor an hab vermeldt.
ich wolt, wër gaiſtlich wer gemüt,
er hielt ſein orden in der hüt,   180
als er das ſolt von rechte tün;
das wër der welt ain groſſer ſün.
mer unfrid kompt der welde blos

---

158. vngeleiches *D (auch 177).*   **159.** Dañ *c (auch 282,402).* zugepirt
D.   **160.** vnu'jert *c.*   **161.** annder *D.* adl *c.* gros *D.*   **162.** kriſten-
hait *c,* criſtenheit *D.*   **164.** lonn *D.*   **165.** ebigklichen *c,* ewikleichen
D. ſünder *c.* ſwär *D.*   **166.** edl *c.*   **168.** piten *c.*   **169.** tail *c D.* gotes *c.*
ckraft *D.*   **170.** ritt'ſchafft *c.*   **171.** vorgenañt *D.*   **172.** pawr *D.* dart-
zue *D.*   **173.** arbait *c D.* taglich *D.* prauch *c.*   **174.** unns' narũg *D.*
178. vormals *D.* uermelt *c,* v'mellt *D.*   **179.** wollt *D.* genüet *D* [*wohl
verschr.*].   **180.** hüet *D.*   **181.** das *ſehlt in c.*   **182.** wär *D.* ſüen *c.*

von prieſterſchaft und ir genoſs,
wann ſuſſt von allen laien pſchicht;   185
das hat doch got beſchaffen nicht.
durch ſi das recht vil mer erkrumpt,
wann das von anders jemand kumpt.
das hab ich mer zu Rom ervaren
wann anderſwo in kurzen jaren.   190
recht zu unrecht, unrecht zu recht
ſi machen kunnen krump und ſlecht.
aufſätz, trugnuſs, loica ſpil
lernt man zu Rom, wie vil man wil,
an die prëlätiſch piegkanei,   195
die man da treibt durch ſimanei.
da unſer züflucht ſolde ſein
zu waſchen ab der ſünden pein,
das man ſo böſe ler da tragt,
das ſei dir, got von himel, klagt.   200
das durch die glerten für und für
zu mercken iſt ain ſolche ſpür,
die unſer liechter ſüllen weſen
zu leren in das ewig gneſen.
es kompt als von den höptern dar,   205
die ſich emblöſſen offenbar,
und das unrecht machen zam

---

184. prieſterſchafft *c*, Brieſterſchaft *D*. yr̄m *c (D)*. genos *D*.   **185.**
ſüſt *c (auch 337)*. vom laien *D*. beſchicht *cD*.   **186.** beſchafen *D*.
187. uil mer das recht *c*. erkrumbt *c*, erkumbtt *D*.   **188.** Das and's
ſuſt von yemäd kumbt *c*, Wann das ſunſt von niemand kumbt *D*.
190. Dann annderſwo *D*. jarn *D*.   **192.** küñen machen *c*. künden *D*.
krum *D*.   **193.** Auffſatz *D*. trügnüſs *c*, treugnus *D*. ſpill *D*.   **194.** lert
c. wie] als *cD*.   **195.** brelatiſch *D*. piekaney *c*, biegkneÿ *D*.   **196.**
ſymonej *D*.   **197.** zufl. *c*. ſollte *D*.   **198.** ſünde *D*.   **199.** pöſe *D*. tregtt
D.   **200.** himl *c*.   **201/202.** *fehlen in c*.   **202.** ſolhe *D (auch 356, 362)*.
203. vnſre *c*. ſolten *c*, ſollen *D*.   **204.** leren] gen *c*, komen *D*. gneſen]
leben *D*.   **205.** heubten *c*, heubtern *D*.   **206.** emplöſſen *c*, enploſſent
D.

an götlich vorchte, ſunder ſcham.
gaiſtlich, weltlich, wer das tüt,
der iſt von ſünden nicht behüt.   210
wan ſiecht das houbt durch blöden wanckh,
*D*ie glider werdn alle kranckh.   *46ʳ*
Der keiſer nimpt auch geren güt,
vil fürſten han denſelben müt,
ſi liſſen ettwas übergän,   215
wo ſi die volge mugen hän,
an rëten, landen und auch leut.
da für ich gſatzte recht wol treut,
wo man die kaiſerlichen halt;
und ain güte gewonhait alt,   220
die iſt zu halden für ain recht.
wer ſich des fliſs, da wurd vil ſlecht
das ſuſſt gar langkſam krump beleibt.
nach duncken recht, wo man dez treibt,
wo kaiſerliche recht nicht gän,   225
da wil man nindert hören von,
das man dem keiſer icht engunn,
und iſt doch aller recht ain brunn,
darauſs ſi flieſſen ganz gerecht
in alle land natürlich ſlecht.   230
und mag kain landſrecht ſein erdacht
an kaiſerliche recht verbracht,

---

208. gatl. *D.* vorcht *cD.* vnd ſ. ſch. *D.*   **210.** ſunden *D.* behüet *D.*
211. Wañ *c (D).* ſicht *D.* plödñ *c,* bloden *D.* banck *c.*   **212.** gelider
D. werden *D.* kranck *c,* cbranck *D.*   **213.** kaiſer *c (D) (in beiden Hss.
auch 227, 255).* gern *D.*   **214.** habñ *c,* habent *D.*   **215.** lieſſen *cD.*
etbas *c,* -w- *D.* übergan *c,* vbergan *D.*   **216.** vollge *D.* möchtñ *c,*
mochten *D.* gehan *c,* hañ *D.*   **217.** räten *cD.* leutñ *D.*   **218.** gſchatzte
D. wol *fehlt in c.*   **220.** gütte *D.* gbonhait *c,* gewonheitt *D.* allt *D (auch
247, 250, 258, 406).*   **221.** halten *c.* fur *D.*   **222.** vlis *D.* würd *D.*
223. langſam *D.* krum *D.*   **224.** das *cD.*   **225.** gan *cD.*   **226.** man] nit
c. nindert] nichts nit *D.* horen *cD.*   **227.** nicht engüñ *c.*   **228.** prüñ *c,*
brun *D.*   **230.** naturl. *D.*   **232.** keiſerl. *D (auch 234).* uolpr. *c,* volbr. *D.*

es muſs ain züſatz da von haben
vil von den kaiſerlichen gaben,
als alle waſſer habent grund,   235
flüſs auſs des groſſen meres ſlund;
man well dann felſchen gots geſetz,
und das gerechte machen letz.
Was von dem reich zu lehen iſt,
das mag ſich zwar zu kainer friſt   240
auſs ſeinem recht enziehen nicht
mit kainer loica geticht.
vil güter gwonhait iſt vergundt
aim jeden lande nach dem grund,
zu halden nach des landes ſchein   245
teglich zu beſſern ane pein.
ain gwonhait bös, wie alt die iſt,
die iſt zu meiden kurzer friſt,
und götlich reformieren pald,
das ſi haiſs güt gewonhait alt.   250
wo man daſſelben nicht entüt,
ſo gilt ſi nicht ain helbling güt.
gwonheit neu niemand ſetzen mag.
pſchicht es darüber ane frag
und an gewalt des keiſers gunſt,   255
pëen vellig iſt dieſelbig kunſt,
wann ſo er leicht, er pſtät nicht mer;
neur redlich alte gwonhait her.
Ain jeder ſach, der iſt geſetzt
das recht weiſlichen unverhetzt.   260

---

233. müs *c*, mües *D*. zuſatz *c*. **235.** Alls *c*. haben *c*. **236.** flus *c*, Und
flus *D*. groſſen *fehlt in c und D*. **237.** gotes *D*. **241.** entziehen *D*.
243. gebonh. *c*. u'gund *c*. **244.** grundt *D*. **246.** taglich *D*. peſſern
c D. one *D*. **248.** in kurtz' *c*. **249.** zu reformiern *c D*. balld *D*. **251.**
deſſ. *c D*. entütt *D*. **252.** gillt *D*. helbling] haller *D*. **253.** Gewon-
hait *c*. geſetzñ *c*. **254.** beſchicht *D*. darvber *D*. **256.** penfellig *c D*.
257. leich *D*. pſtätt *c*. **259.** Ainer yeden *c (D)*. ſache *c*, ſach *D*. der
fehlt in c und D.

wie mag das ainer gächling haifs
bedencken, der des nicht enwaifs?
fo man in fragt auf feinen aid
das recht zu treffen klar gemait,
wie weis er ift, er wirt betört,   265
er hab der recht dann vil gehört,
und dife welt darzu verfücht
nach notdurft, als fich daz gerücht
an enden, wo man recht und rat
vernüftiklichen vor im hat.   270
als manig hiern, als manig houbt.
wie künd aim jeden fein erloubt,
das recht ganz pringen an fein ftat,
darauf man lang gftudieret hat?
trifft ainer ains, fo fält er zwai.   275
beduncken recht fchadt mangerlai,
des man in rechten nicht enhielt,
wo man der keiferlichen wielt.
Ain pawer, der nie fchrifft verhort
*U*nd mit den oxfen ift betort,   280
der fol nu bas verftän das recht,
wann ain gewandert güter knecht
oder ain gelarter, weifer man.
wo wolt er das erlefen han?
Noch wundert mich ains groffe auch,   285
das man offt fetzt ain öden gauch

---

261. gachling *D.*   **262.** bedenncken *D.* des er *D.* wais *D.*   **264.** zetre-
fen *D.* gemaidt *D.*   **265.** betort *c (auch 290).*   **266.** gehort *c.*   **267.**
dartzue *D.* verfuecht *D.* darzu dife werlt u'fucht *c.*   **268.** nottürft
c, noturft *D.* gerucht *c,* geruecht *D.*   **269.** ratt *c D.*   **270.** v'nüfftigklich
c, vernuftigkl. *D.* hatt *D (auch 274, 338, 390).*   **271.** hirn *D.*   **272.**
ainem *D.*   **273.** bringen ganntz *D.* ftatt *D.*   **274.** geftudierett *D.*   **275.**
Trift *D.* vallt *D.*   **276.** manigerleÿ *D.*   **279.** paur *c,* bawr *D.* gefchrifft
c, gefchrift *D.* verhörtt *D.*   **280.** ochfen *c D.* betört *c D.*   **281.** u'ftan
c (D).   **282.** dann *D.* gwandert' *c.* gutter gewandert *D.*   **283.** gelert'
c (D).   **284.** hann *D.*   **285.** groffñ *c (D).*   **286.** oft *D.* oden *c.*

zu ainem richter, der nicht hat
götliche vorcht noch weiſen rat,
und was dem rechten zu gehört,
das er des genzlich iſt betört.   290
wie ſol der ſträffen weib und man,
und der ſich ſelbs nicht ſtraffn kan?
als ich eu das noch bas bedeut:
wem man bevilcht lant oder leut,
ampt, pfleg, gericht und deſgeleich,   295
zu ſtraffen, richten arm und reich,
der ſol ſich halten in dem ſchein,
das er unſtröflich mug geſein,
und deſgeleichen all, die han
herſchäft, land, leut, undertan,   300
gaiſtlich, weltlich, wĕr die ſind.
o, wie gar ſelden man daz vindt!
Ain fürſt in ſeinem hof und lant
ſol haben rĕte, die da hand
götlich gwiſſen, edel und weis,   305
ain gmain güt wort, der eren preis.
wo das ain fürſte nicht enhat,
das recht daſelben übel gat,
baide mit urtail und geding,
ſo hat das recht ain miſſeling   310
und darf ſich niemand tröſten ſlecht.
wie vil er hat der güten recht,
im wirt die ſchrann alſo beſtellt
mit ainer urtail, da gevellt

290. genntzlich *D.*   **291.** ſtraffen *c (auch 292),* ſtrafen *D (auch 292, 296).*   **292.** und *fehlt in c und D.* ſelb *c D.*   **293.** euch noch das *D.*   **294.** we͂ *c.* beuilht *D.* land *c.*   **295.** Ambt *c D.*   **298.** vnſtreffl. *c,* vnſträfl. *D.* müg *c D.*   **299.** alle *D.*   **300.** herſchafft *c.* vnd vndertan *D.*   **302.** vind *c.*   **303.** hoff *c.* land *c.*   **304.** So habent *D.* räte *D.* hannd *D.*   **305.** Götleich ee gewiſſn̄ edl … *c.*   **306.** Ain gemain wort bort *D.* breis *D.*   **307.** des *c.* enhatt *D.*   **308.** übl *c.* vbelſtatt *D.*   **311.** tarff *c (D).* troſten ſchlecht *D.*   **313.** weſtelt *c.*

an feinem tail durch klain gewin;   315
da hat das recht ain böfen fin.
Verzickte wort und all gevër
im rechten fein verboten fwër,
man lat fein aber dorumb nicht
und ift ain alts, als man da fpricht.   320
Ain weis man, der ratmäffig ift,
der tü fein vleifs zu aller frift.
da mit er rat zu gleichem fchid
auf baid partei nach gütem frid.
wil ainer fein ain fchidlich man,   325
der mag an baide rät wol gan.
wil er aber ainem hilflich fein,
dem andern tail rat nicht darin,
und hör auch feiner rechten nicht,
neur was an offner fchrann befchicht,   330
damit bleibt er an mailes neit,
liebt im das recht zu baider feit.
kain ratgeb, der fol weib noch man
verfüren auf ain zweifels wan,
zu dem er nicht gedienen mag   335
mit urtail, kompt es an die frag.
verweift er in darüber fufft,
so hat er fchuld an feiner flufft.
Du richter folt nicht pärtig fein
in der partei vil oder klein,   340
noch niemand das geftatten bift
dem, der deffelben leders ift.

---

317. alles gevär *D.*   **318.** Inn *c.* u'potñ *c,* verpotten *D.* fwär *D.*   **321.**
weyfer *c (D).* ratmeffig *c,* rattmeffig *D.*   **322.** tue *D.*   **324.** bartey *D.*
326. an] ain *D.* geen *D.*   **327.** ainem tail hillflich *D.*   **328.** So rat dem
andñ nicht darein *c,* So red dem andern nicht darein *D.*   **329.** rechte *c.*
330. Nür *D.*   **331.** pleibt *c.* an *fehlt in D.* neid *D.*   **334.** Verfuern *D.*
ain *fehlt in c.*   **335.** dem] wën *c.*   **338.** fchulld *D.* fluft *c.*   **339.** pertig *c.*
340. klain *c (D).*   **341.** des *c.* pift *c.*

wo man ain folch gerichte hat,
und da ain richter des geftatt,
das jede part da fetzt ir leut,   345
das richt ich weder lob noch treut.
und wirt das recht hin hinder kert
und durch die aid gröblich verfert,
da biftu, richter, fchuldig an,
das du die partei laffeft gän.   350
Wann jeder ftat dem feinen bei,
wie wol das recht fol wefen frei,
an argen lift, grüntlich verklärt,
wie wol man felden das bewärt.
du folt auch niemand fragen nicht,   355
wo du haft folche zuverficht.
der wederm taile fei genaigt,
an güt, gewiffen da verfaigt,
und niemand füdern durch dein frag,
an fach ich dir ditzs nicht enfag.   360
man vindt nicht vil derfelben land,
da folche krump recht ergänd,
und ift den teufeln groffer flüch,
wo man tüt richten nach dem büch,
darinn die recht fein wolbedacht   365
auf jede fach götlich verbracht,
dabei gewonhait güt vergundt

---

343. fölhs *c (auch 362, 381, 398)*, folche *D*.   **344.** das *D*.   **345.** partey
c, bartÿ *D*. da *fehlt in D*.   **346.** recht *c D*.   **348.** grobl. *c D*.   **349.** piftu
c, bift du *D*. fchulldig *D*.   **350.** gan *c*, gann *D*.   **351.** gftet *c*.   **353.**
gruntlich *D*. erklert *c*, verclart *D*.   **354.** pebert *c*.   **355.** niemand]
kainen *c*.   **356.** wo] zu dem *c*. folhe *c*.   **357.** wederm] ainem *c D*. tail
c.   **358.** an] Ain *c D*. das u'faigt *c*, ver da faigt *D*.   **359.** fudren *c*. Du
follt niemand fürdern ... *D*.   **360.** Und ander fach *D*. vrfach *c*. dir
ditzs] dirs *c*, dir des *D*. enfach *c*.   **362.** Darin *c*. krūpe *c (D)*. ergand
c D.   **363.** teuffellnn *D*. ain gr. *c D*. fluch *c*.   **364.** tut *c*. puch *c*,
buech *D*.   **365.** Darin *D*. wol wetracht *c*.   **366.** u'pracht *c*.   **367.** gut
find u. *c*. vergündt *D*.

aim jeden land nach feinem grund,
und die man halt baid arm und reich,
das ift aim land ain löblich zeich,   370
befunderlich in welfchem land,
durch mang küngkrich mir bekant.
all reichftet haben auch den fitt,
vil ander teutfcher land damit,
da man durch zwelf tut richten rain,   375
bas wann fufft durch ganz gemain.
felten durch gemain ain fach ergat
an fchand und ettlich miffetat.
des lob ich nicht, wo man des pfligt
für gfchribne recht; wo man die wigt   380
durch folche leut, die es verftan,
da wirt verforgt baid frau und man.
Ain ebenbild ich melden wil:
ficht ainer zwen ob ainem fpil,
und die er nie erkante fufft,   385
er gunnt dem ainen bas verlufft.
und defgeleich an ainer fchrann,
die man befetzt durch mangen man
Bfet aim da neur günftlich gevell,
er hat die volg, gee, wie es well.   390
das als an ftetten nicht befchëch,
wo man die recht gefchriben fëch.
offt ains gewiffen ift fo lom,

---

368. Ainem *D.* grundt *c.* **370.** loblicher *D.*   **372.** Durch manig kung-
reich *c,* Und in manigem kungreich *D.* bekannt *D.*   **373.** reichftett
D. denfelben *D.* fit *c.* **374.** Vnd vil *D.* **375.** Do *D.* tüt *D.* **376.** Was
mä *c.* dann durch funft ain gantze gem. *D.*   **377.** ergatt *D.*   **378.** et-
lich miffetatt *D.*   **379.** Ich lob fein nit *D.*   **380.** Fur *D.* gefchr. *D.* bigt
D.   **381.** folle *D.*   **382.** mañ *D (auch 388).*   **383.** ebenpild *c,* eben-
billd *D.* mellden *D.*   **384.** fpill *D.*   **386.** gan *cD.* pas *c.*   **389.** Pftet
c, Pftett *D.*   **390.** vollg *D.* wöll *D.*   **391.** alles *c.* fteten *c.* befchäch
cD.   **392.** fäch *cD.*   **393.** Oft *D.* lam *c.*

fi krumpt fich als der weg gen Rom
dorumb fo lob ich ficher klain,   395
das man ain fach auf ain gemain
durch urtail dick erkennen tüt;
ain folch gewonhait ift nicht güt.
wann götlich recht hat kainen twanck
zu nöten auf ain hindergangk   400
durch kainer hande urtail frei,
es fei denn güter will da bei,
noch ift der tadel ane zal,
darinn das recht hat böfen val.
zwar wider ditzs, das man da halt   405
gefchriben nach den büchern alt,
und die man teglich beffern tüt,
darinn ift meniklich behüt,
wo man die füret lauter, rain,
beckenn ich, Ofwalt Wolckenftein.«   410

Anno MCCCCXXXVIII° hec fabula completa per me Ofwal-
dum militem.

113. Ir bäbft, ir kaifer   *B 46ᵛ (A –, c 89ᵛ 90ʳ*
                                 = BW 21, Sch 119)

I   **I**r bäbft, ir kaifer, du pawman,
        warumb feit ir nicht geren hailg?
    feit das eu got nicht wil verlän,
    behalt ir neur den orden fälig,
5   der eu von im ift aufferwelt   5

---

394. fi] Und *c D.* krü[m]bt *c,* krumbt *D.*   **396.** das] Wo *D.* mä fach
[?] *c.* auf gem. *D.*   **398.** folhe *D.*   **400.** nötten *D.* hinderganck *D.*   **402.**
dann *D.*   **403.** tädl *c.* one zall *D.*   **404.** pofen *c,* bofen *D.* vall *D.*   **405.**
dits *c,* ditz *D.* hollt *D.*   **406.** püechñ *c,* buechern *D.*   **407.** täglich *D.*
peffern tut *c.*   **408.** meniglich wolbehüet *D.*   **409.** fuert *D.*   **410.**
Wekenn *c,* B- *D.* Ofwalld von wolkenftain *D.* bolkenftain *c.*
1. pabft *c (auch 39).*   **2.** heilg *c (auch 10, 16, 18).*   **3.** u'lan *c.*   **4.** felig *c.*

zu füren löblichen entwër,
auſs unſerm glouben zu geſellt,
mit namen lauter da gezellt,
gaiſtlich, der edel und arbaiter.

II   *D*u hailger vatter, tag und nacht   10
      für alle chriſtenhait gemain,
      und wër da gaiſtlich iſt bedacht,
      andächtiklich ſolt bitten rain
5   Den got, der alle creatur
      beſchaffen hat und uns erloſt   15
      mit ſeines hailgen todes kur,
      den er in menſchlicher figur
      laid an des hailgen creutzes roſt.

III   *O* kaiſer, ſchierm mit deinem ſwert,
      und wer zu dem geſegnet iſt,   20
      das recht und den gelauben wert
      gewaltiklich zu aller friſt.
5   Die witwen, waiſen, arm und reich
      beſchützt, auch halt euch in der hüt,
      das man euch ſelber nicht enzeich,   25
      des icht berür der eren teich,
      ee ſo vergieſſt eur aigen blüt.

IV   *W*er zu der arbait iſt geporn,
      der arbait durch getreuen hort;
      tüt er des nicht, ſo wirt verlorn   30
      ſein arbait baide hie und dort.
5   Und herwidrumb, iſt er getreu,
      als ainem pawman zu gebiert,

---

6. loblich *c.* **8.** gezëlt *c.* **9.** edl *c.* **10.** vat' *c.* **11.** kriſtñ h. *c.* **13.** andachtigkl. *c.* piten *c.* **19.** ſchirm *c.* **21.** mert *c.* **23.** bittben *c.* **26.** das *c.* **27.** plut *c.* **28.** geporñ *c.* **31.** paide *c.*

ſtirbt er alſo mit güter reu,
ſein freud mag im wol werden neu   35
dort ewikleichen unverierrt.

V   *A*ch welt, wie hertikleich du trabſt!
          noch alles dort vor gottes ſchein
          geleich, der kaiſer als der babſt,
          ain jeder in dem orden ſein.   40
5   Die fürſten, graven, ritter und knecht,
          ir burger, pawren, all vermeldt,
          chardnal, piſchof, prelaten ſlecht,
          all gaiſtlich, weltlich, hört und ſecht,
          recht tun wer güt in dieser welt.   45

114. Hört zü   *B 46ᵛ 47ʳ (A –, c 88ᵛ–89ᵛ*
= BW 107, Sch 120)

Compaſſio beate virginis Marie

I   *H*ört zü, was ellentleicher mër
          ain raine frau keuſchlich erfür,
          wie das ain fürſt gevangen wer,
          der himel, erd und aller rür
5   gewaltig was, des ſi genas,   5
          magt vor und nach, von ainer ſprach,
          Ave, an mail empfieng, gebar.
          Ain knecht und junger, der da floch,
          verkundt der frauen, als man redt,
10   wie man den fürte groblich roch,   10
          den ſi lieplich erzogen hett,
          mit groſſer ſmäch, ellender gäch,
          durch micheln praws in Annas haws,

---

34. gut' *c (auch 45).*   **36.** ebigklichen vnu'jert *c.*   **37.** werlt *c.* her-
tigklich *c.*   **42.** purg' *c.* u'melt *c.*   **43.** Cardinal piſchoff *c.*
1. zu *c.* ellentlich' *c.*   **2.** erfur *c.*   **4.** himl *c (auch 59).* rur *c.*   **7.** gepar *c.*
9. u'künt *c.*   **10.** gröbl. *c.*   **11.** het *c (auch 85).*   **12.** ſmach *c.* gach *c.*

der richter was der Juden ſchar.
15 O frau, wie bitter was der ſmerz,   15
    den da empfieng dein keuſchlich herz,
    als es erhort das ſënlich mort,
    leib, varb, geſtalt des ſchricks engalt,
    das du kraftloſe nieder ſanckh.

II *U*uzälich klag und ſenlich matt   20
        bedächtikleich was, frau, erlaubt,
        als dich vernunft widerumb betrat
        und du deins kindes ward berawbt
5   durch ſolche leut, der ich nicht treut,
        die in välſchleich än ware zeich   25
        verklagten vor des richters ſtab.
        O junckfröleiche, raine maid!
        mich wundert, das dir nit erbrach
10   dein keuſchlich herz von groſſem laid,
        als du den herren hort und ſach   30
        dieſelbig nacht mit groſſer bracht,   47ʳ
        peinleichen verch durch wort und werch
        ſer fürdren zu des todes grab.
15   Ach got, wie ellend was der ſchein,
        das fliehen von den jungern dein!   35
        ſant Peter zwar verlaugent gar.
        an rü und raſt ellend du waſſt
        umbgeben in der veinde ſchranckh.

III *D*u gots erwelte creatur,
         durchleucht, verhailgt über alle weib,   40
         wie mocht dein adelich natur
         erzeugen durch ain zarten leib

---

15. pitt' *c.* 19. nid'ſanck *c.* 20. Vnzal. *c.* mat *c.* 21. gedächtiklich *c.*
22. v'nüft *c.* widrüb *c.* 24. ſölhe *c (auch 73, 75).* 27. Junkfraunliche *c.*
30. hört *c.* 31. groſſem pracht *c.* 32. peinlichen *c.* 36. Sand *c.* u'laug-
net *c.* 37. baſt *c.* 38. ſchranck *c.* 40. u'heiligt *c.*

5   den groſſen ſchrick und ſcharpfen blick
     des gaiſel ſlag, von dem du lag,
     geſwindlich auf die erden viel?   45
     Wol was die barmung michel groſs
     von menikleich zü ſehen an,
10   das man den höchſten fürſten bloſs
     an ainer ſeul ſolt gaiſeln lan,
     das im das blüt von ſolcher rüt   50
     den leib verröt, das man in not,
     gebunden mit des ſailes riel.
15   zart minikliche kaiſerin,
     wie was betrübt herz, müt und ſinn,
     do man verwundt des himels grund   55
     ſpotleichen ſchawt! o edle brawt,
     wie was dein lieber ſun ſo kranckh!

IV   Mit ainem kranz von dornen ſcharf
     der himel fürſte ward verkront,
     tiefflich gedruckt, das ſich entwarf   60
     mit blüt ſein antlitz, houbt betrönt.
5   ſwĕrlich bewegt man im da legt
     mit groſſem valſch auf ſeinen hals
     ain chreutz, daran er ſterben ſolt,
     Des er von kranckhait nicht enmocht   65
     allein getragen von der erd,
10   wann es zü ſwärlich was geblocht.
     und das erſach ſein muter werd,
     in ſeim ellend was ſi behend,
     von rechter gier im hilflich ſchier,   70

---

43. ſcharffen plick *c.* **46.** parmung michl *c.* **47.** meniklich *c.* **48.** plos
c. **50.** plut *c (auch 61, 81).* ſolh' *c.* **51.** nöt *c.* **52.** gepundñ *c.* **54.**
mut *c.* ſyn *c.* **55.** u'buṅd *c.* **56.** ſpötlichen *c.* adle praut *c.* **57.**
kranck *c.* **58.** ſcharpff *c.* **59.** gekrönt *c.* **60.** gedrukt *c.* **61.** antlütz *c.*
62. pebegt *c.* **64.** kreutz *c (auch 85; -lich 95).* **65.** kranckait *c.* **66.**
allain *c.* **67.** zu *c.* ſberl. *c.* geplocht *c.* **70.** gir *c.* ſchir *c.*

des man ir nicht verhengen wolt.
15   Bedenck ain jede müter das,
wenn ſi ir kind in ſolcher maſs
ſäch vor ir ſteen und darnach gen
zu ſeinem tod, mit ſolcher not,   75
wie ſer betrübt wer ir gedanckh.

V   *A*we, die ellend wainleich klag,
der man nicht vil geſchriben vindt,
allain neur als die frau da pflag
umb ir keuſchlich geboren kind,   80
das vor ir haiſs ſein blüt und ſwaiſs
köſtleich verrert, des todes gert,
5   mit dem er uns all hat erloſt.
Calvarie ain ſtat genant,
das chreutz ſein raſt daſelben hett,   85
darauf man in mit füſs und hand
ſchamleichen bloſs vernageln tet.
10   ſein leib, gebain in ainen ſtain
geſteckt an barm, ſo ward der arm,
da floſſt du, Maria, dein troſt.   90
Noch was er, frau, zu dir genaigt,
do er dich ſeinem junger zaigt.
15   die hamer klenck und gallen trenckh,
des ſperes ſtich, Maria, dich
verzuckt. helf uns ſein chreutzlich hanckh! Amen. 95

---

72. mut' *c*.   73. wañ *c*.   74. ſech *c*. ſten *c*. geen *c*.   76. gedanck *c*.
77. O wee *c*. bainlich *c*.   82. koſtlich *c*.   87. ſchemlichñ plos *c*.   88.
gepain *c*.   89. parm *c*.   90. floſt *c*.   93. hämer *c*. trenck *c*.   95. hangk
c.

115. Wer hie umb diſer welde luſt　*B 47ʳᵛ (A –, c 90ʳ–*
91ᵛ = BW 22, Sch 121)

I　Wer hie umb diſer welde luſt
　　ſein ewig freud dort geben wil,
　　Zwar des gewerb gewinn noch fluſt
　　ich halden wil auf kainem ſpil.
5　Secht, der betreugt ſich ſelber twar　　　　5
　　und pawt auf ainen zweifel gar
　　das ſag ich eu für war.
　　Auch wer die ſel ſein wil bewaren,
　　da mit ſi wol verſorget ſei,
10　Der laſs die gluſt hie ierdiſch varen　　　10
　　und hüt ſich vor den ſünden frei.
　　Wer mercken wolt ſein miſſetat,
　　Der hett der meinen vil güt rat
　　zu melden frü und ſpat.
15　Und wer zwain herren dienen ſol,　　　　15
　　und die ungüſtlich ſein in ain,
　　Zwar der bedarf gelückes wol,
　　das er ſein dienſt nutzlichen lain.
　　Von weu ain man hat eren grund,
20　der ſcham ſich des zu kainer ſtund,　　　20
　　rat Wolckenſtainers mund.
　　　　Es ward kain fürſte nie ſo reich,　Repeticio
　　　　gleich ſo wer ich im,
　　　　nim, mit gedencken ich das main.

II　Wer mit dem fride welle ſein　　　　25
　　und trachten nach der ſele hail,
　　Maſs ſich der fürſten brot und wein,　　47ᵛ
　　wann ir gemüt iſt voller mail.

---

1. Der *c.* werlde *c.*　**2.** gebin *c.*　**3.** halten *c.*　**5.** zwar *c.*　**6.** zweifl *c.*
8. pebarn̄ *c.*　**10.** glüſt *c.*　**11.** hüett *c.*　**13.** het *c.*　**16.** vngünſtl. *c.*
18. dinſt *c.* nützl. *c.*　**19.** grundt *c.*　**21.** wolkenſtainers *c.* Repeticio *c.*
27. prot *c.*

5   Ich näm ains weiſen mannes müt
     für vier törleicher fürſten güt   30
     und hielt mein ſel in hüt.
     Man vindt noch vil der toren zal,
10   ſi gäben nicht ir leben ſchon
     Umb allen ſchatz der eren gral,
     Noch umb die wierd des kaiſers kron.   35
     Secht, manger gvellt im ſelber wol,
     des iſt die welt der toren vol,
15   ſeid man es reden ſol.
     Awe dem armen lemblin, das
     ain wolf zu ainem herren hat,   40
     Auch iſt dem wolf vil lützel bas,
     ſo auch ain bün über in ergat.
20   Vil manger went, er kenne mich,
     und der nie recht erkante ſich
     gleich als ain ander vich.   45
            Auch wer nie liebes weib gewan,   Repeticio
            han maint er die beſſt,
            veſſt bleibt er darauf allain.

III   *W*ein, zoren, ſpil und ſchöne weib,
     die vier betoren mangen man.   50
     Und der vil lobt ſein aigen leib,
     ſecht, der hat lützel eer davon.
5   Wer mag die beſſten aus geleſen,
     ſeid niemand wil der böſſte weſen
     als klain neur umb ain feſen?   55
     Es wirt offt nach dem tod gerümt
     ain man, der lob hie nie gewan;
10   vil red durch warhait niempt entümt,

---

30. torlich' *c.* gut *c (auch 64, 76, 108).* **32.** vind *c.* **35.** bird *c.* **37.**
werlt *c.* **41.** lützl *c (auch 52).* **42.** pün *c.* ub' *c.* **46.** R. *c.* **47.** peſſt *c.*
48. veſt *c.* pleibt *c.* **50.** wetören *c.* **52.** ſech *c.* er *c.* **53.** pëſſten *c.*
54. pöſſte *c.*

gros tugent adelt weib und man,
Wes ſich die jugent hat gewent,   60
das alder ſich darnach verſent
und wirt gar hart verklent.
15   Dem wolf zimt nicht wol ſchaffes wat.
wer güt gewunnen hat mit not,
Die geittikait nicht bodems hat,   65
ſi lat es hart bis an den tod.
Sich vindt, das ſanft gewunnen güt
20   macht hoffart und üppigen müt
und dick ain ſündigs blüt.
        Zwar niemand ſtet beleiben mag,   70
        tag in aim gemüt
        güt, übel, ain kërleicher ſchein.

IV   Und wer aim laidt ſein liebes leben,
von freuden er in ſchaidet weit.
Den armen iſt nicht anders geben,   75
wann güt geding und übel zeit.
5   Wer ain andächtigs herze trait,
den kümbert weder lieb noch laid
in aller welde brait.
Die ſünde, nagel und das har   80
wachſt an dem menſchen jërleich früt.
10   Aim jegklichen, dem liebet zwar,
neur was er aller gerneſt tüt.
Ich main wol, das ain milter man
zu geben nie genüg gewan,   85
als vil er möcht gehan.
15   Wer auf den leib gevangen haiſs

---

58. nyemāt *c.* tüt *c.*   **59.** groſs *c.*   **61.** alter *c.*   **63.** zymbt *c.* ſcheffen *c.*
65. poden *c.*   **68.** hochfart *c.* vppigā *c.*   **69.** dick] offt *c.* plut *c.* Repe-
ticio *c.*   **70.** ſtät *c.*   **72.** übl *c (auch 76).* kerlich' *c.*   **75.** nichts *c.*   **78.**
kumbert *c.*   **79.** werlde *c.* prait *c.*   **81.** jerlich *c.*   **82.** yēgl. *c.*   **83.**
tut *c.*   **84.** milder *c.*   **86.** mocht *c.*

leit, dem iſt lang ain kurze weil,
Und ſagt ich alles, das ich waiſs,
ſo müſſt ich raumen manig meil.   90
Man höret ſelten toren rat,
20   vil groſſer land betwungen hat,
wer ſich darauf verſtat.
        Man ſichet ſelten weiſſagen
        tragen ſchon die kron   95
        dahaim, neur in der fremde rain.

V   Und für ain oxs durch alle land,
      ſo hieſs man in doch neur ain rind.
      Auch wer ſich ſelber wol erkant,
      der hieſs von recht ain weiſes kind.   100
5   Stillen ſol man fraidigen hund,
      das er nicht grein zu aller ſtund,
      das wër hubſch, wer es kund.
      Der mit im ſelbs zü aller friſt
      neur vicht, das iſt ain herter ſtreit.   105
10   Gedingen freuet manchen kriſt,
      und der nie herzen lieb gefreit.
      Güt, reiche witz iſt ſälikait.
      der dieb wirt ſelden ane laid
      in aller kriſtenhait.   110
15   und möcht ich freien willen han,
      Dem kaiſer lieſs ich gar ſein reich;
      Die weiſen möchten nicht beſtän,
      Und wëren in die toren gleich.
      Wir wünſchen alters alle tag,   115
20   und wenn es kompt, ſo iſt ain klag,
      das ainer nimmer mag.

---

90. müſt *c.*   **91.** horet *c.*   **93.** Repeticio *c.*   **96.** frömde *c.*   **97.**
ochs *c.*   **103.** hübſch *c.*   **104.** zu *c.*   **108.** ſalik. *c.*   **113.** beſtan *c.*
116. wañ *c.* kumbt *c.*   **117.** Repeticio *c.*

Ob mich ain freund verzeihen tët
bet unerlich,
gerlich wer die ſchuld neur mein ain.   120

116. Zergangen iſt meins herzen we   *B 47ᵛ 48ʳ (A 48ᵛ*
49ʳ, c 92ʳᵛ

I Zergangen iſt meins herzen we,   *= BW 90, Sch 83)*
      ſeid das nu flieſſen wil der ſnee
ab Seuſer alben und aus Flack,
hort ich den Moſmair ſagen.
5   Erwachet ſind der erden tünſt,   5
des meren ſich die waſſer rünſt
von Caſtellrut in den Iſack,
das wil mir wol behagen.
Ich hör die voglin gros und klain
10 in meinem wald umb Hauenſtain   10
die muſick brechen in der kel,
durch ſcharpfe nötlin ſchellen,
Auf von dem ut hoch in das la,
und hrab zu tal ſchon auf das fa
15 durch manig ſüſſe ſtimm ſo hel;   15
des freut eu, güt geſellen!
            Was get die red den Plätſcher an?   Repeticio
            mein ſingen mag ich nicht gelän,
            wem das miſſvall, der laſs mich gän   *48ʳ*
            und ſei mir heur als verd!   20
5   Ob mir die vaigen ſein gevar,
            noch tröſt ich mich der frummen zwar,

---

118. freünt *c.* **119.** pet *c.*
1. wee *c.* **2.** ſne *A.* **6.** die] des *A.* **7.** Caſtlrutt *c.* eyſack *c.* **8.** pehagen
A. **9.** groß *A.* **11.** prechen *c.* in der] durch die *c.* **12.** die ſcharffen
nötlin *c.* **15.** mange *A.* ſueſſe *c.* **16.** gut *c.* **18.** gelan *c.* **21.** gefär
A. **22.** troſt *c.*

wie wol das heuer an dem jar
valſch böſe munz hat werd.

II   Verſwunden was meins herzen qual,   25
do ich die erſten nachtigal
hort lieplich ſingen nach dem pflüg
dort enhalb in der Matzen.

5   Da ſach ich vierſtund zwai und zwai
gewetten ſchon nach ainem rai,   30
die kunden nach des mutzen füg
wol durch die erden kratzen.
Wer ſich den winder hat geſmuckt

10   und von der böſen welt verdruckt,
der freu ſich gen der grünen zeit,   35
die uns der mai wil pringen.
Ir armen tier, nu raumt eur hol,
get, ſücht eur waid, gehabt eu wol!

15   perg, aw und tal iſt rauch und weit,
des mag eu wolgelingen.   Repeticio ut ſupra 40

III   Wolauf, ir frummen, und ſeit gail!
wer eren pfligt, der wünſcht uns hail.
kain ſchand niemand gloſieren mag,
wie ſcharpf man ſi betrachtet.

5   Es iſt ain alt geſprochen wort,   45
recht tün, das ſei ain groſſer hort,
wann es kompt alles an den tag;
oft ainer des nicht achtet.
Her Chriſtan in der obern pfarr,

10   zwar der iſt ſicher nicht ain narr,   50

---

23. nach dem *A.* **24.** böße *A*, pöſe *c (auch 34)*. müntz *c.*
27. pflug *c.* **29.** Do *A.* **30.** gepeten *c.* **31.** fug *c.* **34.** werlt *c.* **35.**
zit *A.* **37.** raumbt *c.* **38.** ſucht *c.* **39.** preg *A.*
42. wünſch *c.* **44.** ſcharff *c.* ſey *A.* **47.** wan *A.* kumbt *c.* **48.** nit *A*
(auch 53). **49.** Her' *c.* criſtan *A (c).* obren *A.*

wer in wil teu/chen auf dem /tück,
der mü/s gar frü erwachen.
Er beit ain weil und doch nicht lang,
darnach /o fiermt er aim ain wang,

15 das im vergen /ein val/che rück,   55
des er nicht mag gelachen.   Repeticio Was get etc.

117. Und /wig ich nu   *B 48ᵣ (A –, c 92ᵥ–93ᵥ*
                                     = BW 23, Sch 122)

I   Und /wig ich nu die lenge zwar,
     /o würd mein /chier verge/len gar,
    durch churze jar niemand mein gedächte.
    dorumb /o wil ich heben an

5   zu /ingen wider, ob ich kan,   5
    von manchem man, der /ich mit den geträchte
    verkeren tüt, /o im der wein
    zu nahent kompt und im veriert daz hieren /ein
    durch /ölche /chein, als ich euch noch bedeute,

10   Mit zwelferlaie trunckenhait,   10
    darnach und jeder i/t ge/chickt mit under/chaid
    der /inne brait nach der nature treute.

II   Oft ainer duncket /ich /o weis,
    und hab dar inn den höch/ten breis,
    /o in daz reis der reben hat ge/chlagen.   15
    der ander wĕnt, er /ei /o reich,

5   daz im der kai/er nicht geleich,
    der /ölher zeich von mir i/t wol vertragen.
    der dritte frä/lig als ain gaul,
    daz im niemand durch /pei/e weder fri/ch noch faul   20

---

51. /tuck *c.*   **53.** peitt *c.*   **55.** u'genn *c.*
2. /chir *c.*   **3.** kurtze *c.*   **7.** tut *c.*   **8.** nahen *c.* kumbt *c.*   **9.** /ölhe *c.*
noch] wol *c.*   **10.** zbellferlaie *c.*   **11.** vnt'/ch. *c.*   **12.** prait *c.* natüre *c.*
14. darjn *c.* preis *c.*   **15.** we/lagñ *c.*   **18.** zeit *c.* wol i/t *c.*   **19.** fre/lig *c.*

ſein weites maul die zeit nicht mag erfüllen.
10   der vierd beweint ſein groſſe ſündt,
durch michl reu ſein herz andächtiklich erzündt
tämiſcher grund, die niemand kan erhüllen.

III   Der fünft die unkeuſch hoch betracht   25
und pfligt derſelben tag und nacht,
ſo in die macht dez weines hat betretten.
der ſegſte hat ain kläglich ampt,
5   mit ſwüren er die ſel verdampt,
daz ſi erlampt vor gott an allen ſtetten.   30
der ſübent kriegt, greint als ain hund
an ainer lammen, der da billt zu aller ſtund,
ſein hieren rund zu vechten iſt genaiget.
10   der acht von trincken wirt ſo gail,
das im ſein er, güt, weib und kind iſt alles vail,   35
daz truncken mail ſich an im da erzaiget.

IV   Der neunt unhältig iſt betört,
neur was er wais, ſicht oder hört,
da wirt embört durch in aus unverborgen.
der zehent ringet nach dem ſchlaff.   40
5   der ainlift ſinget wüſſter zaff
und ſchreit an ſtraff den abent und den morgen.
der zwelft von ſauffen wirt ſo vol,
daz er es oben greiffet in des goders hol.
und geit den zol dem wirt an alles aiſchen.   45
10   Alſo hört ir dez weines liſt,
daran ich nicht vil loben mag, wie gut er iſt;
in kurzer friſt man peſſers möcht erfarſchen.

21. erfullen c.   22. webaint c. ſünd c.   23. andechtikl. c. erzünd c.
27. macht] nacht c. betretñ c.   28. ſechſte c. klegl. c. ambt c.   29.
ſwerñ c. u'dambt c.   30. erlambt c. got c. ſtëten c.   31. ſibent c.   32.
lammen] ketten c. pillt c.   35. gut c.   37. betort c.   38. hort c.   39.
vnu'porgen c.   40. ſlaff c.   41. büeſt' c.   45. gibt c. wiert c.   48. er-
vorſchen c.

V Mich wundert nicht an gmaine houbt,
   die hoher klügkait ſein beroubt,   50
   ob die betoubt getrank der ſwachen witzen.
   Mich müt neur an die weiſen groſs,
5 und die den eren ſein genoſs,
   und die ſich bloſs in tauben tranck erhitzen,
   daz irem leumet, leib und gut,   55
   den eren, ſel, vernunft mercklichen ſchaden tut,
   ain krancker müt ſich gröblich da beweiſet.
10 Betracht ain jeder menſch genaw,
   wie zierlich iſt ain ſtät vernunft durch man und frau.
   darauf ſo paw löblichen hoch gebreiſet.   60

Daz lied ſingt ſich in der melodei Der himlfürſt mich heut
bewar etc.

118. Wol auf und wacht   *B 48ᵛ (A –, c 93ᵛ 94ʳ*
                              = BW 24, Sch 123)

I   Wol auf und wacht,
    acht, ſer betracht
    den tag, die nacht
    eur fräveleiche ſünde,
5   das ſich die ſelbig nicht erzünde   5
    tiefflich in der helle gründe.
    ritterlich vecht mit den leuen.
    Für ir peiſſen und das keuen,
    für ir reiſſen ſcharpfer kleuen,
10 reuen ſer durch nimmer preuen   10
    las dich pei den güten treuen
    gen dem alden und dem neuen,
    wo wir die und den erzurnet han.

---

50. klugk. *c.* 51. getranck *c.* 52. müet *c.* 54. ploſs *c.* 54. taubem *c.*
56. v'nüſt *c.* 59. v'nuft *c.* 60. lobl. *c.* gepreiſet *c.*
4. fräueliche *c.* 5. enzünde *c.* 11. dein *c.* gutñ *c.* 12. alten *c.* 13. er-
zürnet *c.*

II　　G*eſell, dich weck,
　　　　reck, ranſlich ſtreck　　　　　　　　　　15
　　　　dich auf und ſchreck
　　　　den, der uns neur wil verhetzen,
5　　　unſer dienſt ſwachlich ergetzen
　　　　fälſchlich pei den ſnöden ſmetzen,
　　　　die wir im gelihen haben,　　　　　　20
　　　　da mit er uns wil pegaben,
　　　　paide frauen und die knaben
10　　ſchaben, aus den engen naben
　　　　ſüll wir flüchtigleugen traben,
　　　　das wir uns ſchön mugen laben　　　25
　　　　mit der höchſten plumen lobeſan.

III　L*os, hor! mein don
　　　　ſchon dient den lon
　　　　von ainer kron,
　　　　die uns mit ſcharfen doren　　　　　30
5　　　ſwärlich erloſt von dem zoren
　　　　der ewigen helle horen,
　　　　die uns fraiſlich het verſlunden,
　　　　ſer gevangen und gepunden,
　　　　mit den zorniklichen hunden　　　　35
10　　funden trauren het wir unden.
　　　　das hat alles uberwunden
　　　　ainer, der da ward geſchunden
　　　　und genagelt auf des creutzes pan.

IV　I*r horcht mich ſain,　　　　　　　40
　　　　rain ich eu main.
　　　　neur ja und nain

-----

*) Schwarz
14. dick c.　15. ränſl. c.　18. dinſt c. ſwächl. c.　24. flüchtigklich c.
25. ſchon c.　26. plüemen c.　27. hör c.　31. ſberl. c.　36. hiet c.　37
alles hat c.　40. Nü hört m. c.

befchaid ich uns der mẽre
5   getreulichen an gevẽre.
unſre wort, werck und gepäre   **45**
mich Wolckenſtainer verſeret,
dorumb das ſich tẽglich meret
alles, das die werlt enteret.
10   geret wert neur, was uneret,
falſcher rat die untreu leret,   **50**
pös in pös ſich nicht verkeret.
dorumb fürchtet gotes zorn ergan.

V   V*ernempt mein ſchal,
hal überal,
auf perg, in tal,   **55**
durch meines herzen ſchreien.
5   dient dem ainen und den dreien,
da mit das er uns welle freien
von des widervalles ſchieſſen,
alſo das wir doch genieſſen   **60**
hoher gnaden, die entſprieſſen,
10   und das uns nicht well vergrieſſen
nach verdienen haiſſer lẽne ran pran.

---

*) Schwarz
43. mãre *c.*   **49.** beret *c.*   **52.** gottes *c.* zoren *c.*   **53.** V'nembt *c.*   **54.**
übral *c.*

Lieder außerhalb der Handschrift B

119. Bog dep'mi was duſtu da   *A 15ʳᵛ (= Sch 27)*

I a

Bog dep'mi was duſtu da
gramer ſici ty ſine cura
Ich fraw mich zwar q'video te
cu[m] bonavnor jaſſem toge
5 Dut mi ſperancz nate ſtrr(v?)oio   5
wan[n] du biſt glancz cu[m] gaudeo
Op[er]a m[e]a ich dir halt
nadobriſi ſluſba baß calt.

I b

Bis willen kum! was tuſtu da?
an ſorg vernamen dank ich dir ja.   10
Ich fraw mich zwar, das ich dich ſich,
mit lieb gar dein ſo bin ich.
5 Mein geding ganz, der ſtat zu dir,
wann du biſt glanz mit freuden zir.
Zwar meine werkh ich dir doch halt,   15
mit dinſten ſtark vil manigvalt.

II a

Ka cu mores mich mach[e]n mat
chage ſum preß hoc me mirat
Bedenk dein gnad c[um] pietas
negam maluat nemon dilaß   20
5 kiti cū mand en iaßem dyal
wo ichs bekant ab o[mn]i mal
Hoc des me geniſſ[e]n lan
troge moyg cu[m] bon wan[n] an.

II b

Wie magſtu recht mat machen mich,   25
dein gefangen knecht? des wundert mich.
Bedenck dein genad mit guttikait!
in kainem phad thu mir nit lait!
5 Was du verpant, das thet ich gern,
wo ich bekant an ubel kern.   30

> Des lo mich, frau, genifſen zwar
> auff wol getreuen zu guten jar.

IIIa Jo te proſſo dein genad all da
　　geſi grando er opti[m]a
　　Halt mich nit ſw[er] hc rogo te　　　　　　　35
　　q° p[r]ope[n]ſar natē troge
5　Flor wellenpiank pomag menne
　　das ich dir dank cu[m] fidele
　　No[n] fac' hoc ſo bin ich tod
　　ſellennem tlok ſit tutel rot.　　　　　　　40

IIIb　　　Dein gnad ich bit an argen liſt
　　　　mit gutten ſiten, wann die groſs iſt.
　　　　Halt mich nicht ſwer, gedenck an mich,
　　　　als ich angever gedenck an dich.
5　　　Plum, ſchon und plank, hilf mir auſs pein,　45
　　　　da mit ich dank der treue dein.
　　　　Tuſtus nit pald, ſo bin ich tod,
　　　　aus grůnem wald var ich in not.

120. Freu dich, du weltlich creatůr　　*A 16ʳᵛ (= Sch 4)*

I　　*F*reu dich, du weltlich creatůr,
　　　　das dir nach maiſterlicher kür
　　gemeſſen iſt rain all dein figur,
　　verglanzt ze tal nach der menſur
5　an tadel, adel krefftiklich dar inn verfloſſen.　　5
　　der poſſen goſſen iſt an mail,
　　dem er ſich geben hat zu tail,
　　der mag ſich des erfreuen wol von herzen.

II　Ain höbtlin klain, dez nam ich war,
　　dar auff krawſs, plank, krumliert das har,　　10
　　zwo ſmale pra, die euglein clar,

ain mundlein rubein, roflein var,

5   nafs, kinn und kel, das vell blaich, weis, mit wenglin
die tinnen finnen volgeftakt,   [prinnen;
von jungen jaren dar inn verftrakt.   15
dankh hab ain man, der es fchon wurcht an fmerzen.

III   Wann ich durch all mein finn betracht
des bildes form, leib, fchon und macht,
wie es der maifter hat bedacht,
und darnach genzlich wirt volbracht,   20

5   das kain fo rain ir geleich auff erd mug fimulieren,
regniren, pulchrieren, wie man wil;
gewalticlich behalt fi daz fpil;
mit eren zwar tar fi wol ernften und fcherzen.

                                    Finis iftius

121. Nu rue mit forgen   *A 19ʳ (= BW 94, Sch 8)*

I   ▸**N**u rue mit forgen, mein verborgenlicher fchacz!
fleius dein augen fchricklich zu
gen des lichten tages hacz,
im ze tracz!

5   herzen lieb, es ift noch fru.   5
all dein trauren, lauren las,
freuden hoff und halt die mafs!
tuftu das,
fo biftu wol mein.◂

10   ▸ach liebe diren, das fol fei fein.◂   10

II   ▸Frau, thu mich ftraffen! ich verflaffen hab die ftund.
lucifer verfwunden ift.
ei du rofelachter mund,
mach gefund,

5   ber dort, hie, wo mir enprifft!   15
dein haubt naigt, faig auff mein herz,

ermlein fchrenck funder fmerz,
treib den fcherz,
der uns, frau, mach gail!«
10   »zart lieber man, das fei mit hail.«   20

III   »Der glanz durch grebe von der plebe ift entrant;
ich hor voglin dône vil.
tag, wer hat nach dir gefant?
dein gewant
5   unfer fcham nicht teken wil.   25
zwar dein greis ich preis doch klain.
guten morgen, liebftes ain.
nicht fer wain,
meiner kunft, der wort fchir.
10   mit urlaub, frau, hail wunfch ich dir.«   30

122. Wol auf, gefellen   *A 33ʳᵛ (= BW 91, Sch 58)*

I   Wol auf, gefellen, an die vart
gen Augfpurg zu den freulin zart,
und wer da hat ain langen part,
der mag gewinnen preife.
5   Auch wer deffelben nit enhat,   5
der pleib da haim, das ift mein rat,
oder er mocht werden mat
und darzu kurzlich greife.
Sein freud möcht im wol werden ganz,
10   ob er möcht komen an den tanz   10
all zu den freulin glanz,
die duncken fich fo weifs.
Des hab ich wol genomen war.
do kom ich auf das tanzhawfs dar,
15   ich trug ain part gar wolgevar,   15
der geviel in fchon mit fleifs.

II   Zwar aine sprach, si het den sit
vormals mer gesechen nit
wann von der gaiss hielt ich es mit.
es deuchte mich geswacht,   20
5   Das si mich zu der gaisse schaczt;
mich dawcht, si wer auch vor gehaczt
und het sich mit den füxsen kraczt,
also hab ichs petracht.
Do wir nach der snür hin sprungen   25
10   an dem tanz all umbhin drungen,
mich daucht, mir wer vil pass gelungen,
het ich des barts nit bracht.
den solt ich haben abgeschaben,
do ich reiten wolt gen Swaben   30
15   zu den fraun und zu den knaben,
het ich es recht pedacht.

III   Die sprach, ich wer ungeschaffen,
und gleicht mich zu ainem affen.
also kan si die gastlin sträffen   35
fur all, die da sind
5   oder die noch künftig werden.
daz kan si auch wol umbhin kern
in den sprung hoch von der erden,
nun huzsch, mein liebes kind.   40
wie wol si kan, die liebe dock!
10   wenn si hat an den weissen rock,
so vert si umbhin recht als ain bock.
si geswier oder ich wer plind,
darumb das ich nit wol gesich   45
zur grechten seitten ungelich,
15   da von so reib sich nit an mich,
ain narren si an mir findt.

123. Der feines laids ergeczt well fein   *A 33ᵛ 34ʳ*

(= BW 5, Sch 59)

I   **D**er feines laids ergeczt well fein
und ungeneczt befchoren vein,
der ziech gen Coftnitz an den Rein,
ob im die raifs wol füge.

5   Darinn fo wont mang freulin zart,   5
die kunnen grafen in dem part,
ob fich kain har darinn verfchart,
daz er nit geren truge.
Mit ainer fo traib ich den fchimpf,
10   zwar des gewan ich ungelimpf;   10
des lert fi mich ain füffen rimpf,
Als der mich wol erfliege.
Ain hand fi mir im part vergafs,
die langen har fi darawfs las,
15   die weil der kurzen aines was,   15
fi daucht, es wären kriege.

II   »Hör, trawt gefell, was ich dir feg:
genefch wil haben allzeit fleg.«
ain andre, die zaigt mir den weg
mit ainer feuft zum oren,   20
5   Das mir das beffer aug verging.
wie ich die ertrünck zarg vervieng,
und meinen triel vaft darumb hieng,
deft e wurd ich zum toren.
Und wer aim leicht, das ift ain gelt.   25
10   fchön Els und Äll gant den zelt
hin gumpen uber twerches veld,
des hab wir nie verlorn.
Der leib mich da erfreuet fer,
des ward mein armer part entwer   30
15   geftreuet in die ftuben hin und her

---
8. gñ *A.*

recht als der fat das korn.

III   Do ich gedacht an Podemfee,

ze ftund tet mir der peutel we.

mit fchilling ich das a b c   35

muft leren pei der wide.

5   »Zal, gilt, du muft!« was ir gefangk.

dem Stainbrecher von Neffelwangk

vil zornikleichen gen mir klanck,

wes ich dort haim nit plibe.   40

In daucht ains wol, ich wär ain flafch,

10   er nam das gelt, liefs mir die tafch,

ich wil das er des klainen gnäfch

noch kainem nit verzig.

Ich han gewandelt manig her   45

gen Preuffen, Reuffen, uber mer,

15   zwar ich gefach nie fcherpfer wer

von fchinden, fchaben grime.

IV   Ain hoch gepräng von klainem glanz,

vaft edel, nöttig, fwacher fwanz,   50

was uns nicht teur an dem tanz

zu Coftnicz dort in Swaben.

5   Und het ich funden in folchem lauf

fo wolfail aller hendlin kauf,

der peitel wer mir felten auf   55

getan meinem gelt ze fchaden.

Was ich mein tail ie hab gelert,

10   daz dawcht die freulin gar unwert;

fi fprach, ich wer ir heur als verd,

die ab mir wand den kragen.   60

Ich fait: »junckfrau, pleibt inn der heut!

ja feit ir auch als ander leut.

15   oder ift euer leib von gold gedreut?

das mocht ir uns doch fagen.«

---
48. g̃me *A.*   **51. was uns** nicht *zweimal A.*

V   Zwar mir fait ainft ain weife mugg,   65
       geleiche purd prech nimd den rugg,
       und flechte gwin ain edle brugg,
       die mocht man gen und reiten.
5   Wer uber well, der uber walzt.
       vil manig went, fi fei gephalzt,   70
       und die gar höchlichen kalzt,
       fi möcht der leut noch peitten.
       Ain jegklichs gevelt im felber wol,
10   des ift die welt der toren vol.
       wenn ich von Coftnitz fchaiden fol,   75
       des emphind ich an der feitten.
       Ich preifs den edlen, guldin Schlegel,
       zu dem fo ker ich meinen fegel,
15   ett wo ich in der welt hin ker,
       des lob ich felden meide.   80

124. Ain ellend fchid   *A 37ʳ (= BW 93, Sch 23)*

I   Ain ellend fchid durch zahers flins
       mir bei der wid verlegt den zins.
       der freuden geuden ich wol mag.
       von klag fag, trag ich baide nacht und tag.

II   Ir öglin mir ain wang begofs,   5
       der ermlin zier mich da beflofs
       mit drucken, fmucken an den leib.
       ach weib, nicht treib, fchreib mich von dir, ich bleib.

III   Urlob fo nam die minniklich
       mit lieber zam, des freu ich mich,   10
       vernünftig künftigkleicher beit.
       an neid, leid meid mich, frau, ain klaine zeit!

125. Ain eren ſchacz   *A 37ʳ (= BW 92, Sch 24)*

I   Ain eren ſchacz an tadels ort
             mort ſinn und müt in ſenlich rick,
             dick ſchrick durch geen mir ſel und leib,
             ach weib, ſeid ich mich ſchaiden ſol
5   von dir ſo ſchier; ich bier dein, frau, nicht wol.   5

II   Dein leib, der ſol mich reuen ie;
             wie wol dein zoren mich betrat,
             wat, mat ward alles mein gemüt.
             dein güt die klag an mir erſach,
5   da ward verkart unhart mein ungemach.   10

III   O ſchaiden, ich dich klagen müſs.
             ſüſs was gen mir ir ſträff, zucht, er.
             mer ler ir lieb mich nie begab.
             ich hab verloren meinen troſt
5   auff erd, die werd, verſert und unerloſt.   15

126. Freu dich, durchleuchtig junckfrau zart   *A 56ᵛ*
(= Sch 126)

I   Freu dich, durchleuchtig junckfrau zart,
             das cheuſchlich heut geporen wardt
             von dir ain ſchöner jüngling
             an we und unverhawen,
5   In ainer ſtat, iſt mir wechannt,   5
             und haiſſet Betlehem genant,
             da ſolich wunderleiche ding
             weſchach von diſer frauen.
             Verſwunden was ir ungemach,
10   do ſi den herren vor ir ſach,   10
             der alles weſen ain urſprunck
             ie was an endes ſchawen.
             Wol macht ir herz des fröleich ſein,

      do ſi das raine kindelein,

15   das mächtig was der welde ring,   **15**

      drückt an ires leibes awen.

II   Gelobt ſei heut und ewichleich

      auf erd und in dem himelreich

      der wünnichleiche, werde tag,

      ſein lob hat lob weſeſſen,   20

5   Dar an der ware got erſchain

      durch die vil zarten junckfrawen rain

      menſchleichen mitten auf dem wag

      der erd und der weld gemeſſen,

      Dar inn er laid vil mange not   25

10   umb unſer hail, dar zü den tod,

      das im chain menſch voldancken mag.

      des ſüll wir nit vergeſſen

      Tägleich in unſers herzen grundt

      mit wort und werchen zü aller ſtund   30

15   denckleich ſeiner marter klag,

      das uns die feint nicht freſſen.

III   Got, got, almächtiger got,

      gros was dein väterleich gepot,

      do er ſo verr dich von im ſannt,   35

      in ſorgleich abenteure,

5   Als du durch menſchleich creatur

      menſch wider gotleiche natur

      geporen wardt in unſer lannt

      der kriſtenhait zü ſteure.   40

      Was tet dein vater aber mer?

10   er gab dich an des todes ſper,

      der dir dein götlich herz durch rannt;

      do laſch der helle feure

      Gein allen, die den willen dein   45

---

19. wümichl. *A [wohl verschrieben].*

ie teten und noch chünftig fein
lobleich zü tuen, den wirt gehannt
das himelreich fcheine.

Nota das lied fingt fich in der melodey erwach an fchrick vil
fchönes weib fine repeticione.

127. Mein trawt gefell   *Cgm 379, 118ᵛ–119ᵛ*

I   Mein trawt gefell vnd liebfter hört
    wiß was dir wünfchē meine wort
    pis auff den tag das fich das nēw jar anfacht
    was me zù frùntfchafft lieb ward erdacht
5   das werd allzeit an im wolpracht   5
    vnd tù das meiden das dich verfchmacht
    So wer mein hertz in frewdē gail
    wanñ fein geluck das ift mein hail
    wanñ ich peÿ im nicht mag gefein
10   So ift er doch allzeit das mein.   10

II   Solt ich nach lùft nü wunfchē mir
    So wolt ich wünfchē mich zù ir
    wie wol das das in kurtzer zeit und weÿl gefchach
    das ich den liebftē liebftñ gefellē an fach
5   das fein lieb mein laid zerprech   15
    Vnd das ich im vnd er mir zù fprech
    in mynikleicher taugēhait
    mei[n] fenē ward nie fo prait
    fein lieb möcht wol erfrewē mich
10   wanñ ich pin er vnd er ift ich.   20

III   Dich laffēd mein gedenck nit ain
    feid ich den aller liebften main
    wo ich fünft peÿ anderē gefellen pin
    So ift doch peÿ dir hertz mùt vnd finn
5   vñ möcht ich felbs alß wol da hin   25

mā fünd mich felten da beÿ in
pei den ich fünder da beleib
wañ durch gelimpf fchimpf Jch mit in vertreib
wañ ich peÿ dir vil liebē wär

10   So troft mich lieb in fölichem fwär.   etc. 30

                                                      Wolckēftainē

128. Sÿ hat mein hertz getroffē   *Cgm 379, 119ᵛ 120ʳ*

Wolckēftaiñer

I   Sÿ hat mein hertz getroffē
      die fchön die wolgemůt
      Zů ir fo wil ich hoffē
      es würt noch alles gůt
5   So freÿ ich mich der rainē   5
      woll in dem hertze mein
      Ich waiß woll weñ ich mainē
      der aigē wil ich fein.

II   Wölt fÿ fich noch bedenckē
      die hübfchs die feiberlich   10
      Von ir wolt ich nicht wenckē
      ÿmē vnd ewigcklich
5   gar ftat bis an mein ende
      on alles abelon
      füft můß ich fein ellēdē   15
      weill ich das liebē han.

III   Ob ich mit fchimpfÿ mit fchertze
      an anderē ende frö
      beÿ ir bin ich in hertzē
      vnd anderft inderß fwo   20
      in recht' lieb vnd trew
      ich ir doch nie vergaß
      dez můft ich ÿmē rewe
      trůg fÿ mir dar vmb hafs.

IV Würd mir ir hulde   25
    eß wär mir ÿmr' laid
    eß geschůch an all mein schůlde
    schwer ich auff meinē aid
5   das ich beÿ meinē tagē
    ir liebe nie verdroß   30
    So můst ich aber clagē
    vnd wer mein vn můt groß.

V   Doch will ich vō ir nit setzē
    sÿ ist mein hochste gyñ
    an sÿ So will ich hertzē   35
    hertz můt und all mein sinn
5   Ob es sÿ wolt erparmē
    mein trawrē das ich trag
    Schlüß sÿ mich an ir arme
    vergangē wer mein clag.   40

VI Der hoffnūg will ich lebē
    sÿ hett mich dick ernert
    würd mir kain trost gegebē
    So han ich gar verzert
5   zwär all mein frewd auff erde   45
    dar an hat sÿ ein tail
    doch wünsch ich ir ÿe beÿd'weÿllē
    gelück vnd alles hail.

129. Mundi renouacio noua   *Cgm 715, 79ʳ–81ᵛ*

I   Aller werlde gelegen hat
    frēwde part vnd ist gemat
    seit erstanden ist nw krist
    alles daz da lebentig ist
5   frēwt sich gein der lieben tzeit   5

Elementen lachent weit
gein dem Oſterleichen tag.

II Fewer in den luften ſchrät
waſſer ſeine trübe lät
ſüeſſer wint wät v̈beral   10
vnde gruenen perg vnd tal
5 alle ſwër hebt ſich czu tal
alle ring in luften ſwebt
vn̄ treibt alles reich beiag.

III Himmel ſchein iſt worden klar   15
vnd daz mer gefallet gar
ſueſſe wynde nemet war
vnnſer pergk vnd vnnſ' tal
5 ſtent mit pluemen v̈beral
das der froſt es machet fal   20
todes froſt iſt gar da hin.

IV Und der feint hat kainen ſin
das er hab an vns gewin
er iſt krump vnd vngeſlecht
wo er richt ſein falſch geprecht   25
5 er verlos dy ſeinen recht
das iſt alles offenbar
Got vnſ allczeit bewar vor in.

V Und der Enngel cherubin
der ſein hüeter ſolde ſein   30
der lat alle nw darein
dy dar komen in rechter weis.

VI Da daz leben v̈berwant
den tod mit gotleicher hannt

do wart offen vnd czw trant   35
vnſ daz frone paradeis.

130. Mittit ad virginē   *Cgm 715, 150ᵛ–153ᵛ*

I   Von Got ſo wart geſannt
        der jungkfrawn her czu lant
        ein engel wol erkannt
        Gabriel was er genannt
5   der ſtarcke potſchaft czam.   5

II   Der pot der was ſo ſtark
        nature irn̄ [?] ſark
        zerbrach er vnd verpargk
        der junkfraun allen ark
5   magt mueter was ir nam.   10

III   Uber all creatur trat
        der künig jungk geporn
        ſein reich ſein tzepter hat
        all ſünd gar abgeſchorn
5   des ſey im lob vnd eer.   15

IV   Den trak den feint er ſtach
        dy hat er gar gemacht
        ir hochfart er zebrach
        vnd hat in nicht geſtat
5   das ſy im herſchten mer.   20

V   Weicht höher trit hindan
        ir furſten helle kind
        ſeit wir Mariam han
        domit wir worden ſint
5   tailhaft des vater reich.   25

VI   Tret herfüer Enngel klar
         werbet ſchon ewre wortt
         macht dy geſchrift offenbar
         dy vor nye wart gehort
5   von kainem poten geleich.   30

VII Her Enngel werbet ſchon
         Aue daz ſag ich dir
         jungkfraw genaden vol
         werbet Got ſey mit dir
5   vnd went dir alle vorcht.   35

VIII Jungkfraw enphahet got
         der wil vermenſchen ſich
         ir laiſtet ſein gepot
         das gelaubt ſicherleich
5   ſein geiſt die ſach e worcht.   40

IX   Gelaubig was dye maid
         vnd weſt an allen wanckh
         was ir der engel ſagt
         daz was ir alles danckh
5   do mit ſy Got enphie.   45

X   Der vns beſchaffen hat
         vnd alz menſchleich geſlecht
         von ſeiner hannt getat
         er was ye vnd yee gerecht
5   der vns auch nye verlie.   50

XI   Der vns geholffen iſt
         vnd went vns ſünden flam͞
         der ſüeß herr Jheſus kriſt
         füer vns ad patriam
5   do er wont yee vnd yee.   55

131. Der Techſt vbr' das geleẏemors Wolkenſtain'
Cgm 4871, 135

I   Mir dringet zwinget fraw dein guet
mein gemüet trawt liebſſtes ain
an ern reich
gleich ſo mues ich lobñ fraw deiñ guet geſtalt.
5   Deins herczñ ſcherczñ mich ſer wund't   5
ſundřt von dir trawt geſelle rain
dein höflich ſchimpf
glimpf mit freẁdñ mich behaget manigfalt.
      Mein ſchallñ fraw zw diſr' friſt   R°
      ainfaltig iſt für war dw piſt   10
      der ich meins herczñ gan
      darumb gepewt an vnd'ſchaid
5   trawt liebſte maid
      in lieb vñ laid pin ich berait
      zedienně dir mit liebr' mir   15
      brächt groſſr' zier wenn daſſtw ſchier
      gepewteſt mitt mir tün vñ lan.

II   Dein Seneñ wenen ich nitt pueſſě
kan volſueſſñ dein' ger
mein weiplich zucht   20
frucht mag klain erfrewen dich zw kain' ſtund
5   meinñ willñ ſtillñ du wol kündeſt
vñ enpündeſt all mein ſchwär
dein wort vñ weis
leis lieblich erkuchkñ möcht meins herczñ grunt.   25
      Geſellſchafft tw ſollt abelan   R°
      dein guet' wan nach meim verſtan
      an mir nitt frewdñ vintt.
      dauon dein leidñ wurd enttricht
5   wie mir geſchicht   30
      ſo kan ich nicht mit k[ainer?] pflicht

dir wünſchn̄ hail dauon an mail
mein leib ſ[o?] gail dir würd ze tail
ſchweig ſtill dẏ lieb dẏ iſt plint.

III   Dein hanndl wandl mich enczündet   35
    vn̄ dürch gründet hi[e?] vn̄ tort
    darumb gedengk
    ſennck mich fraw beleibn̄ ſtät in dein' huld.
5   Mein munde kunde dir mues heln̄
    ſund' queln̄ trawt liebſt[er?] hort   40
    ganncz ſtäte trewe
    newe von dir nitt weicht vmb kain' laẏ hänndll ſchuld.
        Mitt frewdn̄ ich das wider gilt   R⁰
        deinn̄ ern̄ mild von mir ni[t?] hilt
        gein Dir kain vngewin   45
        dauon dein er dir wurd [v'?]ſert
5   mein hercz begert
        dich vnu'kert des gleich mich nertt
        dein ſtolczr' leib trawt ſendlich weib
        mein laid vertreib dein aigenn bleib   50
        ich immer auff dẏ gnade dein.   etc.

132. Medlin zartt ſtein

GNM, Wolkensteinarchiv

I   Medlin zartt ſtein
    Stecz vmb dich ſein
    weſt ych auff erd nitt groſſer freid
    Auch wünſchen wold
5   dacz mich ſo hold   5
    als ich eh hab an underſcheid
    vnd du des weiſt
    y[h]er wider leiſt
    dich ttruolich pitt
10 Ju ſwarcz meidlin mir nitt.   10

II   Wo das geſchech
       hyn für ich ſprech
       das meins geleich auf erd nitt wer
       der höchern mütt
5   jch mir kein [?] gütt   15
       Zehaben ſtett fur dich beger
       an vnder laß
       Ich mich ſtecz maß
       wys gſchech mitt ſytt
10   Ju Ju ſchwarcz meidlin mir nitt.   20

III   Vmb alles das
       vnd was furbas
       muglich iſt zeheñ mich fleiſſen will
       zedienen dir
5   nymps auf voñ mir   25
       Es ſoll mir nichcz nitt ſein zē fill
       Sünder mitt lüſt
       nichcz weiß ich ſüſt
       So wurd gancz quit
10   Ju Ju ſwartz meidlin mir nit.   30

Anhang

ausgewählter Melodien und mehrstimmiger Kompositionen

Anmerkungen zum Musikanhang

Die in diesem Anhang abgedruckten Sing- und Spielstücke sind sämtlich der Handschrift B entnommen. Die Auswahl bezweckt, möglichst alle bei Oswald von Wolkenstein vorkommenden musikalischen Gattungen und für ihn bezeichnendsten Melodietypen vom tänzerisch beschwingten Liedkanon bis zum kunstvollen polyphonen Diskantsatz, vom schlichten archetypischen Lied bis zum rhapsodischen Erzählgesang in kennzeichnenden Beispielen mitzuteilen. Die Auslese belegt somit die im späten Mittelalter seltene Vielfalt an Stilen und Gehalten im Werke dieses Tiroler Ritter-Sängers, in dem sich wurzelecht Eigentümliches sowie aus mehreren Ländern und Volksschichten Entlehntes in besonderer Weise gemischt findet.

Die Umschrift mancher Stücke bereitete erhebliche Schwierigkeiten, da die in der Handschrift B vorliegende nur andeutende Mensuralnotation keine einwandfreie Bestimmung der Notenwerte ermöglicht. Insbesondere die Ligaturen und die meist nur ungenau notierten Pausen lassen oftmals verschiedene rhythmische Deutungen zu. Um insbesondere die nach Spruchsprecherart vorzutragenden und an keine starre Taktgliederung gebundenen einstimmigen Weisen nicht in eine unsachgemäße Schablone zu zwängen, sind in diesen Werken nur gestrichelte Distinktionen gesetzt worden. Die Semibrevis wurde durchweg als Viertelnote übertragen. Mitbenutzt wurde bei den Spartierungsversuchen der ungedruckte Anhang der Dissertation von Josef Wendler, Studien zur Melodiebildung bei Oswald von Wolkenstein (Saarbrücken 1961). Da eine Gesamtausgabe der musikalischen Werke Oswalds von Wolkenstein in Vorbereitung ist, werden in den folgenden Anmerkungen lediglich die wichtigsten Hinweise zu den einzelnen Stücken gegeben.

*

Durch Barbarei, Arabia (Lied Nr. 44). Nach der gleichen Melodie ist zu singen Lied Nr. 45 »Wer machen well den peutel ring«. Zu diesem weit verbreiteten Melodietypus siehe die Melodietafel bei Walter Salmen, European Song (1300–1530), in: New Oxford History of Music, III, London 1960, S. 351.

Es fügt sich, do ich was (Lied Nr. 18). Nach dieser Melodie ist auch zu singen Lied Nr. 8 »Du armer mensch, las dich dein fünd hie reuen ser«. Sämtliche Pausen wurden ergänzt. Z. 2,10 Note e ergänzt; Z. 8,1 in Hs. Minima; Z. 11 in Hs. verderbt.

Fröleichen so well wir (Lied Nr. 47). Mensural notiert, vermutlich als Tenor zu einem mehrstimmigen Liedsatz, dazu vgl. Walter Salmen, Werdegang und Lebensfülle des O.v.W., in: Musica Disciplina 1953,

Bd. 7, S. 172. – Z. 3 Pause ergänzt; Z. 3,10 in Qu. Semibrevis statt Minima, ebenso Z. 5,10.

O welt, o welt (Lied Nr. 9). Zu dieser Melodie ist auch zu singen Lied Nr. 10 ›Wenn ich mein krank vernunft‹. Sämtliche Pausen ergänzt. Z. 5,1 in Qu. Semibrevis, Z. 10,2 in Qu. eine Note d zuviel.

Sweig ſtill, geſell (Lied Nr. 74). Auf dieselbe Melodie ist zu singen Lied Nr. 73 ›O herzen lieber Nickel mein‹. Z. 7,1 ergänzt nach Hs. A fol. 54a.

Wol auf und wacht (Lied Nr. 118). b-Vorzeichnung in Qu. nur zu Anfang des ersten Systems.

Ach ſenliches leiden (Lied Nr. 51). Tenor Z. 4,1 in Qu. Minima statt Semibrevis.

Ain graſerin durch külen tau (Lied Nr. 76). Der Discantus hat in der Qu. falschen Schlüssel. Einige Pausen ergänzt. Im Discantus Z. 2,9 in Qu. Minima statt Semibrevis, Z. 8, 9–10 ergänzt. Im Tenor Z. 2,7 in Qu. Minima, ebenso Z. 10,6.

Ave, mater, o Maria (Lied Nr. 109). In der Qu. ist dem Tenor nur der lateinische Text unterlegt. Die Notierung im tempus perfectum cum prolatio minori enthält etliche Ungenauigkeiten. Die Lauden-Motette hat O.v.Wolkenstein offenbar aus Norditalien übernommen, denn diese ist außerdem belegt in der Hs. Vened.Marc.it. 9, 145, fol. 28, (hrsg. v. JOHANNES WOLF, Handb.d.Notationskunde, I, 1913, S. 317) sowie in vierstimmigem Satz mit abweichendem Contratenor in der Hs. Bologna, Bibl. Univ. 2216, fol. 39 (vgl. dazu Sb.d.Intern.Mus. Ges. 1905, Band 6, S. 613, Anm. 2, sowie HEINRICH BESSELER, The Manuscript Bologna Biblioteca Universitaria 2216, in: Musica Disciplina 1952, Band 6, S. 62).

Mit günſtlichem herzen (Lied Nr. 71). Dieser Liedkanon ist als Zwiegespräch textiert. In der Oberstimme Z. 2,12 in Qu. Semibrevis, Z. 4, 10–14 vier Minimae.

Wach auff, mein hort (Lied Nr. 101). Die Schlüssel sind in der Qu. falsch gesetzt. Der Schlüssel der Tenorstimme wurde nach Hs. A fol. 56a emendiert. Z. 5,3 im Discantus ergänzt. Der Rhythmus des Tenors ist an mehreren Stellen uneindeutig notiert; die Annahme eines Dreiertaktes ist jedoch gesichert, vor allem durch die Notierung der letzten Zeile. Die Weise dieses Tageliedes ist außerdem überliefert im Lochamer Liederbuch, S. 2, als ›Tenor‹ (vgl. WALTER SALMEN, Das Lochamer Ldb., 1951, S. 67), im Rostocker Ldb. fol. 19 sowie in zwei Orgeltabulaturen (vgl. JOSEF MÜLLER-BLATTAU, Wach auff, mein hort! Studie zur deutschen Liedkunst des 15.Jahrhunderts, in: Festschrift für Guido Adler, Wien 1930, S. 92–99, sowie FRIEDRICH GENNRICH, Melodien altdeutscher Lieder, Darmstadt 1954, Nr. 39–41 und Nr. 47).

Lied Nr. 44 Durch Barbarei, Arabia

Durch Bar-ba-rei, A - ra - bi - a, durch Her-ma-ni in Per - ſi - a,
Durch Reuſſen, Preuſſen, Eiſ - ſen-lant, gen Lit - to, Liſ - ſen, ü - bern ſtrant,

durch Tar - ta - ri in Su - ri - a, durch Ro-ma-ni in Tür-ggi - a,
gen Tennmarckh, Sweden, in Prabant, durch Flandern, Franckreich, Enge-lant

I - ber - ni - a, der ſprüng han ich ver - geſ - - ſen.
und Schottenland hab ich lang nicht ge - meſ - - ſen.

Durch Ar - ragon, Kaſ - ti - li - e, Gra - na-ten und Aſ - ſe - ren,
Auff ai-nem run-den ko - ſel ſmal, mit dik-kem wald umbſan - gen,

aufs Por - tu-gal, Iſ - pa - ni - e, bis gen dem vinſ-tern ſte - ren,
vil ho - herberg und tief - ſe tal, ſtain, ſtau-den, ſtöck, ſnee, ſtan - gen,

von Pro-ſenz gen Mar - ſi - li - e, In Ra - ces vor Sa - le - ren,
der ſich ich teg-lich a - ne zal. noch ai - nes tüt mich pan - gen,

da-ſelbs be-laib ich an-der e, mein el-lend da zu me - ren
das mir der klai-nen kind-lin ſchal mein o - ren dick be-dran - gen,

vaſt un-ge - ren.
hand durchgan - gen.

Lied Nr. 18 Es fügt fich

Es fügt fich, do ich was von ze-hen ja-ren alt,—

ich wolt be-fe-hen, wie die werlt wer ge-ftalt.—

mit el-lend, ar-müt man-gen win-kel, haifs und kalt,—

hab ich ge-bawt bei cri-ften, Kriechen, hai-den.

Drei pfen-ning in dem peu-tel und ain ftück-lin brot,—

das was von haim mein ze-rung, do ich loff in not.—

von frem-den freunden fo hab ich manchen trop-fen rot—

ge-laf-fen fei-der, das ich wand ver-fchai-den.

Ich loff ze füfs mit fwe-rer büfs, bis das mir ftarb

mein vat-ter zwar, wol vier-zen jar, nie rofs er-warb,—

wann aines roupt, ftal ich halbs zu-mal mit val-ber varb

und des ge-leich fchied ich da von mit lai-de.

Lied Nr. 47 Fröleichen fo well wir

Frö-leichen fo well wir fchir fingen, fpringen hoh,

uns zwaien, fchon raien all inn des maien loh,

mit frechen ab-brechen der pfif-ferlingen roh,

an wencken gedencken, wo mir die zart empfloch.

her - wider ker, herzlieb, ift das mein ger. ____

du waifft wol, wie du mich und ich dich lie,

mein höch-fter hort, zwar ich halt ftät die wort,

wurd mir der kranz von ro - fen - tal. ____

Lied Nr. 9 O welt, o welt

O welt, o welt, ain freud der kran-ken mau-er,
Welt - li - che freud, ain tüch von bit-term en - de,

wie fwër du biſt! dein lon, der wirt mir ſau - er,
wer dich recht kant, der koufft dich nicht be - hen-de,

ſeid du uff mich ge - val - len haſt __
wil er icht we-ſen frem-der gaſt __

und druckſt mich auf die er - den. __
gen man-ger frau-en wer - den. __

Was hilft mich, das ich ma-nig nacht __

in grof-ſen freu-den han ge-wacht

in dreu-zehenthalben ja - ren!

nu müſs ich wa-chen, ſeufzen, zitt-ren el-lent - lich. __

all heil-gen güt, die en-gel in dem hi-mel - rich __

man ich, das ſi mir hel-fen vaſt

mein laid zu güt er - ar - nen. __

Lied Nr. 74 Sweig ſtill, geſell

Sweig ſtill, ge - ſell, dem ding iſt recht, ju gib mir freu-lins bet-ten-brot!
Si ward mein herr und ich ir knecht, nu iſt mir ſi - cher un - ge-drot,

des hei - a - ho!
dem ſei al - ſo!

Ich main die zart, zu der ich bin ver - bun - den, —

des wol mich ward, erſt han ich freu - de fun - - den. —

Repeticio

Ach rai - nes tö - ckel, trau - te, ſchö - ne to - cke, —

du liebſt mir mit dem zip - fel an dem ro - - cke. —

Lied Nr. 118 Wol auf und wacht

Wol auf und wacht, acht, fer be-tracht den tag, die nacht

eur frä - ve - lei - che fün - de,

das fich die fel - big nicht er - zün - de

tieff - lich in der hel - le grün - de.

rit - ter - lich vecht mit den leu - en.

Für ir peif - fen und das keu - en,

für ir reif - fen fcharp - fer kléu - en,

reu - en fer durch nim - mer preu - en

las dich pei den gü - ten treu - en

gen dem al - den und dem neu - en,

wo wir die und den er - zur - net han.

Lied Nr. 51 Ach senliches leiden

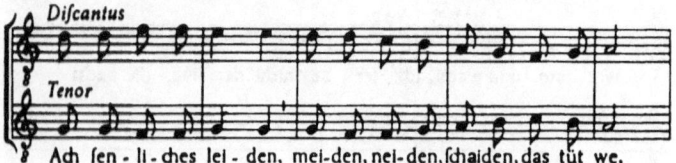

Ach sen - li - ches lei - den, mei-den, nei-den, schaiden, das tüt we,

bes - ser wer ver-sunken in dem see. zart min-nik - li - ches weib,

dein leib mich schreibt und treibt gen Jo - sa - phat. herz, müt,

sin, ge-danck ist wor-den mat.

es schaidt der tod, ob mir dein gnad nicht hel-fen wil

aufs grof-fer not; mein angst ich dir ver - hil. dein münd-lin rot

hat mir fo fchier mein gier er - wec - ket vil, des wart

ich ge - na - den an dem zil.

Lied Nr. 76 Ain graſerin

Difcantus

Tenor

Ain gra - ſe - rin___ durch kü - len   tau

mit weiſ-ſen, bloſ-ſen füſſ - lin   zart

hat mich er-freut in grü-ner au;

das macht ir ſi - chel brawn   ge-hart,

do ich ir half den gat-tern ruc-ken, smucken für die schrencken,

lenc-ken, sencken in die seul,

wol - be - wart, da - mit das freul

hin - für an sorg nicht flie - sen möcht ir gen -

- - - - sel.

Lied Nr. 109 Ave, mater, o Maria

Discantus

Cont(ratenor)

T(enor)

A - ve, ma - ter, o Ma - ri - a,
A - ve, müt - ter, kü - ni - gin - ne,

pi - e - ta - tis to - ta pi - a,
mil - ti - kait ain mil - de - rin - ne,

fi - ne te non e - rat vi - a
an dich kain weg löb - li - cher min - ne

de - plo - ran - ti fe - cu - lo.
get in wai - nen - der wel - de.

Gra - ci - a   tu   no - bis   da - - ta,
Gna - den-vol   an   uns   be - gin - - ne,

quam   fi - de - lis   ad - vo - ca - - ta
wo   ſich rüfft   ge - löb - lich ſtim - - me,

ce - li   thro - nis   es   pre - la - - ta
trön der hi - mel kai - ſe - rin - - ne

in   e - ter - no fo - li - o.
in   e - wik-lei - chem vel - de.

Lied Nr. 71 Mit günſtlichem herzen

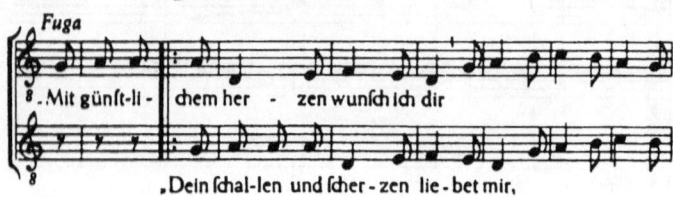

Fuga

. Mit günſt-li - chem her - zen wunſch ich dir

„Dein ſchal-len und ſcher - zen lie - bet mir,

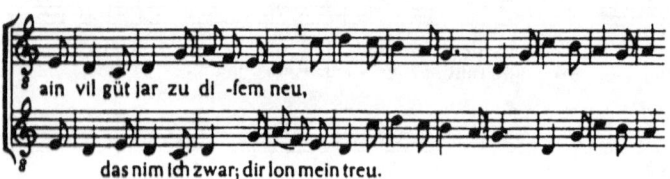

ain vil güt jar zu di -ſem neu,

das nim ich zwar; dir lon mein treu.

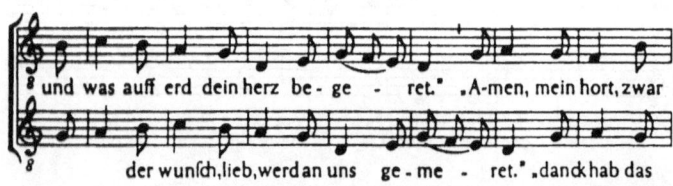

und was auff erd dein herz be - ge - ret." „A-men, mein hort, zwar

der wunſch, lieb, werd an uns ge - me - ret." „danck hab das

das iſt recht,

wort, ich bin

ge - denck an mich, ge - fel - le mein?

dein knecht, neur freut es dich, zwar das fol fein."

„Mich freuet,

Ein möglicher Schluß:

Lied Nr. 101 Wach auff, mein hort!

Vergleichendes Verzeichnis

der Liednummern in den Ausgaben von Josef Schatz (^{2}1904)
= *Sch*, Beda Weber (1847) = *BW*, Oswald Koller (1902) = *Ko*,
Karl Kurt Klein (1962) = *Kl*

I

Kl	Sch	Ko	BW	Kl	Sch	Ko	BW
1	84	2	108	24	91	58	119
2	85	71	109	25	112	3	31
3	88	72	110	26	109	16	13
4	89	32	111	27	110	34	18
5	93	35	112	28	57	47	123
6	92	37	113	29	105	9	99
7	108	44	114	30	102	43	19
8	94	14	115	31	90	10	100
9	95	55	116	32	98	15	25
10	97	73	117	33	71	7	32
11	96	54	118	34	54	22	101
12	65	38	95	35	55	40	102
13	50	75	96	36	104	83	103
14	51	29^a	97	37	35	88	33
15	52	29^b	98	38	53	99	104
16	7	36	27	39	106	46	105
17	17	67	28	40	11	18	34
18	64	19	1	41	100	70	12
19	63	20	6	42	37	68	35
20	6	24	29	43	20	86	36
21	36	41	30	44	107	17	3
22	79	12	17	45	60	76	4
23	111	78	2	46	31	90	37

Kl	Sch	Ko	BW	Kl	Sch	Ko	BW
47	16	26	38	84	42	114	9
48	46	106	39	85	78	49	10
49	10	105	40	86	99	52	11
50	45	87	41	87	70	59	72
51	18	84	42	88	19	108	73
52	44	113	43	89	34	31	74
53	12	94	44	90	26[1, 2]	1	75
54	47	93	45	91	15	92	76
55	101	77	8	92	40	65	77
56	13	107	46	93	22	121	78
57	1	5	47	94	21	122	79
58	2	45	48	95	103	53	20
59	87	62	7	96	25	96	80
60	86	23	49	97	72	60	81
61	3	28	50	98	61	57	82
62	14	109	51	99	62	27	83
63	5	81	52	100	32	56	84
64	33	95	53	101	9	110	85
65	29	101	54	102	114	61	86
66	30	111	55	103	115	112	15
67	56	—	121/122	104	113	69	16
68	69	102	56	105	116	21	14
69	77	13	57	106	28	48	87
70	43	97	58	107	73	100	88
71	74	104	59	108	124	98	—
72	41	89	60	109	125[1, 2]	116	S. 531
73	38	51	61	110	66	119	89
74	39	64	62	111	117	39	106
75	75	115	63	112	118	—	26
76	49	85	64	113	119	42	21
77	76	123	65	114	120	33	107
78	68	103	66	115	121	74	22
79	80	120	67	116	83	82	90
80	67	6	68	117	122	66	23
81	82	63	69	118	123	80	24
82	81	30	70	119	27	8	—
83	48	4	71	120	4	91	—

Kl	Sch	Ko	BW	Kl	Sch	Ko	BW
121	8	50	94	127	—	—	—
122	58	79	91	128	—	—	—
123	59	11	5	129	—	—	—
124	23	117	93	130	—	—	—
125	24	118	92	131	127 (nur Großausgabe)		
126	126	25	—	132	—	—	—

II

Sch	BW	Ko	Kl	Sch	BW	Ko	Kl
1	47	5	57	24	92	118	125
2	48	45	58	25	80	96	96
3	50	28	61	26[1],[2]	75	1	90
4	—	91	120	27	—	8	119
5	52	81	63	28	87	48	106
6	29	24	20	29	54	101	65
7	27	36	16	30	55	111	66
8	94	50	121	31	37	90	46
9	85	110	101	32	84	56	100
10	40	105	49	33	53	95	64
11	34	18	40	34	74	31	89
12	44	94	53	35	33	88	37
13	46	107	56	36	30	41	21
14	51	109	62	37	35	68	42
15	76	92	91	38	61	51	73
16	38	26	47	39	62	64	74
17	28	67	17	40	77	65	92
18	42	84	51	41	60	89	72
19	73	108	88	42	9	114	84
20	36	86	43	43	58	97	70
21	79	122	94	44	43	113	52
22	78	121	93	45	41	87	50
23	93	117	124	46	39	106	48

Sch	BW	Ko	Kl	Sch	BW	Ko	Kl
47	45	93	54	84	108	2	1
48	71	4	83	85	109	71	2
49	64	85	76	86	49	23	60
50	96	75	13	87	7	62	59
51	97	29a	14	88	110	72	3
52	98	29b	15	89	111	32	4
53	104	99	38	90	100	10	31
54	101	22	34	91	119	58	24
55	102	40	35	92	113	37	6
56	121/122	—	67	93	112	35	5
57	123	47	28	94	115	14	8
58	91	79	122	95	116	55	9
59	5	11	123	96	118	54	11
60	4	76	45	97	117	73	10
61	82	57	98	98	25	15	32
62	83	27	99	99	11	52	86
63	6	20	19	100	12	70	41
64	1	19	18	101	8	77	55
65	95	38	12	102	19	43	30
66	89	119	110	103	20	53	95
67	68	6	80	104	103	83	36
68	66	103	78	105	99	9	29
69	56	102	68	106	105	46	39
70	72	59	87	107	3	17	44
71	32	7	33	108	114	44	7
72	81	60	97	109	13	16	26
73	88	100	107	110	18	34	27
74	59	104	71	111	2	78	23
75	63	115	75	112	31	3	25
76	65	123	77	113	16	69	104
77	57	13	69	114	86	61	102
78	10	49	85	115	15	112	103
79	17	12	22	116	14	21	105
80	67	120	79	117	106	39	111
81	70	30	82	118	26	—	112
82	69	63	81	119	21	42	113
83	90	82	116	120	107	33	114

Sch	BW	Ko	Kl	Sch	BW	Ko	Kl
121	22	74	115	$125^{1,2}$ S. 531		116	109*
122	23	66	117	126	—	25	126
123	24	80	118	127**	—	—	131
124	—	98	108				

---

*) Der lateinische Text nur in Schatz-Koller, fehlt in der Textausgabe von 1904

**) Nur in Schatz-Koller, fehlt in der Textausgabe von 1904.

Die Strophenanfänge nach Reimen

Das Reimregister enthält die Anfangszeilen aller Strophen. Die Ordnung erfolgt:

1. Nach dem Reim (z. B. *-ag*, *-age*, *-agen*, *-aget*)
2. Bei gleichem Reim in alphabetischer Ordnung nach dem Wortanfang (nicht nach dem Stammsilbenbeginn), z. B. *gesagen*, *sagen*, *tragen* usw.
3. Bei gleichem Reimwort in der Reihenfolge der Lieder in unserer Ausgabe.
4. Die Anfangszeilen erster Strophen erscheinen in Schrägdruck.

R = Anfangszeile der Repeticio
Nr. = Liednummer unserer Ausgabe, *Str.* = Strophe, *S.* = Seite

		Cod. B fol.	Nr.	Str.	S.
a	*Durch Barbarei, Arabia*	18ᵛ	44	I	143
	Bog dep'mi was duſtu da	—	119	I a	305
	Bis willen kum! was tuſtu da	—	119	I b	305
	Jo te proſſo dein genad all da	—	119	III a	306
	Mille ſchenna	29ᵛ	69	II a	190
ab	Vil ſüſſer wort mein mund in gab	41ʳ	102	V	244
	Et es tota amicabilis	44ʳ	109 a	XI	258
	Ach welt, wie hertikleich du trabſt	46ᵛ	113	V	287
ac	Wie vil mir eren ie beſchach	19ʳ	44	II	145
	Roub, ſtelen, töten iſt mir gach	16ᵛ	39	II	129
	Weiplicher weib menſch nie geſach	25ᵛ	57	III	169
	Sweig, güt geſell, ſchimpflichen lach	33ʳ	81	I	210
	Teutſch, welſchiſch mach	29ʳ	69	R	189
	Als ich die ſchön her zeunen ſach	31ʳ	76	II	203
	Was dürft ir neur der klügen ſprach	18ᵛ	43	V	142
	Sündlichen ſehen, klaine ſpräch	36ᵛ	87	III	221
	Den trak den feint er ſtach	—	130	IV	319

		Cod. B fol. Nr.	Str.	S.
	Wer kompt hernach, der mir wennt meinen ungemach	20ᵛ	48	IV	154
	Der amſel tün ich ungemach	34ᵛ	83	II	214
	Seid nu die zeit wendt frölich ungemach	40ᵛ	100	III	240
	Frölich geſchrai ſo well wir machen, lachen	23ᵛ	54	—	164
	Lünzlot, münzlot, klünzlot und ziſplot, wiſplot freuntlich sprachen	23ᵛ	53	II	162
	Wenn ich betracht	2ʳ	3	I	9
	Der fünft die unkeuſch hoch betracht	48ʳ	117	III	298
	Wann ich durch all mein ſinn betracht	—	120	III	307
	Sein löblich macht	44ᵛ	111	VI	264
	Du hailger vatter, tag und nacht	46ᵛ	113	II	286
	Es nahet gen der vaſennacht	26ʳ	60	I	174
	Manig hämiſch liſt ſo ward volbracht	8ᵛ	19	IX	56
	Wol auf und wacht	48ᵛ	118	I	299
	Nu rue mit ſorgen, mein verborgenlicher ſchacz	—	121	I	307
ad	Noch iſt es als ain klainer tadel	8ᵛ	19	XX	59
af	Die ſprach, ich wer ungeſchaffen	—	122	III	309
	Die junckfrau hett verſlaffen	6ᵛ	16	R I	44
	Sag an, geſellſchafft	26ᵛ	62	I b	177
	Von rechter lieb krafft	26ᵛ	62	I a	177
	Sein herrlich krafft	44ᵛ	111	II	262
	Wer neſſeln zafft und gilgen ſtrafft	33ᵛ	81	R	210
	In freim gelait ſo ward ich aber wegehafft	17ᵛ	41	II	134
ag	*Mein ſünd und ſchuld eu prieſter klag*	16ᵛ	39	I	128
	Ich klag, ich klag, ich klag	43ᵛ	108	—	257
	Awe, die ellend wainleich klag	47ʳ	114	V	290

		Cod. B fol.	Nr.	Str.	S.
	Uber all die franzos breis ich ain	9ʳ	19	XXVII	62
	Hort mein, dein ain	38ᵛ	93	II	232
	Dich laſſēd mein gedenck nit ain	—	127	III	315
	Neur dein allain	24ᵛ	56	III b	168
	Und was mein bart von freulin rain	8ʳ	19	II	53
	Ir horcht mich fain	48ᵛ	118	IV	300
	»Nu huſs!« ſprach der Michel von Wolkenſtain	35ᵛ	85	I	217
	Gepawren von Sant Jörgen, die ganz gemaine	36ʳ	85	V	218
	Ach wolgemüte, klaine, raine	42ᵛ	106	III	254
	Den beſten vogel, den ich waiſs	13ʳ	27	VII	103
	Trivaltikait, ſun, heilger gaiſt	14ʳ	29	III	109
	Nu geſegen uns haint der vil hailge gaiſt	34ʳ	82	III	213
	Allmächtikait	2ᵛ	6	III	17
	Mein houbt, das iſt beklait	22ᵛ	51	III	159
	Mein dienſt ir allzeit iſt berait	30ᵛ	74	II	199
	Hör, kriſtenhait	2ʳ	4	I	11
	Mich tröſt ain adeliche mait	32ʳ	78	I	206
	Die künigin vor Ulrich rait	13ᵛ	28	IV	106
al	*In Suria ain braiten hal*	15ᵛ	35	I	119
	Sag an, herzlich, nu was bedeutet uns ſo gar ſchrícklicher hal	21ʳ	49	I	155
	Verſwunden was meins herzen qual	48ʳ	116	II	296
	Derſelben ſturmglogken ſchal	8ᵛ	19	XIV	57
	Los, frau, und hör des hornes ſchal	21ʳ	49	II	155
	Vernempt mein ſchal	48ᵛ	118	V	301
	Ir braitter füſs möcht werden ſmal	13ʳ	27	VIII	103
	Durch aubenteuer perg und tal	12ʳ	26	I	94
	Nas, zendlin, kin, kel, der hals zu tal	26ᵛ	61	II	176
	Grün iſt der wald, perg, au, gevild und tal	40ᵛ	100	II	240
	Vierhundert weib und mer an aller manne zal	8ʳ	18	VI	51
	Der mai mit lieber zal	21ᵛ	50	—	156

	Cod. B fol.	Nr.	Str.	S.
Künig Sigmund teglich zumal	8ᵛ	19	VIII	55
Wo in dem wald	39ʳ	95	III	234
Seid ich nu haiſs die nachtigall	33ᵛ	81	III	211
Es fügt ſich, do ich was von zehen				
jaren alt	7ʳ	18	I	48
Von küngen, künigin junck und alt	8ᵛ	19	VI	55
An haſs hab ich die wort erzalt	33ᵛ	81	II	210
O heilger Criſt, ſeit das dein				
macht iſt ungezalt	3ᵛ	8	V	21
Hin ſlauffen well wir walzen	35ʳ	84	V	217
am Indem ſo kam	44ᵛ	111	V	264
Unſauber ſcham	2ʳ	4	II	12
Die ander kamer iſt mit jamer	14ᵛ	32	III	114
Amen ultimo cantamus	44ʳ	109a	XVII	259
an *Wol auff, wol an*	31ʳ	75	I	200
Ains groſſen kriegs nam ich mich an	41ʳ	102	III	243
Was get die red den Plätſcher an	47ᵛ	116	R	295
Geſellſchafft tw ſoltt abelan	—	131	R II	321
Philipp, Sigmund, creutz, Florian	13ᵛ	28	III	105
Auf baiden knien ſo lernt ich gän	9ʳ	19	XXIV	61
Auch wer nie liebes weib gewan	47ᵛ	115	R II	292
Tröſtlich gedingen ich zu der gütten				
han	19ᵛ	46	IV	151
Herz, müt, leib, ſel und was ich han	37ʳ	89	I	223
Weicht höher trit hindan	—	130	V	319
Ain burger und ain hofman	11ᵛ	25	I	88
Kain weiſer man	1ʳ	1	IV	3
Mich wundert ſer an ainem man	14ʳ	30	IV	111
Ain güt geboren edel man	18ʳ	43	I	140
Kom, liebſter man	43ʳ	107	I	255
Die Botzner, der Ritten und die von				
Merän	36ʳ	85	VII	218
Ir bäbſt, ir kaiſer, du pauman	46ᵛ	113	I	285
Der knab erſchrack aus lawres wän	9ᵛ	20	II	64
Do ſprach der herr aufs zornes wan	12ᵛ	26	XIII	99

	Cod. B fol.	Nr.	Str.	S.
Wo folcher fcherz an argen wän	40ʳ	99	III	239
Zwar fi ift hübfch und wolgetan	25ᵛ	58	II	170
Zwar dife mer, die weren lanck	8ᵛ	19	XII	57
Ain alter Swab, gehaiffen Planck	12ᵛ	26	VII	96
Vafft füffer wein als flehen tranck	19ᵛ	45	II	148
Kain ellend let mir nie fo and	14ʳ	30	I	109
Und für ain oxs durch alle land	47ᵛ	115	V	294
In oberland	44ᵛ	111	I	261
Was hilft mich nu mein raifen				
fremder lande	4ʳ	9	II	24
Ich main, das weder in waffer oder				
auf lande	4ᵛ	10	VI	29
Gilg fchankte güten moft fant Mang	13ᵛ	28	V	107
Ain jeder menfch, der lafs fich				
nicht belangen	4ʳ	9	III	24
Mich freut euer leib, dorzu die				
guldin fpangen	33ʳ	79	II	207
Lieb, dein verlangen	38ᵛ	94	I	232
Ain anefangk	1ʳ	1	I	1
Wenn ich der groffen gloggen klangk	8ᵛ	19	XIII	57
Und von der gürtel umbevangk	27ʳ	63	III	180
Aufs der ratfchrann	45ʳ	111	IX	267
Ich hab gehört durch mangen granns	12ᵛ	27	I	100
Von Got fo wart gefannt	—	130	I	319
Der glanz durch grebe von der blebe				
ift entrant	—-	121	III	308
Ir güten criftan, feit gemant	13ʳ	27	IX	103
Es komen neue mër gerant	42ʳ	105	I	250
Die brüff ze hant, ker in levant	7ʳ	17	II	46
Da daz leben v̈berwant	—	129	VI	318
Ich wond, mein fach wër richtig ganz	42ʳ	104	III	248
Es nahent gen des tages glanz	17ʳ	40	III	133
Ain hoch gepräng von klainem				
glanz	—	123	IV	311
Gar waidenlich tritt fi den				
firlifanzen	10ʳ	21	III	71
Sim Jenfel, wiltus mit mir tanzen	30ʳ	70	III	193

		Cod. B fol.	Nr.	Str.	S.
	Ei, was fol das	38ᵛ	94	III	233
	Vmb alles das	—	132	III	323
	Nu trinck wir aufs dem fläfchlin	30ᵛ	72	II	197
	Var, heng und lafs, halt in der mafs	7ʳ	17	I	46
	Benedictus quem portafti	44ʳ	109a	XII	258
at	Als ich den kle hett abgemät	31ᵛ	76	III	203
	Zwai ftäbichin hëtt ich pald genät	37ᵛ	90	R	224
	Nu alle creatur, die got befchaffen hat	3ᵛ	8	III	21
	Aller werlde gelegen hat	—	129	I	317
	Der vns befchaffen hat	—	130	X	320
	Ich hör, fich manger freuen lat	44ʳ	110	I	260
	Ka eu mores mich mach[e]n mat	—	119	II a	305
	[D]ie vafnacht und des maien pfat	26ʳ	60	III	175
	Es ift ain altgefprochner rat	8ʳ	19	I	53
	Die fünd ich haifs, die fünd ich rat	16ᵛ	39	III	129
	Fewer in den luften fchrät	—	129	II	318
	So ift es laider vil ze fpät	6ᵛ	15	III	43
	Uber all creatur trat	—	130	III	319
	Gracia tu nobis data	44ʳ	109a	II	257
	Ach lieber freund, wërlich ich wolt uns raten	4ʳ	9	V	26
	Dorumb fo batt	44ᵛ	111	IV	263
	Unzälich klag und fenlich matt	46ᵛ	114	II	288
	Ventris aula, vas beatum	44ʳ	109a	XIV	259
	Tecum dominus incarnatus	44ʳ	109a	VI	258
	Der kirchtag was alfo befatzt	42ʳ	105	V	253
	Des feiftu, frau, an argen hatz	6ʳ	15	II	43
	Zwar Peterlin, du böfe katz	8ᵛ	19	XVII	58
au	In hertem flauff, frau	26ᵛ	62	III a	178
	Ain graferin durch külen tau	31ᵛ	76	I	202
	Von trauren möcht ich werden taub	41ᵛ	104	I	247
	Mein fehen, hören, fünntlich brauch	16ᵛ	39	V	130
	Zwar lenger fcbwanz kund ich nie fchauen	8ᵛ	19	VII	55

		Cod. B fol.	Nr.	Str.	S.
	Gelt wider gelt, got felber melt	14ᵛ	32	II	113
	Ain jeder vogel inn der welt	13ʳ	27	VI	102
en	Wölt fÿ fich noch bedenckĕ	—	128	II	316
	Seid wir nu hören aus aller maifter kunft behend	3ᵛ	8	II	21
	Er wüfch fein hend	45ʳ	111	X	267
	Euer falbos har, darzü die weiffen hende	33ʳ	79	III	208
	Wer die ougen wil verfchüren mit den brenden	41ᵛ	103	I	246
	Ich hör, das man vil manchen weifen nennet	4ʳ	10	II	27
	Zu Paris manig taufent menfch	8ᵛ	19	XII	60
	Ain tunckle farb von occident	15ʳ	33	I	116
	Es feufft dort her von orient	9ʳ	20	I	63
er	Vergifs durch all dein weiplich er	29ʳ	68	III	188
	Junckfrau, durch all dein köftlich er	32ᵛ	78	III	206
	Ich klag das mort, des ich nicht ger	40ᵛ	101	II	241
	Ich wolt, du welft an als gevér	37ʳ	89	II	223
	Wach auff, mein hort! es leucht dort her	40ᵛ	101	I	240
	Gen Preuffen, Littwan, Tartarei, Turkei uber mer	7ᵛ	18	II	49
	Und folt ich die vil zarten gefehen nimmer mer	19ᵛ	46	III	151
	Hört zü, was ellentleicher mër	46ᵛ	114	I	287
	Mein freuden macher	26ᵛ	62	II a	177
	Erft reut mich fer	1ᵛ	1	VI	4
	Du armer menfch, las dich dein fünd hie reuen fer	3ᵛ	8	I	20
	Mich wundert fer	5ʳ	11	VII	35
	Si tüt geleich dem feptember	25ᵛ	58	III	171
	Mit urlob fort! deins herzen fper	40ᵛ	101	III	241
	Du haft all mein fwër	26ᵛ	62	II b	178
	Ir wort, gepär ringt mir die fwër	36ᵛ	87	R	221

		Cod. B fol.	Nr.	Str.	S.
eu	Haſtu kain miſſetreu	27ᵛ	62	III b	178
	Weiſs, rot, mit braun verleucht	28ʳ	66	I	183
	Wer iſt, die da durchleuchtet	5ᵛ	13	I	40
	In hoffnung, ſmerz, in forchten und in freuden	4ᵛ	10	IV	28
	Raucha, ſteudli	31ʳ	75	II	201
	Ach Nickel, Nickel, trauter, ſchöner Kleuſli	30ᵛ	73	R	198
	Ain werfen und ain ſchieſſen, ain groſs gepreuſs	36ʳ	85	VI	218
	Noch waiſs ich ainen inn der leuſs	12ᵛ	26	X	97
	Wes mich mein bül ie hat erfreut	24ʳ	55	I	165
	Gretel, wiltu ſein mein treutel	29ᵛ	70	II	193
g(o)	Mit eren, o auſſerweltes G	29ʳ	68	II	188
	Geſell, gelück, freud, wunn, hail und höchſtes G	39ᵛ	92	III	236
ia	*Ave, mater, o Maria*	44ʳ	109a	I	257
ic	Frölich das tün ich	24ᵛ	56	I b	168
	Tröſtlicher hort, wer tröſtet mich	24ᵛ	56	I a	167
	Wie magſtu recht mat machen mich	—	119	II b	305
	Urlob ſo nam die minniklich	—	124	III	312
	...prich! rich! ſich	38ᵛ	93	I a	231
	Für allen ſchimpf, des ich vil ſich	40ʳ	99	I	238
	Kain ermer vich	5ʳ	11	III	32
	Ain zwifel waidelich	28ʳ	66	III	183
	Rot, weiſs, ain frölich angeſicht	36ᵛ	87	I	220
	Frau, eur ſtraffen iſt enwicht	20ᵛ	48	VI	155
	Dein ſchärpflich geſicht	30ʳ	71	VI	196
	Mein guter ſtrich, der reut mich nicht	8ᵛ	19	XV	58
	Vergiſs, mein ſchatz, nicht	30ʳ	71	V	196
	Vil mancher ſpricht	5ʳ	11	II	32
	Mein herz in jamer vicht	22ᵛ	51	II	159
	Wie vil ich ſing und tichte	10ᵛ	23	I	80

		Cod. B fol.	Nr.	Str.	S.
	Und der Enngel cherubin	—	129	V	318
	Pſäch dein, Gredlin	20ᵛ	48	V	154
	Vier künigin	5ᵛ	12	III	37
	Ir edlen valken, pilgerin	13ʳ	27	III	101
	Und der feint hat kainen ſin	—	129	IV	318
	Plena dulcis medicina	44ʳ	109 a	IV	257
	Heb auff und laſs uns trincken	35ʳ	84	II	216
	Das waſſer, feuer, erd, lufft, wind	15ʳ	34	III	118
	Fliehet, ſcharpf winde	16ʳ	37	III	124
	Mein herz das ſwindt	1ᵛ	1	VII	5
	Wer machen well ſein peutel ring	19ʳ	45	I	147
	Frölich ſo wil ich aber ſingen	32ᵛ	79	I	207
	Waſſa alabanda ſpringen	7ʳ	17	R II	47
	Ach, jüngelingk	2ᵛ	5	III	15
	Dein poſchotz mündlin freuden pringt	24ᵛ	56	III a	167
	Gnadenvol an uns beginne	44ʳ	109 b	II a	259
	Mein freudenmacherinne	6ᵛ	16	R III	45
	Ave, mütter, küniginne	44ʳ	109 b	I a	259
	Die junckfrau ſolt ich minnen	30ᵛ	72	IV	198
	Die maid lieſs in mit ſinnen	9ᵛ	20	R III	67
	Ain ellend ſchid durch zihers flins	—	124	I	312
	Seid das die wilden voglin ſint	26ʳ	60	II	174
ip	Ain ochs dem eſel, tierlich ſipp	15ᵛ	35	III	120
ir	Und ſolt ich mir	5ʳ	11	V	34
	Und der von Ötting leutet mir	8ᵛ	19	X	56
	Wie ferr ich bin, ſo nahet mir	37ʳ	89	III	224
	Senliche begir mir	20ʳ	47	III	152
	Solt ich nach lüſt nü wunſchē mir	—	127	II	315
	Wie ferr ich bin, mir nahet ſchir	25ʳ	57	II	169
	Fröleichen ſo well wir	20ʳ	47	I	151
is	Und wĕr Paris	5ᵛ	12	IV	38
	Ach Cölen, Wienen, Mainz, Paris	42ʳ	104	III	249
	O wunnikliches paradis	39ᵛ	98	I	237

Die Strophenanfänge
in alphabetischer Ordnung

	Cod. B fol.	Nr.	Str.	S.
Ain herr der böfen glider	10ᵛ	22	III	76
Ain hoch gepräng von klainem glanz	—	123	IV	311
Ain höbtlin klain, dez nam ich war	—	120	II	306
Ain jeder menfch, der lafs fich nicht belangen	4ʳ	9	III	24
Ain jeder vogel inn der welt	13ʳ	27	VI	102
Ain jetterin, junck, frifch, frei, früt	34ʳ	83	I	214
Ain kraufs, weifs har	2ᵛ	5	II	14
Ain künigin von Aragon was fchon und zart	7ᵛ	18	III	49
Ain menfch von achzehen jaren klüg	25ʳ	57	I	169
Ain ochs dem efel, tierlich fipp	15ᵛ	35	III	120
Ain rainklich weib, durch jugent fchön	33ʳ	80	I	209
Ain fchaffer aller creatur	15ᵛ	36	II	121
Ain fchatz hab ich verloren	11ᵛ	24	III	87
Ain fchlicklin weifs fi bot im fleifs	6ᵛ	16	II	44
Ain fchön, bös weib	2ʳ	3	III	10
Ain ftolze Swäbin das bewärt	47ʳ	110	II	260
Ain tunckle farb von occident	15ʳ	33	I	116
Ain werfen und ain fchieffen, ain grofs gepreufs	36ʳ	85	VI	218
Ain wib, ain dieren	16ʳ	38	II	126
Ain zwifel waidelich	28ʳ	66	III	183
Ains groffen kriegs nam ich mich an	41ʳ	102	III	243
All maifter uns das lefen	11ᵛ	24	II	87
Aller werlde gelegen hat	—	129	I	317
Allmächtikait	2ᵛ	6	III	17
Als ich den kle hett abgemät	31ᵛ	76	III	203
Als ich die fchön her zeunen fach	31ʳ	76	II	203
Als nu ir will	44ᵛ	111	VII	265
Alfo lag ich ettlichen tagk	12ʳ	26	V	95
Alfo vertreib ich, liebe Gret	15ʳ	33	III	117
Amen ultimo cantamus	44ʳ	109a	XVII	259
Amplick herte	31ʳ	75	R	201
An hafs hab ich die wort erzalt	33ᵛ	81	II	210
Auch fchwimmen wolt ich leren	11ʳ	23	III	82
Auch wer nie liebes weib gewan	47ᵛ	115	R II	292

	Cod. B fol.	Nr.	Str.	S.
In freim gelait ſo ward ich aber				
wegehafft	17ᵛ	41	II	134
In groſſen waſſern michel viſch	9ʳ	19	XXV	61
In hertem ſlauff, frau	26ᵛ	62	III a	178
In hoffnung, ſmerz, in forchten und in				
freuden	4ᵛ	10	IV	28
In oberland	44ᵛ	111	I	261
In Suria ain braiten hal	15ᵛ	35	I	119
In welcher main haſtu dich freud				
vernueſſen	27ᵛ	64	II	181
Indem ſo kam	44ᵛ	111	V	264
Io te proſſo dein genad all da	—	119	III a	306
Ir alten weib, nu freut eu mit den jungen	9ᵛ	21	I	67
Ir bäbſt, ir kaiſer, du pawman	46ᵛ	113	I	285
Ir braitter füſs möcht werden ſmal	13ʳ	27	VIII	103
Ir edle mait, was bedürft ir mein ze				
ſpotten	33ʳ	79	IV	208
Ir edlen valken, pilgerin	13ʳ	27	III	101
Ir güten criſtan, ſeit gemant	13ʳ	27	IX	103
Ir horcht mich ſain	48ᵛ	118	IV	300
Ir lieſſt gen mir wol euern ſpot	18ᵛ	43	II	141
Ir mügt wol ſagen, was ir wellt	18ᵛ	43	IV	142
Ir öglin mir ain wang begoſs	—	124	II	312
Ir rotter mund von adels grund	34ᵛ	83	R	214
Ir rumplen groſs mit hurlahai	14ʳ	30	II	110
Ir ſägger, blawfüſs, nemet war	13ʳ	27	IV	101
Ir vogelein	5ʳ	11	IV	33
Ir wort, gepär ringt mir die ſwër	36ᵛ	87	R	221
Ir zarter leib nie mailes pein	26ᵛ	61	III	176
Iſt ainer junck, ſchon, mütig, hoher gaile	4ʳ	9	IV	25
Jovis, der tugent krone	10ᵛ	22	IV	77
Ju heia haig	31ʳ	75	III	202
Ju Huſs, nu haſs dich alles laid	13ʳ	27	V	102
Junckfrau, durch all dein köſtlich er	32ᵛ	78	III	206
Jungkfraw enphahet got	—	130	VIII	320

Berichtigungen

Seite	Lied Nr.	statt	richtig
92	25, Str. IV	12ʳ neben Z. 112	12ʳ neben Z. 113
192	70, Titel	BW 59	BW 58
236	97, Titel	B 39ʳ	B 39ᵛ
322	132, Z. 8	y[h]er	her
322	132, Z. 9	ttruolich	trewlich
336	51 (Musikanhang)	Jofaphat	Jofophat

Auf Seite 1 ist in der ersten Zeile des Apparates *A in A.* zu streichen